Priermeier
Finanzrisikomanagement im Unternehmen

Finanzrisikomangement im Unternehmen

Ein Praxishandbuch

von

Thomas Priermeier

Verlag Franz Vahlen München

ISBN 3 8006 3078 8

© 2005 Verlag Franz Vahlen GmbH, Wilhelmstraße 9, 80801 München
Satz: Fotosatz Otto Gutfreund GmbH, Darmstadt
Druck und Bindung: Druckhaus Nomos
In den Lissen 12, 76547 Sinzheim

Gedruckt auf säurefreiem, alterungsbeständigem Papier
(hergestellt aus chlorfrei gebleichtem Zellstoff)

Geleitwort

„Es ist nicht unsere Aufgabe, die Zukunft vorauszusagen,
sondern auf sie gut vorbereitet zu sein."
Perikles

Der deutsche Mittelstand hat beim Management von finanziellen Risiken Nachholbedarf. Ständige Preisveränderungen und hohe Schwankungen kennzeichnen den modernen Finanzmarkt. Allein die Fälligkeit von größeren Kreditpositionen innerhalb einer Hochzinsphase kann die Kosten für Fremdkapital unkontrolliert in die Höhe treiben und zu einem echten Risiko für das Unternehmen werden. Ebenso können fällige Wertpapierpositionen in der Niedrigzinsphase zu deutlich sinkenden Zinseinnahmen führen. Um sich davor zu schützen, ist es für Unternehmen äußerst wichtig, einen zielgerichteten Risikomanagement-Prozess zu installieren.

Diese Forderung erhebt seit 1998 auch der Gesetzgeber durch sein Gesetz zur Kontrolle und Transparenz (KonTraG). Das KonTraG ist die konkretisierte gesetzliche Forderung, Risikokontroll- und Überwachungssysteme für Unternehmen, die als Kapitalgesellschaften geführt werden, einzurichten. Besonders sind damit alle handelbaren Risiken, zum Beispiel Risiken im Zins-, Währungs- und Commoditybereich (Energie und Rohstoffe) angesprochen. Diese Risiken können der Geschäftsleitung ein geeignetes Risikofrühwarnsystem angezeigt werden.

Sinnvolles Risikomanagement kann dabei keine Momentaufnahme sein, sondern muss als ein kontinuierlicher Prozess aufgesetzt sein! Ein gezielt eingesetzter Regelkreis des Finanzrisikomanagements ermöglicht Unternehmen nicht nur ihre Finanzrisiken zu erkennen und zu begrenzen, sondern auch die damit verbundenen Chancen gezielt zu nutzen. Entscheidend ist, dass Risikomanagement nicht nur darauf ausgelegt ist, „nur" die gesetzlichen Vorgaben wie etwa dem KonTraG zu erfüllen. Vielmehr muss Finanzrisikomanagement in der Praxis als entscheidende Quelle des Unternehmenserfolgs gesehen und auch akzeptiert werden. Denn die unternehmerische Realität zeigt, dass „Risiko" kein theoretisches Problem ist! Bei erfolgreichen Mittelständlern erachtet die Unternehmensleitung erfahrungsgemäß das Finanzrisikomanagement als sehr wichtig. Auf der anderen Seite der Skala – den Sanierungsfällen – hingegen ist ein gezieltes Finanzrisikomanagement nicht vorhanden oder recht unterentwickelt.

Finanzrisikomanagement darf sich aber nicht nur auf Liquidität, Zins- oder Währungsrisiken beschränken. Viele weitere betrieblichen Risiken werden irgendwann Finanzrisiken. So wird die Klammer des Finanzrisikomanagements in diesem Buch auch bewusst weit gezogen. Es wird auch auf die Steuerung von Finanzrisiken eingegangen, die häufig „unter den Tisch fallen", aber durchaus von entscheidender Bedeutung für eine Unternehmen sein können. So hängt beispielsweise der unternehmerische Erfolg eines Spediteurs im Inland weit weniger vom Währungsrisiko (klassisches „Finanzrisiko") ab, als vielmehr vom Dieselpreis (Rohstoffpreis-Risiko). Steigt der Dieselpreis, so kann der Spediteur diese höheren Kosten oftmals nicht an seine Kunden weitergeben – was direkt seine GuV und letztlich auch seine Jahresergebnis belastet. Ein umfassendes Finanzrisikomanagement setzt auch hier an und bietet dem Spediteur Möglichkeiten, nicht in das „offene Diesel-Messer" laufen zu müssen.

Ähnlich stellt sich die Situation bei gewerblichen Immobilien-Vermietern dar. Es wird sicherlich sehr wenige Fälle in der Branche geben, die auf ein Zinsrisiko-Management verzichten. In der Regel werden die Finanzierungszinsen hier gesichert. Doch kann sich die künftige Inflationsentwicklung (und mit ihr die erwarteten Mieteinnahmen) anders entwickeln als erwartet, und den Prognosen des Immobilien-Vermieters einen dicken Strich durch die Ertragsrechnung machen. Auch in diesem Fall muss ein umfassendes Finanzrisikomanagement frühzeitig die Inflationsrisiken aufzeigen und Lösungen anbieten.

Dieses Buch geht praxisorientiert auf eine große Palette von Finanzrisiken und deren Management ein. Sicherlich gibt es nur wenige Unternehmen, in denen alle genannten Finanzrisiken gleichzeitig auftreten. Doch der aufmerksame Leser wird sein Unternehmen in vielen Kapiteln wiederfinden und einige der Finanzrisiken danach aus einer sicherlich anderen Perspektive betrachten.

Günther Berger
Bereichsvorstand Firmenkundengeschäft
Bayerische Hypo- und Vereinsbank AG

Vorwort

Das Geschrei war groß, als der Euro in den Jahren 2003 und 2004 zu seinem zwischenzeitlichen Höhenflug ansetzte – die Rufe der Wirtschaft nach politischer Einflussnahme wurden immer lauter und man forderte selbst Bundeskanzler Gerhard Schröder auf, „etwas gegen den niedrigen Dollar zu tun" um den heimischen Export zu stärken. Und auch jetzt werden die Rufe wieder lauter – nun allerdings aufgrund des gestiegenen Ölpreises, der sich innerhalb weniger Monate verdoppelt hat und nun den konjunkturellen Aufschwung im Land belastet. Dies sind nur zwei kleine Beispiele, wie rasch und wie stark Finanzrisiken ins Rampenlicht der Unternehmen und Medien rücken können. Die Liste der Risiken und der daraus folgenden Belastungen könnte beliebig fortgesetzt werden. Gleichgültig ob Kursverluste in den Anlageportfolios von Versicherungen, windschwache Jahre im Falle von Windparks oder gestiegene Kupferpreise in der Elektroindustrie – eine unerwartete Entwicklung von Finanzrisiken kann sich sehr schnell und sehr deutlich auf Ertragslage und Erfolg eines Unternehmens auswirken.

Gänzlich falsch wäre es aber, die Finanzrisiken fatalistisch als ‚gottgegeben" hinzunehmen und wie Hiob im Alten Testament still zu ertragen. Ebenso falsch ist es aus meiner Sicht aber auch, sich in die Rolle des Opferlamms zurückzuziehen und politischen Beistand einzufordern. Vielmehr zählt es in meinen Augen zu den ureigensten unternehmerischen Aufgaben, sich den Finanzrisiken zu stellen und diese bewusst zu steuern! Jedes Unternehmen macht sich intensiv Gedanken über Absatzmärkte, Konkurrenzsituation und Herstellungsprozesse. Unsere Empfehlung ist es, eine ähnliche systematische und konsequente Herangehensweise auch im Zuge eines Finanzrisikomanagements an den Tag zu legen. Und zwar unter der Prämisse: **Finanzrisikomanagement schafft Wert!** Es gibt genügend positive Beispiele in der Wirtschaft, in denen ein gezieltes Finanzrisikomanagement seit Jahren ein Schlüssel zum Erfolg ist. So sichert beispielsweise Lufthansa seit Jahren ihren (enormen) Treibstoffbedarf gegen Preisanstiege ab. Natürlich kann Lufthansa sich nicht über Jahre hinaus vor einem höheren Ölpreis schützen. Doch bleiben die Kosten durch die Absicherung wesentlich längerfristiger planbar als bei vielen Mitbewerbern der Airline. Dieser Zeitvorsprung reicht zudem aus, die Ticketpreise länger konstant halten zu können und mittels Sicherung nicht nur Kosten zu sparen, sondern auch Marktanteile zu- oder zurückzugewinnen. Oder ein anderes Beispiel für den Fremdwährungsbereich: die Porsche AG. Das Unternehmen sichert seit Jahren einen hohen Anteil der Umsätze gegen Devisenkursschwankungen ab – was bei den hohen Exportraten des Unternehmens auch nachvollziehbar ist. Diese Sicherung hat zur Folge, dass Porsche weit weniger als andere Automobilunternehmen von der Euro-Stärke in den Jahren 2003 und 2004 betroffen war. Kein Wunder also, dass sich die Aktie der Porsche AG auch seit Jahren besser entwickelt als ihre Mitbewerber und dass die Wertentwicklung weit über dem Marktdurchschnitt liegt. Dies sind nur zwei Beispiele von vielen für Unternehmen, die vor Jahren die Notwendigkeit und den Nutzen eines gezielten und umfassenden Finanzrisikomanagements erkannt haben und entsprechend reagiert haben.

Das Ihnen nun vorliegende Buch gibt einen umfassenden und praxisnahen Überblick zu dem Thema; und dies aus der Perspektive eines Praktikers. Jedes Kapitel wurde von ausgewiesenen Spezialisten unter der Zielsetzung verfasst, die Brücke zwischen theoretischen Modellen und Praxis zu schlagen. Wir möchten sie mit diesem Buch unterstützen, den Prozess des Finanzrisikomanagements in Ihrem Unternehmen zu integrieren, auszubauen oder anzupassen.

Thomas Priermeier
München im Oktober 2004

Inhaltsübersicht

Geleitwort V
Vorwort VII
Inhaltsverzeichnis XI
Abbildungsverzeichnis XXV
Abkürzungsverzeichnis XXXIII

1. Financial Risk Management (FiRM): Risikomanagement im Überblick 1
   von Christa Härle-Willerich und Klaus von Rekowski

2. Der Prozess der Risikosteuerung 17
   von Thomas Priermeier

3. Zinsrisikomanagement 103
   von Tino Wesenberg

4. Devisenrisikomanagement 171
   Von Bernd Küpper

5. Rohstoffpreisrisiko-Management 209
   von Thomas Priermeier

6. Wertpapierrisiko-Management 241
   Von Marika Bange

7. Wetterrisikomanagement 289
   von Falko Meissner und Thomas Priermeier

8. Management von Inflationsrisiken 329
   von Thorsten Frey

9. Bilanzielle Darstellung von Finanzderivaten ... 345
   von Matthias Kopka

Epilog 373
   von Thomas Priermeier

Anhang 375
Literaturverzeichnis 399
Stichwortverzeichnis 417
Autorenverzeichnis 425

Inhaltsverzeichnis

Geleitwort	V
Vorwort	VII
Inhaltsübersicht	XI
Abbildungsverzeichnis	XXV
Abkürzungsverzeichnis	XXXIII

1. Financial Risk Management (FiRM): Risikomanagement im
   Überblick 1
   1.1 Einführung 1
   1.2. Risikosystematik für finanzielle Risiken 4
   1.3 Umsetzung des Finanzrisikomanagements 6
       1.3.1 Identifizieren und Behandlung von Risiken 6
       1.3.2 Quantifizierung und Messen von Risiken 7
       1.3.3 Steuerung von Risiken 9
       1.3.4 Controlling von Risiken 12
   1.4. Evaluierung 13
       Warum als „integrierter Prozess"? 14
       Warum als „kontinuierlicher Prozess"? 15
       Der Finanzrisikomanagement-Regelkreis 15

2. Der Prozess der Risikosteuerung 17
   2.1 Identifizierung von Finanzrisiken 17
       2.1.1 Was sind denn Finanzrisiken? 17
             Beispiel eines Marktpreisrisikos – Devisenkurs-
             risiko (Cashflow) 17
             Beispiel eines Marktpreisrisikos – Zinsänderungs-
             risiko (Barwert) 18
       2.1.2 Wo können Finanzrisiken im Unternehmen
             lauern? 19
             Beispiele zinssensitiver Positionen 19
             Zinssensitive Bilanzpositionen – Aktiva 19
             Zinssensitive Bilanzpositionen – Passiva 20
             Aktiv-Passiv-Überhang 20
             Zinssensitive Finanzinstrumente 20
             Beispiele währungssensitiver Positionen 20
             Währungssensitive, operative Cashflows 21
             Währungsbedingte Bewertungsrisiken 21
             Indirekte Währungsrisiken 21
             Beispiele rohstoffpreis-sensitiver Positionen .. 22
             Beispiele sonstiger Positionen 22

2.2	Quantifizierung von Finanzrisiken	22
2.2.1	Ein kleiner Werkzeugkasten zur Risikosteuerung	23
	Volatilität	24
	Sensitivität	25
	Basis Point Value (BPV)	25
	Duration (nach Macaulay)	26
	Modified Duration (nach Hicks)	29
	Kritische Würdigung des Durationskonzeptes	29
	Korrelation	29
	Verwendung bei der Risikobewertung von Portfolios	30
	Quantifizierung der Korrelation	30
	Beispiele einer hohen positiven Korrelation	31
	Beispiele einer hohen negativen Korrelation	32
2.2.2	Übersicht verschiedener Methoden der Risikobewertung	33
	Cashflow-Orientierung oder Barwertorientierung – beide Seiten einer Medaille	34
	Barwertorientierung oder Cashflow-Orientierung – ein Fazit	38
2.2.3	Risikobewertung mittels Szenarioanalysen	38
	Beispiel einer Szenarioanalyse	40
	Szenario-Definition	40
	Szenario-Ergebnis	40
	Kritik an der Szenarioanalyse	42
2.2.4	Methodische Grundlagen der „at-Risk"-Konzepte	43
	Die Sache mit der Standardabweichung	43
	Konfidenzintervalle (Tabelle)	44
	Umrechnung der Volatilität	46
	Die Standardabweichung an einem Praxisbeispiel	47
	Ergebnisse der Analyse	48
	Überprüfung der Analyseergebnisse anhand realer Daten	48
	Interpretation der Standardabweichung – eine Bandbreitenprognose	49
	Die Standardabweichung – Ausgangsbasis jedes „at-Risk"-Modells	50
2.2.5	Risikobewertung mittels „Value-at-Risk"-Analysen	51
	Methoden zur Ermittlung eines Value-at-Risk	51
	Analytische Ermittlung – Varianz-Kovarianz-Ansatz	52
	Analytische Ermittlung – Historische Simulation	54
	Parametrische Ermittlung – Monte-Carlo-Simulation	60

		Value-at-Risk in der Anwendung – Portfoliobetrachtung	63
		Kritische Würdigung des Value-at-Risk-Konzepts	63
	2.2.6	Risikobewertung mittels „Cashflow-at-Risk"-Analysen	64
		Was berücksichtigt der Cashflow-at-Risk?	65
		Vorgehensweise bei der Cashflow-at-Risk-Ermittlung	66
		Schematischer Ablauf der Ermittlung an einem exemplarischen Beispiel	67
		Interpretation	68
		Beispiel einer Cashflow-at-Risk-Kalkulation im Falle eines Windparks	68
		Kritische Würdigung des Cashflow-at-Risk-Konzepts	70
		Cashfloworientierung	70
		Zeitlicher Prognosehorizont/Einbindung in den unternehmerischen Planungsprozess	70
		Darstellbarkeit der Risiken für das Unternehmen	70
	2.2.7	Ansätze zur Quantifizierung von Finanzrisiken im Gesamtunternehmensbereich	71
		„Earnings-at-Risk-" und „Earnings-per-Share-at-Risk"-Ansatz	71
		Beispiel	72
	2.2.8	Feinheiten und Stresstests	72
		Näheres zu Haltedauer und Betrachtungszeitraum	72
		Ergänzung der „at-Risk"-Konzepte durch „Worst-Case"-Simulationen (Stresstests)	74
		„Worst-Case"-Simulationen	74
		Backtesting	75
2.3		Behandeln von Finanzrisiken	75
	2.3.1	Bedarfsanalyse	76
		Risikokapazität (Risikotragfähigkeit)	76
		Handelsrechtliche Betrachtungsweise	77
		Barwertige Betrachtungsweise	77
		Fazit zur Risikotragfähigkeit	79
		Risikoziele/Risikoappetit	79
	2.3.2	Produktuniversum	82
		Mögliche Vorbehalte gegenüber Finanzinstrumenten	82
		Fazit zum Produktuniversum	83
	2.3.3	Behandlung einzelner Arten von Finanzrisiken	83
	2.3.4	Risikobehandlung als integrierter, kontinuierlicher Prozess	84

2.4 Controlling von Finanzrisiken 85
    2.4.1 Verantwortlichkeiten und Rollenverteilung 86
        Notwendigkeit der Kontrolle 86
        Einbindung des Finanzrisikomanagements in die
        Gesamt-Unternehmenssteuerung 87
        Nick Leeson und die Barings Bank – Ein unfreiwilliger Appell für die Kontrolle von Risiken ... 87
    2.4.2 Berichtswesen 88
        Bestandteile des Risiko-Berichtswesens 89
        Zeitliche Nähe und Häufigkeit der Risiko-Berichte 90
        Sonstige Parameter des Risiko-Berichtswesens .. 91
        Schematische Darstellung der Inhalte eines Risiko-Berichts 92
    2.4.3 Festlegung von Risiko-Limiten 93
        „VaR-Limit" (barwertorientiertes Risiko-Limit) .. 93
        „Verlustlimit" (barwertorientiertes Risiko-Limit) . 94
        „CfaR-Limit" (cashfloworientiertes Risiko-Limit) 94
        Beispiel: 95
        „DSCR-Limit" (cashfloworientiertes Risiko-Limit) 96
    2.4.4 Beispiele für den Aufbau von Risiko-Berichten .. 97
    2.5 „Executive Summary" 99
        Warum Finanzrisikomanagement 99
        Identifizierung von Finanzrisiken 99
        Quantifizierung von Finanzrisiken 100
        Cashflow-Orientierung oder Barwertorientierung – beide Seiten einer Medaille 100
        Gängige Methoden zur Quantifizierung der Finanzrisiken 100
        Behandeln von Finanzrisiken 101
        Controlling von Finanzrisiken 101

3. Zinsrisikomanagement 103
   3.1 Erkennen spezifischer Zinsrisiken 103
      3.1.1 Grundlagen/Voraussetzungen 103
      3.1.2 Arten von Zinsrisiken 108
        Cashflow-Risiko 108
        Barwert-Risiko 112
        Barwert-Risiko vs. Cashflow-Risiko 117
        Opportunitäts-Risiko 119
      3.1.3 Identifikation der Zinsrisiken 121
   3.2 Bewerten dieser Zinsrisiken 124
      3.2.1 Szenario-Analyse 125
      3.2.2 Cashflow- und Value-at-Risk 133
   3.3 Möglichkeiten zur Zinsrisiko-Steuerung 138

- 3.3.1 Klassisches Zinsrisiko-Management 138
- 3.3.2 Modernes Zinsrisiko-Management 139
- 3.4 Praxisbeispiel 157
  - 3.4.1 Ausgangssituation 157
  - 3.4.2 Identifikation der Risiken 158
  - 3.4.3 Messen der Risiken 159
  - 3.4.4 Behandeln der Risiken 162
  - 3.4.5 Controlling der Risiken 167
  - 3.4.6 Ergänzende Cashflow- und Value-at-Risk-Betrachtung 170

- 4. Devisenrisikomanagement 171
  - 4.1 Erkennen spezifischer Risken 172
    - 4.1.1 Das risikorelevante Exposure 172
      - Währungsrisiko und Steuerungsgrößen 172
      - Identifizierung der Risikoexposure 174
      - Analysehorizont 177
  - 4.2 Bewerten der Devisenrisiken 178
    - 4.2.1 Cashflow-Mapping 178
    - 4.2.2 Szenariogenerierung 180
    - 4.2.3 Bewertungsgrößen und Risikodarstellung 184
      - Exkurs: Währungskorrelationen: 190
  - 4.3 Strategien und Produkte zur Währungsrisikosteuerung 190
    - 4.3.1 Risikosteuerung 191
      - Lang- und kurzfristige Risikosteuerung 191
      - Produkte zur Risikosteuerung 193
      - Prozess der Risikosteuerung 195
    - 4.3.2 Kontrolle 199
  - 4.4 Konkretes Praxisbeispiel 201
  - 4.5 Executive Summary 206

- 5. Rohstoffpreisrisiko-Management 209
  - 5.1 Erkennen spezifischer Rohstoffpreisrisiken 210
    - 5.1.1 Wie können Rohstoffpreisrisiken erkannt werden? 210
    - 5.1.2 Wann werden Preisschwankungen von Rohstoffen zu Finanzrisiken eines Unternehmens? 211
  - 5.2 Bewertung dieser Rohstoffpreisrisiken 213
    - 5.2.1 Wie häufig werden die betreffenden Rohstoffe ge- oder verkauft (bzw. genauer gesagt, wie häufig werden die dafür relevanten Marktpreise fixiert)? 214
    - 5.2.2 Wie hoch ist die Preisschwankung der Rohstoffe bzw. wie sieht die Entwicklung der Preise aus? . 215
    - 5.2.3 Wie intensiv ist der Einfluss der Preisschwankung auf den Unternehmenserfolg? 215

	5.2.4 Beispiel: Vorgehensweise bei einer Szenarioanalyse zur Bewertung von Rohstoffpreisrisiken	215
	5.2.5 Beispiel: Vorgehensweise bei einer Cashflow-at-Risk-Analyse zur Bewertung von Rohstoffpreisrisiken	216
5.3	Nähere Infos zu verschiedenen Commodity-Gruppen	217
	5.3.1 Aluminium	217
	5.3.2 Blei	219
	5.3.3 Edelmetalle	220
	Beispiel:	221
	Sonderheit der Edelmetall-Leihe	222
	7.3.4 Kupfer	223
	5.3.5 Nickel	225
	5.3.6 Erdöl	227
	Beispiele verschiedener Erdöl-Underlyings	228
	Bei Erdöl-Absicherungen übliche Markt-Usancen	228
	Besonderheiten für Heizöl im deutschen Markt	229
	Historische Preisentwicklung	229
	5.3.7 Zellstoff (Pulp)	229
	Beispiele verschiedener Zellstoff-Underlyings („Zellstoffgrade")	230
	Bei Zellstoff-Absicherungen übliche Markt-Usancen	231
	5.3.8 Papier (Paper)	231
	Beispiele verschiedener Papier-Underlyings	231
	Historische Preisentwicklung	231
	5.3.9 Zink	232
	5.3.10 Zinn	234
5.4	Möglichkeiten/Produkte/Strategien zur Rohstoffpreisrisikosteuerung	235
	5.4.1 Commodity-Swap	236
	5.4.2 Call-Option	236
	5.4.3 Put-Option	237
	5.4.4 Collar	238
5.5	Executive Summary	238
	5.5.1 Wann werden Rohstoffpreisrisiken zu Finanzrisiken	239
	5.5.2 Bewerten dieser Rohstoffpreisrisiken durch Szenarioanalysen	239
	5.5.3 Bewerten dieser Rohstoffpreisrisiken durch Cashflow-at-Risk-Analysen	239
	5.5.4 Welche Rohstoffe können mittels Finanzinstrumenten gesichert/gemanagt werden?	239
	5.5.5 Produkte zum Managen von Rohstoffpreisrisiken	240

Inhaltsverzeichnis XVII

6. Wertpapierrisiko-Management 241
   6.1 Wertpapiere in der unternehmerischen Praxis 241
   6.2 Basisrisiken im Anlagegeschäft 241
       6.2.1 Konjunkturrisiko 242
             Konjunkturzyklus 242
             Auswirkung auf die Kursentwicklung 243
       6.2.2 Liquiditätsrisiko 243
       6.2.3 Währungsrisiko 244
       6.2.4 Länder- und Transferrisiko 244
       6.2.5 Psychologische Marktrisiko 245
             Börsenstimmung/Marktstimmung 245
             Markttechnik 246
             Globalisierung der Märkte 246
             Meinungsführerschaft 246
             Gesellschaftsbezogene Maßnahmen........... 247
       6.2.6 Risiko bei kreditfinanzierten Anlagegeschäften . 247
       6.2.7 Inflationsrisiko 247
       6.2.8 Steuerliche Risiken 248
   6.3 Spezifische Risiken bei festverzinslichen Wertpapieren 248
       6.3.1 Zinsänderungsrisiko 249
             Zusammenhang zwischen Zins- und Kursent-
             wicklung 249
             Nominalzins 250
             Marktzinsniveau 250
       6.3.2 Bonitätsrisiko 251
             Ursachen der Bonitätsänderung 251
             Rating als Entscheidungshilfe 252
       6.3.3 Kündigungsrisiko 254
       6.3.4 Auslosungsrisiko 254
   6.4 Aktien als Anlageform im Unternehmen 254
       6.4.1 Aktienanlagen in der unternehmerischen Praxis . 254
       6.4.2 Einführung in die fundamentale Aktienanalyse . 255
             Fundamentalanalyse – Was ist das eigentlich
             genau? 256
             Technische Analyse 256
             Fundamentalanalyse versus technische Analyse –
             zwei unversöhnliche Brüder? 257
             Herangehensweisen der Fundamentalanalyse .. 257
             Top-down-Ansatz 258
             Vorgehensweise 258
             Hintergrund 258
             Beurteilung der Konjunktursituation 259
             Bottom-up-Ansatz 261
             Vorgehensweise 261
             Hintergrund 262

6.4.3 Modelle der Unternehmensbewertung 262
Substanzwertmodelle 262
Darstellung des Grundmodells 263
Einsatzbereiche Substanzwertmodelle 263
Fazit „Substanzwertmodelle" 263
Ertragswertmodelle 264
Darstellung des Grundmodells 264
Exkurs „Barwert" 264
Einsatzbereiche Ertragswertmodelle 266
Fazit „Ertragswertmodelle" 267
Kombinierte Modelle 267
Darstellung des Grundmodells 267
Einsatzbereiche kombinierter Modelle 268
Fazit „Kombinierte Modelle" 268
Modelle der Unternehmensbewertung – ein
Praxisrückblick 268
6.5 Spezifische Risiken bei Aktienanlagen 269
6.5.1 Unternehmerisches Risiko 269
6.5.2 Kursänderungsrisiko 269
Systematisches Risiko 270
Unsystematisches Risiko 270
Dividendenrisiko 271
Prognoserisiko 271
Psychologisches Marktrisiko 271
Stimmung am Markt 271
Multiplikatoren und Meinungsführer 272
Technik an Finanzmärkten 272
Globalisierte Finanzmärkte 273
Aktienmarktanomalien 273
6.6 Risikominderung von Wertpapier-Anlagen 273
6.6.1 Risikosteuerung durch Diversifikation 274
Vorgehensweise 274
Erster Schritt – Auswahl relevanter Anlagemärkte,
-währungen und -produkte 274
Zweiter Schritt – Gewichtung der jeweiligen
Anlageformen in Ihrem Portfolio 275
Dritter Schritt – Taktische Asset-Allocation 276
Grenzen und kritische Würdigung der Methode . 276
6.6.2 Risikosteuerung durch Hedging 277
Grundlagen 278
Grenzen und kritische Würdigung der Methode . 279
6.6.3 Risikosteuerung durch Stopp-Levels 280
Vorgehensweise 280
Erster Schritt – Festlegung der Stopp-Marken ... 280
Zweiter Schritt – Anpassen der Stopp-Levels ... 282

Inhaltsverzeichnis XIX

   Grenzen und kritische Würdigung der Methode 282
 6.6.4 Risikosteuerung durch „Airbaging".......... 283
   Grundlagen 283
   Vorgehensweise 283
   Erster Schritt – Festlegung einer gewünschten
   Portfoliostruktur 283
   Zweiter Schritt – Austausch der Austausch der
   Aktienpositionen durch Call-Optionen 284
   Grenzen und kritische Würdigung der Methode 284
 6.6.5 Ein Fazit 285
6.7 Executive Summary 285
   Wertpapiere in der unternehmerischen Praxis 285
   Basisrisiken im Anlagegeschäft 286
   Spezifische Risiken bei festverzinslichen Anlage-
   geschäften................................... 286
   Aktien als Anlageform im Unternehmen 286
6.8 Wertpapieranalyse........................... 287
   Unternehmensbewertung (Aktien) 287
   Spezifische Risiken bei Aktienanlagen 287
   Risikominderung von Wertpapieranlagen 288

7. Wetterrisikomanagement 289
7.1 Erkennen Spezifischer Wetterrisiken 289
 7.1.1 Temperaturen 290
 7.1.2 Niederschläge 291
 7.1.3 Windgeschwindigkeiten 291
 7.1.4 Sonstige............................... 292
7.2 Bewerten von Wetterrisiken 292
7.3 Produkte und Strategien zur Wetterrisikosteuerung –
   Wetterderivate.............................. 294
 7.3.1 Definition 294
 7.3.2 Abgrenzung – Wetterderivate vs. Versicherungen 294
   High Risk – Low Probability 295
   Low Risk – High Probability 295
 7.3.3 Historie 296
 7.3.4 Der Markt für Wetterderivate in Europa 296
 7.3.5 Informationsquellen für Wetterdaten 297
 7.3.6 Wetterderivaten – Produktbesonderheiten 298
   Temperaturen 298
   Das Degree Day Konzept 299
   Weitere Indexkonzepte 301
   Niederschlag 301
   Wind 301
 7.3.7 Produktstrategien 304
   Swaps 304

		Optionen	305
	9.3.8	Pricing von Wetterderivaten	306
7.4		Praxisbeispiel – Absicherung des Fernwärmeabsatzes von Stadtwerken	308
	7.4.1	Analyse	309
7.5		Risikomanagement in der Finanzierung von Windparks mittels Wetterderivaten	314
	7.5.1	Beweggründe für das Windhedging von Windparks	315
		Verstetigung der Cashflows	315
		Wetterderivat statt Rücklage	316
		Minderung der Finanzierungskosten	316
		KonTraG	316
	7.5.2	Parameter zur Bestimmung von Hedge-Ratios und zum Bewertung von entsprechenden Windhedges	317
		Verwendete Turbinen	317
		Leistungskennlinie der verwendeten Turbine	317
		Nabenhöhe der verwendeten Turbine	318
		Parkspezifische Daten	318
		Standort des Windparks	318
		Anzahl der verwendeten Turbinen	319
		Windsituation	319
		Tatsächliches Windaufkommen	319
		Verwendete Messstationen	320
		Planproduktion des Windparks	320
		Berechnete Parkproduktion	320
		Zu berücksichtigende Finanzkennzahlen	321
		Umzusetzender Hedge	321
		Gewünschtes Produkt	321
		„Tick Size"/Auszahlungssummen	321
	7.5.3	Produkte des Windhedging	322
		Windhedge mittels Swap	322
		Windhedge mittels Put-Option	322
		Windhedge mittels Range-Option	323
	7.5.4	Fazit zu Wind-Hedges bei Windparks	323
	7.5.5	Vorteile aus Sicht der Parkinitiatoren	324
		Wettbewerbsvorteil durch Marketingaspekt	324
		Verbesserte Risikostruktur	324
	7.5.6	Vorteile aus Sicht der finanzierenden Banken	324
		Verbesserte Finanzierungsstruktur	324
		Kritische Projekte gegebenenfalls machbar	324
	7.5.7	Vorteile aus Sicht der Shareholder und Analysten	325
		Verbesserte Risikosituation	325

	Verbessertes Fonds-Rating	325
7.6	Aktuelle Tendenzen	325
7.7	Executive Summary	326

8. Management von Inflationsrisiken 329
   8.1 Inflationsdefinition 329
      8.1.1 Ursachen der Inflation 329
      8.1.2 Überwachung und Steuerung der Inflation 329
      8.1.3 Ermittlung der Inflation 330
   8.2 Erkennen von spezifischen Inflationsrisiken 331
      8.2.1 Inflationseinflüsse innerhalb eines Unternehmens 331
      8.2.2 Unternehmerisches Inflationsrisiko 332
      8.2.3 Marktrisiken der Inflation 332
      8.2.3 Mathematisches Risiko der Inflation 334
      8.2.4 Risikoprofil der Inflation 335
   8.3 Bewerten von Inflationsrisiken 336
      8.3.1 Bewertung von Indexabweichungen (Marktrisiko) 336
      8.3.2 Bewertung des mathematischen Risikos 337
   8.4 Möglichkeiten der Inflationsabsicherung 339
      8.4.1 Produktbeschreibung des Inflationswap 339
      8.4.2 Vorteile von Inflationswaps 339
      8.4.3 Nachteil von Inflationswaps 340
      8.4.4 Handelsusancen 340
   8.5 Praxisbeispiel 340
      8.5.1 Fazit 341
   8.6 Executive Summary 342

9. Bilanzielle Darstellung von Finanzderivaten 345
   9.1 Übersicht zur Darstellung nach HGB 345
      9.1.1 Grundlagen der Bilanzierung derivativer Finanzinstrumente nach HGB 345
      9.1.2 Ansatz und Bewertung einzelner Instrumente .. 348
          Finanzinstrumente zur Sicherung von Zinsrisiken 348
          Zinsswap als Zinssicherungsinstrument 348
          Zinsfutures als Zinssicherungsinstrument 350
          Forward Rate Agreement als Zinssicherungsinstrument 351
          Zinsbegrenzungsvereinbarungen als Zinssicherungsinstrument 352
          Swaption als Zinssicherungsinstrument 353
          Finanzinstrumente zur Sicherung von Währungsrisiken 354

Devisentermingeschäft als Währungssicherungsinstrument 354
Zins-Währungsswap als Währungssicherungsinstrument 355
Devisenoption als Währungssicherungsinstrument 356
9.2 Übersicht der Darstellung nach IFRS 357
    9.2.1 Stand des Amendments Project zu IAS 39 357
    9.2.2 Grundlagen der Bilanzierung und Bewertung von Finanzinstrumenten nach IFRS 358
        Erstansatz und -bewertung 358
        Folgebewertung 358
    9.2.3 Grundlagen des Hedge-Accounting nach IFRS ... 361
        9.2.3.1 Zweck des Hedge-Accounting nach IFRS . 361
        Arten der Sicherungsbeziehungen 362
        Voraussetzungen des Hedge-Accounting 363
        Bilanzielle Abbildung des Hedge-Accounting ... 363
        Fair Value-Hedge 363
        Cashflow-Hedge 364
        Bilanzierung bei Beendigung der Hedge-Beziehung 367
        Folgen beim Fair Value-Hedge 368
        Folgen beim Cashflow-Hedge 368
9.3 Executive Summary 369

Epilog 373

Anhang 375

A 1 Finanzmathematischer Anhang 377
    A 1.1 Zinsberechnung 377
        Zinsrechnungsarten 377
        Einfache Verzinsung 377
        Zinseszinsrechnung 378
        Unterjährige Verzinsung 378
        Stetige Verzinsung 378
    A 1.2 Methodik der Tageberechnung 379
        Geldmarkt 379
        Kapitalmarkt 380
        Umrechnung bzw. Vergleich der Zinsbeechnungsmethoden 380
        Umrechnung der Tagekonvention 380
        Umrechnung der Zahlungsweise 381
    A 1.3 Bewertung von Zahlungsströmen 381
        Barwert 382

Inhaltsverzeichnis XXIII

```
            Zukunftswert oder auch Endwert ........... 383
    A 1.4   Renditeberechnung ..................... 384
            Laufende Verzinsung („Current Yield") ....... 384
            „Börsenformel" („Simple Yield to Maturity") ... 384
            Rendite („Yield to Maturity") ............... 385
            Rendite nach ISMA (ISMA = „International
            Secutities Markets Association") ............ 386
            Rendite nach Moosmüller ................. 386
            Spezielle Renditeberechnungen ............. 387
            Floating Rate Notes ..................... 387
    A 2 Optionen .................................... 389
        A 2.1 Die Komponenten einer Option ............. 389
        A 2.2 Options-Grundstrategien .................. 389
              Long Call ............................. 390
              Erläuterung ........................... 391
              Short Call ............................ 391
              Erläuterung ........................... 391
              Long Put ............................. 392
              Erläuterung ........................... 392
              Short Put ............................. 392
              Erläuterung ........................... 393
        A 2.3 Preisbildung von Optionen ................ 393
              Der innere Wert ....................... 393
              Der Zeitwert .......................... 394
        A 2.4 Options-Kennziffern ..................... 394
              Options-Delta ......................... 395
              Praxisanwendungen und Besonderheiten ...... 395
              Options-Gamma ....................... 396
              Options-Theta ......................... 396
              Praxisanwendungen und Besonderheiten ...... 397
              Options-Vega .......................... 397
              Options-Rho .......................... 398
    A 3 Glossar ..................................... 399
Literaturverzeichnis ................................. 413
Stichwortverzeichnis ................................ 417
Autorenverzeichnis ................................. 425
```

Abbildungsverzeichnis

Abb. 1-1: Herausforderung Nr. 1: Insolvenzen und Forderungsausfälle nehmen weiter zu (Faktor 5 bzw. 9 in nur 12 Jahren).......................... 1
Abb. 1-2: „Unternehmen als Spielball der Märkte"....... 2
Abb. 1-3: Regelkreis des Finanzrisikomanagements....... 2
Abb. 1-4: Die Gründe für Finanzrisikomanagement im Unternehmen sind vielfältig................. 3
Abb. 1-5: Risiken des Unternehmens................... 4
Abb. 1-6: Aufbau des FiRM-Prozesses................. 6
Abb. 1-7: Zielkonflikt der Risikoausrichtung............ 8
Abb. 1-8: Schematische Darstellung eines Zinswaps...... 9
Abb. 1-9: „Diversifikationswürfel".................... 11
Abb. 1-10: Die Grafik zeigt die Schwankungsbreite verschiedener, für den Unternehmenserfolg teilweise bedeutender Güter und Märkte............... 12
Abb. 2-1: Regelkreis des Finanzrisikomangements....... 16
Abb. 2-2: Identifizierung von Finanzrisiken............. 17
Abb. 2-3: Quantifizierung von Finanzrisiken............ 22
Abb. 2-4: Grafische Darstellung der Duration........... 28
Abb. 2-5: Kurschart Euro-Swaps und USD-Swaps (Linie).. 32
Abb. 2-6: Korrelation Euro-Swaps und USD-Swaps (Punktewolke)........................... 32
Abb. 2-7: Kurschart ZAR und MXN (Linie)............. 33
Abb. 2-8: Korrelation ZAR und MXN (Punktewolke)..... 33
Abb. 2-9: Cashflow-Risiko und Barwertrisiko entwickeln sich konträr........................... 35
Abb. 2-10: „Risikoregler" im Zielkonflikt............... 38
Abb. 2-11: Beispiel einer einfachen Szenarioanalyse....... 41
Abb. 2-12: Beispiel einer wahrschainlichkeitsgewichteten Szenarioanalyse.......................... 41
Abb. 2-13: Zweiseitiges Konfidenzintervall.............. 45
Abb. 2-14: Einseitiges Konfidenzinterfall................ 46
Abb. 2-15: 10-Jahres-Zinssätze als Linienchart............ 47
Abb. 2-16: Änderungen der Zinssätze als Oszillogramm.... 48
Abb. 2-17: Darstellung des Beispiels als Häufigkeitsverteilung 49
Abb. 2-18: Bandbreitenprognose durch Verwendung der Volatilität.............................. 50
Abb. 2-19: Schematische Darstellung des Varianz-Kovarianz-Ansatzes 53

Abb. 2-20:	Darstellung verschiedener Risikoszenarien	56
Abb. 2-21:	Darstellung der Risikoszenarien als Oszillogramm	57
Abb. 2-22:	Darstellung der Kursentwicklungen in den unterschiedlichen Szenarien	57
Abb. 2-23:	Die Szenarioergebnisse in Rangfolge gebracht	58
Abb. 2-24:	Grafische Darstellung der in Rangfolge gebrachten Anleihenwerte in Rangfolge gebracht	59
Abb. 2-25:	Verschiedene Zufalls-Szenarien	61
Abb. 2-26:	Vereinfachte VaR-Berechnung am Praxisbeispiel	63
Abb. 2-27:	Vereinfachte CfaR-Berechnung am Praxisbeispiel	68
Abb. 2-28:	Schematische CfaR-Berechnung am Praxisbeispiel eines Windparks	69
Abb. 2-29:	Behandlung von Finanzrisiken	76
Abb. 2-30:	Ökonomisches Eigenkapital	78
Abb. 2-31:	Parameter der Risikoausrichtung	81
Abb. 2-32:	Controlling von Finanzrisiken	85
Abb. 2-33:	Regelkreis des Risiko Reportings	87
Abb. 2-34:	Häufigkeit der Risikoberichte	91
Abb. 2-35:	Auszug eines vereinfachten Cashflow-Modells	96
Abb. 2-36:	Beispiel eines Risiko-Berichts (1)	97
Abb. 2-37:	Beispiel eines Risiko-Berichts (2)	98
Abb. 2-38:	Finanzrisikomanagement als integrierter und kontinuierlicher Prozess	99
Abb. 3-1:	Zinsstrukturkurven	103
Abb. 3-2:	Zinsstrukturkurven	104
Abb. 3-3:	Konvergentes Verhalten der Zinsmärkte im Vorfeld des Euros	105
Abb. 3-4:	Unterscheidung Zinsmarkt: Geldmarkt/Kapitalmarkt	106
Abb. 3-5:	EZB Leitzins und Euro-Geldmarkt	107
Abb. 3-6:	zeigt, dass vor allem in Zinswenden in (z.B. 1999) Geld- und Kapitalmarkt nicht immer gleich laufen	108
Abb. 3-7:	Gefahr des Zimsanstiegs	110
Abb. 3-8:	Auswahl von Positionen eines Unternehmens, die dem Cashflow-Risiko unterliegen	111
Abb. 3-9:	Verhältnis Eigenkapital zu Fremdkapital direkt nach Kreditaufnahme	115
Abb. 3-10:	Verhältnis Eigenkapital zu Fremdkapital nach einem Zinsrückgang bzw. einem Zinsanstieg	116
Abb. 3-11:	Auswahl von Positionen eines Unternehmens, die dem Barwert-Risiko unterliegen	117
Abb. 3-12:	Zusammenhang zwischen Cashflow- und Barwert-Risiko	118
Abb. 3-13:	Opportunitäts-Risiko eines beispielhaften Festsatzkredites	120

Abb. 3-14: Opportunitäts-Risiko eines beispielhaften festverzinslichen Wertpapiers 120
Abb. 3-15: Aktuelle Zinsbindungsbilanz eines beispielhaften Kreditportfolios 122
Abb. 3-16: Zinsbindungsverlauf eines beispielhaften Kreditportfolios 122
Abb. 3-17: Aktuelle Zinsbindungsbilanz unseres Beispielportfolios 123
Abb. 3-18: Zinsbindungsverlauf unseres Beispielportfolios .. 124
Abb. 3-19: Beschreibung der verschiedenen Szenarien für die Szenario-Analyse für ein Kreditportfolio .. 126
Abb. 3-20: Entwicklung des Zinsaufwands in den verschiedenen Szenarien eines Beispiel-Kreditportfolios 128
Abb. 3-21: Cashflow-Risiko eines Beispiel-Kreditportfolios für die nächsten 5 Jahre 129
Abb. 3-22: Cashflow-Risiko eines Anlage-Portfolios mit fast ausschließlich langlaufenden Bonds im Vergleich zu einem Portfolio mit fast ausschließlich Geldmarkt-Instrumenten 131
Abb. 3-23: Gegenüberstellung zweier Kreditportfolien mit unterschiedlicher zeitlicher Verteilung der Cashflow-Chancen und -Risiken.............. 132
Abb. 3-24: Barwert-Risiko eines Beispiel-Kreditportfolios ... 132
Abb. 3.25: Barwert-Risiko eines beispielhaften Anlageportfolios über die nächsten fünf Jahre im Verlauf ... 132
Abb. 3-26: Beispielhafter Verlauf des 3-Monats-Euribors in den Szenarien 2 und 3 der Szenario-Analyse 134
Abb. 3-27: Beispielhafter Verlauf des 3-Monats-Euribors bei der „at-Risk"-Methode.................. 136
Abb. 3-28: CfaR eines beispielhaften Kreditportfolios über den Verlauf der nächsten fünf Jahre 137
Abb. 3-29: Unterschiedliche CfaR's eines beispielhaften Kreditportfolios über den Verlauf der nächsten fünf Jahre bei verschiedenen Konfidenz-Niveaus 137
Abb. 3-30: Wirkung eines Festzins-Zahler-Swaps auf ein festverzinsliches Anlageportfolio 141
Abb. 3-31: Berechnung der Wertentwicklung eines beispielhaften Festzins-Zahler-Swaps 143
Abb. 3-32: Wirkung eines Festzins-Empfänger-Swaps auf ein festverzinsliches Darlehen 144
Abb. 3-33: Berechnung der Wertentwicklung eines beispielhaften Festzins-Zahler-Swaps 145
Abb. 3-34: Möglichkeit der Barwert-Realisierung eines Festsatz-Krediten durch Einsatz eines Festzins-Empfänger-Swaps mit Off-Market-Kupon 147

Abb. 3-35: Wirkung eines Festzins-Zahler-Swaps auf einen variabel verzinslichen Kredit 149
Abb. 3-36: Wirkung eines Festzins-Zahler-Swaps auf einen variabel verzinslichen Kredit 149
Abb. 3-37: Wirkung eines Festzins-Zahler-Swaps auf einen variabel verzinslichen Kredit 150
Abb. 3-38: Auszahlungsprofil eines Zins-Caps 152
Abb. 3-39: Wirkungsweise eines Zins-Caps in verschiedenen Zins-Szenarien 153
Abb. 3-40: Auszahlungsprofil eines beispielhaften Zins-Floors 154
Abb. 3-41: Wirkung eines fünfjährigen Constant-Maturity-Swaps auf einen Roll-Over-Kredit 155
Abb. 3-42: Aktuelle Zinsbindungsbilanz der ZRM-GmbH ... 158
Abb. 3-43: Zinsbindungsverlauf der nächsten fünf Jahre des Kreditportfolios der ZRM-GmbH 159
Abb. 3-44: Beschreibung der anzuwendenden Szenarien für die Szenario-Analyse für das Kreditportfolio der ZRM-GmbH 159
Abb. 3-45: Absoluter Zinsaufwand des Kreditportfolios der ZRM-GmbH über die nächsten 5 Jahre in den jeweiligen Szenarien 160
Abb. 3-46: Cashflow-Risiko des Kreditportfolios der ZRM-GmbH über die nächsten fünf Jahre in den jeweiligen Szenarien 161
Abb. 3-47: Aktuelles Barwert-Risiko des Kreditportfolios der ZRM-GmbH 161
Abb. 3-48: Umgestaltung der Zinsbindung für die Immobilien-Finanzierung der ZRM-GmbH 163
Abb. 3-49: Begrenzung des Cashflow-Risikos der umgestalteten Zinsbindung für die Immobilien-Finanzierung der ZRM-GmbH 166
Abb. 3-50: 50%iger Ausschluss des Cashflow-Risikos der auslaufenden Zinsbindung für die Immobilien-Finanzierung der ZRM-GmbH 166
Abb. 3-51: Zinsbindungsverlauf des Kreditportfolios der ZRM-GmbH nach den durchgeführten Maßnahmen ... 167
Abb. 3-52: Zinsaufwand des Kreditportfolios der ZRM-GmbH nach den durchgeführten Maßnahmen 167
Abb. 3-53: Cashflow-Risiko des Kreditportfolios der ZRM-GmbH nach den durchgeführten Maßnahmen ... 168
Abb. 3-54: Barwert-Risiko des Kreditportfolios der ZRM-GmbH nach den durchgeführten Maßnahmen ... 168
Abb. 4-1: Bedeutung des Währungsrisikos 171
Abb. 4-2: Exposure-Arten 174
Abb. 4-3: Direkte und indirekte Risiken 176

Abbildungsverzeichnis XXIX

Abb. 4-4: Währungs- und Gesamt-Finanzplanung 177
Abb. 4-5: Cashflow- Mapping 178
Abb. 4-6: Quantifizierung direkter und indirekter Risiken .. 179
Abb. 4-7: Wahrscheinlichkeitsverteilungen 182
Abb. 4-8: Zweidimensionale Prognose 183
Abb. 4-9: Prozess der Risikobewertung 184
Abb. 4-10: Grafische Darstellung aus Einzelszenarien 185
Abb. 4-11: Tabellarische Darstellung aus Einzelszenarien ... 186
Abb. 4-12: Absolute Chancen/Risiken der Einzelszenariobetrachtung 186
Abb. 4-13: Grafische Darstellung des CFaR 187
Abb. 4-14: Tabellarische Darstellung der CFaR 188
Abb. 4-15: Ziehungen aus den Verteilungen 189
Abb. 4-16: Über Cashflow-Maps zu aggregiertem CfaR 189
Abb. 4- 17: Langfristiges und kurzfristiges Risikomanagement 192
Abb. 4-18: Devisenprodukte 193
Abb. 4-19: Grafische Risikodarstellung nach Maßnahmen
(Beispiel: Vollabsicherung durch Termingeschäfte) 197
Abb. 4-20: Tabellarische Risikodarstellung nach Maßnahmen
für ein Szenario 197
Abb. 4-21: Tabellarischer Risikodarstellung nach Maßnahmen
in Form von CFaR 198
Abb. 4-22: CFaR vor und nach Maßnahmen 198
Abb. 4-23: Der Risikomanagementprozess 199
Abb. 4-24: Kontrolle 200
Abb. 4-25: Der Devisenrisikomanagementprozess 208
Abb. 5-1: Schwankungsbreite verschiedener Rohstoffe im
Verlauf des Jahres 2003. Grundlage stellten die
jeweiligen Höchst- und Tiefstände von Januar
bis Dezember dar 209
Abb. 5-2: Preisverlauf eines Rohstoffs 214
Abb. 5-3: Produktionsanteile Aluminium 218
Abb. 5-4: Verbrauchsanteile Aluminium 218
Abb. 5-5: Historische Preisentwicklung Aluminium. 218
Abb. 5-6: Produktionsanteile Blei 219
Abb. 5-7: Verbrauchsanteile Blei 219
Abb. 5-8: Historische Preisentwicklung Blei 220
Abb. 5-9: Historische Preisentwicklung Gold 222
Abb. 5-10: Historische Preisentwicklung Silber 223
Abb. 5-11: Historische Preisentwicklung Platin 223
Abb. 5-12: Produktionsanteile Kupfer 224
Abb. 5-13: Verbrauchsanteile Kupfer 224
Abb. 5-14: Historische Preisentwicklung Kupfer 224
Abb. 5-15: Produktionsanteile Nickel 225
Abb. 5-16: Verbrauchsanteile Nickel 226

Abb. 5-17:	Historische Preisentwicklung Nickel	226
Abb. 5-18:	Öl-Destillate und Raffinierungsgrade	227
Abb. 5-19:	Entwicklung der gehandelten Öl-Devirate	229
Abb. 5-20:	Historische Preisentwicklung Brent Oil	230
Abb. 5-21:	Historische Preisentwicklung Zellstoff	232
Abb. 5-22:	Produktionsanteile Zink	232
Abb. 5-23:	Verbrauchsanteile Zink	233
Abb. 5-24:	Historische Preisentwicklung Zink	233
Abb. 5-25:	Produktionsanteile Zinn	234
Abb. 5-26:	Verbrauchsanteil Zinn	234
Abb. 5-27:	Historische Preisentwicklung Zinn	235
Abb. 5-28:	Zahlungsverlauf eines Commodity-Swaps	236
Abb. 5-29:	Zahlungsverlauf einer Commodity-Call-Option	237
Abb. 5-30:	Zahlungsverlauf einer Commodity-Put-Option	237
Abb. 5-31:	Zahlungsverlauf eines Commodity-Collars	238
Abb. 6-1:	Schematische Darstellung des Konjunkturzyklus	242
Abb. 6-2:	Dow Jones versus DAX	246
Abb. 6-3:	Dow Jones versus Euro STOXX	246
Abb. 6-4:	Zinsverlauf der letzten zehn Jahre (erhebliche Zinssenkungen seit 1999)	249
Abb. 6-5:	10-Jahres-Swap-Kurve versus 10-jähriger Bundanleihe	250
Abb. 6-6:	Bonitätseinstufung nach Moody's und Standard & Poor's	252
Abb. 6-7:	Ausfallwahrscheinlichkeiten verschiedener Ratings	253
Abb. 6-8:	Aufgaben der Wertpapieranalyse	257
Abb. 6-9:	Darstellung der Top-down-Analyse	259
Abb. 6-10:	Beurteilung der Konjunktursituation	259
Abb. 6-11:	Aktienmarkt läuft der Konjunktur voraus	260
Abb. 6-12:	Darstellung der Bottom-up-Analyse	261
Abb. 6-13:	Berechnung des Barwerts einer Zahlung	265
Abb. 6-14:	Berechnung des Barwerts einer Zahlungsreihe	265
Abb. 6-15:	Übersicht der verschiedenen Modelle zur Unternehmensbewertung	268
Abb. 6-16:	Schematische Darstellung des Diversifikationseffekts am Musterbeispiel zweier Aktien mit negativer Korrelation	276
Abb. 6-17:	Unsystematisches und systematisches Risiko	277
Abb. 6-18:	Unbedingtes versus bedingtes Hedging	278
Abb. 6-19:	Schematische Darstellung der Kursentwicklung beim „Airbaging"	284
Abb. 6-20:	Aufgaben und Ziel der Wertpapieranalyse	287
Abb. 7-1:	Branchenspezifische Temperatureinflüsse	290
Abb. 7-2:	Branchenspezifische Niederschlagseinflüsse	291
Abb. 7-3:	Branchenspezifische Windeinflüsse	291

Abb. 7-4:	Wetterrisiken in der Unternehmung	293
Abb. 7-5:	Risiko-Eintrittswahrscheinlichkeits-Matrix	295
Abb. 7-6:	Beispiel für Messstationen in der Bundesrepublik Deutschland HDD Berlin Dahlem (monatlich) 1999	300
Abb. 7-7:	Montaswert Januar 450 HDD/31 Tage = 14,51 (durchschnittlicher HDD Tageswert)	301
Abb. 7-8:	CDD Berlin Dahlem (monatlich) 1999	301
Abb. 7-9:	Durchschnittstemperatur Februar Berlin seit 1990	309
Abb. 7-10:	HDD Berlin Februar seit 1990	310
Abb. 7-11:	Fernwärmeabsatz „FWP" vs. Durchschnittstemperaturen Berlin Dahlem seit Februar 1990	311
Abb. 7-12:	Fernwärmeabsatz „FWP" vs. HDD Berlin Dahlem seit Februar 1990	312
Abb. 7-13:	Ziele des Wetterrisikomanagements	315
Abb. 7-14:	Leistungskennlinie einer Windturbine	318
Abb. 8-1:	Verlauf eines Inflationsindex	331
Abb. 8-2:	Entwicklung der festen Kosten versus variablen (inflationsindexierten) Einnahmen	333
Abb. 8-3:	Darstellung der Differenz resultierend aus einer unterschiedlichen Indexentwicklungen	334
Abb. 8-4:	Zins- und Tilgungsverlauf eines Annuitätendarlehens	335
Abb. 8-5:	Quantifizierung einer marginalen Inflationsabweichung	337
Abb. 8-6:	Mathematisches Risiko einer Indexierung	338
Abb. 8-7:	Austausch der Zahlungsströme	339
Abb. 8-8:	Zahlungsstruktur bei einem Inflationswap-Einsatz, bei dem der Kunde einen Festsatz empfängt	341

Abkürzungsverzeichnis

baw	bis auf weiteres
CfaR	Cashflow-at-Risk
DSCR	Debt Service Coverage Ratio (= Schuldendienstdeckungsgrad)
DWD	Deutscher Wetter Dienst
EaR	Earnings-at-Risk
EEG	Energie-Einspeise-Gesetz
EK	Eigenkapital
EpSaR	Earnings-per-Share-at-Risk
EUR	Euro
EURIBOR	European Interbank Offer Rate
EZB	Europäische Zentralbank
FiRM	Financial Risk Management (= Finanzrisikomanagement)
FK	Fremdkapital
FRA	Forward Rate Agreement
GuV	Gewinn- und Verlustrechnung
HGB	Handelsgesetzbuch
IAS	International Accounting Standards
KonTraG	Gesetz zur Kontrolle und Transparenz im Unternehmen
OTC	Over the counter (= außerbörslich)
USD	Amerikanischer Dollar
VaR	Value-at-Risk
Vola	Volatilität (= Schwankungsintensität bzw. Standardabweichung)
WEA	Windenergieanlagen

1. Financial Risk Management (FiRM): Risikomanagement im Überblick

Von Christa Härle-Willerich und Klaus von Rekowski

1.1 Einführung

Die Globalisierung der Märkte schreitet voran – Schutzwälle und Nischen werden abgebaut und zunehmend internationalen Wettbewerb ausgesetzt. Das Internet verschärft die Wettbewerbssituation und erhöht die Preistransparenz. Die Marktbildung wird durch schnelle und kostengünstige Logistik unterstützt. Dies hat enorme Folgen insbesondere für lokale Unternehmungen aber auch für internationale Konzerne. Die derzeit weltweit niedrigen Wachstumsraten der wichtigsten Volkswirtschaften, verstärken den Selektionsprozess in allen Branchen und betroffenen Unternehmen. Die Insolvenzquote des deutschen Mittelstandes erreicht dabei neue Höchstmarken. Dies hinterlässt in den Bilanzen der Banken tiefe Spuren.

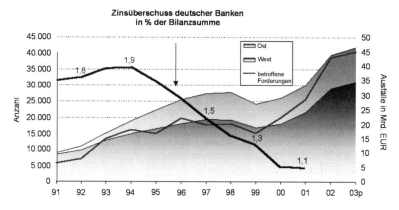

Abb. 1-1: *Herausforderung Nr. 1: Insolvenzen und Forderungsausfälle nehmen weiter zu (Faktor 5 bzw. 9 in nur 12 Jahren).*
Quelle: *Statistisches Bundesamt; eigene Prognose*

Die Analysen der Insolvenzstatistiken zeigen, dass die Größe der Firmen tendenziell vor der Begegnung mit dem Konkursverwalter und/oder dem Amtsgericht schützt. Dies legt den Schluss nahe, dass dem Risikomanagement u.a. eine zentrale Bedeutung bei der Zukunftssicherung eines Unternehmens zukommen sollte. Das Thema Risikomanagement wird von den Marktteilnehmern sehr unterschiedlich wahrgenommen. Studien und Umfragen zeigen, dass viele Unternehmen glauben, ein solides Risikomanagement zu betreiben, die gelebte Praxis sieht aber ganz anders aus.

„Deutsche Mittelständler nehmen im europäischen Vergleich nur eine mittlere Position im Bereich Risikomanagement ein". (Quelle: Marsh-Studie 2002)

Die Folge von unterlassenem Risikomanagement ist, dass Unternehmen zum Spielball der Märkte werden und somit der unternehmerische Erfolg gefährdet wird.

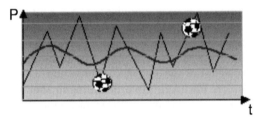

Abb. 1-2: „Unternehmen als Spielball der Märkte"

Die Liquiditätsrisiken sind die mit Abstand häufigsten Ursachen für Unternehmensinsolvenzen. Das heißt eine gute Geschäftsidee ist dann kein Garant für Erfolg, wenn die Datenbasis für Liquiditätsplanung und Ratingpolitik unzureichend ist. Finanzrisikoplanung für Unternehmen hat durch die beschriebene Verschärfung der wichtigsten Wettbewerbsfaktoren noch an Bedeutung gewonnen. Finanzrisikomanagement (FiRM) ist ein wichtiger Teil des Risikomanagements eines Unternehmens.

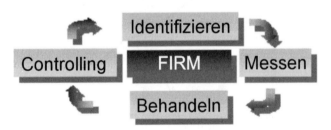

Abb. 1-3: Regelkreis des Finanzrisikomanagements

Problemlösungen sind möglich und notwendig u.a. für Zins-, Währungs-, Wetter/Wind- und Rohstoff- sowie Inflationsrisiken. Diese Risiken können an den internationalen Finanzmärkten gehandelt werden. Größere Unternehmen besitzen dafür eine eigene Treasury-Abteilung, die das Liquiditäts- und Risikomanagement nach den Vorgaben der Geschäftsleitung umsetzt. Wichtig ist dabei die operationale Trennung von Controlling und Umsetzung. Durch das innovative Finanzrisikomanagement werden Spezialisten im Bankenbereich zu Beratern für das Management von Finanzrisiken ihrer Kunden aus dem Mittelstand sowie internationaler Konzerne. Ziel ist eine wertorientierte Unternehmenssteuerung, die mit Hilfe von finanzmathematischen Modellen Unternehmenserfolge sichert und auch steuert.

Primäre Ziele eines unternehmerischen Finanzmanagements sind, die Sicherung der Liquidität, die Reduzierung und aktive Steuerung finanzieller Risiken. Die Verstetigung des Finanzergebnisses und damit des Unternehmensratings stehen dabei im Fokus. Besondere Bedeutung hat dies für alle zyklischen Branchen, die durch das Auf und Ab der Konjunktur stark gefährdet sind. Zu diesen Firmen zählen Handelsunternehmen, Kfz-Hersteller, Maschinenbauer, Baugewerbe und Immobilieninvestoren und viele mehr. Sekundäre Ziele sind die Maximierung des Shareholder Values und die Optimierung des Finanzergebnisses. Gesetzliche Treiber für Risikomanagement sind das KonTraG (Gesetz zur Kontrolle und Transparenz im Unternehmensbereich), Basel II und Anforderungen des Kapitalmarktes. Um die hohe Volatilität der Märkte und die Auswirkungen auf Unternehmen zu beherrschen ist der FiRM-Ansatz zwingend notwendig.

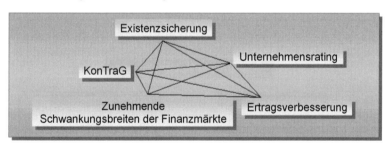

Abb.1-4: Die Gründe für Finanzrisikomanagement im Unternehmen sind vielfältig

Risikomessungen erfolgen nach einer Analyse mit Hilfe von EDV-technischen Risk Tools. Sie berechnen Value-at-risk und Cashflow-at-risk aller Unternehmenspositionen. Welche der beiden Ansätze höher gewichtet wird entscheidet die Unternehmensleitung individuell. Der hohe Stellenwert des Themas schlägt sich auch mittlerweile an den Lehrstühlen für Finanz- und Bankenmanagement nieder. Hier sollen nur zwei Beispiele exemplarisch genannt werden – z. B. die Entwicklung von neuen Pricingmodellen unter Einbeziehung von Kreditausfällen und Ratingkennzahlen nennt man kompetitive Preise, also Preise für Finanzprodukte, die die Komplexität der Märkte miteinbeziehen. Ebenso werden sich Gedanken über extrem Wertverteilungen und die Korrelation von wichtigen politischen und wirtschaftlichen Ereignissen auf die Märkte und deren Gewichtung und Verteilung auf bestimmte Laufzeiten gemacht. Die aktuellsten Reaktionen des Kapitalmarktes zum Thema FiRM zeigt sich darin, dass neue Märkte zum Thema Risikotransfer entstehen. Beispiele sind Geschäfte mit Wetter- und Windderivaten und OTC-Rohstoffpreisabsicherungen. Sogar Inflationsrisiken sollen in naher Zukunft auch in Deutschland handelbar werden. Dies wird bereits an der Börse in London umgesetzt. Für die Etablierung des FiRM-Prozesses ist eine qualitativ gute Beratung zwingend notwendig, da die Produkte mit Hilfe von Korrelationsanalysen individuell an die Risikopositionen der Unternehmen angepasst werden.

1.2. Risikosystematik für finanzielle Risiken

Viele Marktpreisrisiken sind transformierbar, handelbar und auch versicherbar. Das Kernrisiko eines Unternehmens bleibt jedoch. Deshalb soll mit dem aktiven Managen von Finanzrisiken Freiräume zur Steuerung des eigentlichen unternehmerischen Risikos geschaffen werden. Der FiRM-Prozess behandelt die relevanten Marktpreisrisiken einer Unternehmung.

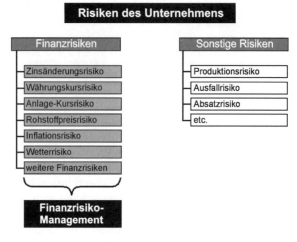

Abb. 1-5: Risiken des Unternehmens

1.2 Risikosystematik für finanzielle Risiken

Es gibt für jedes Unternehmen eine Vielzahl von Risiken. Diese Grafik zeigt Marktpreisrisiken (FiRM) als Teilmenge des gesamten Unternehmensrisikos.

Finanzrisiken sind dann steuerbar, wenn sie einen in einer Policy definierten Prozess im Unternehmen durchlaufen und nachhaltig von allen Beteiligten kontrolliert werden. Dies geschieht in der Praxis oft durch halbjährliche Meetings.

In einer Risikopolicy wird festgelegt, wie die Systematik der Risikobetrachtung in die Aufbau- und Ablauforganisation des Unternehmens eingebettet wird. Sie gibt Aufschluss darüber, welche Risiken mit welchen Risikomessverfahren wie häufig gemessen werden und welche einzelnen Risikolimite den Risiken zugeordnet werden. Außerdem werden die statistischen Verfahren und Kennziffern zur Erfassung von Risiken definiert. Die beauftragten internen und externen Mitarbeiter und Berater analysieren die Risiko-Portfolios des Unternehmens jeweils neu (oftmals halbjährlich) unter Berücksichtigung der aktuellen Marktpreisentwicklungen und simulieren und quantifizierten die Auswirkungen auf das Unternehmen. Die qualifizierte Prognose möglicher Marktpreisveränderungen führt im Ergebnis zur Umsetzung risikobegrenzender und/oder chancenerhöhender Strategien. Sehr häufig werden die Ergebnisse durch Einsatz von OTC-Derivaten erreicht.

Die Systematik der Bemessung sollte konstant bleiben, um eine Vergleichbarkeit ableiten zu können. Eine Risikopolicy darf nicht willkürlich auf aktuelle Marktveränderungen angepasst werden. In der Praxis agieren Unternehmen jedoch oftmals unter dem Druck von Aktionären indifferent auf eine Situation, wenn z.B. Marktprognosen nicht eingetreten sind und dies Spuren in G+V und Bilanz hinterlässt. Dr. Ing. *Wendelin Wiedeking*, Vorsitzender des Vorstands der Porsche AG führte im Rahmen einer Hauptversammlung folgendes aus, nachdem die Aktionäre Kritik an den Absicherungskosten von USD-Risiken geäußert hatten: „Wenn wir in den letzten 30 Jahren keine Termin- und Optionsgeschäfte gemacht hätten, wären unsere Fremdwährungserlöse identisch gewesen. Während dieser Periode wären wir jedoch dreimal in Konkurs gegangen."

Reagiert das Unternehmen auf die externe Kritik, indem Absicherungen unterlassen werden, setzt es sich ggfs. existenziellen Risiken aus, die ein einzelner Aktionär aus seiner Sicht gar nicht wahrnehmen kann. Viele Unternehmen veröffentlichen ihre Risikopolicy und -systematik und deren Kennziffern im Rahmen der Jahresabschlüsse.

1.3 Umsetzung des Finanzrisikomanagements

Der FiRM-Prozess setzt sich aus drei Bausteinen zusammen: Risikoidentifizierung, -quantifizierung und Steuerung.

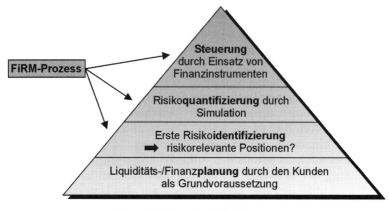

Abb. 1-6: Aufbau des FiRM-Prozesses

1.3.1 Identifizieren und Behandlung von Risiken

Nicht jedes Risiko einer Unternehmung ist auf den ersten Blick ersichtlich. Ziel der Risikoidentifizierung muss es sein, die erkannten Risiken im Rahmen der definierten Risikopolitik des Unternehmens zu bewerten und zu steuern. Eine komplette Ausschaltung von Risiken (hier Finanzrisiken) ist für ein Unternehmen weder machbar, noch sinnvoll, da die Kosten der Sicherungen den Unternehmenserfolg stark begrenzen. Es geht also darum existenzielle und im Rahmen der Ergebnisplanung unerwünschte Risiken zu identifizieren und – wenn möglich – auszuschalten bzw. zu minimieren. Für eine unternehmensorientierte Risikopolitik spielt das Chancenmanagement eine genauso wichtige Rolle, wie das Risikomanagement. Eine Nichtbehandlung von Risiken ist dabei der spekulativste Ansatz mit den Risiken umzugehen. Es empfiehlt sich alle Risiken in einem Risikokatalog zu erfassen und dem Risiko die verfügbaren Absicherungsinstrumente systematisch gegenüberzustellen. Die identifizierten Risiken werden im beschriebenen FiRM-Prozess systematisch und regelmäßig behandelt.

Risiken lassen sich nach direkten und indirekten Risiken unterscheiden. Zwei Praxis-Beispiele sollen deren Struktur aufzeigen:

Ein USD-Umsatz, der in drei Monaten auf dem Konto eingeht, unterliegt dem **direkten** Risiko der Währungsschwankung, wenn er nicht gesichert wird. Bezieht ein Unternehmen im Euroraum Öl, dessen Preis in Euro berechnet wird, steckt im Ölpreis ein **indirektes Währungskursrisiko**, da Öl auf den Weltmärkten immer in USD notiert. Der Euro-Preis setzt sich also aus der Öl- und USD-Preiskomponente zusammen und reagiert auf beide Faktoren. Im ersten Quartal 2004 war dies für die Verbraucher in Deutschland jedoch eine indirekte Chance, da der starke Euro den sehr starken Ölpreisanstieg in USD zum Teil kompensiert hat.

In größeren Unternehmen ist es die Aufgabe der Treasury-Abteilung Finanzrisiken zu identifizieren und zu behandeln.

Festgelegte Risikolimite hängen von der Risikotragfähigkeit eines Unternehmens ab. Die Risikotragfähigkeit ist die zentrale Kennziffer, die alle Risikolimite im Unternehmen zusammenfasst. Je ertragsstärker das Unternehmen, desto höher können die Limite sein. Ein zu hohes Limit verwässert jedoch den Anspruch einer Finanzrisikopolitik sehr stark. Die zu sichernden Preise und Kurse müssen in einem realistisch erreichbaren Bereich liegen, da ansonsten Ertragschancen aus der operativen Unternehmenstätigkeit „"vernichtet" werden können.

1.3.2 Quantifizierung und Messen von Risiken

Finanzrisiken können sich auf die G+V und die Bilanz des Unternehmens auswirken. Für beide sind finanzmathematische Messverfahren entwickelt worden, die u. a. gesetzlich im Risikomanagement von Banken verankert wurden. Die Risikokennziffer für die G+V wird als Cashflow-at-Risk, die Kennziffer für die Bilanz als Value-at-Risk bezeichnet.

Definition der beiden Risikokennziffern:

- Der **Cashflow-at-Risk** dient zur Prognose der **maximalen Cashflow-Belastung**, die durch das Halten einer Position (z. B. eines Zinsabsicherungsprodukts oder Bonds) während einer definierten Halteperiode entstehen kann.

- Der **Value-at-Risk** dient zur Prognose des **maximalen (bilanzwirksamen) Verlusts/Gewinns**, die durch das Halten einer Position (z. B. Zinsabsicherungsprodukt oder Bond) während einer definierten Halteperiode entstehen kann.

Um die maximalen Gewinne bzw. Verluste berechnen zu können, werden historische Preisschwankungen von Werten um ihren Mittelwert berücksichtigt. Mathematische Barwertbetrachtungen werden dazu eingesetzt, die Höhe der zukünftigen Zahlungsströme zum aktuellen Wert bestimmen zu können. Somit kann z. B. die Frage beantwortet werden, zu welchem fairen Wert die zukünftigen

Cashflows bereits zum heutigen Zeitpunkt gekauft oder verkauft werden können. Für Risikosimulationen werden u.a. eine hohe Anzahl von Zufallsszenarien der Vergangenheit durchgespielt oder Parallelverschiebungen von Zinsstrukturkurven eingesetzt. Diese Verfahren liefern mit den richtigen Daten gefüttert eine klare Antwort auf die Frage, welcher maximale Gewinn/Verlust mit welcher Eintrittswahrscheinlichkeit auftreten wird.

In der Praxis macht es durchaus Sinn beide Kennziffern (Cashflow-at-Risk und Value-at-Risk) zu berechnen, da die Grundgeschäfte, auf die sie sich beziehen, wie z. B. variable Kredite/Anlagen und festverzinsliche Darlehen /Bonds fast in jedem Unternehmen vorkommen.

1-7: Zielkonflikt der Risikoausrichtung. (Quelle: HVB-LIB)

Abbildung 1-7 verdeutlicht den Zielkonflikt verschiedener Ziele der Risikosteuerung. Ein Unternehmen kann bei einer zu optimierenden Position nicht gleichzeitig Cashflow- und Barwert-Risiken gleichzeitig optimieren. Eine Optimierung eines Parameters geht stets zu Lasten des anderen Parameters – ähnlich eines „Schiebereglers" muss ein Unternehmen nun eine individuelle Positionierung zwischen den konkurrierenden Zielen definieren.

Für viele Unternehmen ist der Cashflow-at-Risk wichtiger als der Value-at-Risk, da die Auswirkungen auf die G+V (Liquidität) höher preforiert werden als die bilanziellen Auswirkungen (Drohverlustrückstellungen).

Die Risikomessung eines Receiver-Swaps veranschaulicht diese Aussage:

Der Swap besteht aus zwei Bestandteilen:

- dem 6-Monats-Euribor (variabler Geldmarktsatz);
- einem Festzinssatz für die Laufzeit, der sich in seiner Höhe am Kapitalmarkt orientiert und halbjährlich bezahlt wird.

Der Kunde bezahlt den 6-Monats-Euribor in der halbjährlich festgestellten Höhe und erhält den Festsatz aus dem Swap.

Solange der 6-Monats-Euribor unterhalb des empfangenen Festzinssatzes des Swaps bleibt, erhält der Kunde Liquidität von der Bank. Steigt der 6-Monats-Euribor an einem der halbjährlichen Fixings innerhalb der Swaplaufzeit über den Festsatz des Swaps, bezahlt der Kunden die Differenz der beiden Zinssätze bezogen auf das Swapvolumen und einer Laufzeit von sechs Monaten an die Bank.

Abb. 1-8: Schematische Darstellung eines Zinswaps

Der Swap beinhaltet zwei Risiken:
a) das Cashflow-Risiko, wenn der 6-Monats-Euribor über den Swapsatz steigt;
b) das Barwertrisiko (Value-at-Risk-Ansatz), wenn die langfristigen Zinsen des Rentenmarkts für die Restlaufzeit des Swaps über seinen Festsatz steigen. Für dieses Risiko muss am Bilanzstichtag eine Drohrückstellung (HGB) in der Bilanz gebildet werden.

Für die meisten Kunden ist der Punkt Liquidität jedoch von weit höherer Bedeutung, als der aktuelle Barwert des Swaps und seinem Ausweis in der Bilanz. Daraus ergeben sich folgende Schlüsse: Die statistische Messverfahren ersetzen jedoch auf keinen Fall die individuell auf das Unternehmen abgestimmte Risikopolitik. Es liefert jedoch wichtige Hinweise über die Höhe möglicher Risiken und deren Eintrittswahrscheinlichkeit, basierend auf den zur Berechnung herangezogenen Annahmen in der Zukunft liegender Marktentwicklungen. Es nutzt dem Unternehmen wenig, wenn im Konkursfall das eingetretene Risiko mit einer extrem niedrigen Wahrscheinlichkeit berechnet wurde. Ohne Absicherung des existenziellen Risikos schlägt es trotzdem auf die Ebene der Wirtschaftlichkeit durch.

1.3.3 Steuerung von Risiken

Folgende Aufgabenblöcke werden dabei in den meisten Unternehmen durch die Treasury erledigt und gesteuert:
• **Cash-Management** – Steuerung der Unternehmensliquidität über verschiedene Länder und Banken sowie Tochtergesellschaften hinweg. Hierbei werden v.a. Valuta- und Dispositionsrisiken identifiziert und gesteuert. Ein professionelles Cash-Pooling (nach Währungen diversifiziert) stellt sicher, dass keine wirtschaftlichen Nachteile für das Unternehmen entstehen. Es ist möglich, dass mehrere Konten am gleichen Tag einen Soll- bzw. Habenstand bei verschiedenen Banken aufweisen. Hier wird das wirtschaftliche Risiko so gesteuert, dass das Unternehmen Liquidität am wirtschaftlichsten vernetzt und den Gesamtsaldo ent-

weder am günstigsten anlegt oder ausleiht. Dies geschieht oftmals in Form von Tagesgeldern. Die Kontendisposition steht hier im Vordergrund.

- **Erweitertes Cash-Management als Liquiditätsmanagement** – Gemeint ist hier eine Risikopolitik für Zinsänderungsrisiken und die Sicherstellung der Unternehmensliquidität und Zahlungsfähigkeit auf der Basis des Cash-Managments. In welchem Maße das Unternehmen auf die Zinsänderungsrisiken reagiert, ist vom festgelegten Risikolimit anhängig.

- **Devisenmanagement** – Steuerung und Behandlung der Fremdwährungsrisiken einer Unternehmung. Die genetteten Salden in der jeweiligen Währung werden im Rahmen der Währungs-Policy des Unternehmens gesteuert und innerhalb definierter Risikolimite behandelt. Wichtig ist dabei, die definierten Risikolimite organisatorisch separat zu überwachen, um Revisionssicherheit zu gewährleisten. Ein weiterer wichtiger Punkt ist, dass die Absicherungskosten bereits vor dem Erreichen des Risikolimits berücksichtigt werden, da diese ansonsten garantiert zur Überschreitung des Limits führen.

- **Debitorenmanagement** – Die Steuerung und Überwachung von Zahlungszielen und Forderungseingängen sind in der heutigen Zeit sehr wichtig. Es gilt im Rahmen von Kundenportfolien Klumpenrisiken zu vermeiden und bonitätsschwache Kunden zu identifizieren, um Zahlungsausfälle möglichst gar nicht auftreten zu lassen. Bei bonitätsschwachen Kunden erfolgt Lieferung meist nur gegen Vorrauskasse. Danach erfolgt die Festlegung der Risikopolitik und der Risikolimite, die das Unternehmen vor Verlusten und Planabweichungen im Ertrag schützen sollen.

Eine professionelle Möglichkeit Risiken zu steuern, bietet die Erkenntnis des modernen Portfoliomanagements. Um finanzielle Klumpenrisiken zu vermeiden, die sich sehr negativ auf das Unternehmen auswirken können, werden Korrelationsanalysen der Kredit- und Anlageportfolien durchgeführt. Ziel ist es, Risiken vor dem Hintergrund der Wirtschaftlichkeit möglichst gut zu streuen und die vermeidbare Gleichrichtung von Risiken zu umgehen. Dabei wird der Gedanke des Portfoliomanagments, der sich seit langem im Anlagebereich etabliert und bewährt hat, auch auf Kreditportfolien übertragen.

Die Diversifikationsachsen (siehe Abbildung 1-9) für ein Unternehmen das mit Fremdkapital arbeitet, können dabei folgende Komponenten haben:

a) Fremdwährungskredite mit niedrigen Zinsen, wie z.B. Schweizer Franken und Yen

1.3 Umsetzung des Finanzrisikomanagements

b) Verteilung der Zinsbindungen (Schwerpunkt auf kurzfristige Kredite)
c) Diversifizierung der kreditgebenden Banken unter der Vermeidung von Schwerpunktabhängigkeiten im Kreditbereich

Die Diversifikationsachsen (siehe Abbildung 1-9) für ein Unternehmen das mit Eigenkapital arbeitet, können dabei folgende Komponenten haben:

d) Fremdwährungsanlagen mit hohen Zinsen, wie z. B. Britisches Pfund, Ungarischer Forint
e) Verteilung der Zinsbindungen (Schwerpunkt auf Rentenmanagement)
f) Diversifizierung der mit der Anlage beauftragten Banken und Emittenten unter Vermeidung von Klumpenrisiken.

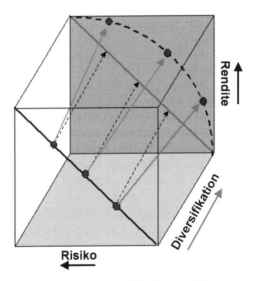

Abb. 1-9: „Diversifikationswürfel"

Im Fremdwährungsmanagement hat sich in den Unternehmen sehr häufig eine Splittung von Absicherungsinstrumenten durchgesetzt. Ein Drittel der Positionen werden offen gelassen, ein Drittel über Termingeschäfte gesichert und ein Drittel chancenorientiert über Optionen gehedged.

Die permanente Zunahme der Marktpreisschwankungen in den einzelnen Handels-Märkten macht eine bewusste Steuerung und Absicherung von Risiken immer zwingender notwendig. Die Volatilität sagt dabei nichts über die Richtung der Marktpreisentwicklung aus, sondern gibt lediglich einen Hinweis, über erwartete Schwankungen um den aktuellen Mittelwert des Preises.

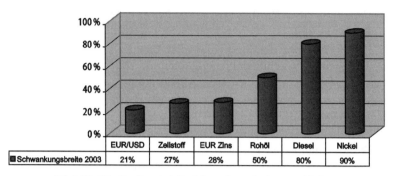

Abb.1-10: Die Grafik zeigt die Schwankungsbreite verschiedener, für den Unternehmenserfolg teilweise bedeutenden, Güter und Märkte.
Quelle: Alexandra Stelzer

1.3.4 Controlling von Risiken

Jede wichtige Aufgabe und Kompetenz bedarf der Machtteilung und Kontrolle. Deshalb ist es wichtig, dass die an die Treasury-Abteilung delegierten Aufgaben und Kompetenzen von einer organisatorisch getrennten Abteilung wie z. B. dem Controlling oder der Revision überprüft werden. Um eine effiziente Risikosteuerung im Unternehmen zu etablieren sind meist mehrere separate EDV-Tools notwendig, da die Daten der Buchhaltung nur bedingt für die Treasury geeignet sind. Die Buchhaltung dient einem anderen Unternehmenszweck. Sie ist für die Erstellung der G+V und der Bilanz verantwortlich.

Die geschilderten Aufgaben der Treasury-Abteilung sind keine primären Ziele der Buchhaltung. Deshalb liefern Buchhaltungssysteme auch nur einen Teil der Daten für die Treasury. Im Mittelstand existiert sehr häufig keine eigene Treasuryabteilung. Deshalb werden die Aufgaben zum Teil ausgelagert. Das Ziel wird es sein, alle Unternehmenspositionen real-time mit den aktuellen Kapitalmarktpreisen zu bewerten, um im Finanz-Risikomanagement wirklich up-to-date zu sein. Die Auswirkungen der zunehmenden Preisschwankungen auf das Unternehmen und die Risikolimite exakt und zu jeder Zeit bewerten zu können ist ebenfalls Aufgabe des FiRM-Prozesses. Mit der zunehmenden Volatilität der Kapitalmarktpreise wird eine real-time-Steuerung der Risiken immer wichtiger.

1.4. Evaluierung

Was macht das dargestellte Thema so interessant? Es bringt allen Beteiligten Mehrwert! Einem Unternehmen mehr Sicherheit für das Managen von Finanzrisiken auf Einzelgeschäfts- und Portfoliobasis. Dem Finanzrisikoberater eine fundierte Möglichkeit Finanztransaktionen mit dem Kunden zu tätigen nicht des Umsatzes oder einer Marktbewegung wegen, sondern langfristig orientiert. Das Ergebnis ist maßgeschneidert, für den Kunden risikominimierend und erfasst die gesamte Unternehmenssphäre. Der integrierte Beratungsprozess, also die Identifizierung und Behandlung von Finanzrisiken, dem Messen und den Einsatz von Absicherungsprodukten sowie das regelmäßige Controlling ist ein neuer Prozess. Die Umsetzung des FiRM-Ansatzes steigert den Unternehmenswert und eröffnet die „gesicherte Freiheit" auf Marktgegebenheiten und Konkurrenz reagieren zu können.

2. Der Prozess der Risikosteuerung

Von Thomas Priermeier

Beim Management von Finanzrisiken ist von entscheidender Bedeutung, dass die Risikobehandlung stets als integrierter, kontinuierlicher Prozess angesehen und aufgesetzt wird. Wichtig ist hier, dass Finanzrisikomanagement dabei nicht als „notwendiges Übel" betrachtet wird, sondern als Chance. Ein gezieltes Finanzrisikomanagement wird, nicht nur Risiken mindern, sondern auch (Opportunitäts-) Kosten vermeiden und kann somit (eine) Quelle des Unternehmenserfolgs sein. Betrachtet man zwei ansonsten gleiche Unternehmen, so wird ceteris paribus das mit einem erfolgreichen Finanzrisikomanagement erfolgreicher am Markt sein, aggressivere Preisstrategien fahren können und so weiter. Darüber hinaus verbessert ein abgestimmtes Finanzrisikomanagement Bonität und Rating eines Unternehmens.

Warum als „integrierter Prozess"?

Es wäre nun gefährlich, einzelne Finanzrisiken isoliert zu betrachten und zu behandeln. Wichtig ist, Wechselwirkungen einzelner Finanzrisiken zu beachten und deren Auswirkungen auf das Unternehmen zu berücksichtigen. In der unternehmerischen Praxis treten diese Risiken nämlich nicht isoliert und „nacheinander", sondern eben parallel auf. Gefährlich ist es, wenn sich verschiedene Risiken zeitlich überlappen. Diese kumulierten Risiken können das Unternehmen hart treffen. Andererseits können sich unterschiedliche Risiken aber auch positiv beeinflussen. Negative Entwicklungen bei Dollar-Einnahmen können durch gleichzeitig positive Entwicklungen bei Yen-Einnahmen kompensiert werden.

Also egal ob positiv oder negativ – die Wechselwirkung der unterschiedlichen Risiken muss auf alle Fälle berücksichtigt werden, um die Risikosituation nicht zu unterschätzen aber auch nicht zu überzeichnen. Beides würde das Unternehmen belasten. Entweder durch zu hohe Risiken oder zu wenig Handelsspielraum, da zuviel Risikodeckungsmasse für das überzeichnete Risiko vorgehalten wird und nicht für andere – profitablere – Risikoträger eingesetzt werden kann.

2. Der Prozess der Risikosteuerung

Warum als „kontinuierlicher Prozess"?

Neben dieser umfassenden Risikosicht ist es auch wichtig, Risikomanagement nicht nur ad hoc – also bei Bedarf – zu betreiben. Vielmehr muss es als kontinuierlicher Prozess gestaltet sein, bei dem im festgelegten Turnus Risiken aufgedeckt, quantifiziert und mit den Risikozielen und der Risikotragfähigkeit des Unternehmens abgeglichen werden.

Die Parameter der Risikoanalyse ändern sich permanent. So weisen die Marktpreise – etwa für Zinsen, Währungen oder Rohstoffen – sehr hohe Schwankungen aus. Preise, Volatilitäten und Prognosen ändern sich permanent. Und somit die Hauptparameter der Risiken und auch der Risikotragfähigkeit. Und auch die untersuchten Grundgeschäfte – also etwa die erwarteten Fremdwährungs-Eingänge oder geplante Kreditaufnahmen – sind ständigem Wandel unterworfen. Dies muss sich auch auf das Finanzrisikomanagement auswirken. Eine Risikoanalyse darf nicht von der Realität „überholt" werden.

Der Finanzrisikomanagement-Regelkreis

In der betrieblichen Praxis hat sich ein stufenweises Herangehen an den Prozess des Finanzrisikos bewährt. Man kann diese Herangehensweise in einen Regelkreis aus vier Schritten darstellen, die sich zu einem anhaltenden, immerwährenden Kreislauf zusammenschließen. Dieser unten aufgezeigte Finanzrisikomanagement-Regelkreis wird uns dieses Kapitel hindurch begleiten:

Abb. 2-1: Regelkreis des Finanzrisikomangements

Kommen wir nun zum ersten Schritt des Finanzrisikomanagement-Regelkreises: der Identifizierung von Finanzrisiken – oder um mit Freiherr von Clausewitz zu sprechen: „Kenne Deinen Feind":

2.1 Identifizierung von Finanzrisiken

2-2: Identifizierung von Finanzrisiken

2.1.1 Was sind denn Finanzrisiken?

Der Regelkreis des Finanzrisikomanagements beginnt mit der Erkennung von Finanzrisiken im Unternehmen. Hierzu soll zunächst angegrenzt werden, was in diesem Buch exakt unter „Finanzrisiken" verstanden wird. Allgemein werden die Finanzrisiken der Finanzmärkte in drei unterschiedliche Risikokategorien aufgeteilt:

- Marktpreisrisiko
- Ausfallrisiko (auch Kontrahentenausfallrisiko)
- Liquiditätsrisiko

- **Marktpreisrisiko** – Einem Marktpreisrisiko (auch als *Marktpreisänderungsrisiko* bezeichnet) sind alle an den Finanzmärkten gehandelte Produkte ausgesetzt: Aktien, Anleihen, Zinsinstrumente, Devisen und Rohstoffe. Das Marktpreisrisiko ist dabei die Veränderung des Preises des Produktes durch Änderung von Angebot und Nachfrage. Wer beispielsweise Aktien kauft, ist dem Marktpreisänderungsrisiko deshalb ausgesetzt, weil der Kurs dieses Wertpapiers nach oben und nach unten schwankt.

- **Ausfallrisiko** – Das Ausfallrisiko bezeichnet das Risiko, bei welchem die Gegenseite eines Finanzmarktgeschäftes ihren Verpflichtungen überhaupt nicht, nicht vollständig oder nicht fristgerecht nachkommt. Dem Laien ist das Ausfallrisiko am ehesten in Zusammenhang mit dem klassischen Kreditgeschäft bekannt: Bei der Kreditvergabe geht jede Bank das Ausfallrisiko ein, dass ihr Schuldner nicht in der Lage ist, den Kredit wieder zurückzuzahlen. Das Ausfallrisiko wird deshalb auch als Kredit- oder Bonitätsrisiko bezeichnet. Im Rahmen dieses Buches wird jedoch nur bedingt auf diese Komponente eingegangen.

- **Liquiditätsrisiko** – Das Liquiditätsrisiko bezeichnet die unterschiedliche Schnelligkeit und Leichtigkeit mit der Finanzmarktprodukte zu einem fairen Preis wieder veräußert werden können. Im engeren Sinne bezieht sich dies nur auf Finanz„instrumente". Im weiteren – und aus Sicht eines Unternehmens noch entscheidenderen – Sinne zählen hierzu aber auch Finanz„transaktionen". Auch die Höhe und Verfügbarkeit künftiger Cashflows stellt in diesem Zusammenhang (und in diesem Buch) ein Finanzrisiko dar.

Der wohl bedeutendste in diesem Buch angesprochene Risikofaktor ist das Marktpreisrisiko. Unter Marktpreisrisiko ist der mögliche Verlust zu verstehen, der sich aus der Unsicherheit über die zukünftige Entwicklung von Marktrisikofaktoren (z. B. Zinsen-, Devisen-, Aktien-, Rohstoffe, Volatilitäten etc.) ergibt und zur Folge hat, dass eine Zielgröße (zum Beispiel der Kurs einer Anleihe, der Barwert einer Zahlung oder der Gegenwert einer Fremdwährungszahlung) von einem Erwartungswert negativ abweicht. Diese negative Abweichung kann sich nun beispielsweise auf die Höhe eines Cashflows im Zeitverlauf handeln, oder den Kurs-/Barwert einer Position auswirken.

Beispiel eines Marktpreisrisikos – Devisenkursrisiko (Cashflow)

Ein in Euro kalkulierender Exporteur wird in den kommenden Monaten eine Reihe von auf US-Dollar lautende Zahlungseingänge verbuchen. Diese USD-Zahlungen wird er bei Eingang zum dann relevanten Devisenkurs in Euro tauschen. Aus heutiger Sicht kann er in der Unternehmensplanung und Liquiditätsrechnung diese USD-Zahlungen dahingehend berücksichtigen, dass er einen bestimmten EUR/USD-Kurs unterstellt. Ob diese sich ergebenden EUR-Gegenwerte auch tatsächlich eintreten, ist jedoch aus heutiger Sicht fraglich. Fällt der US-Dollar bis Eingang der Zahlung, so wird die erwartete Höhe des EUR-Gegenwertes nicht erreicht werden. Diese mögliche Abweichung ist das Finanzrisiko (in diesem Fall das Devisenkursrisiko) der Zahlung.

Beispiel eines Marktpreisrisikos – Zinsänderungsrisiko (Barwert)

Ein Unternehmen unterhält für etwaige Akquisitionen eine „Kriegskasse", die in festverzinslichen Anleihen mit langen Laufzeiten angelegt ist. Im Falle einer Akquisition wird die Kriegskasse aufgelöst und zur Finanzierung der Akquisition verwendet. In diesem Fall werden alle darin befindlichen Wertpapiere zum dann gültigen Kurswert verkauft. Dieser Kurswert hängt jedoch vom zum Zeitpunkt des Verkaufs vorherrschenden Zinsniveau ab. Aus heutiger Sicht ist die Höhe des Verkaufswertes also fraglich und kann allenfalls prognostiziert werden. Diese Unsicherheit hinsichtlich der Verkaufshöhe ist das Finanzrisiko (in diesem Fall das Zinsrisiko) des Bestands.

2.1.2 Wo können Finanzrisiken im Unternehmen lauern?

Jedes Unternehmen wird sehr leicht eine Reihe von Quellen und Risikoträgern nennen können, die Finanzrisiken ausgesetzt sind. Doch diese Aufzählung wird erfahrungsgemäß mehr oder weniger lückenhaft sein. Es gibt zu viele Ecken und Winkel, in denen sich Finanzrisiken verstecken können. Um ein umfassendes Finanzrisikomanagement sicherstellen zu können, muss der Unternehmer über den gewohnten Tellerrand hinaussehen und bewusst aus einem anderen Blickwinkel auf Bestände, Cashflows und Pläne schauen. Und um noch einmal mit Freiherr von Clausewitz zu sprechen: „Kenne dich selbst":

Beispiele zinssensitiver Positionen

Möchte ein Unternehmen seine Zinsänderungsrisiken analysieren und steuern, so ist im ersten Schritt eine Ermittlung der Zinsänderungsrisiken vonnöten. Hierzu muss ein Unternehmen feststellen, welche Positionen überhaupt eine Zinssensitivität aufweisen und somit von einer Zinsänderung positiv wie negativ betroffen sein können. Nachfolgend sind die wichtigsten Positionen eines Unternehmens genannt, die in der Regel einem Zinsänderungsrisiko unterliegen. Dabei wurde in zinssensitive Bilanzpositionen einerseits und zinssensitive Finanzinstrumente andererseits unterschieden. Bei der Ausführung haben wir uns auf Positionen beschränkt, die einem direktem und unmittelbarem Zinsänderungsrisiko unterliegen, das auch durch ein aktives Zinsmanagement beeinflusst werden können. Positionen die nur mittelbar von Zinsänderungen betroffen sind (unter anderem die Bilanzpositionen „Beteiligungen" oder „Anteile an verbundenen Unternehmen"), wurden hier bewusst ausgeklammert.

Zinssensitive Bilanzpositionen – Aktiva

- Ausleihungen an verbundene Unternehmen
- Wertpapiere des Anlagevermögens
- Sonstige Ausleihungen
- Sonstige Vermögensgegenstände
- Wertpapiere des Umlaufvermögens
- Schecks, Kasse, Bank (insbesondere aufgrund der hier verbuchten Termineinlagen)

Wichtig ist neben einer Berücksichtigung der bereits realisierten und bilanzierten Posten der Blick in die Zukunft. Auch geplante oder noch zu tätigende Investitionen müssen im Rahmen eines gezielten Finanzrisikomanagements antizipiert und ihre Auswirkung berücksichtigt werden.

2. Der Prozess der Risikosteuerung

Zinssensitive Bilanzpositionen – Passiva

- Anleihen
- Verbindlichkeiten gegenüber Kreditinstituten
- Verbindlichkeiten aus der Annahme gezogener oder Ausstellung eigener Wechsel
- Verbindlichkeiten gegenüber verbundenen Unternehmen
- Verbindlichkeiten gegenüber Unternehmen, mit denen ein Beteiligungsverhältnis besteht

Auch hier gilt, dass der Blick über den zeitlichen Tellerrand hinausschauen muss. Auch vorgesehene und geplante Kreditaufnahmen müssen in das Kalkül des Finanzrisikomanagements aufgenommen werden.

Aktiv-Passiv-Überhang

Neben den Zinsänderungsrisiken einzelner Bilanzpositionen ergibt sich auch aufgrund der in der Regel zu beobachtenden betragsmäßigen Imparität der zinssensitiven Aktiva und der zinssensitiven Passiva ein erhebliches ökonomisches Risiko für das Unternehmen. Bei einer korrekten Ermittlung von Zinsänderungsrisiken muss dieser Aspekt stets berücksichtigt werden.

Zinssensitive Finanzinstrumente

Neben den Grundgeschäften – also beispielsweise den Finanzierungen oder den Finanzanlagen – müssen auch sämtliche Finanzinstrumente berücksichtigt werden, die zinssensitiv sind. In der Regel werden das insbesondere die Zinssicherungsinstrumente wie etwa Zinsswaps sein.

Beispiele währungssensitiver Positionen

Analog zur eben aufgezeigten Vorgehensweise bei Zinsrisiken kann – und sollte – auch im Bereich der Währungsrisiken vorgegangen werden. Prinzipiell entstehen Devisenkursrisiken, sobald eine Währung gegen eine andere verrechnet wird und der Austausch nicht sofort bei Entstehung der Zahlung erfolgt. Fallen beispielsweise bei einem Handelsgeschäft Auftragstermin und Zahlungstermin zeitlich auseinander, sind die beteiligten Partner – zumindest einer von ihnen – dem Devisenkursrisiko ausgesetzt. Häufig stehen hinter den Zahlungsströmen in Währungen der grenzüberschreitende Austausch von Gütern und Dienstleistungen. In der unternehmerischen Praxis treten Devisenkursrisiken insbesondere in folgenden Dimensionen auf:

2.1 Identifizierung von Finanzrisiken

Währungssensitive, operative Cashflows

- Umsätze in Fremdwährung
- Materialeinsatz und sonstige Kosten
- Beteiligungsergebnisse aus dem Ausland (Ausländische Unternehmensteile/Tochterunternehmen)
- Zinsaufwand
- Zinsertrag
- Cashflows aus währungssensitiven Sicherungsinstrumenten

Währungsbedingte Bewertungsrisiken

- Aktive Bewertungsrisiken (z. B. auf Fremdwährung lautende Wertpapiere)
- Passive Bewertungsrisiken (z. B. Finanzierungen)
- Bewertungsansätze von währungssensitiven Sicherungsinstrumenten

Indirekte Währungsrisiken

Neben den oben angesprochenen direkten Währungsrisiken gibt es in vielen Unternehmen auch indirekte Währungsrisiken, die sich nicht direkt als auf Fremdwährung lautenden Cashflows äußern. Dennoch können sie sehr großen Einfluss auf den Unternehmenserfolg haben. Hierzu ein Praxisbeispiel:

Unternehmenssituation:
Ein Zellstoffproduzent mit Sitz in Deutschland fakturiert seine Zellstoff-Verkäufe vollständig in Euro. Materialkosten (hauptsächlich Frischholz) und Personalkosten sind in Euro fakturiert. Die komplette Finanzierung lautet ebenfalls auf Euro. Hat dieses Unternehmen ein Währungsrisiko? Geht man nach obigem Schema vor, dann sollte die Antwort nein lauten. In Wirklichkeit besteht jedoch ein großes – jedoch indirektes – Währungsrisiko. Der Weltmarkt für Zellstoff ist nämlich in US-Dollar denominiert – und der Weltmarktpreis ist Grundlage der Rechnungsstellung des Zellstoffproduzenten. Letztlich ist dadurch (indirekt) der vollständige Umsatz aus den Zellstoffverkäufen auf US-Dollar denominiert und stellt somit für das in Euro „denkende" und bilanzierende Unternehmen ein immenses Währungsrisiko dar.

Im Zuge eines umfassenden Finanzrisikomanagements muss ein Unternehmen somit sehr genau analysieren, ob neben den direkten auch indirekte Währungsrisiken im Unternehmen schlummern. Meist sind diese indirekten Währungsrisiken in Verbindung mit Wettbewerbern zu suchen.

Beispiele rohstoffpreis-sensitiver Positionen

Rohstoffpreis-Risiken treten im Unternehmen in der Regel in mehrerlei Hinsicht auf:

- Grundstoffe/Rohstoffe als Ausgangsprodukte der Produktion (z. B. Preise für Bleche und Stahl im Falle eines Automobilherstellers, Rohkupfer im Falle eines Kabelherstellers etc.)
- Hilfs- und Betriebsstoffe (z. B. Treibstoffe für Fuhrpark, Heizmittel etc.)
- Verkaufsgüter (z. B. Zellstoff im Falle eines Zellstoff-Produzenten)
- Lager/Bestände

Beispiele sonstiger Positionen

Neben den obengenannten Risikoposten gibt es aber auch noch eine Reihe weiterer Finanzrisiken, denen ein Unternehmen ausgesetzt ist. In den folgenden Kapiteln wird auf einige dieser Finanzrisiken eingegangen. Insbesondere trifft dies folgende Risiken:

- Inflationsrisiken
- Wetterbedingte Unternehmensrisiken
- Bonitätsrisiken (Anlage)

2.2 Quantifizierung von Finanzrisiken

Abb. 2-3: Quantifizierung von Finanzrisiken

Dem zweiten Schritt im Regelkreis des Finanzrisikomanagements – der Quantifizierung der Finanzrisiken – kommt in der betrieblichen eine große Bedeutung zu. Hier geht es darum, zunächst geeignete Modelle zur Risikoquantifizierung zu finden und diese im Unternehmen zu implementieren. Die „Eignung" der gewählten Modelle zielt dabei auf verschiedene Aspekte ab:

- **Methodische Eignung** – Die gewählten Modelle zu Berechnung und Quantifizierung der Finanzrisiken müssen auf einer anerkannten Methode basieren. Es gibt inzwischen eine Reihe be-

2.2 Quantifizierung von Finanzrisiken

währter Risikomanagement-Ansätze und eine Vielzahl von Variationen dieser „Grund-Modelle" welche dem Unternehmen die Auswahl erleichtern.

- **Systematische Eignung** – Die gewählten Modelle zu Berechnung und Quantifizierung der Finanzrisiken müssen in die Ziel- und Steuerungswelt des Unternehmens passen. So macht es für einen mittelständischen Exporteur wenig Sinn, einen auf täglicher barwertigen Ermittlung aller Bilanzpositionen basierenden Finanzrisikomanagement-Prozess zu installieren, wenn eine Behandlung der Finanzrisiken – die sich möglicherweise auf kleinen USD-Zahlungseingängen und einem kleinen Fremdfinanzierungsposten beschränkt – nur auf monatlicher Basis erfolgt.

- **Betriebliche Eignung** – Zudem müssen die Finanzrisikomanagement-Prozesse systematisch in den Betriebsablauf zu integrieren sein.

In diesem Kapitel wird detailliert auf verschiedene Methoden und Modelle der Risikoquantifizierung eingegangen.

2.2.1 Ein kleiner Werkzeugkasten zur Risikosteuerung

Die Modelle zur Quantifizierung von Finanzrisiken sind in der Praxis oftmals sehr unterschiedlich aufgebaut. Dennoch wird das Risiko in den meisten Modellen insbesondere von drei Parametern determiniert, die sich in allen gängigen Konzepten in irgend einer Form wiederfinden:

- **Volatilität** – Die Volatilität misst und quantifiziert die Schwankungsintensität der beobachteten Kurse, Zinssätze, Preise etc. Je schwankungsintensiver ein solcher Kursverlauf ist – also je höher die Volatilität ist – desto höher ist die mögliche (tatsächliche) Abweichung von einem erwarteten Zielwert.

- **Sensitivität** – Die Sensitivität quantifiziert das Maß, mit dem sich eine Marktschwankung (Volatilität) auf den Wert eines untersuchten Instruments/Portfolios auswirkt bzw. auswirken kann.

- **Korrelation** – Reichen zur Risikoquantifizierung einzelner Instrumente Volatilität und Sensitivität aus, muss man bei der Betrachtung ganzer Portfolios noch eine dritte Ebene berücksichtigen – die der Wechselwirkungen zwischen den einzelnen Bestandteile des betreffenden Portfolios. Diese Wechselwirkungen wird als Korrelation bezeichnet.

Auf diese drei Komponenten wird nun vorab in kurzer Form eingegangen. In den folgenden Kapiteln wird dann im Einzelnen nochmals detailliert auf diese Komponenten eingegangen.

Volatilität

Die Volatilität ist eine Kennzahl die Auskunft darüber gibt, mit welcher Schwankungsintensität eine Kursentwicklung bzw. Zins- oder Wertentwicklung um ihren Mittelwert oszilliert. Interpretiert man die Volatilität nun als Maß dieser Schwankungen, kann man sie auch als Risiko eines Marktes oder eines Instruments bezeichnen. Über die reine Risikobetrachtung hinaus kommt der Volatilität in der finanzwirtschaftlichen Praxis eine gewichtige Bedeutung zu, denn sie stellt einen der bedeutensten Parameter in der Preisfindung von Optionspreismodellen und Handelssystemen dar. Kleine Änderungen der Volatilität führen ceteris paribus zu nachhaltigen Wertänderungen in diesen Modellen und Systemen. Allerdings ist die Volatilität keine direkt am Markt zu beobachtende Größe. Sie muss über statistische Verfahren ermittelt bzw. prognostiziert werden. Üblicherweise wird dabei auf das statistische Maß der Standardverteilung oder eine deren Ableitungen zurückgegriffen.

$$\text{Mittelwert } (\mu) = \frac{1}{n} * \sum_{i=1}^{n} x_n$$

$$\text{Standardabweichung } (\delta) = \sqrt{\frac{1}{n-1} * \sum_{t=1}^{n} (\mu - x_t)^2}$$

wobei: δ = Standardabweichung
μ = Mittelwert
x = untersuchte Werte (Kurse, Zinssätze ...)
n = Anzahl der untersuchten Werte
t = Intervall der untersuchten Werte

Ermittelt man nun für eine Reihe von festgestellten Werten – beispielsweise die Entwicklung der 3-Jahres-Zinsen – die Standardabweichung, erhält man ein objektives und eindeutig interpretierbares Maß über die Schwankungsintensität der 3-Jahres-Zinsen – also über deren Risiko. Die untersuchten Werte liegen in diesem Intervall.

Vorsicht! Volatilitäten sind in der Regel annualisiert angegeben, also die jeweilige Standardabweichungen bezogen auf eine Jahresschwankung. Zusätze wie beispielsweise „30-Tages-Volatilität" beziehen sich lediglich auf das untersuchte Zeitintervall. Möchte man das Risiko aus der Standardabweichung auf ein unterjähriges Intervall projizieren (z. B. für die nächsten zwei Wochen), so muss die annualisierte Standardabweichung zunächst umbasiert werden. Da sich der Risikoverlauf weder linear entwickelt noch additiv ist, kann diese Umbasierung nicht durch einfaches Herunterbrechen auf die kürzere Laufzeit erfolgen. Vielmehr ist folgende Berechnung anzustellen:

$$\text{Vola}(_{\text{Tag}}) = \frac{vola_{ganzjährig}}{\sqrt{360}}$$

wobei: t = Anzahl der Tage der kurzen Periode

Wie nun die Volatilität eines Marktes oder eines Wertes im Rahmen eines gezielten Finanzrisikomanagements eingesetzt wird, wird zu einem späteren Zeitpunkt in diesem Buch detailliert beschrieben.

Sensitivität

Bei der Untersuchung von Finanzrisiken werden in der Regel zunächst Marktpreisrisiken untersucht. Möchte ein Unternehmen beispielsweise das Zinsrisiko seiner EUR-Festzinskredite untersuchen und quantifizieren, so wird es sich zunächst den Verlauf der Kapitalmarktzinsen untersuchen. Je nach eingesetztem Modell (z. B. Szenarioanalyse oder Value-at-Risk) werden nun denkbare Szenarien oder mit einer bestimmten Wahrscheinlichkeit anzunehmende Zinsverläufe generiert. Wie sich diese Szenarien und Zinsverläufe nun aber auf den Wert der EUR-Festzinskredite auswirkt, wird damit noch nicht ausgedrückt. Hierzu sind nun Modelle und Kennzahlen erforderlich, welche die wertmäßige Auswirkung einer Marktzinsänderung auf ein konkretes Instrument im Portfolio des Unternehmens hat. Man spricht in diesem Zusammenhang von Sensitivitäts-Kennziffern:

Basis Point Value (BPV)

Eine sehr einfache und häufig angewandte Kennzahl ist der Basis Point Value (BPV), häufig auch Price Value of a Basis Point (PVBP) oder Basispunktwert bezeichnet. Der BPV gibt an, um welchen absoluten Betrag sich der Wert eines Zinsinstruments verändert, wenn sich der entsprechende Marktzins um einen Basispunkt (= 0,01% bzw. 0,0001) verändert. Man erhält somit keine prozentualen Kursveränderungen, sondern die absolute Höhe potentieller Kursgewinne oder -verluste einer konkreten (Handels-)Position. Durch diese Aussage findet der Basis Point Value in der Praxis regelmäßig Anwendung im Hedging von Anleihen oder auch in der Preisfindung von Zinsswaps.

Um den Basis Point Value zu ermitteln wird zunächst der Barwert der zu bewertenden Zinsposition bei einem gegebene Diskontierungszinssatz ermittelt. Anschließend berechnet man den Barwert nochmals, jedoch mit einem Diskontierungszinssatz der einmal um einen halben Basispunkt über und einmal einen halben Basispunkt unter dem zunächst angenommenen Zinssatz liegt. Die Differenz der beiden dadurch ermittelten Barwerte gibt näherungsweise den Basis Point Value an.

$$BPV = \frac{\text{Barwert der Zinsposition}}{1 + r + 0{,}00005} - \frac{\text{Barwert der Zinsposition}}{1 + r - 0{,}00005}$$

(wobei: r = unterstellter Diskontierungszins
0,00005 = halber Basispunkt)

Beispiel

Barwert einer Anleihe: EUR 4.687.416,16
Dabei unterstellter Diskontierungszins (r): 4,68 % (= 0,0468)
BPV: gesucht

$$BPV = \frac{4.687.416{,}16}{1{,}04685} - \frac{4.687.416{,}16}{1{,}04675} = EUR\ 427{,}70$$

Dieses Ergebnis kann jedoch immer nur näherungsweise mit der Realität übereinstimmen, da sich die Zinsänderungs-Sensitivität nicht linear, sondern konvex entwickelt. Der BPV wird durch die Berechnung per linearer Interpolation dieser Konvexität nicht gerecht. Trotzdem liefert der BPV bei geringen Zinsänderungen sehr gute und praktikable Ergebnisse. Bei deutlicheren Zinsänderungen sollte er jedoch nicht mehr unverändert angewendet, sondern neu berechnet werden.

Duration (nach Macaulay)

Eine weitere Messzahl für die Preisreagibilität eines Zinsinstruments in Bezug auf Zinsänderungen ist die so genannte Duration. Im Gegensatz zum Basis Point Value wird die Zinssensitivität hier nicht in absoluten Zahlen ausgedrückt, sondern in Jahren. Sie drückt die gewichtete durchschnittliche Restlaufzeit eines Zinsinstruments aus. Prinzipiell erfahren Zinsinstrumente mit höherer Duration (= längere gewichtete Laufzeit) proportional eine größere Wertveränderung als Zinsinstrumente mit einer niedrigeren Duration.

Bevor wir zur eigentlichen Berechnungsweise der Duration kommen, möchte ich aufzeigen, dass Zinsänderungen auf die meisten Zinsinstrumente in zweifacher Weise einwirken: Zum einen ändern sie das Reinvestitionsniveau zwischenzeitlicher Cashflows (z.B. Wiederanlage ausgezahlter Kupons), zum anderen beeinflussen Zinsänderungen durch veränderte Diskontierungsfaktoren direkt die Barwerte (also den Marktpreis) eines Zinsinstruments. In der Regel wirken diese beiden Einflüsse gegenläufig.

2.2 Quantifizierung von Finanzrisiken

Beispiel

Wir betrachten die eine Anleihe mit einem Nominalzinssatz von 6 %, anfängliche Laufzeit: 3 Jahre, bei einer Marktrendite von 6 %, Kurs (= Barwert) ist somit 100,00. Wird dieses Papier zu den genannten Bedingungen gekauft, ergibt sich eine ex-ante-Rendite von 6 %. Bei der Ermittlung dieser Rendite wird unterstellt, dass die jährlich anfallenden Zinszahlungen unmitelbar wieder zum gleichen Zinssatz, hier also 6 %, angelegt werden können.

Berechnen wir nun die Auswirkung einer Renditeänderung um 100 Basispunkte auf die Wertentwicklung und Renditeerzielung dieser Anleihe:

Szenario 1, das Zinsniveau bleibt gleich (Marktrendite 6 %)

	Investitionszeitpunkt	nach 1 Jahr (RLZ 2 J.)	nach 2 Jahren (RLZ 1 J.)	nach 3 Jahren (Fälligkeit)
① Kurs	① 100,00	① 100,00	① 100,00	① 100,00
② Kuponertrag		② 6,00	② 6,00	② 6,00
③ Wiederanlageergebnis der Kupons			③ 6,36	③ 13,10
Gesamtwert	100,00	106,00	112,36	119,10
	tatsächlich realisierte Rendite = **6,00 %**			

Szenario 2, das Zinsniveau steigt um 100 Basispunkte (Marktrendite 7 %)

	Investitionszeitpunkt	nach 1 Jahr (RLZ 2 J.)	nach 2 Jahren (RLZ 1 J.)	nach 3 Jahren (Fälligkeit)
① Kurs	① 100,00	① 98,19	① 99,07	① 100,00
② Kuponertrag		② 6,00	② 6,00	② 6,00
③ Wiederanlageergebnis der Kupons			③ 6,42	③ 13,29
Gesamtwert	100,00	104,19	111,49	119,29
	tatsächlich realisierte Rendite = **6,05 %**			

Szenario 3, das Zinsniveau fällt um 100 Basispunkte (Marktrendite 5 %)

	Investitionszeitpunkt	nach 1 Jahr (RLZ 2 J.)	nach 2 Jahren (RLZ 1 J.)	nach 3 Jahren (Fälligkeit)
① Kurs	① 100,00	① 101,869	① 99,07	① 100,00
② Kuponertrag		② 6,00	② 6,00	② 6,00
③ Wiederanlageergebnis der Kupons			③ 6,42	③ 12,92
Gesamtwert	100,00	107,86	113,25	118,92
	tatsächlich realisierte Rendite = **5,95 %**			

Abbildung 2-4 zeigt grafisch aufbereitet den Verlauf des Gesamtwerts der Anleihe für alle drei Szenarien. Dieser Gesamtwert setzt sich zusammen aus den angelaufenen Kuponzahlungen (kumuliert mit Zinseszinseffekt) und den jeweils aktuellen Barwerten der Anleihe.

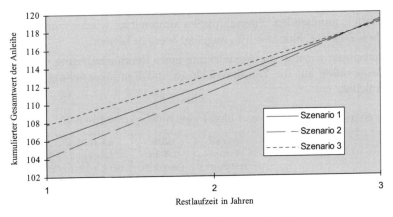

Abb. 2-4: Grafische Darstellung der Duration

Man sieht anhand Abbildung 2-4, dass sich die Linien aller drei Szenarien in einem Punkt schneiden, hier bei etwa 2,85 Jahren. Bei dieser Haltedauer der Anleihe weist sie unabhängig einer etwaigen Zinsänderung stets den gleichen Gesamtwert aus. An diesem Zeitpunkt, der als Duration der Anleihe bezeichnet wird, ist das Zinsinstrument somit immun gegen Zinsänderungsrisiken.

Um die Duration mathematisch korrekt zu ermitteln, errechnet man das arithmetische Mittel aller Zahlungszeitpunkte, diese Zahlungszeitpunkte dabei aber gewichtet mit dem Barwert der dann fälligen Zahlung. Ein Zeitpunkt an dem eine höhere Zahlung fällig ist, geht demnach stärker in die Berechnung ein als ein Zeitpunkt mit einer niedriger erwarteten Zahlung.

$$\text{Duration} = \left(\sum \frac{t * CF_t}{(1+r)^t}\right) / \left(\sum \frac{CF_t}{(1+r)^t}\right)$$

Für die Interpretation des Risikos eines Zinsinstruments ist die Duration in dieser Form dennoch nicht sonderlich geeignet. Sie ist allerdings ein „Rechenschritt" hin zu einer Sensitivitätskennzahl, der im Zinsrisiko-Management eine große Bedeutung zukommt: der Modified Duration.

2.2 Quantifizierung von Finanzrisiken

Modified Duration (nach Hicks)

Aufbauend auf der Duration nach Macaulay stellt die Modified Duration dar, um wieviel Prozent sich der Kurs eines Zinsinstruments theoretisch verändern würde, wenn das Marktzinsniveau (r) um einen Prozentpunkt (= 100 Basispunkte) steigt oder fällt. Das Ergebnis ist ein Faktor, mit dem die zu untersuchende Zinsänderung multipliziert werden muss. Das Ergebnis ist dann die zu erwartende (prozentuale) Wertänderung des Zinsinstruments.

Die Modified Duration wird nach folgender Formel berechnet, wobei r die Rendite bzw. das Kapitalmarktzinsniveau angibt:

$$\frac{\text{Macaulay Duration}}{1 + r/100}$$

Mit Hilfe der Modified Duration kann man nun beispielsweise den Kurverlust einer Anleihe bei einer unterstellten Zinsänderung abschätzen. Hier die Vorgehensweise am Beispiel:

Betrachtete Anleihe:
Restlaufzeit:	3 Jahre
Kurs:	105,45 %
Kupon:	7 %
Marktrendite vor Zinsänderung:	5 %
Modified Duration:	2,68
Unterstellter Marktzinsanstieg:	0,50 %

Aus dem unterstellten Marktzinsanstieg ergibt sich somit ein zu erwartender Kursverlust der Anleihe von 1,34 % (Marktzinsänderung × Modified Duration, also 0,50 × 2,68).

Kritische Würdigung des Durationskonzeptes

Da sich die Zinsen in der Regel nicht diskret, sondern stufenweise ändern, und die Abhängigkeit des Anleihenkurses vom Zinssatz keine lineare Beziehung darstellt, sind die Änderungen, die die Duration berechnet, nicht ganz exakt. Der Kursrückgang wird überschätzt, wenn der Zins steigt und die Kurssteigerung wird unterschätzt, wenn der Zins fällt. Dieser Fehler, ausgelöst durch die Approximation einer nicht-linearen Beziehung durch eine lineare, fällt bei nur geringen Zinsänderungen kaum ins Gewicht. Bei größeren Zinsänderungen steigt dieser Konvexitätsfehler jedoch in hohem Maße an, eine Linderung dieses Fehlers bietet das Einbeziehen der Konvexität bei der Preisabschätzung.

Korrelation

Ein wichtiger Aspekt in der Risikobewertung von Portfolios ist das Maß der Wechselwirkung der Instrumente innerhalb des untersuchten Portfolios. Diese Wechselwirkung bezeichnet man auch als Korrelation. Mathematisch ausgedrückt ist die Korrelation eine Beziehung zwischen zwei oder mehr Ereignissen, die in der Regel eine geordnete und nahe zeitliche Abfolge besitzen. Es gibt positive und negative Korrelationen. Beispiel positive Korrelation (je mehr, desto mehr): Je mehr Futter, desto dickere Kühe. Beispiel negative Korrelation (je mehr, desto weniger): Je mehr Verkauf von Regenschirmen, desto weniger Verkauf von Sonnencreme.

Die Korrelation beschreibt keine Ursache-Wirkungs-Beziehung. So kann es durchaus eine Korrelation zwischen dem Rückgang der Störche in Bayern und einem Rückgang der Anzahl Neugeborener geben, aber diese Ereignisse haben natürlich nichts miteinander zu tun (will heißen: sind nicht kausal).

Verwendung bei der Risikobewertung von Portfolios

Der Korrelationsbegriff ist von erheblicher Bedeutung bei der Risikobewertung von Portfolios. Es gilt: Das Gesamtrisiko des gesamten Portfolios ist umso geringer je geringer die einzelnen Anlagen (Assets) miteinander korrelieren. Beispiel für positive Korrelation: Besteht ein Portfolio nur aus vielen einzelnen Aktien, so führt der Kursrückgang von Aktie 1 auch zum Wertverlust von Aktie 2 und auch Aktie 3 in einem bestimmten Verhältnis. Besteht das Portfolio jeweils zur Hälfte aus Aktien und Renten, so ist der Verlust geringer, da nur eine geringfügige Korrelation Aktien–Renten besteht. Allerdings gibt es auch (negative) Korrelationen, bezüglich Aktie–Rente, wenn auch geringere. Ist der Aktienmarkt schwach, so wird tendenziell in Renten investiert (Kapitalflucht in den „sicheren Hafen"). Die Rentenkurse steigen. Dies fängt jedoch nicht den Komplettverlust im Aktienbereich auf. Daher ist es sinnvoll, noch in weitere Anlagen zu diversifizieren als nur in Renten und Aktien. Die Risikominderung durch Diversifikation oder Investition in negativ korrelierte Assets bezeichnet man als Hedging. Dem ist allerdings eine natürliche Grenze dadurch gesetzt, dass bei negativer Korrelation zweier Assets ein dritter nicht mit beiden negativ korreliert sein kann, sondern nur mit dem einen negativ in dem Maße, in dem er mit dem anderen positiv korreliert ist.

Die Reduktion der Korrelation des Gesamtportfolios im Verhältnis zu seinen Einzelanlagen, verbessert nach dem Markowitz-Modell das Rendite-Risiko-Verhältnis. Auf langfristiger Basis wird damit prinzipiell eine höhere Rendite bei geringerem Risiko erzielt.

Quantifizierung der Korrelation

Der Ausdruck Korrelation wird häufig in spezieller Weise auf den statistischen Zusammenhang zweier Ereignisse bezogen. Zur Quan-

2.2 Quantifizierung von Finanzrisiken

tifizierung der statistischen Korrelation dienen unter anderem der Korrelationskoeffizient oder – aus der Informationstheorie stammend – die Transinformation und die Kullback-Leibler-Distanz. Was die Berechnung und Quantifizierung der Korrelation für Nicht-Mathematiker deutlich erleichtert ist die einfache Handhabung von Tabellenkalkulationsprogrammen wie etwa MS Excel. Hierin kann anhand von historischen Datenreihen mit wenigen Mausklicks die Korrelation ermittelt werden.

Der Grad der Korrelation zweier Datenreihen schwankt dabei zwischen den Maximalwerten 1 und –1. Diese Datenreihen stellen in der Regel den Kurs-/Wertverlauf zweier Finanzinstrumente bzw. zweier Märkte da. Dabei sind die Werte folgendermaßen zu interpretieren:

Korrelation 1   Absolute Übereinstimmung des Kurs-/Wertverlaufs.
                       Beispiel: Finanzinstrument A steigt um 5%, Finanzinstrument B steigt ebenfalls um 5%

Korrelation 0   Absolute kein Zusammenhang des Kurs-/Wertverlaufs.

Korrelation –1 Absolut gegenläufiger Kurs-/Wertverlaufs
                       Beispiel: Finanzinstrument A steigt um 5%, Finanzinstrument B fällt in dieser Zeit um 5%

In der Realität werden sich die Korrelationen zwischen den Maximalwerten bewegen. Viele Finanzmärkte weisen in der Praxis eine mehr oder weniger hohe (positive) Korrelation auf. So wird erfahrungsgemäß der Kapitalmarktzins in Euro tendenziell dann steigen, wenn der Kapitalmarktzins in US-Dollar steigt.

Beispiele einer hohen positiven Korrelation

Nachfolgender Chart (Abbildung 2-5) zeigt den Verlauf der Euro-Swapsätze (10 Jahre) und den Verlauf der USD-Swapsätze (10 Jahre) über einen Zeitraum von mehreren Jahren. Schon die Betrachtung dieses Charts zeigt, dass die beiden Märkte einen starken Gleichlauf (→ hohe Korrelation) aufweisen. Eine Ermittlung der Korrelation auf mathematischem Weg (über MS Excel) ergibt auch eine Korrelation von 0,87.

In einer anderen Darstellungsweise (Abbildung 2-6) zeigt sich, dass eine Regressionsgerade den Zusammenhang der beiden Kursverläufe (die Punktewolke) sehr gut darstellt. Dies visualisiert nochmals die hohe positive Korrelation. Bei einer perfekten Korrelation würden alle Punkte auf der Geraden liegen.

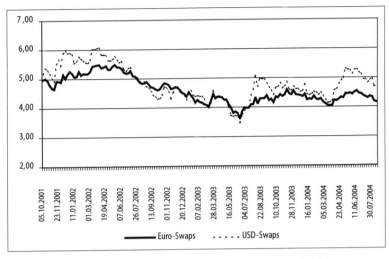

Abb. 2-5: Kurschart Euro-Swaps und USD-Swaps (Linie)

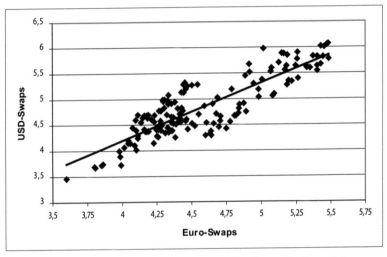

Abb. 2-6: Korrelation Euro-Swaps und USD-Swaps (Punktewolke)

Beispiele einer hohen negativen Korrelation

Nachfolgender Chart (Abbildung 2-7) zeigt den Verlauf der Devisenkurse des Südafrikanischen Rand (ZAR) und des Mexikanischen Peso (MXN) zum Euro. Der Kurschart zeigt deutlich, dass die beiden Währungen sich stark gegenläufig entwickeln (→ hohe negative Korrelation). Es ergibt sich eine Korrelation von −0,75.

2.2 Quantifizierung von Finanzrisiken

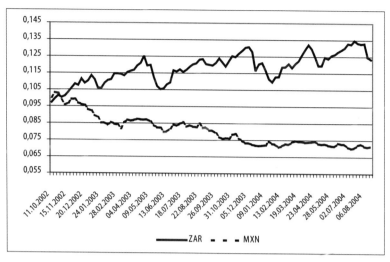

Abb. 2-7: Kurschart ZAR und MXN (Linie)

Die Darstellung als Punktewolke (Abbildung 2-8) zeigt, dass die Werte weit von der „idealtypischen" Gerade wegliegen.

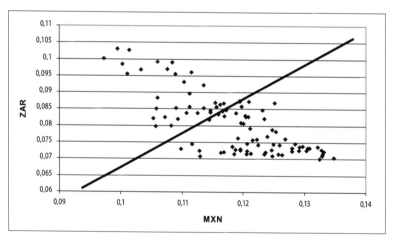

Abb. 2-8: Korrelation ZAR und MXN (Punktewolke)

2.2.2 Übersicht verschiedener Methoden der Risikobewertung

Der Wunsch Risiken zu quantifizieren ist nicht neu. In den verschiedenen Bereichen der Finanzrisiken gibt es seit jeher Ansätze, dies methodisch bewerten zu können. Meist handelt(e) es sich dabei um Ansätze, die jeweils nur für einen bestimmten Produkttyp

(z. B. nur für zinstragende Papiere) oder nur für bestimmte Risikoarten (z. B. nur für Wechselkursrisiken) einsetzbar waren. Überhaupt nicht berücksichtigt werden dabei Wechselwirkungen zu anderen Risikotypen. Zu den bekanntesten Vertretern dieser Methoden zählen sicher folgende:

- **Durations-Analyse** – Wird als Maßstab für die Zinssensitivfität eingesetzt um das Zinsänderungsrisiko von einzelnen Instrumenten oder Portfolios zu bewerten.
- **Schichtbilanz-Analyse** – dto.
- **Gap-Analyse** – Wird als Maßstab des Repricing- oder Wiedereindeckungsrisikos eingesetzt.
- **Sensitivitätsanalysen (Faktorensensitivität)** – Drückt die Veränderungen des Marktwertes eines Instruments bei einer gegebenen Marktpreisänderung aus und quantifiziert dadurch den Einfluss der Marktpreisänderung auf das Unternehmen (z. B. „wie verändert sich der Marktwert eines Grundgeschäfts, wenn sich der EUR/USD-Kurs um 10% ändert" oder „wie verändert sich der Marktwert eines Grundgeschäfts, wenn sich der Kupferpreis um 10% ändert")

Bei all diesen Methoden sind die selben Schwächen festzustellen:
- Keine Aussage über die Eintrittswahrscheinlichkeit
- Verlustrisiko wird für jeden Risikofaktor separat gemessen
- Keine Berücksichtigung von Wechselwirkungen
- Wird der Wirklichkeit des Finanzrisikomanagements nicht gerecht.

Als Weiterentwicklung dieser Analysemodelle werden in diesem Kapitel drei weitergehende Konzepte zur Modellierung und Messung von Finanzrisiken dargelegt. Diesen Konzepten gemein ist, dass Sie die Schwachstellen der „alten" Konzepte – mal mehr, mal weniger – auszumerzen versuchen. Folgende Konzepte werden nachfolgend behandelt:

- Risikobewertung mittels Szenarioanalysen
- Risikobewertung mittels „Value-at-Risk"-Analysen
- Risikobewertung mittels „Cashflow-at-Risk"-Analysen
- (Ansätze zur Quantifizierung von Finanzrisiken im Gesamtunternehmensbereich).

Bevor wir in die Modelle zur Quantifizierung von Finanzrisiken kommen, zunächst ein Zwischenschritt um eine grundlegende Unterscheidung der Modelle vornehmen zu können:

**Cashflow-Orientierung oder Barwertorientierung –
beide Seiten einer Medaille**

Eingangs eine Frage: Was hat ein höheres Zinsrisiko: ein variabel verzinster Kredit oder ein variabel verzinster Kredit, dessen Zins-

2.2 Quantifizierung von Finanzrisiken

satz durch Einsatz eines Zinsswaps fixiert ist? Intuitiv werden viele Leser jetzt sagen, dass der Kredit mit dem Zinsswap ein geringeres Risiko aufweist, da sich die künftigen Zinszahlungen selbst bei steigenden Zinsen nicht mehr ändern; sie sind ja durch den Zinsswap fixiert. Aus Cashflow-Sicht ist diese Aussage auch korrekt – nicht jedoch aus Barwert-Sicht. Denn im Falle sinkender Zinsen kann das Unternehmen nicht mehr an den dann niedrigeren Zinsen partizipieren. Erschwerend kommt hinzu, dass der Zinsswap in dieser Phase fallender Zinsen einen negativen Barwert aufbaut, für den Drohverlustrückstellungen gebildet werden müssen (HGB-Bilanzierung) bzw. der gar bilanziell erfasst werden muss (IFRS-Bilanzierung). Möchte das Unternehmen sowohl gegen die steigenden Kreditzinsen gesichert sein als auch Drohverlustrückstellungen vermeiden, so ergibt sich ein klassischer Zielkonflikt. Barwert und Cashflow sind nämlich die beiden Seiten ein und derselben Medaille. Sie hängen insofern voneinander ab, als die Stabilisierung des einen Wertes die Schwankungsbreite des anderen Wertes erhöht und umgekehrt.

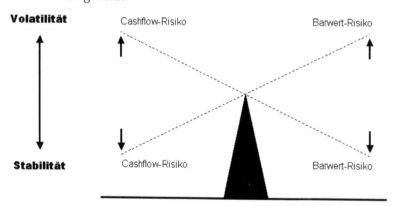

Abb. 2-9: *Cashflow-Risiko und Barwertrisiko entwickeln sich konträr,*
Quelle: Verband Deutscher Treasurer e.V.

Abbildung 2-9 zeigt sehr deutlich, dass ein Unternehmen eine Risiko-Behandlung nicht gleichzeitig hinsichtlich beider Ziele – Barwert-Risiko und Cashflow-Risiko – optimieren kann. Die betriebliche Praxis zeigt jedoch, dass die meisten mittelständischen Unternehmen den Hauptschwerpunkt des Finanzrisikomanagements auf die Steuerung und Behandlung von Cashflow-orientierten Kenngrößen legen. Dies ist auch nachvollziehbar und ratsam, da der Liquiditätssicherung in der Gesamtplanung des Unternehmens eine sehr große Bedeutung zukommt. Ein Großteil der in Deutschland zu verzeichnende Insolvenzen ist auch in Problemen der Liquidität begründet.

Eine reine Ausrichtung auf nur eine Zielrichtung ist auf keinen Fall ratsam. Dies würde einerseits nicht das tatsächliche Bild des ökonomischen Risikos darstellen oder dieses Bild gar verzerren. Um diese Aussage zu untermauern, ein kleines Zahlenspiel aus der Praxis:

Die Deutsche Telekom AG wies im Jahr **1998** folgende Finanzdaten auf:

- Ergebnis der gewöhnlichen Geschäftstätigkeit: + 5,1 Mrd. Euro
- Finanzverbindlichkeiten: 40 Mrd. Euro

Die Telekom könnte nun in dieser Situation aufgrund der hohen Finanzverbindlichkeiten den Fokus des Finanzrisikomanagements vollständig auf eine ausschließlich Barwert-orientierte Zielsetzung ausrichten. Ziel könnte dabei sein, zu bilanzierende Barwertschwankungen möglichst gering zu halten. Dies könnte dadurch umgesetzt werden, indem sämtliche Finanzierungen (via Zinsswap) auf eine variabel verzinste Basis umgestellt werden. Dadurch wäre das Ziel der Minimierung des Barwert-Risikos erfüllt. Andererseits maximiert sich dadurch das Cashflow-Risiko. Steigt der Markzins der Finanzierungen nur um 2,5 % an, erhöht sich dadurch der jährliche Zinsaufwand um 1 Mrd. Euro! Hingegen hätte auch eine reine Cashflow-Orientierung gegebenenfalls fatale Folgen: Wäre das Ziel des Finanzrisikomanagements, die Cashflows möglichst stabil zu sichern, könnte dies dadurch erfolgen, dass die variabel verzinste Finanzierung (via Zinsswap) für die kommenden zehn Jahre auf eine festverzinste Basis umgestellt wird. Dadurch wäre das Ziel der Minimierung des Cashflow-Risikos erfüllt. Andererseits maximiert sich dadurch das Barwert-Risiko. Fällt der Markzins der Finanzierungen nur um 2,5 % an, entsteht in den Swaps dadurch ein negativer Barwert von über 7,1 Mrd. Euro. Und dieser muss je nach Bilanzierungs-Methodik als Drohverlustrückstellung behandelt werden (Bilanzierung nach HGB) oder ergebniswirksam bzw. über das Eigenkapital gebucht werden (Bilanzierung nach IFRS). Und diese 7,1 Mrd. wären durch das Geschäftsergebnis von „nur" 5,1 Mrd. Euro mehr als aufgebraucht worden. Man sieht an diesem Beispiel sehr schön dass es in der betrieblichen Praxis beide Komponenten – also beide Seiten der Medaille – im Auge behalten muss. Im Jahr **2001** wies die Telekom AG übrigens folgende Finanzdaten auf:

- Ergebnis der gewöhnlichen Geschäftstätigkeit: – 2,5 Mrd. Euro
- Finanzverbindlichkeiten: 67 Mrd. Euro

Um das Spannungsfeld zwischen Barwertorientierung oder Cashflow-Orientierung mit Bezug auf die Praxis zu verdeutlichen, hier noch einige weitere Beispiele:

2.2 Quantifizierung von Finanzrisiken

Beispiel A

Ein stark passiv-lastiges Unternehmen (Bilanzierung nach HGB) mit einer Reihe von variabel verzinsten Krediten beschließt durch Umschichtung in festverzinsliche Verbindlichkeiten (z. B. durch einen Zinsswap) die künftigen Zins-Cashflows zu stabilisieren. Durch diesen Swap erhöht sich aber die Volatilität (das Risiko) der Barwertentwicklung des Zinsportfolios (Kredite + Zinsswap), für das bei fallenden Zinsen Drohverlustrückstellungen gebildet werden müssen.

→ **Barwertorientierung oder Cashflow-Orientierung?**
Beide Kenngrößen sind für das Unternehmen von Bedeutung. Solange die Umschichtung via Swap nicht erfolgt ist, wird sich die Geschäftsleitung sehr für mögliche Auswirkungen möglicher Zinsänderungen auf die künftigen Cashflows interessieren. Nach erfolgter Umschichtung wird die Cashflow-Orientierung in den Hintergrund treten und das Interesse an möglichen Drohverlustrückstellungen steigen.

Beispiel B

Ein stark expandierendes Unternehmen hält eine strategische Liquiditätsreserve in Form von festverzinslichen Wertpapieren, um einen höheren Ertrag als im Geldmarkt zu erzielen. Auf diese Reserve soll im Falle von Liquiditätsengpässen oder bei einer Akquisition zurückgegriffen werden.

→ **Barwertorientierung oder Cashflow-Orientierung?**
Nachdem der jederzeitige Zugriff im Vordergrund steht, wird sich die Geschäftsleitung auf den Barwert (hier also den Kurswert) der Anlagen konzentrieren, um mögliche Schwankungen des Barwertes des Portfolios zu berechnen. Ertragsschwankungen (Cashflow-Orientierung) werden eine untergeordnete Rolle spielen.

Beispiel C

Ein stark exportabhängiges Unternehmen mit eingehenden Zahlungsströmen in US-Dollar, Japanischen Yen und Britischen Pfund. Erfahrungen aus der Vergangenheit haben gezeigt, dass der geplante Cashflow aufgrund der volatilen Währungen bis zu 50% schwanken kann.

→ **Barwertorientierung oder Cashflow-Orientierung?**
Die Geschäftsleitung wird den Schwerpunkt der Finanzrisikosteuerung auf eine Cashflow-Orientierung legen, um dadurch die potentiellen Auswirkungen der Währungsschwankungen abschätzen zu können.

Barwertorientierung oder Cashflow-Orientierung – ein Fazit

Im Zuge eines professionellen Risikomanagement-Prozesses sollten sowohl die Cashflows, als auch die Barwerte betrachtet werden. Wo jedoch der Schwerpunkt gelegt wird, hängt von den individuellen Präferenzen des Unternehmens und von der konkreten betrieblichen Situation ab.

Eine zentrale Entscheidung im Zuge des Finanzrisikomanagements ist somit, wohin der „Risikoregler" (siehe Grafik unten) des Unternehmens gestellt werden soll. Diese Entscheidung ist auch primär auf Ebene der Geschäftsführung zu treffen.

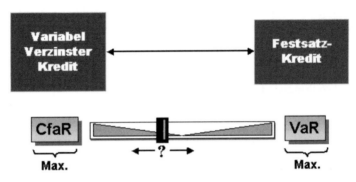

Abb. 2-10: „Risikoregler" im Zielkonflikt. Quelle: Bernd Küpper

2.2.3 Risikobewertung mittels Szenarioanalysen

Die Szenarioanalyse versucht das Risiko von Finanzpositionen dadurch zu bewerten, indem sie verschiedene mögliche Szenarien durchspielt, wie sich die relevanten Marktpreise bewegen können und welche Auswirkung diese Marktpreisänderungen in der Folge für das Unternehmen hätten. Die Szenarioanalyse ist eine der ältesten und dabei auch die in Europa wohl verbreitetste Form der Risikoanalyse. In einer von Professor Wiedemann im Jahr 2000 unter den 500 größten deutschen Unternehmen (ohne Finanzdienstleister) durchgeführten Studie ergibt sich hierzu folgendes Bild: 77,2 % der befragten Unternehmen setzen in der Währungsrisikomessung Normalszenarien ein, 39,2 ergänzen diese dabei um Stressszenarien (vergleichbar mit den nachfolgend beschriebenen „Worst Case Szenarien"). Beim Zinsrisiko setzen 58,6 % Normalszenarien und 29,3 % zusätzlich Stressszenarien ein und beim Rohstoffpreisrisiko sind es 48,0 % und 28,0 %.

In der Praxis führt die Szenarioanalyse meist nicht zu eindeutigen Lösungen, sondern zu einer (überschaubaren) Kombination verschiedener Handlungsalternativen. Erwartet das Unternehmen aufgrund der Chance-Risiko-Abwägung, dass die Marktpreisentwicklung „gegen das Unternehmen" läuft, wird es offene Risikopositionen absichern und gegen unwillkommene Marktpreisbewegungen sichern. Sieht das Unternehmen jedoch berechtigte Chancen auf eine Marktpreisentwicklung zu seinen Gunsten, können die Finanzpositionen dahingehend positioniert werden. Mit Hilfe der Szenarioanalyse lassen sich Finanzrisiken sowohl hinsichtlich Bestands- als auch Änderungsrisiken bewerten. Die Aufgabe der Szenarioanalyse besteht in der ersten Phase vor allem darin ...

... möglichst realitätsnahe Prognosen der künftigen Entwicklung der zu untersuchenden Grundgeschäfte zu erstellen.

... möglichst realitätsnahe Szenarien der möglichen (bzw. zu erwartenden) Marktbewegungen zu definieren, welche den Wert der untersuchten Grundgeschäfte beeinflussen (können).

... diese Parameter so zu verknüpfen, dass dadurch das Risiko des Unternehmens, dass sich aus einer Marktpreisveränderung ergibt quantifizieren zu können.

Je nach Modellkomplexität (statisch oder dynamisch) werden entweder Zeitpunkt oder Zeitraum einer erwarteten Marktpreisveränderung vorgegeben und die damit verbundenen veränderten Zahlungsströme aus einzelnen Zahlungsströme oder Bilanzpositionen analysiert. Die Szenarioanalyse bewertet auf dieser Grundlage Bestände, die um fiktive Geschäfte und Handlungsalternativen ergänzt sein können. Daraus lassen sich letztlich die Handlungsalternativen vergleichbar machen und so zur Entscheidungsfindung des Unternehmens – insbesondere hinsichtlich der Behandlung der erkannten Risiken – beitragen.

Gewinne und Verluste erstrecken sich nicht nur auf Zahlen, die sich in der G+V niederschlagen. Genauso wichtig sind Opportunitätsgewinne und -verluste. Mit Hilfe der Szenarioanalyse wird versucht den optimalen Kompromiss zwischen Risikominimierung und Gewinnmaximierung zu erreichen. Doch Vorsicht! Die Simulation auf Basis einzelner Szenarien führt zwar zu konkreten (schein-) objektiven Ergebnissen, die aber in der künftigen Realität nicht unbedingt eintreffen werden. Um dieser Gefahr zu begegnen, sollten mindestens zwei, besser noch drei Szenarien in der Analyse und Prognose berücksichtigt werden:

- Eines mit der schlechtesten denkbaren Ausprägung (= „Worst Case") um der Quantifizierung des Risikos gerecht zu werden
- Eines mit der besten denkbaren Ausprägung (= „Best Case") um die Chancen richtig zu quantifizieren
- Eines mit der erwarteten Ausprägung (= „Expected Case")

Zwischen Chance und Risiko der beiden ersten Szenarien (Worst Case und Best Case) liegt das subjektiv erwartete, wahrscheinliche Szenario. Im nächsten Schritt werden die einzelnen Instrumente beziehungsweise Bilanzpositionen anhand der drei Szenarien untersucht und bewertet. Alle offenen Positionen, erwartete und möglicherweise auch geplante Positionen werden dabei berücksichtigt und gegebenenfalls laufzeitgerecht zusammengefasst. Auch hierbei hängt es von der Komplexität der Szenarioanalyse ab, ob die Untersuchung auf nur einen Zeitpunkt oder besser auf einen ganzen Zeitraum ausgelegt ist.

Beispiel einer Szenarioanalyse

Ein Exportunternehmen erzielt einen Teil seiner Umsatzerlöse in US-Dollar. Für die kommenden Monate besteht bereits eine relativ sichere Liquiditätsvorschau auf die bereits fakturierten USD-Zahlungen. Nun möchte das Unternehmen für das erste Quartal des kommenden Jahres sein in diesen US-Dollar steckende Währungskursrisiko quantifizieren. Dazu greift es auf eine Szenarioanalyse zurück.

Szenario-Definition

- Zum Zeitpunkt der Risikoanalyse steht der EUR/USD-Kurs bei 1,19 USD. Die Volkswirte der beiden Hausbanken prognostizieren für das erste Quartal einhellig einen EUR/USD-Kurs von nahezu unveränderten 1,20 USD. Dieses Kursniveau ist somit subjektiv am wahrscheinlichsten und wird in der Szenariorechnung als **„Expected Case"** unterstellt.
- Während der vergangenen Monate fiel der Dollar zwischenzeitlich auf ein Niveau von 1,35 USD. Da ein derartiger Kursrückgang auch in den kommenden Monaten nicht auszuschließen ist, wird dieser Kurs in der Szenariorechnung als **„Worst Case"** unterstellt.
- Im Gegensatz dazu stieg der Dollar zwischenzeitlich auf ein Niveau von 1,10 USD. Dieser Kurs in der Szenariorechnung als **„Best Case"** unterstellt.

Szenario-Ergebnis

Die vereinfachte Szenarioanalyse zeigt, dass sich der Gegenwert der USD-Zahlungen im ersten Quartal unter Berücksichtigung der unterstellten Parameter zwischen 97.778 EUR („Worst Case") und 120.000 EUR („Best Case") liegen werden. Die auf EUR lautende Planrechnung kann nun auf diese Ergebnisse abgestellt werden. Eine weitere Möglichkeit ist nun, auf den Ergebnissen dieser Berechnung verschiedene Sicherungsstrategien aufzubauen und deren

2.2 Quantifizierung von Finanzrisiken 41

Untersuchte EUR/USD-Szenarien:	Szenario 1:	1,10	"Best Case"
	Szenario 2:	1,20	"Expected Case"
	Szenario 3:	1,35	"Worst Case"

Zeitpunkt	Cashflows in USD	Cashflow in EUR Szenario 1	Cashflow in EUR Szenario 2	Cashflow in EUR Szenario 3
15. Jan	$10.000	€ 9.091	€ 8.333	€ 7.407
23. Jan	$15.000	€ 13.636	€ 12.500	€ 11.111
01. Feb	$10.000	€ 9.091	€ 8.333	€ 7.407
14. Feb	$25.000	€ 22.727	€ 20.833	€ 18.519
26. Feb	$28.000	€ 25.455	€ 23.333	€ 20.741
28. Feb	$27.000	€ 24.545	€ 22.500	€ 20.000
15. Mrz	$10.000	€ 9.091	€ 8.333	€ 7.407
21. Mrz	$7.000	€ 6.364	€ 5.833	€ 5.185
	$132.000	€ 120.000	€ 110.000	€ 97.778

Abb. 2-11: *Beispiel einer einfachen Szenarioanalyse*

Wirkung in einer weiteren, ähnlich aufgebauten Szenariorechnung, zu überprüfen.

Ein Manko dieser Vorgehensweise ist, dass zwar unterschiedliche Szenarien durchgespielt werden, jedoch noch keine Aussage über die Wahrscheinlichkeit der einzelnen Szenarien getroffen wird. So kann diese Szenarioanalyse in einem weiteren Schritt um die erwarteten Eintrittswahrscheinlichkeiten der jeweiligen Szenarien ergänzt werden. Im Falle unseres Beispiels könnte das Ergebnis wie folgt aussehen:

Untersuchte EUR/USD-Szenarien:	Szenario 1:	1,10	"Best Case"
	Szenario 2:	1,20	"Expected Case"
	Szenario 3:	1,35	"Worst Case"

Gewichtung der Szenarien:	Szenario 1:	0,15	
	Szenario 2:	0,60	
	Szenario 3:	0,25	

Zeitpunkt	Cashflows in USD	Cashflow in EUR Szenario 1	Cashflow in EUR Szenario 2	Cashflow in EUR Szenario 3
15. Jan	$10.000	€ 9.091	€ 8.333	€ 7.407
23. Jan	$15.000	€ 13.636	€ 12.500	€ 11.111
01. Feb	$10.000	€ 9.091	€ 8.333	€ 7.407
14. Feb	$25.000	€ 22.727	€ 20.833	€ 18.519
26. Feb	$28.000	€ 25.455	€ 23.333	€ 20.741
28. Feb	$27.000	€ 24.545	€ 22.500	€ 20.000
15. Mrz	$10.000	€ 9.091	€ 8.333	€ 7.407
21. Mrz	$7.000	€ 6.364	€ 5.833	€ 5.185
	$132.000	€ 120.000	€ 110.000	€ 97.778
Gewichtung		0,15	0,60	0,25
Summe der gewichteten Szenarien				€ 108.444,44

Abb. 2-12: *Beispiel einer wahrschainlichkeitsgewichteten Szenarioanalyse*

Im Gegensatz zur ersten Variante wird nun ein risikogewichteter EUR-Gegenwert ermittelt werden. Er wird einfach dadurch errechnet, dass die EUR-Gegenwerte der einzelnen Szenarien mit der gewählten Eintrittswahrscheinlichkeit multipliziert werden und daraus die Summe gebildet wird.

Dieser risikogewichtete EUR-Gegenwert kann nun in der auf EUR lautenden Planrechnung berücksichtigt werden. Besser ist es aber, auf dieser Basis Sicherungsstrategien zu erarbeiten und deren Wirkung auf die Risikopotential des Unternehmens – als den sich ergebenden EUR-Gegenwert – zu testen.

Kritik an der Szenarioanalyse

Vorsicht ist bei der Interpretation der Ergebnisse stets angebracht. Weder ist der risikogewichtete EUR-Gegenwert ein „Erwartungswert", noch stellt der „Worst Case" der Rechnung auch tatsächlich das maximale Risiko dar. Da sowohl die Wahl der untersuchten Szenarien als auch die zugeordneten erwarteten Eintrittswahrscheinlichkeiten subjektiv erfolgen, kann das Ergebnis der Analyse auf keinen Fall objektiv sein.

Wenn Szenarioanalysen eingesetzt werden, dann sollten folgende Punkte auf alle Fälle berücksichtigt werden:

- **Auswahl/Definition der untersuchten Szenarien** – Die untersuchten Szenarien sollten niemals willkürlich gewählt werden. Vielmehr ist es sinnvoll, historische Kursentwicklungen und aktuelle Marktprognosen in die Definition der Szenarien einfließen zu lassen. So kann der „Expected Case" dadurch definiert werden, dass man die Prognosen mehrerer Quellen (z. B. Researchberichte von Kreditinstitute oder Marktbefragungen von Nachrichtenagenturen) zusammenfasst. Der „Worst Case" kann durch den „schlechtesten Fall" in der Datenhistorie definiert werden.

- **Kontinuierlicher Prozess der Modellüberprüfung** – Eine Szenarioanalyse ist in jedem Fall nur ein momentanes Blitzlicht der Risikosituation. Im Zeitverlauf muss stets überprüft werden, ob die Modellannahmen noch Gültigkeit haben. So können sich aktuelle Kurse und Markterwartungen ebenso rasch verändern wie die Höhe der erwarteten Fremdwährungs-Eingänge. Falls nach Abschluss einer Szenarioanalyse der US-Dollar signifikant fällt, muss der „Expected Case" angeglichen werden. Gleiches gilt, wenn sich die Höhe der erwarteten USD-Eingänge ändert. Somit muss ein auf Szenarioanalysen beruhendes Risikomanagement stets als kontinuierlicher Prozess gestaltet sein, in dem die Szenarioanalysen regelmäßig mit aktualisierten Parametern erneuert und die darauf aufgebauten Sicherungsmaßnahmen angepasst werden.

- **Scheinobjektivität** – Die Szenarioanalysen (insbesondere jene, die auf erwarteten Eintrittswahrscheinlichkeiten basieren) liefern ein scheinbar objektives Bild des Risikos. Wie oben aber bereits angedeutet, handelt es sich hierbei aber vielmehr um eine Scheinobjektivität. Der Anwender der Szenarioanalyse sollte dies stets berücksichtigen und die Ergebnisse seiner Analysen stets kritisch hinterfragen.

2.2.4 Methodische Grundlagen der „at-Risk"-Konzepte

Die Sache mit der Standardabweichung

Nicht immer, aber bei vielen Kursen und Preisen, welche die (Finanz-)Risikosituation eines Unternehmens determinieren, lässt sich beobachten, dass das statistische Hilfsmittel der Normalverteilung eine gute Beschreibung der zeitlichen Renditestruktur liefert. Mit der zeitlichen Renditestruktur ist die Häufigkeit gemeint, mit der beispielsweise die verschiedenen Tagesrenditen aufgetreten sind. „Renditen" übrigens deshalb, weil wir im Zusammenhang mit dem Finanzrisikomanagement insbesondere auf Preis**veränderungen** eingehen und nicht in erster Linie auf Preis**höhen**. Bei einem gehandelten Rohstoff – z. B. Diesel – ändert sich dessen Rendite ständig mit den täglichen Schwankungen seines Preises. Renditen, die normalverteilt sind, zeichnen sich dadurch aus, dass starke Abweichungen von der Rendite, welche die größte Eintrittswahrscheinlichkeit besitzt – d.h. am häufigsten zu beobachten ist – weniger sind als kleine Abweichungen. Man nennt diese am häufigsten vorkommende Rendite auch den Erwartungswert der Rendite oder den erwarteten Wert. Außerdem ist die Normalverteilung symmetrisch. Das bedeutet für eine gegebene prozentuale Abweichung vom Erwartungswert ist die Wahrscheinlichkeit einer positiven ebenso groß wie die einer negativen Abweichung.

Das Maß für die durchschnittliche Abweichung vom Erwartungswert bei einer Normalverteilung ist die Standardabweichung. Aufgrund der Symmetrie der Normalverteilung kann der Grad des Risikos von verschiedenen Marktpreisen, die normalverteilt sind, anhand dieser Maßzahl der Standardabweichung verglichen werden. Wenn die Chance einer positiven Abweichung ebenso groß ist wie die einer negativen, dann ist ein Instrument/Markt mit der größeren Standardabweichung (also einer größeren Schwankungsintensität) auch dasjenige mit dem größten Potential sowohl für überdurchschnittliche Verluste als auch für überdurchschnittliche Gewinne.

Finanzmathematisch wird die Standardabweichung folgendermaßen hergeleitet:

$$\sigma = \sqrt{\frac{1}{N} \sum_{I=1}^{N} (\chi_i - \mu)^2}$$

wobei:
σ = Standardabweichung
μ = Mittelwert der Stichprobe
N = der Umfang der Grundgesamtheit (Anzahl der Werte)
χ_i = die Merkmalsprägungen am i-ten Element der Grundgesamtheit

Konfidenzintervalle (Tabelle)

Wie oben erläutert gibt die Standardabweichung im Falle normalverteilter Datenreihen an, welcher Anteil der untersuchten Daten innerhalb eines bestimmten Verteilungsbereichs liegen. Dieser Verteilungsbereich wird als „Konfidenzniveau" oder „Konfidenzintervall" bezeichnet. Hier kann man nun unterscheiden, ob man ein einseitiges oder ein zweiseitiges Konfidenzintervall betrachten möchte.

Aus Risikosicht geht man beim zweiseitigen Konfidenzintervall davon aus, dass das Risiko jenseits der Standardabweichung sowohl links als auch rechts des Mittelwertes/Erwartungswertes zu sehen ist.

Beispiel zweiseitiges Konfidenzintervall:

Eine Maschine soll möglichst in einem genau definierten Bereich der Umdrehungszahl arbeiten. Eine höhere bzw. niedrigere Geschwindigkeit würde gleichermaßen zum schnelleren Verschleiß führen. Zur Kontrolle wird die tatsächliche Umdrehungszahl in gleichen Abständen gemessen. Möchte man nun das Risiko des schnelleren Verschleißes über ein Normalverteilung darstellen, empfiehlt es sich ein zweiseitiges Konfidenzintervall zur Beschreibung des Risikos zu wählen. Denn sowohl Geschwindigkeiten über der Ziel-Geschwindigkeit als auch Geschwindigkeiten unter der Ziel-Geschwindigkeit bedeuten gleichermaßen ein Risiko. Grafisch dargestellt sieht dies folgendermaßen aus:

2.2 Quantifizierung von Finanzrisiken

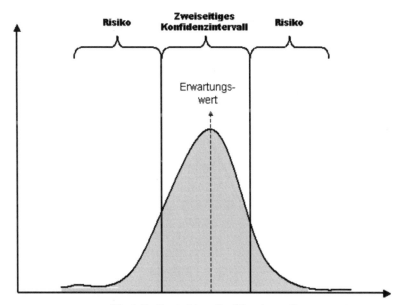

Abb. 2-13: Zweiseitiges Konfidenzintervall

Beispiel eines einseitigen Konfidenzintervalls:

Im Falle der Finanzrisiken ist es jedoch meist so, dass das Risiko aber nur auf einer Seite der Verteilungsfunktion zu sehen ist. Erwartet ein Exporteur eine USD-Zahlung, so liegt das Risiko darin, dass der US-Dollar an Wert verliert. Im Falle eines Anstiegs des Dollars bedeutet die Abweichung dies aber nicht Risiko, sondern Chance. Möchte man nun das Devisenrisiko des Dollar-Verfalls über ein Normalverteilung darstellen, empfiehlt es sich ein einseitiges Konfidenzintervall zur Beschreibung des Risikos zu wählen. Grafisch ist dies in Abbildung 2-14 dargestellt.

Nachfolgende Tabelle zeigt verschiedene Konfidenzintervalle bei gegebener bzw. berücksichtigter Standardabweichung. In der Regel berücksichtigt man im Rahmen des Finanzrisikomanagements 1,65 bzw. 2 Standardabweichungen.

	Zweiseitiges Konfidenzinterfall	Einseitiges Konfidenzintervall
1 Standardabweichung	68 %	84 %
2 Standardabweichungen	95 %	97,50 %
3 Standardabweichungen	99 %	99,90 %
1,65 Standardabweichungen	90 %	94 %
2,3 Standardabweichungen	98 %	99 %

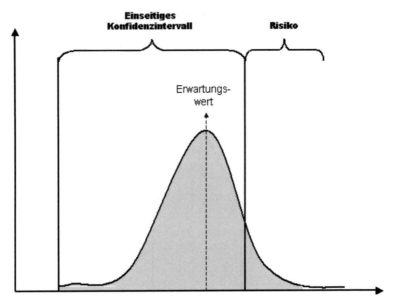

Abb. 2-14: *Einseitiges Konfidenzinterfall*

Umrechnung der Volatilität

Wie bereits an anderer Stelle angesprochen, ist die Volatilität in der Regel als Jahres-Volatilität angegeben. Zeitraum-Bezeichnungen beziehen sich in der Regel auf die Größe der Datenmenge, die zur Ermittlung der (Jahres-)Volatilität verwendet wurden. So stellt beispielsweise eine 30-Tages-Vola in der Regel die jährliche Volatilität eines Wertes dar, der aus den Kursdaten der letzten 30 Tage ermittelt wurde. Die Entwicklung der Volatilität – dargestellt über die Standardabweichung – verläuft dabei nicht linear. Weist ein Wert eine 1-Tages-Volatilität von 0,2% auf, so liegt die 2-Tages-Volatilität nicht bei 0,4% sondern darunter.

Um nun von dieser Jahres-Volatilität auf einen kürzeren (Betrachtungs-)Zeitraum herunterzubrechen, muss man die „Wurzel aus Zeit Methode" anwenden:

Umrechnung von Jahres-Vola auf Tages-Vola:

$$\text{Tagesvola} = \frac{\text{Jahresvola}}{\sqrt{260}}$$

Umrechnung von Tages-Vola auf Wochen-Vola:

$$\text{Wochenvola} = \text{Tagesvola} \times \sqrt{5}$$

Umrechnung von Tages-Vola auf Monats-Vola:

$$\text{Wochenvola} = \text{Tagesvola} \times \sqrt{21}$$

2.2 Quantifizierung von Finanzrisiken

Umrechnung von Tages-Vola auf Quartals-Vola:
$$\text{Quartalsvola} = \text{Tagesvola} \times \sqrt{62}$$
Umrechnung von Tages-Vola auf Jahres-Vola:
$$\text{Jahresvola} = \text{Tagesvola} \times \sqrt{260}$$

Die Standardabweichung an einem Praxisbeispiel

Wir wollen nun an einem konkreten Beispiel aus der Praxis überprüfen, ob die oben genannte Interpretation der Standardabweichung auch belegbar ist. Hierzu untersuchen wir die Entwicklung der langfristigen Zinssätze – hier in Form der 10-Jahres-Swapsätze – da diese für das Finanzrisikomanagement eine große Rolle spielen.

Wie in folgendem Chart (Abbildung 2-15) erkennbar ist, schwankten die 10-Jahres-Swapsätze in den vergangenen fünf Jahren zunächst um einen leichten Abwärtstrend, seit Ende 2003 bewegen sich die Zinsen meist in einer Bandbreite von 4,0 und 4,5 %.

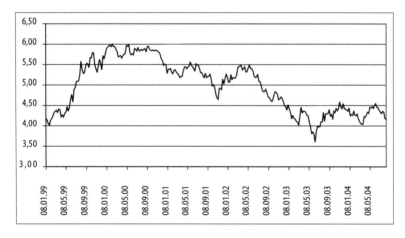

Abb. 2-15: 10-Jahres-Zinssätze als Linienchart

Nun soll im Rahmen des Finanzrisikomanagements das Zinsrisiko anhand der Schwankungsintensität der Zinsen quantifiziert werden. Dazu sind aber nicht in erster Linie die absoluten Zinssätze interessant, sondern vielmehr die Zinsveränderungen. Also gehen wir im nächsten Schritt her und berechnen die (beispielsweise) wöchentlichen Zinsveränderungen. Wie dieses Oszillogramm verdeutlicht schwankten die Zinssätze um bis zu – 0,35 % bzw. + 0,28 % in einer Woche:

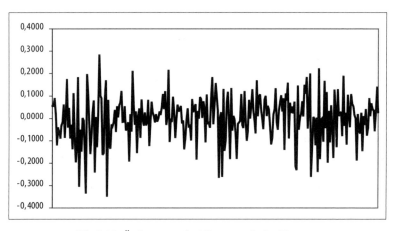

Abb. 2-16: Änderungen der Zinssätze als Oszillogramm

Sollen nun diese beiden Maximalwerte verwendet werden, um die Schwankungsintensität der Zinssätze und somit das Risiko einer Risikoposition zu quantifizieren? Die meiste Zeit lagen die Zinsschwankungen ja auf einem wesentlich geringeren Niveau. Da einige Ausreißer das Risikobild verfälschen würden, greift man in diesem Fall besser auf das statistische Maß der Standardabweichung zurück.

Ergebnisse der Analyse

Mittelwert der wöchentlichen Abweichung	0,0001%
Minimalwert der wöchentlichen Abweichung	0,0000%
Maximalwert der wöchentlichen Abweichung	0,3500% / −0,2850%
Standardabweichung	0,1018%
Mittelwert +/−1 Standardabweichung	0,1019% / −0,1017%
Mittelwert +/−2 Standardabweichungen	0,2037% / −0,2035%

Aus der bekannten Interpretation der Standardabweichung ergibt sich nun die Aussage, dass in 68 % der beobachteten Fälle die wöchentliche Zinsveränderung nicht größer als 0,1019% bzw. −0,1017% war. In 95 % der beobachteten Fälle war die wöchentliche Zinsveränderung nicht größer als 0,2037% bzw. −0,2035%.

Überprüfung der Analyseergebnisse anhand realer Daten

Nun muss natürlich sichergestellt werden, ob die tatsächlichen Zinsverläufe die aus der Standardabweichung bekannten Interpretationen überhaupt zulassen. Hierzu analysieren wir im ersten Schritt die Standardabweichung und „zählen" dann, in wie vielen Fällen der Datenreihe die Normalverteilung auch festgestellt werden konnte.

2.2 Quantifizierung von Finanzrisiken   49

Anzahl der Werte   292
Werte innerhalb 1 StA (Soll)   199 (= 68 %)
Werte innerhalb 1 StA (Ist)   206 (=70%)
                                → „Test bestanden"
Werte innerhalb 2 StA (Soll)   277 (= 95 %)
Werte innerhalb 2 StA (Ist)   278 (=95,2%)
                                → „Test bestanden"

Diese Ergebnisse belegen sehr deutlich, dass die Zinsänderungen einer Normalverteilung folgen und die klassischen Interpretationsmöglichkeiten der Standardabweichung vollständig anwendbar sind

Als Verteilung grafisch dargestellt zeigt sich folgendes Bild in Abbildung 2-17 dieses Beispiels:

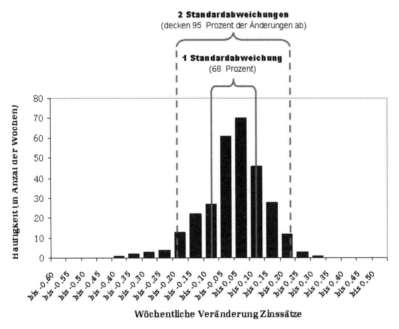

Abb. 2-17: Darstellung des Beispiels als Häufigkeitsverteilung

**Interpretation der Standardabweichung –
eine Bandbreitenprognose**

Auf Basis dieser Analyse kann nun eine statische Prognose über den wahrscheinlichen Verlauf der weiteren Zinsbewegung erstellt werden. Dabei wird unterstellt, dass ausgehende vom aktuellen Zinssatz der Zins um die Standardabweichung steigt bzw. fällt. Wichtig ist hierbei, dass die zeitraum-konkruente Standardabweichung verwendet wird – also ausgehend vom aktuellen Zinssatz wird sich der Zins in einem Tag um die Tages-Vola verändern, in einer Woche wird er sich um die Wochen-Vola verändern und so weiter. Grafisch dargestellt ergibt sich eine Art Trichter der erwarteten Zinsentwicklung. Mit einer Wahrscheinlichkeit von 68 % werden die weiteren Zinsentwicklungen innerhalb dieses Trichters liegen. Nach dem selben Prinzip können auch mehrere Trichter mit unterschiedlichen Wahrscheinlichkeitswerten gebildet werden.

Abbildung 2-18 zeigt am bekannten Beispiel der 10-Jahres-Zinssätze, wie eine derartige Prognose aussehen kann. Es sind die beiden Volatilitäts-Trichter mit einer bzw. zwei Standardabweichungen.

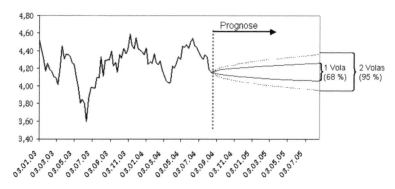

Abb. 2-18: Bandbreitenprognose durch Verwendung der Volatilität

Diese Art von Prognosen muss jedoch immer mit Vorsicht interpretiert werden. Die Berechnung erfolgt aufgrund rationaler Daten und ist hinsichtlich Aufbau und Aussagekraft „wasserdicht". Jenseits der unterstellten Wahrscheinlichkeiten kann es aber auch zu Extrembewegungen kommen, welche die Aussage des Modells „sprengen". Wenn etwa am Tag 1 nach Erstellung der Prognose ein überdurchschnittlicher Zinsanstieg (ein Ausreißer jenseits der 68% bzw. 95%-Grenze) zu verzeichnen ist und die weitere Entwicklung ab Tag 2 wieder „normal" verläuft, dann wird die Prognose aus den Volatilitäts-Trichtern voraussichtlich nicht eintreten.

Die Standardabweichung – Ausgangsbasis jedes „at-Risk"-Modells

Da die Standardabweichung somit sowohl über die Intensität als auch die Wahrscheinlichkeit einer künftigen Kursbewegung Auskunft gibt, kommt ihr im Bereich des Finanzrisikomanagements eine große Bedeutung zu. Insbesondere die verschiedenen „at-Risk"-Konzepte – also Beispielsweise „Value-at-Risk", „Cashflow-at-Risk" oder „Earnings-at-Risk" – fußen in ihrer Berechnungsbasis auf den Methoden und Interpretationsmöglichkeiten der Standardabweichung.

2.2.5 Risikobewertung mittels „Value-at-Risk"-Analysen

Insbesondere bei Unternehmen des Finanzdienstleistungssektors und bei großen Unternehmen mit umfangreichen zu managenden Finanzrisiken ist der Value-at-Risk-Ansatz das wohl prominenteste Konzept zur Quantifizierung von Finanzrisiken. Aufgabe des Value-at-Risk ist es, für einzelne Finanzinstrumente oder für ein Portfolio unterschiedlicher Risiken (z. B. unterschiedlicher Währungs- und Zinspositionen) anhand möglichst aller denkbaren Szenarien sich potentiell verändernder Marktfaktoren, Aussagen über die Wertentwicklung dieses Portfolios zu geben. Vorgegeben wird dabei eine bestimmte Verlustwahrscheinlichkeit und eine bestimmte Halteperiode.

Ausgangspunkt der Value-at-Risk-Betrachtung ist ein Portfolio oder ein Teilportfolio, bestehend aus verschiedenen Finanzinstrumenten und/oder Cashflows. Dieses Portfolio soll über einen bestimmten Zeitraum gehalten und zu Marktpreisen bewertet werden. Die Cashflows ergeben sich aus Finanztransaktionen (Aufnahmen, Verlagerungen, Kassa-, Termin- und Optionsgeschäften) und vor allen auch den zu betrachtenden Grundgeschäften wie etwa den Finanzierungen. Die Wertveränderungen der einzelnen Geschäfte im Portfolio und dementsprechend das Portfolio selbst, sind von den zugrunde liegenden marktpreisbildenden Faktoren wie beispielsweise individuelle Devisenkurse, Zinssätze für bestimmte Laufzeiten, Rohstoffpreise und so weiter abhängig. Die Wertveränderungen begründen sich in einem bestimmten Gewinn oder Verlust des Portfolios, der sich nicht von vornherein bestimmen lässt, aber anhand einer Zufallsvariablen erfasst werden kann. Diese Zufallsvariable wird auch als „Value-at-Risk" (VaR) bezeichnet. Der VaR stellt die Verlustobergrenze eines Portfolios dar, die mit einer vorgegebenen Wahrscheinlichkeit innerhalb der unterstellten Halteperiode des Portfolios nicht überschritten wird. Vereinfacht gesagt gibt der Value-at-Risk auf eine klare Frage eine klare Antwort: „Wie viel kann das Unternehmen aufgrund Marktpreisrisiken innerhalb einer Woche insgesamt maximal verlieren?" – „Mit 95 %iger Wahrscheinlichkeit nicht mehr als 750.000 EUR!"

Nachfolgend werden wir nun zunächst auf einige verschiedene Methoden eingehen, mit denen der Value-at-Risk im Unternehmensbereich ermittelt werden kann:

Methoden zur Ermittlung eines Value-at-Risk

Die Quantifizierung finanzieller Risiken nach dem Konzept des Value-at-Risk kann grundsätzlich auf zwei Wegen erfolgen: analytisch oder parametrisch. Für den analytischen Weg bedarf es zunächst einer statistischen Verteilungsannahme. Im ersten Teil dieses Kapitels wurde bereits darauf eingegangen, dass im Falle der Marktpreisrisiken häufig eine Normalverteilung zu beobachten ist. Ist in der zeitlichen Preisentwicklung eines zu analysierenden Marktpreises eine Normalverteilung zu beobachten, so kann die Ermittlung des aus diesen Marktpreisänderungen resultierenden Value-at-Risk auf den so genannten „Varianz-Kovarianz-Ansatz" zurückgegriffen werden:

Analytische Ermittlung – Varianz-Kovarianz-Ansatz

Gemäß des Varianz-Kovarianz-Ansatzes ergibt sich der Value-at-Risk eines einzelnen Finanzinstruments (oder einer Position) aus der Multiplikation eines Marktwertes mit der auf die gewünschte Wahrscheinlichkeit skalierten Volatilität. Damit wird Höhe und Wahrscheinlichkeit eines möglichen Wertverlust ermittelt.

Bei der Quantifizierung des Rückschlagswertes von Zinsinstrumenten muss gegebenenfalls ein „Zwischenschritt" eingelegt werden. Analysiert werden ja in diesem Fall Zinssätze, nicht die Kurswerte des Zinsinstruments. In diesem „Zwischenschritt" wird die bereits angesprochene Sensitivität des Zinsinstruments – also der Basis Point Value oder die Modified Duration – in die Kalkulation aufgenommen werden.

Hierzu ein Beispiel zur Verdeutlichung:

Betrachtet werden soll das Risiko einer Anleihenposition. Ermittelt werden soll der VaR der Position mit einer Haltedauer von einem Monat und einem einseitigen Konfidenzintervall von 97,5% (= zwei Standardabweichungen). Eine Analyse der historischen Entwicklung der 10-Jahres-Zinsen hat ergeben, dass deren Änderungen einer Normalverteilung folgen.

Zur Berechnung unterstellen wir folgende Parameter:

- Nominalwert der Anleihe: 1.000.000 EUR
- Nominalverzinsung der Anleihe: 6,00 %
- Laufzeit der Anleihe: 10 Jahre
- Marktzins: 6,00 %
- Rendite der Anleihe: 6,00 %
- Basis Point Value der Position (Sensitivität): 700 EUR
- Monats-Volatilität der 10-Jahres-Zinsen: 0,12 %

- **Schritt 1** – Berechnung der zu erwartenden Zinsänderung in einem Monat: Das Risiko einer Anleihenposition besteht in einem möglichen Zinsanstieg, der einen Rückgang des Anleihenkurses zur Folge hätte. Aufgrund der Marktparameter ist in einem Monat mit 97,5 % Wahrscheinlichkeit davon auszugehen, dass der Marktzins nicht über 6,24 % steigen wird (aktueller Zins von 6,00 % + zweifache Standardabweichung von 0,12 %).

2.2 Quantifizierung von Finanzrisiken

- **Schritt 2** – Quantifizierung der Auswirkung auf die Anleihenposition. Was würde nun ein Marktzinsanstieg auf 6,24 % für die Anleihe bedeuten? Dies lässt sich die Sensitivität der Position – also über den Basis Point Value – abschätzen. Ein Anstieg des Marktzinsen um 0,24 % (= 24 Basispunkte) würde in diesem Fall einen Kursverlust von approximativ 16.800 EUR (= 24 × 700 EUR) bedeuten.

Der Value-at-Risk (bei einer Haltedauer von einem Monat und einem einseitigen Konfidenzintervall von 97,5 %) dieser Anleihenposition ist somit 16.800 EUR. → Mit einer Wahrscheinlichkeit von 97,5 % wird der Verlust in dieser Anleihenposition während des nächsten Monats einen Betrag von 16.800 EUR nicht übersteigen.

Streng genommen müsste in dieser Betrachtung auch berücksichtigt werden, dass nicht der Nominalwert, sondern der Barwert der betrachteten Zahlung als Grundlage der Berechnung dienen sollte. Dies wurde hier jedoch aufgrund der in der Realität geringen Abweichung bewusst verzichtet um die praxisrelevante Nachvollziehbarkeit in den Vordergrund zu rücken.

Abbildung 2-19 verdeutlicht nochmals die Vorgehensweise beim Varianz-Kovarianz-Ansatz:

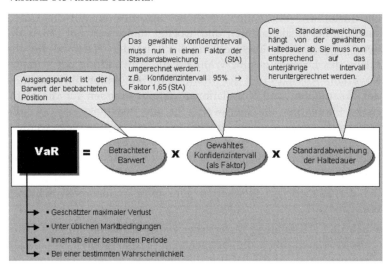

Abb. 2-19: Schematische Darstellung des Varianz-Kovarianz-Ansatzes

Setzt sich ein Portfolio aus mehreren unterschiedlichen Positionen zusammen, bedarf es einer Aggregation der einzelnen VaR-Beträge zu einem Portfolio-VaR. Dies ist in der Praxis in wahrscheinlich allen Unternehmen der Fall, da kein Unternehmen nur ein Finanzinstrument oder eine marktsensitive Bilanzposition haben wird. Die

Aggregation der einzelnen VaR-Beiträge kann dabei nicht durch einfache Addition der Einzelwerte erfolgen. Dies würde Diversifikationseffekte außen vor lassen und das Gesamtrisiko (ausgedrückt als Portfolio-VaR) überzeichnen. Diesen Diversifikationseffekt kann man durch Berücksichtigung der Korrelation (ausgedrückt durch den Korrelationskoeffizienten) in die Berechnung des Portfolio-VaR einfließen lassen.

Der Varianz-Kovarianz-Ansatz ist einfach und schnell umzusetzen, hat aber einen häufig kritisierten Nachteil: für alle Risikofaktoren wird in der Regel eine Normalverteilung unterstellt – was allerdings in der Praxis nicht (immer) in letzter Instanz und Exaktheit der Fall ist. Für die betriebliche Praxis kann ein Varianz-Kovarianz-Modell dennoch als pragmatischer Ansatz dienen um den Value-at-Risk des Unternehmens zu quantifizieren. Dabei muss aber stets überprüft und sichergestellt werden, dass die berücksichtigten Risikofaktoren auch eine Normalverteilung aufweisen. Ist dies nicht der Fall, so muss auf andere – komplexere – Methoden der VaR-Berechnung zurückgegriffen werden.

Analytische Ermittlung – Historische Simulation

Die historische Simulation verzichtet auf eine analytische Untersuchung der Risikofaktoren und arbeitet stattdessen mit Daten aus der Vergangenheit. Entsprechend hoch ist der Aufwand für die Pflege des Datenhaushalts. Während die Anwendung des Varianz-Kovarianz-Ansatzes und der Monte Carlo Simulation die Schätzung der Volatilitäten und Korrelationen genügt, müssen für die historische Simulation alle Tageswerte für alle Risikofaktoren über die betrachtete Vergangenheit hinweg archiviert und gepflegt werden. Prinzipiell ist zu beachten, dass je kürzer die beobachtete Historie – also je kleiner die Stichprobe – ist, desto größer der Schätzfehler ausfällt.

Bei der historischen Simulation geht man in mehreren Schritten vor:

- **Schritt 1 – Sammlung historischer Daten:** Zunächst müssen historische Daten über die betrachteten Risikofaktoren gesammelt werden. Also beispielsweise die täglichen EUR/USD-Kurse der vergangenen zehn Jahre oder die 10-Jahres-Zinsen der letzten 15 Jahre. Hier sollte auf eine möglichst große Datenmenge und Datendichte Wert gelegt werden. Ansonsten steigt die Gefahr der Schätzfehler.

- **Schritt 2 – Ermittlung beobachteter Marktpreisänderungen:** Nun müssen aus diesen Daten die relevanten Marktpreisänderungen errechnet werden, welche in der Historie aufgetreten sind. Bei-

2.2 Quantifizierung von Finanzrisiken 55

spielsweise alle täglichen EUR/USD-Änderungen oder die wöchentlichen Änderungen des 10-Jahres-Zinses. Diese Ergebnisse dienen nun als Grundlage der Risikobewertung. Der Grundgedanke ist dabei, dass sich die Verhaltens- und Verlaufsmuster der Vergangenheit in der Zukunft wiederholen wir – war bislang nicht passiert ist, wird in Zukunft nicht passieren.

- **Schritt 3 – Simulation der Wertveränderungen:** Nun wird für jede beobachtete Marktpreisveränderung ermittelt, wie sich diese auf den Barwert der untersuchten Risikoposition auswirken würde. Wichtig ist hierbei, dass die Wahl der beobachteten Wertänderung auf den Prognosehorizont der Risikoberechnung abgestimmt wird. Möchte man also das Risiko quantifizieren, dass bei einem gegebenen Finanzinstrument in den nächsten vier Wochen eintreten kann, so muss man die historischen 4-Wochen-Veränderungen untersuchen. Das Ergebnis sind die jeweiligen historischen Risikoszenarien.

- **Schritt 4 – Wahrscheinlichkeitsgewichtung der einzelnen, historischen Risikoszenarien:** Die bislang ermittelten Risikoszenarien stellen alle in der Vergangenheit beobachteten Fälle dar. Würde man den höchsten Wert aller Szenarien (also das höchste beobachtete Risiko) als Risikoansatz verwenden, wäre dies ein „Worst-Case-Ansatz". Möchte man hingegen einen wahrscheinlichkeitsgewichteten Risikoansatz, muss man zunächst alle historischen Risikoszenarien in eine Rangfolge bringen – beginnend mit der schlechtesten (negativen) Wertveränderung. Je nach gewünschtem Konfidenzintervall werden nun – beginnend mit der schlechtesten Wertveränderung – alle Wertveränderungen gestrichen, bis der gewünschte Grenzwert (= Konfidenzintervall) erreicht ist. (Das weiter unten folgende Beispiel verdeutlicht dies.)

- **Schritt 5 – Ergebnis:** Das verbleibende historische Risikoszenario mit der (nun) schlechtesten Wertveränderung gilt nun als das wahrscheinlichkeitsgewichtetes Szenario, der sich ergebende Wertverlust des Risikoszenarios stellt den Value-at-Risk dar.

Folgendes Beispiel soll die Vorgehensweise bei der Ermittlung des VaR auf Basis einer historischen Simulation nochmals verdeutlichen:

Für eine Anleihe mit fünfjähriger (Rest-)Laufzeit und einem Nominalvolumen von 1.000.000 EUR soll auf Basis einer historischen Simulation der Value-at-Risk mit einem Konfidenzintervall von 95 % und einer Haltedauer von einem Monat berechnet werden. Der Nominalzins der Anleihe ist 3,40 %, Marktrendite ist ebenfalls bei 3,40 % – aktueller Kurs somit: 100,00 %). Der Basis Point Value der Anleihe liegt bei 420 EUR. Dabei geht man nun folgendermaßen vor:

Schritt 1 – Sammlung historischer Daten
Aus einer neutralen Datenquelle (z.B. Bloomberg) werden die Renditen für 5-Jahres-Zerobonds der vergangenen 16 Jahre in monatlichen Schritten abgefragt. Zur besseren Möglichkeit der Weiterverarbeitung erfolgt diese Datenerhebung in einer Tabellenkalkulation von MS Excel.

Schritt 2 – Ermittlung beobachteter Marktpreisänderungen
Nun wird auf Basis dieser Werte ermittelt, welche monatlichen Zinsänderungen sich durch diese (tatsächlichen) historischen Zinsentwicklungen ergeben haben.

Schritt 3 – Simulation der Wertveränderungen
Diesen beobachteten Zinsänderungen wird nun der konkrete Basis Point Value der zu untersuchenden Anleihe zugeordnet. Somit wird simuliert, wie sich die Anleihe in den jeweiligen Fällen der Zinsänderungen hinsichtlich einer Kursveränderung hin verhalten hätte. Es ergibt sich aus den historischen Daten eine Stichprobe von 192 Risikoszenarien. Nachfolgende Grafik zeigt einen Ausschnitt dieser Zuordnung/Kalkulation in MS Excel:

	A	B	C	D	E	F
1						
2						
3						
4		Zeitpunkt	Zinssatz	Zinsänderung (monatlich)	Fiktive Kursänderung der Anleihe	
5		30.09.88	6,01			
6		31.10.88	5,66	-0,35	€ 14.700	
7		30.11.88	5,96	0,3	-€ 12.600	
8		30.12.88	6,06	0,1	-€ 4.200	
9		31.01.89	6,66	0,6	-€ 25.200	
10		28.02.89	7,23	0,57	-€ 23.940	
11		31.03.89	7,09	-0,14	€ 5.880	
12		28.04.89	7,05	-0,04	€ 1.680	
13		31.05.89	7,43	0,38	-€ 15.960	
14		30.06.89	7,09	-0,34	€ 14.280	
15		31.07.89	6,77	-0,32	€ 13.440	
16		31.08.89	7,18	0,41	-€ 17.220	
17		29.09.89	7,51	0,33	-€ 13.860	
18		31.10.89	7,85	0,34	-€ 14.280	
19		30.11.89	8,19	0,34	-€ 14.280	
20		29.12.89	8,07	-0,12	€ 5.040	
21		31.01.90	8,42	0,35	-€ 14.700	
22		28.02.90	9,27	0,85	-€ 35.700	
23		30.03.90	8,98	-0,29	€ 12.180	
24		30.04.90	9,29	0,31	-€ 13.020	
25		31.05.90	9,1	-0,19	€ 7.980	

Abb. 2-20: Darstellung verschiedener Risikoszenarien (tabellarisch)

2.2 Quantifizierung von Finanzrisiken

Grafisch aufbereitet sieht diese Datenreihe – also die monatlichen Renditeveränderungen – folgendermaßen (Abbildung 2-21) aus:

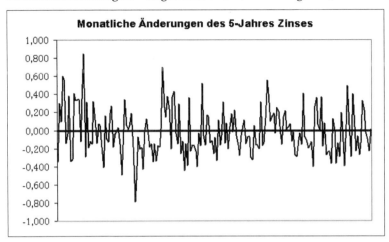

Abb. 2-21: Darstellung der Risikoszenarien als Oszillogramm

Bezogen auf die monetäre Auswirkung dieser Zinsänderungen auf die zu untersuchende Anleihe-Position sieht die Grafik nun folgendermaßen (Abbildung 2-22) aus:

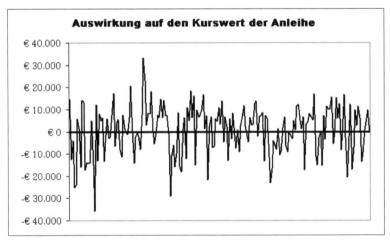

Abb. 2-22: Darstellung der Kursentwicklungen in den unterschiedlichen Szenarien

Schritt 4 – Wahrscheinlichkeitsgewichtung der einzelnen, historischen Risikoszenarien

Nun werden diese ermittelten Kursverluste in den 192 Risikoszenarien in eine Rangfolge – beginnend mit dem Risikoszenario, das den höchsten Kursverlust erzeugt hat – gebracht. Da der Value-at-

Risk mit einem Konfidenzintervall von 95% ermittelt werden soll, können/müssen nun 5% der Risikoszenarien aus dieser Liste gestrichen werden. Die verbleibenden Szenarien repräsentieren nun 95% der beobachteten Fälle. Das Risikoszenario mit dem höchsten ermittelten Kursverlust innerhalb der verbleibenden Stichprobe stellt nun – quasi als Grenz-Szenario – den VaR:

	A	B	C	D	E
1					
2					
3					
4		Rangfolge (abfallend)	Fiktive Kursänderung der Anleihe	% aller Werte	
5		Rang 192	-€ 35.700	100,00%	
6		Rang 191	-€ 29.190	99,50%	
7		Rang 190	-€ 25.200	99,00%	
8		Rang 189	-€ 23.940	98,50%	
9		Rang 188	-€ 23.100	98,00%	
10		Rang 187	-€ 21.840	97,50%	
11		Rang 186	-€ 20.677	97,00%	
12		Rang 185	-€ 18.060	96,50%	
13		Rang 184	-€ 17.241	96,00%	
14		Rang 183	-€ 17.220	95,50%	
15		**Rang 182**	**-€ 16.981**	**95,00%**	-> **Value-at-Risk**
16		Rang 181	-€ 16.800	94,50%	
17		Rang 180	-€ 15.960	94,00%	
18		Rang 179	-€ 15.750	93,50%	
19		Rang 178	-€ 15.540	93,00%	
20		Rang 177	-€ 15.385	92,50%	
21		Rang 176	-€ 15.120	92,00%	
22		Rang 175	-€ 15.120	91,50%	
23		Rang 174	-€ 14.700	91,00%	
24		Rang 173	-€ 14.280	90,50%	
25		Rang 172	-€ 14.280	90,00%	
26		Rang 171	-€ 14.280	89,50%	

Abb. 2-23: Die Szenarioergebnisse in Rangfolge gebracht

Grafisch aufbereitet sieht die Verteilung dieser nach Rangfolgen geordneten Szenarien wie in Abbildung 2-24 aus. Der grau gekennzeichnete Bereich der Verteilung repräsentiert 5% der dargestellten Szenarien. Dieser 5%-Anteil wird nun „herausgerechnet" um das gewünschte Konfidenzintervall von 95% zu erhalten.

Schritt 5 – Ergebnis
In diesem Fall ist das Szenario mit dem Rank 182 (= 95% der Stichprobe von 192 Szenarien) das Szenario mit dem Grenzverlust. Mit einer Wahrscheinlichkeit von 95% wird somit der Kursverlust der Anleihe binnen eines Monats nicht über 16.981 EUR sein.

2.2 Quantifizierung von Finanzrisiken

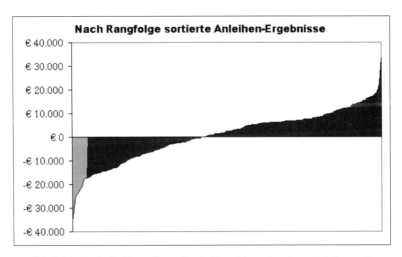

Abb. 2-24: *Grafische Darstellung der in Rangfolge gebrachten Anleihenwerte in Rangfolge gebracht*

Das einfachste Verfahren zur Durchführung einer historischen Simulation ist die Differenzmethode (siehe Beispiel oben). Hierbei werden die historischen Veränderungen eines Risikofaktors innerhalb einer bestimmten Periode gemessen (z.B. die Differenz eines Wechselkurses zwischen je zwei aufeinander folgenden Tagen). Diese Differenzen werden in der Simulation mit dem aktuellen Marktpreis kombiniert. Die so genannte Quotientenmethode geht ähnlich vor, verwendet aber die logarithmierte Veränderungen (nicht die absoluten Änderungen).

Für ein unterschiedlichen Marktrisiken ausgesetztes Portfolio – und das sollte in ziemlich allen praxisorientierten Fällen so sein – werden durch die Simulation historischer Marktpreisänderungen viele alternative Portfoliowerte generiert. Für jeden simulierten Portfoliowert kann die Abweichung zum Ausgangswert bestimmt werden. Aus den der Größe nach geordneten Wertänderungen kann für jede gewünschte Wahrscheinlichkeit der entsprechende Value-at-Risk abgezählt werden.

Die historische Simulation ist wegen ihres geringen mathematischen Anspruchs einfach zu implementieren. Die Anwender müssen sich nicht mit der Messung von Volatilitäten und Korrelationen auseinander setzen. Mit immer komplexer werdenden Portfoliostrukturen, wachsenden Anteilen optionaler Produkte und erhöhten Anforderungen an die Prognosegüte der Modelle ist jedoch in der betrieblichen Praxis eine Entwicklung weg von der historischen Simulation hin zu komplexeren Verfahren zu beobachten.

2. Der Prozess der Risikosteuerung

Parametrische Ermittlung – Monte- Carlo-Simulation

Die genaue Herkunft der Bezeichnung „Monte-Carlo-Simulationen" ist übrigens nicht bekannt. Jedoch wurde der Begriff das erste Mal im Zweiten Weltkrieg als Deckname für geheime Forschungen im Bereich des amerikanischen Atomwaffenprogramms verwendet. Zwei Wissenschaftler haben 1942 in Los Alamos für die Lösung komplexer mathematischer und physikalischer Probleme das Simulationsverfahren angewendet, welches 1949 als „Monte-Carlo-Simulationen" bekannt wurde. Vermutlich wurde der Name angelehnt an die Spielcasinos in Monte Carlo, da ein Roulettetisch streng genommen wie ein Zufallsgenerator arbeitet.

Monte-Carlo-Simulationen werden häufig für Lösungen komplexer Aufgaben wie eben auch der Messung finanzieller Risiken im Unternehmen eingesetzt. Es handelt sich dabei um ein Simulationsverfahren auf Basis von so genannten Zufallszahlen. Die Berücksichtigung von speziell für die Simulation generierten Zufallszahlen ist der wesentliche Unterschied zwischen historischer Simulation und Monte-Carlo-Simulation. Die zukünftige Entwicklung der Risikofaktoren ist mit Unsicherheit behaftet. Statt der Verwendung von historischen Wertänderungen wird die Unsicherheit über das zukünftige Verhalten der Risikofaktoren mit Zufallszahlen angegangen. Für die benötigten Marktbeobachtungen wird eine große Anzahl von (denkbaren bzw. möglichen) Marktszenarien simuliert. Für jedes Marktszenario wird – in diesem Punkt analog zur historischen Simulation – der jeweilige Wert des Finanzinstruments bzw. der Portfoliowert berechnet. Die Portfoliowerte aus allen Marktszenarien ergeben eine Wahrscheinlichkeitsverteilung für die zukünftige Risikosituation des Gesamtportfolios. Damit findet die „Marktbeobachtung" und die Einschätzung zukünftiger Marktentwicklungen per Simulation statt.

Monte-Carlo-Simulation – der gesteuerte Zufall. Die für die Simulation nötigen Zufallszahlen werden genau genommen nicht völlig frei erzeugt. Vielmehr wird zunächst definiert, in welchem Umfang und nach welcher prinzipiellen Verteilung die Zufallszahlen generiert werden sollen. Für eine Monte-Carlo-Simulation sollten möglichst viele Szenarien generiert werden – mindestens jedoch 5.000 bis 10.000 Zufallszahlen pro Risikofaktor. Liegen die Datenreihen der Zufallszahlen vor, so können diese noch nicht sofort für die Simulationsberechnungen verwendet werden, da etwaige Korrelationen der verschiedenen Risikofaktoren noch nicht berücksichtigt sind – schließlich sind sie zufällig generiert. Im nächsten Schritt müssen die Reihen unkorrelierter Zufallszahlen mit Hilfe der Cholesky-Zerlegung in korrelierte Zufallszahlen überführt werden. Auf die genaue mathematische Verfahren soll an dieser Stelle jedoch nicht eingegangen werden.

2.2 Quantifizierung von Finanzrisiken

Folgende Grafik zeigt vereinfacht, wie verschiedene erzeugte Monte-Carlo-(Zufalls-)Szenarien aussehen können. In diesem Fall wurde ausgehend von einem aktuellen EUR/USD-Kurs von 1,23 durch (zunächst) sechs Szenarien simuliert, wie sich der EUR/USD-Kurs in den kommenden sieben Geschäftstagen entwickeln könnte. In der betrieblichen Anwendung sind mindestens 5.000 bis 10.000 solcher generierten Zufalls-Szenarien nötig, um eine werthaltige Aussage hinsichtlich des VaR-Modells treffen zu können.

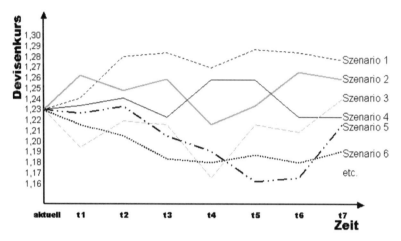

Abb. 2-25: Verschiedene Zufalls-Szenarien

Soll das Finanzrisiko eines Unternehmens durch eine Monte Carlo Simulation quantifiziert werden, so erfolgt dies sehr ähnlich zur bereits vorgestellten Methode der historischen Simulation. Lediglich in den ersten beiden Schritte unterscheiden sich die historische Simulation und die Monte-Carlo-Simulation. Folgende Schritte beschreiben – vereinfacht – die prinzipielle Vorgehensweise:

- **Schritt 1 – Generierung von Zufallszahlen:** Nach Vorgabe von Grund-Parametern (z. B. Art der Verteilung der Zahlen, Volatilität) werden umfangreiche Reihen von Zufallszahlen generiert. Im Falle von Portfolios die verschiedenen Marktpreisrisiken ausgesetzt sind müssen für jeden einzelnen Risikofaktor eigene Zufallszahlen generiert werden. Diese sind jedoch zu diesem Zeitpunkt noch nicht korreliert.

- **Schritt 2 – Korrelierung der ermittelten Zahlenreihen:** Mit Hilfe der Cholesky-Zerlegung werden diese vorhandenen (Zufalls)-Zahlenreihen in korrelierte Zufallszahlen überführt. Dadurch wird die Wechselwirkung der unterschiedlichen Risikofaktoren in die Simulationen einbezogen.

- **Schritt 3 – Ermittlung beobachteter Marktpreisänderungen:** (Entspricht dem Schritt 2 bei der historischen Simulation.) Nun müssen aus diesen Daten die relevanten Marktpreisänderungen errechnet werden, welche in den Szenarios aufgetreten sind.

- **Schritt 4 – Simulation der Wertveränderungen:** (Entspricht dem Schritt 3 bei der historischen Simulation.) Nun wird anhand der Datenreihen für jedes Szenario ermittelt, welche Wertänderung das jeweils generierte Szenario auf das untersuchte Instrument oder Portfolio hätte.

- **Schritt 5 – Wahrscheinlichkeitsgewichtung der einzelnen, historischen Risikoszenarien:** (Entspricht dem Schritt 4 bei der historischen Simulation.) Nun werden diese ermittelten Kursverluste aller einzelnen Risikoszenarien in eine Rangfolge gebracht. Auch hier gilt: Würde man den höchsten Wert aller Szenarien (also das höchste beobachtete Risiko) als Risikoansatz verwenden, wäre dies ein „Worst-Case-Ansatz". Möchte man hingegen einen wahrscheinlichkeitsgewichteten Risikoansatz, muss man zunächst alle historischen Risikoszenarien in eine Rangfolge bringen – beginnend mit der schlechtesten (negativen) Wertveränderung. Je nach gewünschtem Konfidenzintervall werden nun – beginnend mit der schlechtesten Wertveränderung – alle Wertveränderungen gestrichen, bis der gewünschte Grenzwert (= Konfidenzintervall) erreicht ist. (Das später folgende Beispiel verdeutlicht dies.)

- **Schritt 6 – Ergebnis:** Das verbleibende historische Risikoszenario mit der (nun) schlechtesten Wertveränderung gilt nun als das wahrscheinlichkeitsgewichtete Szenario, der sich ergebende Wertverlust des Risikoszenarios stellt den Value-at-Risk dar.

Die Monte-Carlo-Simulation gilt wegen ihrer Flexibilität gegenüber anderen Verfahren als überlegen, insbesondere bei der Risikobemessung von komplexen Exposures wie sie zum Beispiel aus umfangreichen (derivativen) Portfolios und/oder einem Zusammentreffen verschiedenster Risikofaktoren resultieren. Bei Portfolios mit einem (größeren) Anteil an Optionen oder Finanzinstrumenten mit optionalen Komponenten ist eine Monte-Carlo-Simulation die einzig praktikable Methode. Der Rechenaufwand einer Monte-Carlo-Simulation ist aber erst dann gerechtfertigt, wenn komplexe Risikostrukturen vorliegen oder eine nicht zu unterschätzende Anzahl von Derivaten im Portfolio gehalten wird. Für die „einfacheren" Risikostrukturen, bei denen ein linearer Zusammenhang zwischen Veränderungen der Risikofaktoren und Wertänderungen des Portfolios besteht, ist ein Varianz-Kovarianz-Ansatz ebenso ausreichend wie eine historische Simulation. Aus theoretischer Sicht ist die Monte-Carlo-Simulation jedoch ein sehr geeigneter Ansatz für das Finanzrisikomanagement.

2.2 Quantifizierung von Finanzrisiken

Value-at-Risk in der Anwendung – Portfoliobetrachtung

Im Nachfolgenden wird ein kleines Portfolio – bestehend aus drei Instrumenten – hinsichtlich seines Value-at-Risk hin untersucht. Als Methodik dient prinzipiell das Varianz-Kovarianz-Konzept. Die Korrelationen den Instrumente untereinander wurden an dieser Stelle aus Gründen der Vereinfachung außen vor gelassen:

Daten zum untersuchten Portfolio

Bestände		Korrelationen werden in dieser Berechnung außen vor gelassen
CHF-Zerobond	CHF 340.000	
CHF-Termineinlagen	CHF 150.000	
EUR-Termineinlagen	€ 150.000	

Volatilitäten	
EUR/CHF Devisenkurs	5,00 %
CHF-Termineinlagenzinsen	1,00 %
EUR-Termineinlagenzinsen	€ 0

Position	Betrag	Risikofaktoren	Standardabweichungen	VaR
CHF-Zerobond	CHF 340.000			
CHF-Termineinlagen	CHF 150.000	Devisenrisiko		
Summe	CHF 490.000	EUR/CHF	5,00 %	€ 24.500
CHF-Zerobond (Modified Duration der Position 5)	CHF 340.000	CHF-Kapitalmarktzins	1,00 %	€ 17.000
CHF-Termineinlagen	CHF 150.000	CHF-Geldmarktzins	1,00 %	€ 0
EUR-Termineinlagen	€ 150.000	EUR-Geldmarktzins	1,00 %	€ 0
			Value-at-Risk des Portfolios	€ 41.500

Abb. 2-26: Vereinfachte VaR-Berechnung am Praxisbeispiel

Kritische Würdigung des Value-at-Risk-Konzepts

Value-at-Risk = Wertrisiko = Kursrisiko = Barwertrisiko!

Im Gegensatz zu vielen anderen Modellen zur Quantifizierung von Finanzrisiken bietet der Value-at-Risk-Ansatz einen entscheidenden Vorteil: Mit Hilfe der Verteilung der einzelnen Wertentwicklungen von Marktparametern lässt sich auf einfache Weise ermitteln, mit welcher Wahrscheinlichkeit ein bestimmter Verlust auftreten bzw. nicht überschritten werden wird. Neben den Risikogrößen sind hierbei auch die Risikowahrscheinlichkeiten berücksichtigt. Bei Unternehmen des Finanzdienstleistungssektors und bei (großen) Unternehmen mit einem umfangreichen Portfolio aus unterschiedlichen Risikoträgern ist der Value-at-Risk-Ansatz wie bereits angesprochen das verbreitetste Konzept zur Quantifizierung von Finanzrisiken. Im Zusammenhang mit kleinen und mittleren Unternehmen aus dem Nicht-Finanzbereich ist das VaR-Konzept jedoch eher ungeeignet. Dies soll anhand zweier Kriterien des VaR-Ansatzes erläutert werden, nämlich dem kurzen Betrachtungszeitraum und der Marktwertorientierung.

Beim VaR wird traditionell von einer Haltedauer von einem oder zehn Tagen ausgegangen. Es werden demnach Wertschwankungen innerhalb eines sehr kurzen Zeitraums betrachtet. Dies lässt sich beispielsweise in Verbindung mit Handelsbüchern von Kreditinstituten gut begründen, denn dort können ungünstige Marktentwicklungen binnen weniger Tage erhebliche Verluste und im Extremfall sogar den Konkurs verursachen. Bei Banken besteht jedoch grundsätzlich die Möglichkeit, diese Positionen jederzeit zum aktuellen Marktwert zu liquidieren. In Unternehmen außerhalb des Finanzbereichs kann, vor allem bei aus der betrieblichen Tätigkeit stammenden Risikopositionen, nicht von dieser Möglichkeit ausgegangen werden. Auch sind im Gegensatz zu den teilweise Trading orientierten Geschäften der Finanzinstitute, bei mittelständischen Industrie- und Handelsunternehmen „Buy and Hold-Strategien" anzunehmen. Für diese Unternehmen sind somit ganz andere Betrachtungszeiträume für die Risikomessung relevant, als diese beim VaR-Konzept zur Anwendung kommen. Vielmehr orientieren sich diese Unternehmen an Perioden aus der betrieblichen Planungsrechnung, also an Dimensionen von Monaten, Quartalen oder Jahren.

Der VaR misst das Verlustpotential, das aus Markt- bzw. Barwertschwankungen resultiert. Bei Unternehmen aus dem Nicht-Finanzbereich ergibt sich nun aber die grundlegenden Problematik, inwieweit diese überhaupt ermittelt werden können. So muss erheblich bezweifelt werden, ob beispielsweise Barwerte aus Produktionsanlagen mit unsicheren, vertraglich nicht fixierten Cashflows, sinnvoll bestimmbar sind. Der vielleicht wichtigste Grund, der gegen ein auf Marktwerten basierendes Messkonzept spricht, ist die Tatsache, dass Marktwerte als Steuerungsgrößen insbesondere in kleinen und mittleren Unternehmen eine untergeordnete Rolle spielen. Doch dazu später mehr.

2.2.6 Risikobewertung mittels „Cashflow-at-Risk"-Analysen

Der vielleicht wichtigste Grund, der gegen ein auf Marktwerten basierendes Messkonzept spricht, ist die Tatsache, dass Marktwerte als Steuerungsgrößen in vielen Unternehmen eine untergeordnete Rolle spielen. Zu diesem Thema sei eine Umfrage unter US-amerikanischen Unternehmen zitiert. Diese waren aufgefordert, ihr Hauptziel bei Absicherungsentscheidungen zu bestimmen. Knapp die Hälfte gaben dabei an, die Volatilität ihrer Cashflows absichern zu wollen, aber nur 8% nannten die Steuerung von Marktwerten als ihr Oberziel. Somit sollte bei der Risikoanalyse an der Zahlungsstromebene, also z. B. Cashflows, angesetzt werden und nicht an der Bestandsebene. Die Verwendung von Cashflows als Bezugseinheiten in der Finanzrisikosteuerung in der unternehmerischen Praxis wesentlich leichter integrierbar, da Cashflow-Daten bereits in den vorhanden Planrechnungen der Unternehmen verwendet werden. Die Finanzabteilung des Unternehmens hat demnach meist schon ein intuitives Verständnis in Bezug auf diese Größe und es können Ergebnisse aus der traditionellen Finanzplanung übernommen werden. Darüber hinaus ist zu beachten, dass es für eine Reihe von Finanzrisiken gar nicht möglich ist, einen Value-at-Risk zu berechnen. So ist es beispielsweise mit Devisenkursströmen eines Exporteurs oder den Umsatzerlösen aus der (aufgrund vorhandener Windmengen) produzierten Energiemenge eines Windparks. Aus diesem Grund wurde auf der Basis des Value-at-Risk-Ansatzes ein Modell entwickelt, welches statt einer Aussage über die Barwerte im Unternehmen eine Aussage über die im Risiko befindlichen Cashflows trifft – das Modell des Cashflow-at-Risk (CfaR). Der CFaR wird, analog zum VaR, als die in Geldeinheiten gemessene maximale Abweichung der Cashflows von ihrem Erwartungswert definiert, die innerhalb eines bestimmten Zeitraums mit einer bestimmten Wahrscheinlichkeit nicht überschritten wird. Diese Herangehensweise über die Cashflows im Unternehmen eröffnet dem Finanzrisikomanagement nun deutlich mehr Möglichkeiten, die unterschiedlichen Risikofaktoren praxisrelevant zu bewerten.

Was berücksichtigt der Cashflow-at-Risk?

Unter einem Cashflow ist in diesem Zusammenhang eine finanzielle Stromgröße zu verstehen, die in einer Periode als Zahlung eintritt. Dies kann sowohl eine Stromgröße der gewöhnlichen Geschäftstätigkeit (z. B. Verkaufserlöse in Fremdwährung), eine Stromgröße des Finanzbereichs (z. B. Zinszahlungen) oder auch eine Stromgröße aus Sicherungsgeschäften (z. B. Zahlung aus einem Zinsswap) oder auch eine Stromgröße der Kostenseite (z. B. Kauf von Heizöl zum Beheizen der Fabrikanlage) sein. In der Cashflow-at-Risk Betrachtung werden nun diese Cashflows beachtet, welche hinsichtlich ihres Wertes einem Finanzrisiko ausgesetzt sind. Beim Währungsrisiko sind das jene zu- und abfließenden Zahlungen, die in einer anderen als der Basis- oder Konzernwährung fakturiert sind. In diesem Fall nehmen nämlich veränderte Währungsparitäten direkt Einfluss auf die in Basiswährung ausgedrückten prognostizierten Cashflows. Analog gilt diese Argumentation auch beim Rohstoffpreisrisiko. Es werden also nur solche Zahlungsströme betrachtet, denen in irgendeiner Form Geschäfte mit Rohstoffen zugrunde liegen. Bisher wurde allgemein anhand von Cashflows als Risikogröße argumentiert. Da es sowohl im Währungs- als auch im Commodity-Bereich zu- und abfließende Zahlungen gibt, entstehen kompensatorische Wirkungen. Soweit nämlich die Positionen auf Ein- und Auszahlungsseite zeitpunkt- und betragsgleich sind, gleichen sich Marktpreisschwankungen exakt aus. Dem eigentlichen Risiko unterliegen deshalb lediglich die so genannten offenen Positionen oder Nettopositionen. Dabei kann es zu offenen Plus- oder Minuspositionen kommen, je nachdem, ob die positiven oder die negativen Cashflows dominieren. Diese kompensatorischen Effekte entstehen jedoch theoretisch nicht nur zwischen zu- und abfließenden Zahlungen in der gleichen Währung, sondern es werden auch ausgleichende Effekte aufgrund von Risikoverbundbeziehungen wirksam. So kann es beispielsweise zu kompensatorischen Wirkungen kommen, wenn zwei oder mehr verschiedene Fremdwährungen vorliegen, deren Korrelationskoeffizient ungleich Null ist.

Der Prognosehorizont des Cashflow-at-Risk ist im Gegensatz zum Value-at-Risk an einen mittel- bis langfristigen Zeithorizont von ca. drei bis zwölf Monaten ausgerichtet. Dadurch passt sich die Ausrichtung der Risikoanalyse in den meisten Fällen auch an die Finanzplanung des Unternehmens an. In der unternehmerischen Praxis werden die Planungshorizonte der Unternehmenssteuerung auch eher auf diese Zeiträume ausgerichtete sein.

Vorgehensweise bei der Cashflow-at-Risk-Ermittlung

Prinzipiell gilt bei der Ermittlung des Cashflow-at-Risk eine ähnliche Vorgehensweise wie auch bei der Value-at-Risk-Ermittlung. Auch hier werden Volatilitäten aller Risikofaktoren ermittelt und deren Auswirkung – diesmal allerdings auf den Cashflow – auf das Unternehmen ermittelt. Prinzipiell kann bzw. sollte dabei folgendermaßen vorgegangen werden:

Schritt 1 – Ermittlung der einzelnen Risiko-Positionen:
In einem ersten Schritt müssen alle Positionen (Cashflows) ermittelt werden, die innerhalb des zu untersuchenden Zeitraums im Unternehmen auftreten und einem Risikofaktor unterliegen. Diese können beispielsweise folgende sein:

- Umsätze in Fremdwährungen (→ Devisenrisiko)
- Kosten in Fremdwährung (→ Devisenrisiko)
- Kauf oder Verkauf von Rohstoffen (→Rohstoffpreis-Risiko)
- Inflationsindexierte Einnahmen oder Kosten (→ Inflationsrisiko)
- Variabel verzinste Finanzanlagen oder Kredite (→ Zinsrisiko)
- Zahlungen aus derivativen Finanzinstrumenten (→ Zins-, Rohstoffpreis- oder Devisenrisiko)

2.2 Quantifizierung von Finanzrisiken

Schritt 2 – Quantifizierung der einzelnen Risiko-Faktoren:
Nun muss das Risiko (Volatilität) der einzelnen Risikofaktoren quantifiziert werden. Hier kann analog zur VaR-Berechnung vorgegangen werden und ein analytischer („Varianz-Kovarianz-Modell") oder ein parametrischer („Monte-Carlo-Simulation") Ansatz verfolgt werden. Aufgrund der Analogie zum VaR wird an dieser Stelle nicht weiter darauf eingegangen.

Schritt 3 – Ermittlung der einzelnen Risiko-Exposures:
Nun wird – auch wieder analog zum VaR – ermittelt, wie sich die unterschiedlichen Risiko-Faktoren bei einer gewählten Wahrscheinlichkeit (Konfidenzintervall) auf die einzelnen Risikopositionen auswirken. Basis ist dabei die Auswirkung auf den Cashflow, nicht die Auswirkung auf den Barwert der betrachteten Risikoposition.

Schritt 4 – Berücksichtigung von Wirkungszusammenhängen (Korrelationen):
Um bestehende Wirkungszusammenhänge der einzelnen Risiko-Exposures zu berücksichtigen werden nun die verschiedenen Korrelationen in die Berechnung einbezogen. Dies wird auch als „Exposure-Mapping" bezeichnet.

Schritt 5 – Ergebnis:
Der sich nun ergebende CfaR kann als die in Geldeinheiten gemessene maximale Abweichung der Summe aller berücksichtigten Cashflows von ihrem Erwartungswert definiert werden, die innerhalb eines bestimmten Zeitraums mit einer bestimmten Wahrscheinlichkeit nicht überschritten wird – also das Risiko der Cashflows!

Schematischer Ablauf der Ermittlung an einem exemplarischen Beispiel

Betrachten wir nun ein Zellstoff und Papier produzierendes Unternehmen und ermitteln dessen Cashflow-at-Risk für die kommenden drei Monate mit einem einseitigen Konfidenzintervall von 95% anhand folgender Daten:

Unternehmensdaten
- EBIT   2 Mio. EUR p.a.
- Eigenkapital   10 Mio. EUR

Cashflows innerhalb der nächsten drei Monate:
- Verkaufserlöse in EUR (Zellstoff)   10.000.000 EUR
- Verkaufserlöse in GBP (Papier)   10.000.000 EUR (Gegenwert)
- Verkaufserlöse in USD (Papier)   10.000.000 EUR (Gegenwert)

Beobachtete Volatilitäten der einzelnen Risikofaktoren:
- EUR/GBP-Kurs   10,5% (3-Monats-Vola)
- EUR/USD-Kurs   12,4% (3-Monats-Vola)
- Zellstoffpreis in EUR 15% (3-Monats-Vola)

Ergebnis der Berechnung

	GBP	USD	Zellstoff	Gesamt-portfolio
Cashflows	€ 10.000.000	€ 10.000.000	€ 10.000.000	
Volatilität	10,50	12,40	15,00	
Gewähltes Konfidenzintervall (als Faktor)	1,65	1,65	1,65	
Cashflow-at-Risk (unkorreliert)	€ 1.732.500	€ 2.046.000	€ 2.475.000	€ 6.253.500
Cashflow-at-Risk (korreliert)				€ 4.750.000

Abb. 2-27: Vereinfachte CfaR-Berechnung am Praxisbeispiel

Interpretation

Der Cashflow-at-Risk (CfaR) des Unternehmens beträgt 4.750.000 EUR die (Umsatz-)Cashflows werden in den kommenden drei Monaten mit einer Wahrscheinlichkeit von 95% nicht mehr als 4,75 Mio. EUR unter den erwarteten Werten liegen.

Die ist in Relation zu den Unternehmensdaten ein sehr hoher Wert, der das EBIT der Periode um den Faktor 2,38 übersteigt! Ein Rückgang der Cashflows auf den CfaR würde bedeuten, dass das Unternehmen zum Ausgleich dieses Rückgangs das Eigenkapital angreifen muss.

Beispiel einer Cashflow-at-Risk-Kalkulation im Falle eines Windparks

Windparks generieren ihre Umsatzerlöse annähernd ausschließlich über die Erzeugung und Einspeisung elektrischer Energie aus Windaufkommen. In Deutschland sind sowohl Absatz als auch Preis der Energie im Energieeinspeisegesetz geregelt und stellen für den Windpark somit eine feste Planungsgröße dar. In der Betriebsphase eines Windparks fallen erfahrungsgemäß auch keine Zahlungen in Fremdwährungen an, da die Erlöse in Euro generiert werden. Haupt-Risikofaktor ist somit das Vorhandensein einer ausreichenden Windmenge. Ist keine ausreichende Windmenge vorhanden, so kann kein Strom produziert werden und der Windpark erzielt keine Umsätze. Die Höhe der Umsatzerlöse – also die Umsatz-Cashflows – sind somit direkt abhängig vom Faktor wind. Über die bislang vorgestellte Methode des Value-at-Risk kann dieses Finanzrisiko nicht dargestellt werden. Und das, obwohl die Windmenge der bedeutende Risikofaktor schlechthin ist. Über das Konzept des Cashflow-at-Risk hingegen kann dies durchaus erfolgen.

Nachfolgendes Beispiel zeigt zwei CfaR-Berechnungen zu einem Windpark, der in einem „Normalwindjahr" mit Umsatzerlösen von 5 Mio. Euro erwartet. Eine Analyse der letzten 20 Jahre zeigt aber, dass es zu Umsatzrückgängen (aufgrund zu geringer Windmengen) von bis zu rund 24 % kam. Dies stellt ein immenses Risiko dar. Die folgende Rechnung zeigt nun auf Basis der tatsächlichen Winddaten, wie hoch der windbedingte Cashflow-at-Risk des Windparks liegt. Darüber hinaus wird noch eine zweite Rechnung gegenübergestellt, welche den Cashflow-at-Risk des selben Parks mit einer abgestimmten Windsicherung (Wind-Hedge) darstellt. Daraus ist sehr deutlich ersichtlich, dass der Cashflow-at-Risk im Falle eines Hedgings signifikant vermindert werden kann.

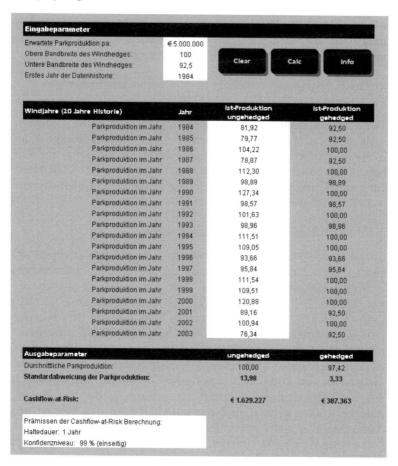

Abb. 2-28: Schematische CfaR-Berechnung am Praxisbeispiel eines Windparks

Als Einschränkung muss hier allerdings angemerkt werden, dass sich die Windmenge nicht normalverteilt verändert, sondern in der Praxis vielmehr einer Gamma-Verteilung folgt. Somit muss die Eintrittswahrscheinlichkeit der Berechnung mit einer gewissen Streuung versehen werden. Dennoch gibt dieser „Quasi-CfaR" ein sehr gutes Bild über die Risikosituation des Windparks ab.

Kritische Würdigung des Cashflow-at-Risk-Konzepts

Viele der Kritikpunkte des Value-at-Risk-Modells erweisen sich bezogen auf den Cashflow-at-Risk als Vorteil:

Cashfloworientierung

Die Orientierung auf die dynamischen Cashflows der Unternehmen statt auf den Barwert der einzelnen Positionen im Unternehmen wird den Anforderungen der betrieblichen Praxis wie bereits mehrfach ausgeführt wesentlich besser gerecht.

Zeitlicher Prognosehorizont/Einbindung in den unternehmerischen Planungsprozess

Der zeitliche Planungs- und Controllinghorizont vieler Unternehmen erstreckt sich nicht auf wenige Tage, sondern vielmehr auf mehrere Wochen bzw. Monate. Dies steht im Einklang mit dem beim CfaR üblichen Planungshorizont. Somit kann eine CfaR-Steuerung der Finanzrisiken nahtlos in die bestehende Unternehmenssteuerung eingebunden werden.

Darstellbarkeit der Risiken für das Unternehmen

Cashflow-Rrisiken sind für die meisten Unternehmen „richtige" Risiken – Barwertrisiken nicht immer. Darüber hinaus unterzeichnen barwert-orientierte Modelle (z.B. der Value-at-Risk) manche Finanzrisiken. So würde ein erwarteter Zahlungseingang in Höhe von 100.000 USD in zwei Monaten aus Sicht eines in EUR bilanzierenden Unternehmens einen Value-at-Risk von 0 EUR aufweisen – obwohl das ökonomische Risiko der Transaktion unbestritten hoch ist. Der Cashflow-at-Risk hingegen würde beispielsweise ein Liquiditätsrisiko von 11.000 EUR aus dieser Transaktion aufzeigen, was der Realität sicher wesentlich näher kommt als der VaR-Ansatz. Manche Risiken können auch nur auf CfaR-Basis quantifiziert und damit steuerbar gemacht werden. Als Beispiel hierfür sei das Windrisiko eines Windparks genannt, das über ein VaR-Modell überhaupt nicht bewertet werden kann.

Als Fazit ist festzuhalten, dass das Cashflow-at-Risk-Konzept eine sehr gute Möglichkeit für den Großteil der Unternehmen darstellt, deren Finanzrisiken zu quantifizieren und zu steuern. Neben der Praktikabilität seien hier als Hauptvorteile die Orientierung auf die Cashflows des Unternehmens sowie die Wahrscheinlichkeitsgewichtung/Eintrittswahrscheinlichkeit des Ergebnisses genannt.

2.2.7 Ansätze zur Quantifizierung von Finanzrisiken im Gesamtunternehmensbereich

Der „Value-at-Risk"-Ansatz wurde im kurzfristigen Bereich zur Messung von Finanzrisiken im Finanzbereich eines Unternehmens entwickelt. Ein umfassendes und unternehmensweites Risikomanagement erstreckt sich jedoch über das gesamte Unternehmen – wobei die Frage entsteht, inwieweit die Prinzipien des „Value-at-Risk"-Ansatzes hierauf anwendbar sind. In diesem Zusammenhang erlangen insbesondere die Ansätze „Earnings-at-Risk" und „Earnings-per-Share-at-Risk" mehr und mehr Bedeutung. Diese Ansätze unterscheiden sich vom „Value-at-Risk"-Ansatz insofern, als dass sie nicht auf den möglichen Veränderungen des Marktwertes eines Portfolios von Finanzinstrumenten über relativ kurze Zeithorizonte beruhen. Vielmehr werden hiebei mögliche mittelfristige Schwankungen auf die Finanzergebnisse eines Unternehmens betrachtet, die durch Veränderungen der Marktpreise verursacht werden. Die Betrachtungsgrundlage bildet dabei je nach gewähltem Ansatz ein bestimmtes Ergebnis („Earnings") des Unternehmens oder ein bestimmtes Ergebnis des Unternehmens pro Unternehmensanteil („Earnings per Share"). Diese Vorgehensweise ist deshalb sehr interessant, als dass sie Rückschlüsse darauf erlaubt, ob ein bestimmtes Finanzrisiko (oder die Grundgesamtheit der Finanzrisiken) einen signifikanten Einfluss auf den Unternehmenserfolg hat.

„Earnings-at-Risk-" und „Earnings-per-Share-at-Risk"-Ansatz

Die Ergebnisse eines Unternehmens aus unterschiedlichen Geschäften spiegeln den Marktwert des Unternehmens wider. Da diese Ergebnisse dem Einfluss von Markrisiken unterliegen ist es notwendig, diesen Einfluss zu verdeutlichen bzw. zu quantifizieren. Dies kann erfolgen indem man versucht, die Abhängigkeit der Ergebnisse vom einzelnen Marktparameter (Risikofaktor) darzustellen. Hierzu empfiehlt sich die Verwendung des „Earnings-at-Risk" („EaR"). Der EaR ist analog zum VaR als Risikomaßzahl zu interpretieren und gibt die maximale Unterschreitung bzw. negative Abweichung von einem bestimmten Zielergebnis an, welches mit einer bestimmten Wahrscheinlichkeit – dem Konfidenzniveau – innerhalb eines festgelegten Zeitraums nicht überschritten werden wird. Setzt man die EaR ins Verhältnis zu den umlaufenden Anteilen um Unternehmen, so erhält man die Risikomaßzahl „Earnings-per-Share-at-Risk" (EPSaR).

Beispiel

Ein Unternehmen A verkauft Produkte auf dem japanischen Markt. Die Einkünfte aus den Verkäufen werden am Ende eines Quartals mittels des dann gültigen Wechselkurses von Yen in EUR umgerechnet. Geht das Unternehmen nun hierbei von (Ziel-)Einnahmen in Höhe von 5,5 Mio.EUR aus und liegt die Höhe der Einnahmen bei einem angenommenen 95%-Konfidenzniveau bei 5,2 Mio.EUR, ergibt sich ein maximaler Verlust gegenüber dem Zieleinkommen on Höhe von 300.000 EUR („Earnings-at-Risk"), welcher mit einer Wahrscheinlichkeit von 5% überschritten wird bzw. eben mit einer Wahrscheinlichkeit von 95% nicht überschritten werden wird.

Im Rahmen der Ermittlung des EaR wird der Einfluss dieses maximalen Verlusts gegenüber dem Zieleinkommen auf die Einnahmen des Unternehmens untersucht. Während somit der maximal zu erreichende Verlust vom Zieleinkommen im Rahmen dieses Wechselgeschäfts bei 300.000 EUR liegt, ergibt sich bei einem angenommenen Aktienvolumen von 5.000.000 Stück eine „Earnings-per-Share-at-Risk" in Höhe von 0,06 EUR. Die Volatilität des EUR/JPY-Kurses wird dementsprechend mit einer Wahrscheinlichkeit von 95% zu einem maximalen Verlust des Ergebnisses pro Aktie von 0,06 EUR führen.

2.2.8 Feinheiten und Stresstests

Näheres zu Haltedauer und Betrachtungszeitraum

Der Liquiditätszeitraum bzw. die Haltedauer beschreiben die Zeit, die vom Zeitpunkt der Risikoquantifizierung bis zu Glattstellung der Position (durch Liquidierung des Grundgeschäfts oder durch Absicherung) vergeht. Die Haltedauer bezieht sich ausschließlich auf Risikopositionen bzw. auf ein Portfolio bestehend aus Risikopositionen. Es wird zur Ermittlung von „Value-at-Risk"-Modellen benötigt. Im Rahmen der Verfahren „Cashflow-at-Risk"-Modellen und auch beim „Earnings-at-Risk" spricht man nicht von einer Haltedauer, sondern vielmehr von einem festgelegten Zeitraum der Betrachtung. In der Praxis unterscheidet man meist standardisierte Halteperioden von einem Handelstag (selten, meist nur bei Finanzhäusern und Handelseinheiten), einem Monat oder (auch selten) einem Quartal. Die Wahl dieses Zeitraums richtet sich nach der Marktliquidität für die im Portfolio befindlichen Finanzinstrumente, nach dem Markt für entsprechende Absicherungsinstrumente und nicht zuletzt nach der Häufigkeit des Risikocontrollings des Unternehmens.

Die Bestimmung der Haltedauer ist eine wesentliche Voraussetzung zur Bestimmung des „at-Risk"-Risikos. Sie ist demnach vor

2.2 Quantifizierung von Finanzrisiken

der eigentlichen Quantifizierung des Risikos festzulegen und stellt eine zentrale Plangröße des Unternehmens dar. Bevor ein Unternehmen seinen „Value-at-Risk" oder seinen „Cashflow-at-Risk" berechnen kann, muss es sich eingehend Gedanken über die Haltedauer bzw. den Betrachtungszeitraum gemacht haben. Letztlich gibt es drei Hauptparameter, welche die Entscheidung über die Haltedauer/den Betrachtungszeitraum entscheidend beeinflussen:

- **Marktliquidität des Grundgeschäfts** – Zur Schätzung der Halteperiode empfiehlt es sich die Liquiditätsgrade der einzelnen Risikopositionen heranzuziehen. So sind beispielsweise die Währungen der OECD-Länder jederzeit und fast unbeschränkt 24 Stunden pro Tag handelbar. Ihr Liquiditätsgrad ist als hoch zu beurteilen. Beim Handel mit Währungen von CEE-Ländern oder Emerging Markets Ländern hingegen sieht es beispielsweise anders aus. Hier kann es durchaus Schwierigkeiten geben, wenn man kurzfristig und/oder große Währungs-Tranchen am Markt platzieren möchte. Je geringer die Liquidität des Marktes, desto größer ist das Risiko das sich daraus ergibt.

- **Marktliquidität der Sicherungsgeschäfte** – Im ersten Schritt wurden die „at-Risk"-Konzepte von Handelsabteilungen großer Banken eingesetzt. Hier ist es auch möglich, „ungewollte" Risikopositionen des Grundgeschäfts schnell zu veräußern. So kann beispielsweise eine Anleihe mit einem hohen Risikobeitrag schnell und ohne Komplikationen aus dem Portfolio verkauft werden um den „Value-at-Risk" des Handelsbuches abzubauen. In der Realität eines Industrieunternehmens sieht dies aber beispielsweise anders aus. Hier steht annähernd jedem Grundgeschäft auch eine reale unternehmerische Transaktion gegenüber. Ein Lagerbestand in Kupfer kann z.B. bei anziehenden Kupfer-Notierungen nicht einfach schnell verkauft werden um den „Value-at-Risk" des Kupferlagers zu senken – der Rohstoff wird gegebenenfalls für den laufenden Produktionsprozess benötigt. Hier besteht aber die Möglichkeit, die Bestände (bzw. die laufenden Bestellungen) durch Sicherungsinstrumente vor Preisschwankungen zu schützen. Durch diese Absicherung wird der „Value-at-Risk" auch gesenkt. Besteht also ein liquider Markt für Sicherungsinstrumente (was beispielsweise im Beispiel des Kupfers der Fall ist), so beeinflusst dies entscheidend auch die Wahl der Haltedauer/des Betrachtungszeitraums.

- **Ablauforganisation des Unternehmens** – Bislang war von der Liquidität der Märkte die Rede. Absoluter Knackpunkt bei der Wahl der Haltedauer/des Betrachtungszeitraums ist aber auch die Ablauforganisation des Unternehmens. Die liquidesten Märkte nutzen nichts, wenn das Risiko nur in großen Zeitabständen bewertet wird und im Unternehmen gegebenenfalls nur sehr träge darauf reagiert werden kann.

Die oben aufgeführten Kriterien dienen als Anhaltspunkte für eine Schätzung der unternehmensspezifischen Haltedauer. Hieraus geht deutlich hervor, dass zwei ansonsten identische Portfolios durchaus ein unterschiedliches Risiko aufweisen können – abhängig davon, wie schnell auf das Risiko reagiert werden kann. Haltedauer und Betrachtungszeitraum sollten letztlich so gewählt sein, dass angemessen zeitnah auf die Risikopositionen reagiert werden kann. Ein Abgleich der aufgrund der Marktparameter als nötig erachteten Haltedauer mit der im Unternehmen darstellbaren Reaktionszeit kann gegebenenfalls dazu herangezogen werden, um Schwachstellen im Arbeits- und Entscheidungsablauf aufzuzeigen.

Ergänzung der „at-Risk"-Konzepte durch „Worst-Case"-Simulationen (Stresstests)

Allen „at-Risk"-Modelle ist eine Schwäche gemein – sie folgen alle dem „Märchen" von der Normalverteilung. Die Wahrscheinlichkeiten und Risikoerwartungen aus den Modellen basieren alle auf den statistischen Erkenntnissen rund um die Normalverteilung von Werten. Nun ist es aber so, dass die Marktpreisentwicklungen in der Praxis nicht streng normalverteilt ablaufen. Die Realität ist nicht in letzter Instanz normalverteilt – extreme Kursbewegungen liegen auch schon mal außerhalb der „zulässigen" Bandbreiten. An den Kapitalmärkten spricht man in diesen Fällen häufig von „Schocks" oder einem „Crash". Ein gutes Beispiel um diese Aussage mit einem Beispiel zu untermauern ist der Kursverlauf des Japanischen Yen zu Beginn der Asienkrise. In den Monaten zuvor hatte sich der Yen in einer relativ konstanten Schwankungsintensität (jährliche Volatilität: 17,8%/Tagesvolatilität rund 1,1%). Vom 6.10.98 auf den 7.10.98 fiel der Yen aber plötzlich um 4,98% und vom 7. auf den 8.10.98 gar um 5,2%. Diese Kursbewegungen entsprachen dem 4,4-fachen bzw. dem 5,2-fachen der normalen Tagesvolatilität und hätten an diesen Tagen jedes „at-Risk"-Modell gesprengt. Deshalb sollten zusätzlich zu „at-Risk"-Modellen stets auch Stresstests bzw. Schockszenarien mit untersucht werden.

„Worst-Case"-Simulationen

„Worst-Case"-Simulationen in Verbindung mit „at-Risk"-Modellen betrachten entgegen den herkömmlichen Szenarioanalysen keine Standard-Szenarien im Sinne von gewöhnlichen, in der Vergangenheit durchschnittlich aufgetretenen Änderungen der Marktparameter. Vielmehr richten sie ihr Augenmerk auf ungewöhnliche, in der Vergangenheit nur in Ausnahmefällen aufgetretene Änderungen der Marktparameter. Eine ungewöhnliche Marktsituation liegt dabei genau dann vor, wenn die Volatilität in bestimmten einzelnen Marktsegmenten sprunghaft ansteigt oder wenn die Marktbewegungen über den in den Standardszenarien simulierten Veränderungen liegen. Worst-Case-Simulationen haben die ungewöhnlichen Veränderungen der Marktpreise, der Volatilitäten, eine Illiquidität des Marktes, den Ausfall wichtiger Kontraktpartner oder auch weitere Risikoauswirkungen zum Gegenstand.

Backtesting

Wie eben angesprochen ergeben sich in extremen Marktsituationen auch Marktpreise, die außerhalb der Normalverteilung liegen und somit von den „at-Risk"-Modellen nicht mehr abgedeckt werden. Es kann aber auch vorkommen, dass auch in „normalen" Marktsituationen die Marktpreise sich nicht in Form einer Normalverteilung verändern. Auch dies würde dazu führen, dass die gängigen „at-Risk"-Modelle (zumindest nicht ohne Anpassung) zur Risikoquantifizierung herangezogen werden können. Um dies zu überprüfen sollte ein „at-Risk"-Modell stets umfangreichen Rückrechnungen anhand tatsächlicher historischen Marktpreisentwicklungen unterzogen werden. Dieses Vorgehen wird meist als „Basktesting" bezeichnet und dient einer ex-post-Überprüfung der Überprüfung der Modellgüte. Es wird dabei so vorgegangen, dass anhand historischer Datenreihen überprüft wird, wie oft der Kursverlauf aus der zu erwartenden Bandbreite ausgebrochen ist und diese Häufigkeit dem vorgegebenen Konfidenzniveau entspricht. In adäquaten Modellen entspricht die relative Häufigkeit der Ausnahmen dem vorgegebenen Konfidenzniveau. Bei einem Konfidenzniveau von 99% und einer untersuchten Stichprobe von 2000 Beobachtungen dürften nur 20 Werte außerhalb des ermittelten „Value-at-Risk" liegen. Liegen tatsächlich mehr als 20 Werte außerhalb, so verläuft die beobachtete Wertänderung nicht normalverteilt und das angewandte „at-Risk"-Konzept eignet sich nicht zur tatsächlichen Risikobewertung.

2.3 Behandeln von Finanzrisiken

Wenn es um die Behandlung von Finanzrisiken geht, sind mehrere Handlungen und Bereiche im Unternehmen betroffen. Nachfolgend werden folgende Aspekte beleuchtet:

- **Bedarfsanalyse** – Wo liegen denn die Bedarfsfelder des Unternehmens? Insbesondere muss dabei entschieden werden wie viel Risiko sich das Unternehmen leisten kann („Risikotragfähigkeit") bzw. leisten will („Risikoappetit")

2. Der Prozess der Risikosteuerung

Abb. 2-29: *Behandlung von Finanzrisiken*

- **Produktuniversum** – Welche Produkte will oder darf das Unternehmen im Rahmen des Finanzrisikomanagements einsetzen?
- **Behandeln einzelner Arten von Finanzrisiken** – Wie können/sollen die einzelnen Risiken im Rahmen des Finanzrisikomanagements behandelt werden? Hierauf wird in den Nachfolgekapiteln im Detail eingegangen.
- **Risikobehandlung als integrierter, kontinuierlicher Prozess** – Finanzrisiken dürfen niemals isoliert betrachtet werden. Vielmehr muss die Wechselwirkung der verschiedenen Finanzrisiken berücksichtigt und in einem kontinuierlichen und anhaltenden Prozess des Risikomanagements integriert werden.

2.3.1 Bedarfsanalyse

Betrachtet man den Regelkreis des Finanzrisikomanagements, so wurden in den ersten beiden Schritten die Finanzrisiken des Unternehmens zunächst identifiziert und deren Ausmaß im nächsten Schritt quantifiziert. Nun geht es im Rahmen der Behandlung der Finanzrisiken zunächst darum, diese Risikogrößen in einen konkreten Bezug des Unternehmens zu bringen. Ein Cashflow-at-Risk im Zinsbereich eines Unternehmens von 790.000 EUR sagt zunächst einmal gar nichts. Erst wenn diese Risikogröße in Relation zum konkreten Unternehmen gebracht wird, macht eine Risikoanalyse Sinn. Für einen großen international agierenden Konzern wie etwa die Siemens AG ist ein Cashflow-at-Risk von 790.000 EUR sicherlich verschwindend gering – für ein mittelständisches Unternehmen hingegen kann der selbe Cashflow-at-Risk existenzbedrohend sein. In Hinblick darauf ist insbesondere die Risikotragfähigkeit und der Risikoappetit des Unternehmens von entscheidender Bedeutung:

Risikokapazität (Risikotragfähigkeit)

Eine zentrale Frage des Finanzrisikomanagements ist zunächst einmal die Risikotragfähigkeit eines Unternehmens. Bei der Ermittlung der Komponenten zur Quantifizierung der Risikotragfähigkeit stellt sich die Frage nach der Verfügbarkeit der Mitte. Über einige Komponenten kann das Unternehmen jährlich disponieren, andere sind nur einmalig verfügbar. Daher empfiehlt sich eine Abstufung bei der Ermittlung der Risikotragfähigkeit. Betrachten wir hier zunächst die bilanzielle Seite, also die handelsrechtliche Sicht:

Handelsrechtliche Betrachtungsweise

Jährlich wiederkehrende Erträge abzüglich der jährlich anfallenden Aufwendungen können aus der GuV entnommen werden. Die teilweise extrem differierenden Ergebnisse der Jahresabschlüsse nach HGB oder IAS-/US-GAAP-Abschlüssen zeigen die Bedeutung der rechtlichen Rahmenbedingungen für die Bestimmung der Risikotragfähigkeit. Prognosen aus den Erfahrungswerten der vergangenen Jahre können unter Berücksichtigung der aktuellen Rahmenbedingungen zu einer Plan-GuV für das folgende Jahr (oder Halbjahr bzw. Quartal) verwendet werden. Diesen zur Deckung der Finanzrisiken zur Verfügung stehenden Anteil bezeichnet man auch als Risikotragfähigkeitskapital I.

Neben dem handelsrechtlichen Überschuss, der für das kommende Geschäftsjahr ermittelt wird, steht einmaliges Kapital zur Deckung von eventuell drohenden Risiken zur Verfügung. Dieses Kapital kann, sofern frei verfügbar und nicht für künftiges Wachstum bereits verplant, ebenfalls zur Ermittlung der Risikotragfähigkeit herangezogen werden. Daraus folgt, dass die Struktur der Risikoaktiva und der daraus resultierende Bedarf an Eigenkapital die Freien Ressourcen für die Unterlegung von Finanzrisiken mit determinieren. Für die Berechnung der Risikotragfähigkeit sind nur freie Komponenten des Eigenkapitals verwendbar, da sich eine doppelte Nutzung naturgemäß verbietet. Je nach Rechtsform und den damit verbundenen Möglichkeiten einer Kapitalzuführung unterscheidet sich die zur Verfügung stehende Deckungsmasse. Addiert man nun zum oben hergeleiteten Risikotragfähigkeitskapital I diese Eigenmittel (korrigiert um die nicht frei verfügbaren Bestandteile), erhält man das so genannte Risikotragfähigkeitskapital II, welches wiederkehrende und einmalige Deckungskomponenten berücksichtigt. Somit stehen zwei Risikotragfähigkeitsgrenzen fest: aus dem laufenden bzw. dem totalen Risikoetat. Je nach Risikoneigung des Unternehmens kann aus diesem Risikoetat Kapital für die Festlegung der Verlustobergrenze zur Verfügung gestellt werden.

Barwertige Betrachtungsweise

Neben der handelsrechtlichen wird nun auch die barwertige Betrachtung und Ermittlung der Risikotragfähigkeit dargestellt. Die Preise am Geld- und Kapitalmarkt lassen sich nicht aufgrund unternehmensspezifischen Rechnungslegungsvorschriften ableiten, sondern führen durch Angebot und Nachfrage (idealtypisch) zu einem fairen, markträumenden Preis. Die hierauf aufbauende Risikomessung sollte also mit der Ermittlung der Risikotragfähigkeit in Einklang stehen, damit die Auslastung auf der einen Seite und das Potential auf der anderen Seite ein gleiches theoretisches Fundament haben.

Nicht immer ist es so einfach wie an der Börse, einen fairen Preis zu finden, der allgemein akzeptiert wird. Gerade bei weniger fungiblen Gütern und Bilanzpositionen lässt sich der Wert in der Regel nur approximativ ermitteln. In diesen Fällen wird mit einem Model-to-Market eine theoretische Grundlage zur Bepreisung von Vermögensgegenständen herangezogen.

Unterstellt man nun, dass es für jedes Aktivum und jedes Passivum in der Bilanz einen Mark-to-Market- bzw. alternativ einen Model-to-Market-Wert gibt, dann ist die Ermittlung einer barwertigen Bilanz bzw. die Ermittlung einer barwertigen Plan-Bilanz problemlos möglich. Zu beachten ist bei einem derartigen Barwertkonzept die Verdichtung auf einen Zeitpunkt, so dass eine GuV-Betrachtung, die der Abgrenzung von Zeiträumen dient, obsolet wird. Die Ermittlung eines ökonomischen Eigenkapitals, welches als Deckungsmasse für die Risikotragfähigkeit dienen kann, könnte damit wie folgt aussehen:

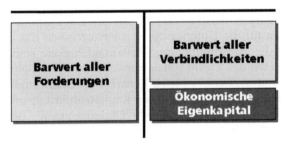

Abb. 2-30: Ökonomisches Eigenkapital

Bei der Ermittlung des ökonomischen Eigenkapitals wird unterstellt, das alle Positionen (also auch außerbilanzielle Geschäfte) exakt bewertet werden und ihr Barwert ermittelt werden kann. Zahlungen, die sich handelsrechtlich einmalig in der GuV niederschlagen (z.B. Provisionserträge), entsprechen direkt ihrem Barwert. Handelsrechtlich über verschiedene Perioden verteilte Erträge (z.B. Zinserträge) beeinflussen durch die Bildung eines Barwertes sofort das ökonomische Eigenkapital. Die rein barwertige Betrachtung ist zwar theoretisch das geeignetste Konzept, in der Praxis ist

2.3 Behandeln von Finanzrisiken

sie jedoch mit einer Menge Umsetzungsschwierigkeiten behaftet. Man denke nur daran, dass jede einzelne Forderung oder Verbindlichkeit mit dem aktuellen Zinssatz˘ werden muss. Auch wenn viele dieser Positionen zu Gruppen oder Zeitscheiben zusammengefasst werden können, ist der EDV-technische und personelle Aufwand zur Bewältigung dieses Ansatzes enorm. Auch eine Vereinfachung durch Bewertung nur zu bestimmten Stichtagen (z. B. monatlich) sorgt lediglich zu einer Entlastung der Kapazitäten und vereinfacht nicht das Prozedere an sich.

Fazit zur Risikotragfähigkeit

Diese beispielhaften Probleme machen die Komplexität dieses Modells deutlich. Daher hat sich in der Praxis häufig eine Mischvariante entwickelt die versucht, das theoretische Optimum mit der praktischen Umsetzbarkeit zu verbinden. Eine gängige Vorgehensweise ist dabei, von der handelsrechtlichen Sicht auszugehen und diese um einige barwertige Elemente zu ergänzen. Denn letztlich gibt es für Unternehmen keine Alternative dazu, die spezifische Risikotragfähigkeit individuell zu ermitteln. Vor allem darf es sich nicht nur um eine Momentaufnahme. Vielmehr muss die Risikotragfähigkeit regelmäßig ermittelt und die im Finanzrisikomanagement angestrebten Ziele daran angepasst werden.

Risikoziele/Risikoappetit

Neben der (mehr oder weniger objektiven) Risikotragfähigkeit hängt die Zielsetzung bzw. Ausrichtung des Finanzrisikomanagements auch von dem Maß ab, zu dem das Unternehmen bereit ist Risiken zu tragen. Im Zusammenhang mit Finanzrisiken spricht man hier auch vom „Risikoappetit" des Unternehmens. Auf die Frage dazu, welche Risiken im Finanzbereich eines Unternehmens eingegangen werden sollen, antworten die meisten Unternehmen zunächst äußerst risikoavers: „Möglichst keine oder nur geringe Risiken". Wie bereits mehrfach in diesem Buch angesprochen gibt es aber „kein Risiko" in diesem Zusammenhang nicht. Als Beispiel soll wieder der Fall eines Darlehens dienen, das hinsichtlich des Zinsänderungsrisikos hin beurteilt wirdl. Oftmals wird in diesem Zusammenhang folgende Aussage getroffen:

Variabel verzinster Kredit → Zinsänderungsrisiko
Festsatzkredit → kein Zinsänderungsrisiko

Doch Vorsicht! Dies trifft nur auf das Cashflow-Risiko zu. In dem Fall ist es richtig, dass variabel verzinste Kredite unsichere (also „riskante") Cashflows produzieren, fest verzinste Kredite aber festgelegte, also sichere Cashflow. Betrachtet man die Aussage aber aus Barwert-Gesichtspunkten, stehen die Vorzeichen genau umgekehrt:

Variabel verzinster Kredit → kein Zinsänderungsrisiko
Festsatzkredit → Zinsänderungsrisiko

Der Barwert eines Festsatzkredits ist während der Kreditlaufzeit starken Schwankungen unterworfen – auch wenn dies in den meisten Fällen bilanziell nicht realisiert werden muss. Spätestens im Falle einer vorzeitigen Auflösung des Festsatzkredits wird diese Schwankung aber realisiert. Welche der beiden Varianten ist also „riskanter" als die andere? Die Antwort muss eindeutig lauten „kommt darauf an" – nämlich darauf, nach welchen Zielen (Barwerten oder Cashflows) ein Unternehmen steuert.

Doch selbst wenn die Frage, ob Barwertorientierung oder Cashflow-Orientierung geklärt ist, bleibt die Frage nach dem Risiko, welches das Unternehmen letztlich zu tragen bereit ist. Denn volatile Finanzmärkte bergen beides, Chancen und Risken!

Ein Beispiel:

Ein in Deutschland sitzender Exporteur erzielt einen großen Teil seiner Umsätze in US-Dollar. Er erwartet aus einem Auftrag in drei Monaten einen Betrag von 100.000 USD.

Folgende Marktsätze gelten:

EUR/USD -Kassakurs: 1,2325 → Gegenwert: EUR 81.135,90
EUR/USD -Terminkurs: 1,2300 → Gegenwert: EUR 81.300,81

Um den CfaR dieser Zahlung gering zu halten, könnte der Exporteur nun ein Devisentermingeschäft auf einen EUR-Terminkurs von 1,2300 USD abschließen. Dadurch würde er sich aber auch die Chance entgehen lassen, dass zum Zeitpunkt der Zahlung der relevante EUR/USD-Kurs attraktiver ist als der aktuelle. Insbesondere wenn dieses Unternehmen eine Reihe von USD-Zahlungen im Zeitverlauf erhält und dazu eine positive USD-Einschätzung hat, kann es alternativ auf eine Absicherung verzichten. Dadurch erhöht sich zwar der Cashflow-at-Risk dieser Zahlung (sie ist ja nicht gegen Währungskurs-Schwankungen abgesichert), doch die Chance auf bessere EUR/USD-Kurse bleibt erhalten.

Die Unsicherheit hinsichtlich der künftigen Entwicklung ist wie eine Medaille mit zwei Seiten: Die Unsicherheit kann sich zugunsten aber auch zulasten des Unternehmens entwickeln. Über die angestrebten Risikoziele – also auch über den Risikoappetit des Unternehmens – muss in strategischer Sicht die Unternehmensführung entscheiden. So wird ein Exporteur mit zahlreichen Transaktionen im USD-Bereich sich durchaus ein gutes Bild des EUR/USD-Wechselkurses verschaffen können und bestimmte Kurserwartungen haben. In Rahmen dessen kann es durchaus gerechtfertigt sein, bestimmte Risiken bewusst nicht zu sichern um gezielt die Chancen auf verbesserte EUR/USD-Kurse zu wahren. Wichtig ist dabei, dass dies als gezielte und bewusste unternehmerische Entscheidung getroffen wird und in die Gesamtsituation des Unternehmens passt. Diese Entscheidung darf nicht ad hoc bzw. „aus dem Bauch heraus" getroffen werden, sondern muss aus einem Geflecht folgender Komponenten entwickelt werden:

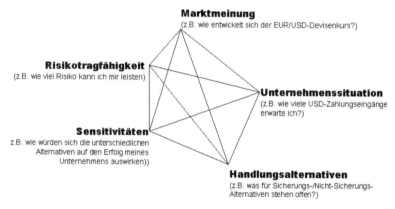

Abb. 2-31: Parameter der Risikoausrichtung

Prinzipiell gilt im Zusammenhang mit dem Risikoappetit eines Unternehmens der plakative Spruch „No Guts – no Glory" – Ohne Mumm in den Knochen gibt es auch keinen Erfolg. Wenn ein Unternehmen stets bemüht ist „nur" seine Risiken zu minimieren, dann wird es sich in den seltensten Fällen von den Mitbewerbern absetzen. Wenn ein Unternehmen hingegen das gezielte Finanzrisikomanagement nicht nur als „notwendiges Übels sieht, sondern vielmehr als (eine) Quelle des unternehmerischen Erfolgs, so vergrößert es seine Palette an Ertragsquellen und koppelt den Unternehmenserfolg somit ein wenig von der Situation des Grundgeschäfts ab. Ein Exporteur kann demnach neben seinem eigentlichen Grundgeschäft (dem Export) auch versuchen, sein Währungsgeschäft zu optimieren. Dadurch kann er neben seiner eigenen Handelsmarge ein zusätzliches Devisen-Handelsergebnis erzielen. Wohlwissend, dass dieses Devisen-Handelsergebnis letztlich auch negativ sein kann und dann das eigentliche Handels-Ergebnis (aus dem Export) belastet.

2.3.2 Produktuniversum

Im Zuge der Behandlung der Finanzrisiken muss sich ein Unternehmen darüber im Klaren sein, welche Arten von Finanzinstrumenten es denn im Zuge eines Finanzrisikomanagements einsetzen will. Die Produktpalette im Bereich der Finanzinstrumente ist inzwischen nahezu unüberschaubar groß. Neben den „klassischen" Forward-Transaktionen sind inzwischen optionale und digitale Instrumente der dritten und vierten Generation am Kapitalmarkt zu handeln. Viele verschiedene Instrumente bieten offenbar für jedes Bedürfnis des Kunden das ideale Chance-/Risikoverhältnis. Doch sollte ein Unternehmen bei der Wahl der einzusetzenden Instrumente vorsichtig sein.

Mögliche Vorbehalte gegenüber Finanzinstrumenten

Folgende (mögliche) Vorbehalte sollten dabei in das Entscheidungs-Kalkül einbezogen werden:

- **Vorbehalte hinsichtlich des Chance-/Risikoprofils** – Manche Finanzinstrumente bieten bei genauerem Hinsehen ein Chance-/Risikoprofil, das dem Unternehmen nur bedingt Vorteile bringt oder auch nur bringen kann. Diese Instrumente sollten wenn möglich nicht eingesetzt werden.

- **Vorbehalte hinsichtlich des Kursrisikos** – Manche Instrumente weisen ein (in Relation zum zu sichernden Grundgeschäft) ein überdurchschnittliches Kursrisiko auf. Diese Instrumente sollten wenn möglich nicht eingesetzt werden.

- **Vorbehalte hinsichtlich des Mismatch-Risikos** – Nicht in jedem Fall gibt es am Markt Instrumente, mit denen sich die Finanzrisiken des Grundgeschäfts „eins-zu-eins" absichern lassen. Die unterschiedliche Kursentwicklung zwischen Grundgeschäft und Sicherungsgeschäft sollte dabei kritisch analysiert werden. Wenn die Unterschiede der Kursentwicklung, man spricht hier meist vom „Mismatch", zu groß sind, dann sollte auf diese Instrumente verzichtet werden.

- **Vorbehalte hinsichtlich der (Kurs-)Transparenz** – Ein Unternehmen sollte im Rahmen des Finanzrisikomanagements nur auf Instrumente zurückgreifen, deren Preisbildung und deren Zahlungsprofil eindeutig definiert und entsprechend transparent ist. Ansonsten sollte auf diese Instrumente verzichtet werden.

- **Vorbehalte hinsichtlich der Darstellung/Verbuchung** – Ein Unternehmen sollte im Rahmen des Finanzrisikomanagements nur auf Instrumente zurückgreifen, die sie (hinsichtlich der Produkte und der Cashflows) korrekt in internen (Risiko-)Systemen darstellen und in das Risikoreporting integrieren kann. Ansonsten sollte auf diese Instrumente verzichtet werden.

- **Bilanzielle Vorbehalte** – Das Unternehmen sollte bei Produktentscheidungen stets die bilanzielle Darstellung und deren Auswirkung beachten. Ein Finanzprodukt kann zwar wirtschaftlich von Vorteil sein, dieser Vorteil kann sich aber aufgrund bilanzieller Sonderheiten „unterm Strich" als negativ erweisen. In diesen Fällen sollte auf diese Instrumente verzichtet werden.

- **Vorbehalte hinsichtlich der Counterparties** – Nicht unter den Tisch gekehrt werden sollten in diesem Zusammenhanf auch Counterparty-Risiken. Sollten bestimmte Produkttypen mit speziellen Counterparty-Risiken behaftet sein, so kann dies gegebenenfalls auch ein „K.O.-Kriterium" darstellen.

Fazit zum Produktuniversum

Die Geschäftsführung eines Unternehmens sollte sich in Hinblick auf die spezifische Situation des Unternehmens Gedanken zu den im Rahmen des Finanzrisikomanagements einzusetzenden Instrumenten machen und dabei all die oben genannten Vorbehalte ins Kalkül ziehen. Dabei sollte auch bedacht werden, dass selbst die beste Finanzabteilung kein „Hans Dampf in allen Gassen" sein kann. Man kann nicht gleichzeitig in allen Märkten und allen Instrumenten gleich gut sein. Diese Überlegungen sollten zu einer Vorauswahl führen, welche der Finanzabteilung (die in der Regel operativ für das Finanzrisikomanagement verantwortlich ist) ein klares Produktuniversum vorgibt, innerhalb dessen sie sich bewegen darf. Diese Vorauswahl kann als „Positivliste" („folgende Instrumente dürfen im Rahmen des Finanzrisikomanagements eingesetzt werden: ...") oder auch als „Negativliste" („Im Rahmen des Finanzrisikomanagements dürfen prinzipiell alle Arten von Finanzinstrumenten eingesetzt werden. Nicht jedoch folgende: ...") erstellt werden. Auf alle Fälle muss dieses Produktuniversum vorab und klar definiert werden und gilt dadurch als verbindlich gegenüber der Finanzabteilung.

2.3.3 Behandlung einzelner Arten von Finanzrisiken

Hat ein Unternehmen nun seine Risikokapazität ermittelt, seine Risiko-Ziele definiert und die zur Behandlung der Risiken einsetzbaren Produkte definiert, geht es an die Behandlung der einzelnen Finanzrisiken. Die verschiedenen Risikotypen wie auch die Möglichkeiten deren Behandlung unterscheiden sich in der Praxis jedoch teilweise sehr deutlich So sieht beispielsweise das Zinsrisiko eines Unternehmens anders aus als dessen Rohstoffpreisrisiko und es hat auch andere Auswirkungen auf den Unternehmenserfolg. Darüber hinaus ist das zur Sicherung zur Verfügung stehende Produkt-Universum der beiden Risiko-Typen auch sehr unterschiedlich. Aus diesem Grund werden wir in diesem Buch sehr ausführlich auf die einzelnen Risiko-Typen und deren Behandlung (bzw. Behandlungsmöglichkeiten) eingehen.

2.3.4 Risikobehandlung als integrierter, kontinuierlicher Prozess

Es wäre nun gefährlich, einzelne Finanzrisiken isoliert zu betrachten und zu behandeln. Wichtig ist, Wechselwirkungen einzelner Finanzrisiken zu beachten und deren Auswirkungen auf das Unternehmen zu berücksichtigen. In der unternehmerischen Praxis treten diese Risiken nämlich nicht isoliert und „nacheinander", sondern eben parallel auf. Beispielsweise kann die Analyse von Zins-, Währungs- und Rohstoffpreis-Risiko eines Unternehmens folgendes Bild liefern:

Zinsrisiko (CfaR mit 95% Konfidenzniveau):   400.000 EUR
Währungsrisiko (CfaR mit 95% Konfidenzniveau):   300.000 EUR
Rohstoffpreisrisiko (CfaR mit 95% Konfidenzniveau): 500.000 EUR

Bei einer ermittelten Risikotragfähigkeit von 1.000.000 EUR liegen die Cashflow-at-Risk-Werte aller drei Risikotypen innerhalb der Risikotragfähigkeit. Eine isolierte Betrachtung der einzelnen Risikotypen würde nun „grünes Licht" signalisieren. Was aber falsch ist, da die Risikotragfähigkeit des Unternehmens durchaus beträchtlich überschritten werden kann, wenn sich alle drei Risikotypen gleichzeitig negativ entwickeln. Ebenso falsch wäre es hier aber, alle drei Risiken additiv zu behandeln. Finanzrisiken sind in der Regel nicht additiv. Der Gesamt-CfaR des obigen Beispiels ist also nicht 1.200.000 EUR (400.000 EUR + 300.000 EUR + 500.000 EUR), sondern wird vermutlich darunter liegen.

Wichtig bei der Behandlung von Finanzrisiken ist es also, dass diese Behandlung als integrierter Prozess verstanden wird, der alle Finanzrisiken behandelt, dabei aber deren Wechselwirkung untereinander berücksichtigt. Darüber hinaus muss dieser Prozess so aufgesetzt sein, dass er permanent (oder zumindest regelmäßig) stattfindet. Jede Risikobehandlung erfolgt letztlich anhand eines „Blitzlichtes" – also auf Parametern eines Zeitpunktes. Diese Parameter (beispielsweise Marktpreise, Markterwartungen, Volatilitäten – aber auch erwartete und zu behandelnde Umsatz-Cashflows) ändern sich aber permanent. Aus diesem Grund muss eine Risikobehandlung kontinuierlich hinterfragt, justiert und angepasst werden, um der Zielsetzung des Finanzrisikomanagements gerecht werden zu können.

2.4 Controlling von Finanzrisiken

Abb. 2-32: Controlling von Finanzrisiken

Eine sehr wichtige Komponente fällt im Regelkreis des Finanzrisikomanagements dem Controlling des Prozesses zu. Hierbei geht es darum, die aktuelle Situation der unternehmensinternen Finanzrisiken zu erkennen, die Wirksamkeit der Maßnahmen zur Risikobehandlung zu quantifizieren, das Finanzrisikomanagement in die Gesamtunternehmenssteuerung einzubinden, den gesetzlichen Rahmenwerk (u.a. KonTraG) gerecht zu werden und nicht zuletzt auch darum, den Prozess des Finanzrisikomanagements zu kontrollieren.

Hierzu sollen in diesem Abschnitt folgende Punkte geklärt bzw. angesprochen werden:

- **Verantwortlichkeiten/Rollenverteilung** – Wo bzw. in welchen betrieblichen Funktionen sollte das Controlling der Finanzrisiken angesiedelt sein? Hier geht es einerseits um Die *Verantwortung* des Finanzrisikomanagements und andererseits um die *operative Durchführung*.
- **Notwendigkeit der Kontrolle** – Die Notwendigkeit der Einsetzung einer Kontrollinstanz ist unbestritten. Zahlreiche Fälle aus der Praxis untermauern dies.
- **Gesamt-Unternehmenssteuerung** – Zur Einbindung des Finanzrisikomanagements in die Gesamtunternehmenssteuerung ist es notwendig, dass sich die Geschäftsführung laufend ein aktuelles Bild der Risikosituation verschafft und die Erkenntnisse daraus in ihr Steuerungssystem einfließen lässt.
- **Berichtswesen** – Zur Erfüllung der obengenannten Ziele und zur Dokumentation gemäß rechtlicher (u.a. KonTraG) bzw. (u.a. Hedge Accounting) bilanzieller Vorgaben sollte ein detailliertes Berichtswesen installiert werden.
- **Festlegung von Risiko-Limiten** – Unter Berücksichtigung von Risikotragfähigkeit des Unternehmens, dessen Risikoappetit und der aktuellen Risikosituation müssen klare Risiko-Limite definiert werden.

2.4.1 Verantwortlichkeiten und Rollenverteilung

Es ist unbestritten, dass das operative Finanzrisikomanagement und die Kontrolle des Finanzrisikomanagements funktional getrennt sein müssen. Dies ist einerseits in der Notwendigkeit der neutralen Kontrolle begründet. Einige spektakuläre Fälle in den vergangenen Jahren haben nachhaltig untermauert, dass eine „Selbstkontrolle" in diesem Bereich nicht funktioniert. Prominente Namen sind hier sicherlich die Barings Bank und die Metallgesellschaft. Die Barings Bank wurde beispielsweise von ihrem Börsenhändler Nick Leeson in Singapur in den Ruin getrieben. Er hatte Handelsverluste „versteckt" und durch immer höhere und spekulativere Handelspositionen in die Höhe getrieben bis schließlich ein Verlust in einer Höhe aufgelaufen war, dass ihn die Barings Bank nicht mehr tragen konnte. Nick Leeson hatte dabei auch relativ leichtes Spiel – er war nämlich Börsenhändler und seine eigene Kontrollinstanz in einer Person. Hätte eine unabhängige Kontrollinstanz frühzeitig die (Anfangs-)Verluste erkannt und glattstellen lassen, wäre die Barings Bank wahrscheinlich noch immer eine eigenständige Bank – und Nick Leeson hätte sich einige Jahre in einem asiatischen Gefängnis erspart. (Hierzu aber weiter unten mehr.)

Notwendigkeit der Kontrolle

Dies lässt sich auch auf das Finanzrisikomanagement im Unternehmen übertragen. Auch hier muss eine funktionale Trennung sichergestellt sein. Der Prozess des Finanzrisikomanagements und deren Überwachung müssen operativ von unterschiedlichen Funktionen wahrgenommen werden um einen etwaigen Interessenkonflikt – z.B. im Falle von Verlusten oder Limitüberschreitungen – zu vermeiden. Hierbei wird nicht einmal in erster Linie eine kriminelle Motivation unterstellt. Vielmehr besteht die Gefahr beispielsweise bei einem Überschreiten eines Risikolimits einfach auf den Faktor „Glück" zu setzten um sich keinen Fehler bzw. keine Fehleinschätzung vorwerfen zu müssen. Gestreng nach dem Motto „der Kurs fängt sich schon wieder". (Jeder Leser, der schon einmal mit eigenem Geld an der Börse gezockt hat, wird sich in diesem Verhalten zumindest in Teilen wiederfinden.).

→ Aufgrund der operativen Nähe ist es jedoch die Finanzabteilung, welche das Risikoberichtswesen – nach Vorgaben der Unternehmensleitung – erstellen muss.

Einbindung des Finanzrisikomanagements in die Gesamt-Unternehmenssteuerung

Das Finanzrisikomanagement ist nur eine Komponente des unternehmensweiten (Risiko-) Managements – wenn auch eine bedeutende. Insbesondere wenn es um die Risikotragfähigkeit und den Risikoappetit des Unternehmens geht, werden die Einflussbereiche und Kompetenzen der Finanzabteilung überschritten. Die Hoheit eines Finanzrisikomanagements muss letztlich bei der Unternehmensleitung liegen. Demzufolge muss die Geschäftsleitung in der Lage sein, permanent oder zumindest in einem klar vorgegebenen Turnus die tatsächliche Finanzrisikosituation des Unternehmens einschätzen zu können. Nur so ist gewährleistet,dass die Situation der Finanzrisiken konform zu den operativen und strategischen Zielen des Managements gesteuert werden.

→ Aufgrund der Interpretation des Risikoberichtswesens und der Einbindung in die gesamte Unternehmenssteuerung obliegt die Überwachung und Schlussfolgerung des Risikoberichtswesens der Unternehmensleitung.

Somit ergibt sich folgender Regelkreis hinsichtlich der Rollenverteilung:

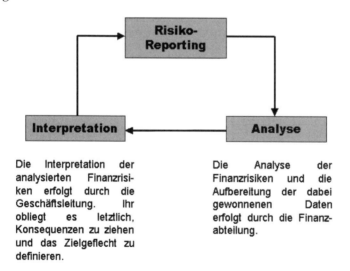

Abb. 2-33: Regelkreis des Risiko Reportings

Nick Leeson und die Barings Bank – Ein unfreiwilliger Appell für die Kontrolle von Risiken

Da das Beispiel der Barings Bank in diesem Zusammenhang immer wieder genannt wird soll an dieser Stelle der Fall nochmals kurz näher betrachtet werden. Hierzu ein Beitrag, der am 24.2.2004 von der FAZ zu diesem Thema veröffentlicht wurde:

„*FAZ 24. Februar 2004:* Angeblich verdient Nick Leeson mittlerweile 90.000 Euro pro Vortrag. Doch schenkt man Presseberichten Glauben, dann bleibt dem Mann, der die ehrwürdige Barings-Bank ruinierte, nicht viel davon übrig. Einen Teil gebe er, der während seines Gefängnisaufenthalts selbst schwer erkrankt war, an die Krebsforschung. Den Rest der Honorare müsse er mit den Konkurs-Verwaltern der Barings-Bank teilen. Bei diesen Honoraren dürfte es also noch eine ganze Weile dauern, bis er den Schaden von rund 1,3 Milliarden Euro abgearbeitet hat, den er mit seinen waghalsigen Wetten gegen den japanischen Aktienmarkt angerichtet hat.

Das Verhängnis nahm seinen Lauf, als Barings, die Bank der britischen Könige, eine der feinsten Londoner Adressen seit 1762, 1992 Nick Leeson nach Singapur schickte, wo er Preisdifferenzen zwischen japanischen Derivaten ausnutzen sollte. Ein risikoloses Geschäft: An der einen Terminbörse kauft man Kontrakte und verkauft sie an der anderen Terminbörse zu einem höheren Preis – damit gibt es zu jeder offenen Position eine Gegenposition, das Risiko ist also minimal. Doch statt dessen spekulierte Leeson auf die Richtung des japanischen Aktienmarktes und hatte an beiden Terminbörsen offene Positionen – doppeltes Risiko statt Absicherung.

Handel und Abwicklung in einer Hand – das musste schief gehen. Damit Leeson sein riskantes Spiel fahren konnte, musste noch ein zweiter Umstand hinzukommen: Anders als üblich war er nicht nur für den Handel zuständig, sondern auch für die ordnungsgemäße Abwicklung der Handelsgeschäfte. Dies erst ermöglichte es ihm, Verluste und nicht genehmigte offene Positionen vor seinem Arbeitgeber zu verheimlichen, indem er ein geheimes Konto nutzte. Doch das Schicksal wendet sich gegen Leeson. Statt wie von ihm erhofft zu steigen, fiel der Nikkei. Leeson tat das, was jeder Spieler tut: Er verdoppelte den Einsatz, erhöhte seine Wetten auf einen steigenden Nikkei, indem er zusätzlich zu den Terminkontrakten Puts auf den Nikkei schrieb: Fällt der Nikkei weiter, muss er den Index zum höheren Kurs kaufen. Mit den Prämieneinnahmen aus diesen Optionen konnte er die Sicherheitseinlagen bezahlen, welche die Terminbörse von ihm für seine Terminkontrakte verlangte. Unter dem Strich hatte Leeson Wetten auf Kursbewegungen in Höhe von nominal 60 Milliarden Dollar laufen. Schließlich konnte er, konnte Barings den von der Terminbörse verlangten Sicherheitseinlagen nicht mehr nachkommen – die Bank wurde zahlungsunfähig. Zu Buche stand ein Verlust von 1,4 Milliarden Dollar. Leeson wurde 1995 zu sechseinhalb Jahren Haft wegen Urkundenfälschung, Untreue und Betrugs verurteilt. Die ehrwürdige Barings-Bank wurde an den holländischen ING-Konzern verkauft – für die stolze Summe von einem Pfund."

2.4.2 Berichtswesen

Die Aufgabe des Risiko-Controllings liegt operativ in der Regel in der Finanzabteilung eines Unternehmens. Davon funktionell getrennt sein muss allerdings die Ebene der Kontrolle und Entscheidung, die zu den Aufgaben des Finanzleiters, des Finanzvorstands bzw. der Geschäftsleitung zählt. Es muss somit sichergestellt werden, dass die Ergebnisse des operativen Risiko-Controllings den Entscheidungsträgern systematisch aufbereitet und regelmäßig in einer nachvollziehbaren Form vorgelegt und dokumentiert werden. Diesem Risiko-Berichtswesen kommt somit im Kreislauf des Finanzrisikomanagements eine wichtige Bedeutung zu. Empfänger des Berichtswesens sollte zumindest der Finanzleiter bzw. Finanzvorstand des Unternehmens sein, um den Anforderungen des Gesetzes zur Kontrolle und Transparenz im Unternehmen (KonTraG) zu erfüllen. Sinnvollerweise sollte der Verteilerkreis jedoch individuell ausgeweitet werden. So können bzw. sollten beispielsweise Geschäftsleitung, Aufsichtsrat oder gegebenenfalls weitere Organe oder Funktionsträger des Unternehmens eingebunden werden. Wichtig ist, dass die Häufigkeit, die Fälligkeit und auch der Empfängerkreis des Berichtswesens klar definiert sind.

Bestandteile des Risiko-Berichtswesens

Die genauen Bestandteile eines Risikoberichts und deren Aufbau hängen natürlich in erster Linie von der individuellen Situation des jeweiligen Unternehmens zusammen. Dennoch kann man ein Grundgerüst an Inhalten allgemeingültig definieren. So solle ein umfassendes Risiko-Berichtswesen regelmäßig folgende Bestandteile aufweisen:

- **Risikoarten** – Gegenstand der Analyse sollten alle Marktrisiken (z. B. Zinsänderungsrisiken, Devisenkursrisiken, Rohstoffpreisrisiken usw.) sein. Die wichtigsten dieser Finanzrisiken werden an anderer Stelle in diesem Buch detailliert erläutert. Werden einzelne Risikokategorien als irrelevant betrachtet und nicht näher oder nicht regelmäßig untersucht, so sollte eindeutig nachvollziehbar sein, warum dies geschieht.
- **Risikopositionen** – Die Risikoposition stellt das abzusichernde Risiko gemäß verabschiedeter Finanzplanung dar. Die Risikoposition wird individuell nach Bedarf des Unternehmens definiert. Hierbei ist zu beachten, dass alle Ausprägungen der Risikoposition Gegenstand der Analyse ist. Gleichgültig ob direkt oder indirekt, gebucht oder noch nicht gebucht, bilanziert oder nicht bilanziert – entscheidend ist, ob das Risiko in irgend einer Form die Ertragskraft oder den Bestand des Unternehmens beeinträchtigen kann. Die Risikopositionen sollten im Rahmen einer kontinuierlichen Planung (z. B. monatlich rollierend für zwölf Monate, quartalsweise für drei Jahre) laufend aktualisiert werden.
- **Einzel-/Gesamtrisiko** – Das Ziel der Risikoanalyse muss die Darstellung des Gesamtrisikos sein. Für jede analysierte Risikoart sollte jedoch im Einzelnen bekannt sein, wie sie sich alleine betrachtet darstellt und welchen Beitrag sie zum Gesamtrisiko leistet. Ansonsten wäre eine Steuerung des Risikos bzw. die Ergrei-

fung von Sicherungsmaßnahmen unmöglich. Neben der Unterteilung in Risikoarten kann individuell nochmals weiter unterteilt werden (z. B. nach Unternehmensteilen oder Geschäftsbereichen).

- **Risikokennzahlen** – Bei der Risikobetrachtung sollte auf eine im Vorfeld exakt definierte Auswahl an Risikokennzahlen zurückgegriffen werden. Diese müssen verständlich und nachvollziehbar sein und die relevanten Finanzrisiken für das Unternehmen darstellen.

Zeitliche Nähe und Häufigkeit der Risiko-Berichte

Der Risikogehalt der Grundgeschäfte und Sicherungsgeschäfte beeinflusst neben dem Umfang des Berichtswesens auch die notwendige Häufigkeit der Risikoberichte. Abhängig vom Risikogehalt der Grund- und Sicherungsgeschäfte und auch abhängig von der Risikotragfähigkeit und dem Risikoappetit des Unternehmens müssen individuelle sinnvolle Berichtszyklen festgelegt werden. Die Extreme können hier sehr weit auseinanderklaffen: Ein Finanzunternehmen oder ein Rohstoffhändler, die täglich hohe Umsätze mit spekulativem Hintergrund und einer oftmals geringen Kapitaldecke tätigen, sollten zumindest ein tägliches Risikoreporting sicherstellen. Bei einem nur im Euro-Raum tätiges Dienstleistungsunternehmen mit geringen risikotragenden Finanzpositionen und einer dicken Kapitaldecke hingegen reicht gegebenenfalls ein vierteljährliches Risikoreporting aus. Abhängig von der individuellen Situation des Unternehmens müssen nun sinnvolle Berichtszyklen festgelegt werden, die durchaus für unterschiedliche Risikoträger bzw. Risikoarten unterschiedlich sein können. Beispielsweise: tägliche Bewertung aller Sicherungsgeschäfte, wöchentliche Überprüfung der offenen Fremdwährungspositionen und letztlich monatliche Darstellung des Gesamtrisikos. Sobald aber Risikolimite für einzelne Positionen definiert sind – z. B. ungesicherte USD-Zahlungen maximal bis zu einem Gegenwert von 750.000 EUR – sollte eine (zumindest dieses Risiko betreffende) Bewertung täglich erfolgen.

Der Zeithorizont des Berichtswesens wird idealerweise in Anlehnung an die Gesamtunternehmensplanung gewählt. Wenn der Planungshorizont des Unternehmens beispielsweise drei Jahre betrifft, so sollten auch die risikobehafteten Cashflows der nächsten drei Jahre – gegebenenfalls mit einer gewissen Gewichtung – in die Betrachtung und Planung mit eingehen. Dies ist auch nachvollziehbar. Planrechnungen können nur so gut sein wie die Datengrundlage auf der sie erstellt wurden. Zum Beispiel wird ein Exporteur, der seine Umsätze zu großen Teilen im USD-Raum generiert, in seiner Gesamtunternehmensplanung nicht umhin kommen, sich über die Kursentwicklung des US-Dollars Gedanken zu machen.

2.4 Controlling von Finanzrisiken

Unabhängig von der Häufigkeit der Risikoberichte ist aber die zeitliche Nähe zu sehen. Um das Risikocontrolling als Frühwarnsystem nutzen zu können, muss das Berichtswesen so zeitnah wie möglich erfolgen.

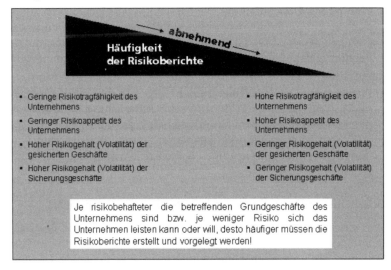

Abb. 2-34: Häufigkeit der Risikoberichte

Sonstige Parameter des Risiko-Berichtswesens

Neben den bereits angesprochenen Komponenten und Anforderungen an das Risiko-Berichtswesen eines Unternehmens sind jedoch noch weitere Aspekte hinsichtlich der Methodik der Risikoermittlung zu beachten. Um das Risiko korrekt ermitteln (und somit auch überwachen) zu können, müssen folgende Parameter beachtet und berücksichtigt werden:

- **Konsistenz** – Die Methoden der Risikoermittlung und -bewertung müssen zeitlich und inhaltlich konsistent und im Nachhinein überprüfbar sein. Änderungen von Methoden und Analysen sind so zu dokumentieren, dass bei Bedarf konsistente Zeitreihen ermittelt werden können. Darüber hinaus ist ein Methodenwechsel zu begründen und die Begründung zu dokumentieren.

- **Mathematische Berechnungsverfahren** – Zur Analyse dürfen nur anerkannte mathematische Risikomessmethoden angewandt werden. Eintrittswahrscheinlichkeiten sind bei der Ermittlung von Verlustpotentialen wenn möglich zu berücksichtigen (Beispiel: „mit einer Wahrscheinlichkeit von 95% wird mein Verlustpotential einen Wert X nicht überschreiten"). Die gewählte Eintrittswahrscheinlichkeit sollte im Bereich von 90% bis 99% liegen. Eine kleinere Wahrscheinlichkeit würde die Zahl der Extremwerte deutlich erhöhen und damit vom „Worst Case"-Charakter wegführen. Bei der Wahl einer größeren Wahrscheinlichkeit hingegen verliert das Modell an Aussagekraft, da kaum noch Ausreißer auftreten würden.

- **Einbindung Gesamtrisiko** – Die Messung von Marktrisiken sollte sich in ein unternehmensweites Risikomanagement konsistent einfügen lassen. Dies ist im Rahmen der Früherkennung unternehmensgefährdender Risiken eine Forderung aus dem Gesetz zur Transparenz und Kontrolle im Unternehmen (KonTraG).
- **Planfehler** – Der Planfehler bezieht sich auf das zukünftige geplante Grundgeschäft. Er beziffert die Abweichung zwischen geplantem und realisiertem Grundgeschäft beziehungsweise die Abweichung zwischen Ursprungsplanung und aktualisierter Planung. Diese Planabweichungen sollten regelmäßig analysiert und minimiert werden.

Schematische Darstellung der Inhalte eines Risiko-Berichts

Wie eingangs bereits angesprochen hängen die genauen Bestandteile eines Risikoberichts und deren Aufbau von der individuellen Situation des jeweiligen Unternehmens ab. Nachfolgende Darstellung soll jedoch schematisch darstellen, wie ein Risiko-Bericht etwa aussehen könnte. Ein Risikoreporting könnte beispielsweise Nachfolgendes umfassen:

1.) Marktwerte für
- Grundgeschäft
- Sicherungsinstrumente

2.) Risikomessung (Szenarioanalyse, VaR, CfaR, Sensitivitäten ...) für
- Grundgeschäft
- Sicherungsinstrumente
- Gesamtportfolio

3.) Erfolg
- realisiert
- unrealisiert

4.) Limite
- Gesamtlimite
- Einzellimite
- Ausnutzung der Limite

5.) Sonstiges
- Kommentare
- Anmerkungen
- Ausblick
- Erläuterungen zu Methodik

2.4.3 Festlegung von Risiko-Limiten

Sinnvolle Risikoberichte basieren auf der Festlegung von Limiten. Diese Limite richten sich nach der Zielsetzung bzw. den Steuerungsgrundsätzen des Unternehmens. So kann es sich bei der Wahl der Risiko-Limite um barwertorientierte (z. B. „VaR-Limit" oder „Verlustlimit") oder cashfloworientierte Limite (z. B. „CfaR-Limit" oder „DSCR-Limit") handeln. Prinzipiell geht es darum einen potentiellen Wertverlust oder Liquiditätsverlust auf einem definierten Niveau zu begrenzen. Dadurch soll vermieden werden, dass die Ertragskraft oder der Bestand des Unternehmens nicht durch ein Risiko des Finanzsektors gefährdet wird. Nachfolgend sollen einige der gebräuchlichen Limit-Arten vorgestellt werden. Welche Limit-Art oder welche Kombination letztlich gewählt wird, und wo die einzelnen Limite quantifiziert werden, hängt vom Individuellen Unternehmen und dessen Risikotragfähigkeit bzw. Risikoappetit ab.

Prinzipiell kann man barwertorientierte und cashfloworientierte Limite unterscheiden:

- **Barwertorientierte Limite** – Diese beziehen sich auf den Barwert einzelner Positionen bzw. eines Portfolios. Diese Ausrichtung ist insbesondere dann relevant, wenn das Unternehmen seine Finanzrisiken bilanzorientiert steuert. Entscheidend ist dabei unter anderem auch, nach welchen Prinzipien ein Unternehmen bilanziert. So kann es durchaus große Unterschiede machen, ob HGB, IFRS oder US-GAAP zugrunde gelegt wird. Muss ein Unternehmen beispielsweise Finanzinstrumente immer zum Marktwert bilanzieren (z. B. IFRS oder US-GAAP), so kann ein (vorübergehender) Wertverlust eines Finanztitels zu Abschreibungsbedarf führen. Dies hat somit auch dann negativem Einfluss auf das Unternehmen, wenn der Wertverlust nur vorübergehend ist und nicht realisiert wird. Für ein derartiges Unternehmen – und dessen Unternehmenswert – ist das Barwertrisiko somit entscheidend. Somit sollten solche Unternehmen zumindest teilweise mit barwertorientierten Limiten arbeiten.

- **Cashfloworientierte Limite** – Diese beziehen sich auf die Cashflows einzelner Positionen bzw. eines Portfolios im Zeitverlauf. Dadurch soll die Liquidität des Unternehmens sichergestellt werden. In vielen Unternehmen kommt diesem Liquiditätsrisiko eine wesentlich höhere Bedeutung zu als dem Barwertrisiko.

„VaR-Limit" (barwertorientiertes Risiko-Limit)

Wie ja bereits an anderer Stelle ausführlich dargestellt, quantifiziert der Value-at-Risk einer Position oder eines Portfolios deren Verlustpotential. Dieses Verlustpotential bezieht sich dabei auf den Barwert der Position. Ein VaR-Limit kann sich – je nach Risikotragfähigkeit/Risikoappetit des Unternehmens – orientieren am

- geplanten operativen Gewinn,
- Verlauf der Gewinnentwicklung der letzten Jahre,
- gewichteten Durchschnitt der obengenannten Punkte,
- bilanziellen oder ökonomischen Eigenkapital.

Ein VaR-Limit kann beispielsweise so definiert werden, dass bei Ansteigen des VaR folgende Vorgehensweise festgeschrieben wird: „Steigt der VaR über den vorher festgelegten Wert, müssen Positionen geschlossen werden, damit der Grenzwert wieder unterschritten wird." Oder „Steigt der VaR, verglichen mit der bisherigen Historie, in den Bereich der oberen 10%, wird automatisch ein Treffen der Geschäftsleitung initiiert, um gemeinsam das weitere Vorgehen zu beschließen."

„Verlustlimit" (barwertorientiertes Risiko-Limit)

Das oben beschriebene VaR-Limit ist ein zeitpunktorientierter Wert. Da die Ergebnisse des Risikomanagements jedoch für eine bestimmte Periode – meistens ein Geschäftsjahr – berechnet werden, ist die Festlegung eines (tatsächlichen) Verlustlimits erforderlich. Als Bezugsgrößen kommen hier die obengenannten Parameter in Betracht. Um die Wahrscheinlichkeit einer schlagartigen Erreichung des Verlustlimits zu reduzieren wird empfohlen, das jährliche Verlustlimit in Quartalslimite und diese wiederum in Monatslimite zu unterteilen. Wertmäßige Veränderungen von Finanzpositionen können nicht nur Verluste bringen, sondern auch Gewinne. Diese sollten aber nur zur Reduzierung aufgelaufener Verluste, nicht aber (nach Ausgleich der Verluste) zur Erhöhung des Verlustlimits verwendet werden.

„CfaR-Limit" (cashfloworientiertes Risiko-Limit)

Eine zentrale Limitgröße zur Steuerung der Finanzrisiken stellen auch Cashflow-Limite dar. Es wurde ja an anderer Stelle bereits umfangreich darauf eingegangen, dass für die meinten Industrieunternehmen nicht barwertorientierte Risiken die Hauptsorge darstellen, sondern liquiditätsorientierte. In diesen Fällen ist es natürlich sinnvoll und schlüssig, aufgrund dieser Tatsache auch mit liquiditätsorientierten Risiko-Limiten zu arbeiten. Damit soll die Zahlungsfähigkeit des Unternehmens sichergestellt werden. Oftmals ist es auch schwierig, eine bestimmtes Risikokategorie hinsichtlich ihres Barwertrisikos zu quantifizieren bzw. eine derartige Vorgehensweise würde die Realität verfälscht abbilden. In diesen Fällen ist das Arbeiten mit CfaR-Limiten die bessere Alternative.

Beispiel:

Der Umsatz und somit der Erfolg eines Windkraftwerks (Windparks) hängt fast ausschließlich vom Vorhandensein einer ausreichenden Windmenge ab. Ohne Wind kann kein Strom produziert und eingespeist werden, es fallen in diesem Fall keine Umsatzerlöse an. In Phasen starken Windangebots kann hingegen überdurchschnittlich viel Strom produziert und eingespeist werden – die Umsatzerlöse steigen. Der Umsatz (und der Erfolg des Unternehmens) wird also unmittelbar von der vorhandenen Windmenge bestimmt. Und diese vorhandene Windmenge schwankt insbesondere am Standort Deutschland nachhaltig sehr stark. In manchen Jahren liegt die kumulierte Windmenge um 25 bis 30 % vom langjährigen Mittel auf, was sich unmittelbar auf den Umsatz des Windparks auswirkt und gegebenenfalls zur Illiquidität führt. Aufgrund historischer Datenreihen kann die Volatilität des Windangebots und die Wirkung auf das Unternehmen sehr gut ermittelt werden. Einen „Value-at-Risk" kann man dabei allerdings nicht ermitteln, da eine verminderte Windmenge sich zwar unmittelbar auf den Umsatz durchschlägt, jedoch nicht als Barwert ermittelt und beispielsweise bilanziert werden muss. Was jedoch sehr wohl ermittelt werden kann ist die Wirkung auf die Cashflows des Windparks – also der „Cashflow-at-Risk". (Wobei an dieser Stelle kurz erwähnt werden muss, dass es sich im Falle von Windparks eher um einen „Quasi-Cashflow-at-Risk" handelt, da sich die Windmenge im Zeitverlauf nicht normalverteilt entwickelt. Dennoch können die CfaR-Modelle zumindest in Grundzügen verwendet werden).

Die CfaR-Limite können sich nun – je nach Risikotragfähigkeit/Risikoappetit des Unternehmens – orientieren

- am freien Cashflow einer Periode,
- an der Höhe von dafür gebildeten Rückstellungen und
- an der Höhe von dafür gehaltenen Reservekonten.

Am Beispiel des Windparks kann sich nunmehr folgende Situation ergeben:

Geplanter Umsatz pro Jahr:	1.000.000 EUR
Freier Cashflow	80.000 EUR
CfaR pro Jahr (95% Konfidenzniveau):	340.000 EUR

Dieses an einem Praxisfall angelehnte Beispiel zeigt, dass das Wind-Risiko enorm ist und die Existenz des Windparks gefährden kann. Ein Umsatzrückgang von 34% – eventuell gefolgt von einem zweiten „schlechten Windjahr" – geht weit über die Risikotragfähigkeit (hier 8%) des Unternehmens hinaus kann in den seltensten Fällen in der Praxis ohne Folgen hingenommen werden.

Die pure Definition eines CfaR-Limits hilft in diesem Fall nur in Verbindung mit einer gezielten Behandlung der Wind-Risiken. Diese kann nun folgendermaßen aussehen:

Geplanter Umsatz pro Jahr:	1.000.000 EUR
Freier Cashflow	80.000 EUR
Abschluss einer Windsicherung (Collar mit den Sicherungsniveaus bei 94%/100%)	
CfaR (neu) pro Jahr (95% Konfidenzniveau):	47.000 EUR

Mit Hilfe des Abschlusses einer Windsicherung („Windhedge") kann nun der CfaR signifikant gesenkt und unter das definierte CfaR-Limit gesenkt werden. (Zu den Möglichkeiten der Windsicherung aber weiter unten mehr).

„DSCR-Limit" (cashfloworientiertes Risiko-Limit)

Insbesondere bei über Projektfinanzierungen oder strukturierte Finanzierungen finanzierten Unternehmen gibt es häufig eine alternative Methode der Unternehmenssteuerung. Da bei diesen meist neu gegründeten oder umstrukturierten Unternehmen auf der einen Seite keine historischen Daten vorliegen, andererseits aber nur eine bedingte Publizitätspflicht besteht, kann hier nicht über eine bilanzorientierte Steuerung abgestellt werden. Vielmehr werden hier in der Regel langfristige Cashflow-Modelle erstellt, in denen alle relevanten Cashflows über einen Zeitraum von mehreren Jahren prognostiziert, zusammengefasst und zu einem Modell verknüpft werden. Wichtige Parameter dieser Cashflow-Modelle sind unter anderem Positionen, die Träger von Finanzrisiken sind. (Beispiele: Finanzierungskosten unterliegen dem Zinsänderungsrisiko, Umsätze unterliegen ggf. dem Devisen- und Rohstoffpreis-Risiko, etc.)

Aus diesen Cashflow-Modellen werden verschiedene Kennziffern ermittelt, die zur Überwachung und Steuerung des Unternehmens dienen. Eine der wichtigsten und gebräuchlichsten Kennziffern ist hierbei der so genannte „Schuldendienstdeckungsgrad" (auch „Debt Service Coverage Ratio – DSCR" genannt). Dieser gibt an, um welchen Faktor (meist) der freie Cashflow des Unternehmens in einem bestimmten Zeitabschnitt den zu diesem Zeitpunkt fälligen Schul-

	Jahr 2005	Jahr 2006	Jahr 2007	Jahr 2008	Jahr 2009
Umsatzerlöse	€ 10.000.000	€ 11.000.000	€ 12.000.000	€ 13.000.000	€ 15.000.000
Roh-, Hilfs- Betriebsstoffe	€ 2.000.000	€ 2.100.000	€ 2.200.000	€ 2.300.000	€ 2.400.000
Sonst. betriebliche Kosten	€ 1.000.000	€ 1.100.000	€ 1.200.000	€ 1.300.000	€ 1.400.000
Steuern	€ 100.000	€ 110.000	€ 120.000	€ 130.000	€ 140.000
	€ 6.900.000	€ 7.690.000	€ 8.480.000	€ 9.270.000	€ 11.060.000
FK- Zins und Tilgung	€ 5.700.000	€ 6.100.000	€ 7.000.000	€ 7.500.000	€ 8.500.000
Schuldendienstdeckungsgrad (Plan)	1,21	1,26	1,21	1,24	1,30
Geforderte mindest DSCR	**1,20**	**1,20**	**1,20**	**1,20**	**1,20**

Abb. 2-35: Auszug eines vereinfachten Cashflow-Modells

dendienst (Fremdkapital-Zinsen + Fremdkapital-Tilgungen) deckt. Ein DSCR von 1,25 besagt somit, dass der freie Cashflow den zu leistenden Schuldendienst um 25 % übersteigt. Ab einer DSCR von kleiner 1 kann der Schuldendienst nicht mehr vom freien Cashflow gedeckt werden – die Insolvenz droht.

Somit kann die DSCR auch verwendet werden, um Liquiditätsengpässe frühzeitig zu erkennen und Gegenmaßnahmen einleiten zu können. Ein Risikolimit kann dergestalt aussehen, dass beim Unterschreiten eines bestimmten DSCR-Wertes agiert werden muss.

2.4.4 Beispiele für den Aufbau von Risiko-Berichten

Wie bereits mehrfach betont, muss ein Risiko-Bericht für jedes Unternehmen „maßgeschneidert" werden. Folgende beiden Beispiele können und sollen somit nur „Inspiration" und Anregung sein,

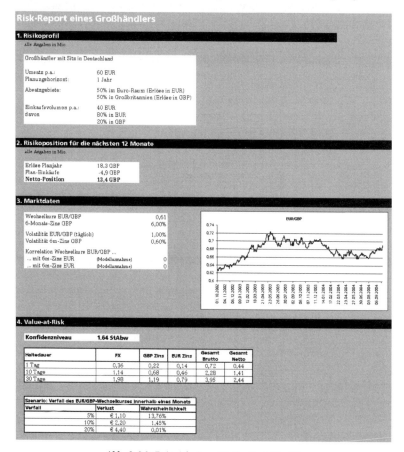

Abb. 2-36: Beispiel eines Risiko-Berichts (1)

welche Komponenten ein Risiko-Bericht ungefähr beinhalten kann. Auf Risiko-Limite bzw. Kommentare wurde hierbei verzichtet. In der Praxis kommt der Dokumentation insbesondere der Sicherungsgeschäfte jedoch große Bedeutung zu. Wird beispielsweise ein Zinsswap abgeschlossen um das Zinsänderungsrisiko (Cashflow-Risiko) eines variabel verzinsten Kredites zu sichern, so hat dies unter Umständen große Auswirkung auf die bilanzielle Behandlung beider Instrumente – Kredit und Zinsswap. Um beispielsweise nach IFRS die Vorteile eines Hedge-Accountings (dazu vorstehend und unten mehr) nutzen zu können, muss der Sicherungszweck des Zinsswaps umfangreich definiert und dokumentiert werden. Dies kann unter anderem in den Risiko-Berichten mit aufgenommen werden.

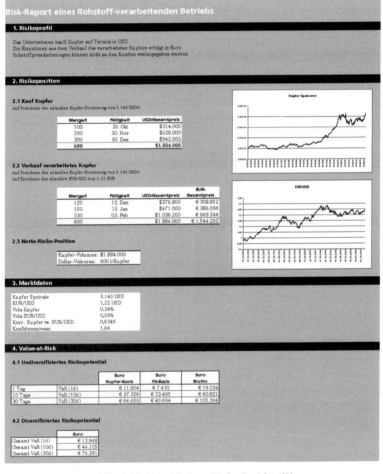

Abb. 2-37: Beispiel eines Risiko-Berichts (2)

2.5 „Executive Summary"

Warum Finanzrisikomanagement

Beim Management von Finanzrisiken ist von entscheidender Bedeutung, dass die Risikobehandlung stets als integrierter, kontinuierlicher Prozess angesehen und aufgesetzt wird. Betrachtet man zwei ansonsten gleiche Unternehmen, so wird ceteris paribus dasjenige mit einem erfolgreichen Finanzrisikomanagement erfolgreicher am Markt sein, aggressivere Preisstrategien fahren können und so weiter. Darüber hinaus verbessert ein abgestimmtes Finanzrisikomanagement Bonität und Rating eines Unternehmens.

- „integrierter Prozess" – Alle Finanzrisiken müssen behandelt und ihre gegenseitigen Wechselwirkungen müssen berücksichtigt werden!

- „kontinuierlicher Prozess" – Finanzrisiken dürfen nicht nur gelegentlich behandelt werden, sondern müssen einem kontinuierlichen Management-Regelkreis unterliegen!

Beim Behandeln und Managen von Finanzrisiken empfiehlt sich folgender Finanzrisikomanagement-Regelkreis:

Abb. 2-38: Finanzrisikomanagement als integrierter und kontinuierlicher Prozess

Identifizierung von Finanzrisiken

Im ersten Schritt geht es um die Identifizierung aller Finanzrisiken. Diese Finanzrisiken werden in der Regel unterteilt in Marktpreisrisiken, Ausfallrisiken und Liquiditätsrisiken. Wo können Finanzrisiken im Unternehmen lauern? In der Regel äußern sich diese Finanzrisiken im Unternehmen in folgenden Formen:

- **Zinsrisiken** – beispielsweise: zinssensitive Bilanzpositionen/Aktiva (z. B. Wertpapiere des Anlagevermögens), zinssensitive Bilanzpositionen/Passiva (z. B. Kredite), Aktiv-Passiv-Überhang, Zinssensitive Finanzinstrumente

- **Devisenkurs-Risiken** – beispielsweise währungssensitive, operative Cashflows (z. B. Umsätze in Fremdwährung oder Material-

einsatz und sonstige Kosten in Fremdwährung), Währungsbedingte Bewertungsrisiken, Indirekte Währungsrisiken
- **Rohstoffpreis-Risiken** – beispielsweise beim Kauf von Grundstoffen/Rohstoffen bzw. im Falle von Verkaufsgütern
- **Wertpapier-/Anlage-Risiken** – beispielsweise bei Wertpapieren im Umlaufvermögen
- **Wetter-Risiken** – beispielsweise bei wettersensitiver Produktion (z. B. Windpark) oder wettersensitiven Umsätzen (z. B. Biergärten)
- **Inflations-Risiken** – beispielsweise bei inflationsgebundenen Einnahmen (z. B. bei Gewerbeimmobilien) oder inflationsgebundenen Kosten (z. B. Mietverträge)
- **Sonstige Finanzrisiken**

Quantifizierung von Finanzrisiken

Bei der Quantifizierung von Finanzrisiken im Unternehmen spielen folgende Faktoren eine bedeutende Rolle:
- **Volatilität** – wie stark schwanken die Marktpreise, die meine Finanzrisiken beeinflussen?
- **Sensitivität** – wie stark wirkt sich eine gegebene Marktbewegung wertmäßig auf das Unternehmen aus?
- **Korrelation** – wie stark beeinflussen sich die verschiedenen Risikofaktoren untereinander?

Cashflow-Orientierung oder Barwer-Orientierung – beide Seiten einer Medaille

Barwert und Cashflow sind die beiden Seiten ein und derselben Medaille. Sie hängen insofern voneinander ab, als die Stabilisierung des einen Wertes die Schwankungsbreite des anderen Wertes erhöht und umgekehrt. Bei der Wahl der Methode zur Quantifizierung von Finanzrisiken muss ein Unternehmen die Zielsetzung (Barwert- oder Cashflow-Orientierung) nach den Zielen und Bedürfnissen des eigenen Unternehmens hin wählen bzw. eine Kombination daraus finden.

Gängige Methoden zur Quantifizierung der Finanzrisiken

- Risikobewertung mittels Szenarioanalysen
- Risikobewertung mittels „Value-at-Risk"-Analysen
- Risikobewertung mittels Çashflow-at-Risk"-Analysen

Behandeln von Finanzrisiken

Nun geht es im Rahmen der Behandlung der Finanzrisiken zunächst darum, diese Risikogrößen in einen konkreten Bezug des Unternehmens zu bringen. Erst wenn diese Risikogröße in Relation zum konkreten Unternehmen gebracht wird, macht eine Risikoanalyse Sinn. In Hinblick darauf ist insbesondere die Risikotragfähigkeit („**was kann** sich ein Unternehmen an Risiko leisten") und der Risikoappetit („**was will** sich ein Unternehmen an Risiko leisten") des Unternehmens von entscheidender Bedeutung. Im Zuge der Behandlung der Finanzrisiken muss sich ein Unternehmen auch darüber im Klaren sein, welche Arten von Finanzinstrumenten es denn im Zuge eines Finanzrisikomanagements einsetzen will.

Auf die detaillierte Vorgehensweise bei der Behandlung verschiedener Finanzrisiken wird in den Folgekapiteln eingegangen.

Controlling von Finanzrisiken

Eine sehr wichtige Komponente fällt im Regelkreis des Finanzrisikomanagements dem Controlling des Prozesses zu. Hierbei geht es darum, die aktuelle Situation der unternehmensinternen Finanzrisiken zu erkennen, die Wirksamkeit der Maßnahmen zur Risikobehandlung zu quantifizieren, das Finanzrisikomanagement in die Gesamtunternehmens-Steuerung einzubinden, den gesetzlichen Rahmenwerk (u. a. KonTraG) gerecht zu werden und nicht zuletzt auch darum, den Prozess des Finanzrisikomanagements zu kontrollieren.

3. Zinsrisikomanagement

Von Tino Wesenberg

3.1 Erkennen spezifischer Zinsrisiken

3.1.1 Grundlagen/Voraussetzungen

Zu den Voraussetzungen zum Erkennen spezifischer Zinsrisiken zählt das Wissen zum Zinsmarkt allgemein und seinen verschiedenen Ausprägungen. Grundsätzlich besitzt jede Währung seinen eigenen Zinsmarkt. Deshalb ist es zur Beurteilung von Zinsrisiken von entscheidender Bedeutung, sich zunächst über die Währung der zins-sensitiven Positionen eines Unternehmens klar zu werden. Die bedeutendsten Zinsmärkte sind der Euro-Raum, die USA, die Schweiz, Großbritannien und Japan. Die Unterscheidung in die unterschiedlichen Währungen ist deshalb so wichtig, weil in den verschiedenen Märkten zum Teil deutlich unterschiedliche Zinsniveaus herrschen.

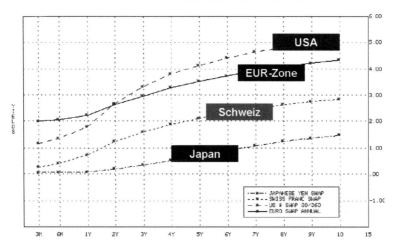

Abb. 3-1: Zinsstrukturkurven. Quelle: Bloomberg

Diese Grafik zeigt die unterschiedlichen Zinsniveaus von Europa, USA, Schweiz und Japan.

Japan und Schweiz gelten traditionell als Niedrigzins-Länder, während Großbritannien und USA in der Vergangenheit eher mit höheren Zinsen als in Deutschland geglänzt haben. Da sich die Zinsniveaus zum Teil bis zu 5% unterscheiden, ist es wichtig zu spezifizieren, von welcher Zinslandschaft welcher Währung gesprochen wird.

Übrige asiatische Zinsmärkte spielen trotz der aufstrebenden Wirtschaftskraft eine sehr untergeordnete Rolle. Dies liegt darin begründet, dass außerhalb Japans der US-Dollar die fast ausschließliche Handelswährung darstellt. Deshalb haben die verschiedenen lokalen Währungen keine besondere internationale Bedeutung und dadurch führen auch deren Zinsmärkte im globalen Umfeld ein Schattendasein.

Im Zuge der EU-Osterweiterung rücken immer mehr die Währungen der kürzlich der EU beigetretenen Länder in den Fokus europäischer Unternehmen. Auch aufgrund der zum Teil noch sehr starken Unterschiede in den einzelnen Ländern wird diesem Markt immer mehr besondere Beachtung geschenkt.

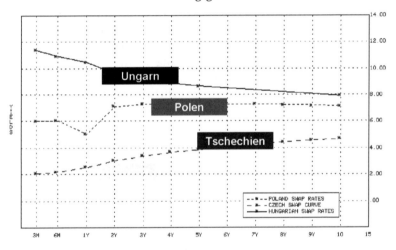

Abb. 3-2: Zinsstrukturkurven. Quelle: Bloomberg

Diese Grafik zeigt die unterschiedlichen Zinsniveaus von Ungarn, Tschechien und Polen.

Durch die Einführung des Euros und dem damit verbundenen Wegfall der Währungen der Teilnehmer der europäischen Wirtschafts- und Währungsunion sind auch deren Zinsmärkte weggefallen. Es existiert heute keine Deutscher Zinsmarkt mehr, sondern nur noch ein Euro-Zinsmarkt. Der Euro-Zinsmarkt hat jedoch viele Eigenschaften des früheren Deutschen Zinsmarktes übernommen. Vor allem hat die Einführung des Euro dazu geführt, dass sich die Zinsniveaus der südlichen Länder (zum Beispiel Italien, Spanien, Griechenland) den niedrigen Deutschen Zinssätzen angepasst haben.

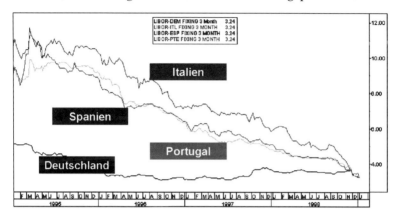

Abb. 3-3: Konvergentes Verhalten der Zinsmärkte im Vorfeld des Euros. Quelle: Bloomberg

Diese Grafik zeigt die Annäherung der 3-Monats-Zinsen von Italien, Spanien und Potugal an die deutschen 3-Monats-Sätze bis zur Einführung der Währungsunion.

Die bis dahin unbekannt, niedrigen Zinssätze haben in den betreffenden Ländern zu deutlich verbesserten Wettbewerbsbedingungen geführt. Plötzlich war es den Unternehmen dieser Länder möglich, Investitionen zu ähnlich niedrigen Zinssätzen zu finanzieren wie für deutsche Unternehmen. Nachdem dieser Wettbewerbsvorteil wegfiel, gewannen die Themen Zins-Optimierung, Zins-Subvention sowie Zinsrisiko-Management in deutschen Unternehmen eine ganz neue Bedeutung. Seit Einführung des Euro waren Finanzierungsvorteile gegenüber ausländischer Mitbewerber nicht mehr automatisch garantiert, sondern mussten und müssen über innovative Finanzierungsformen und ein ausgeprägtes Zinsrisiko-Management neu erarbeitet werden.

Neben der Unterscheidung nach verschiedenen Währungen sind Zinsmärkte in verschiedene Laufzeitsegmente zu unterscheiden. Dabei werden grundsätzlich zwei Segmente differenziert, das kurzfristige Laufzeitsegment „Geldmarkt" sowie das längerfristige Laufzeitsegment, der so genannte „Kapitalmarkt". Zum Geldmarkt werden alle Laufzeiten bis zu einem Jahr gezählt. Einige ältere Definitionen zählen noch Laufzeiten bis zu zwei Jahren zum Geldmarkt, dies ist jedoch nicht mehr zeitgemäß. Alle Laufzeiten größer als ein Jahr gehören zum Kapitalmarkt.

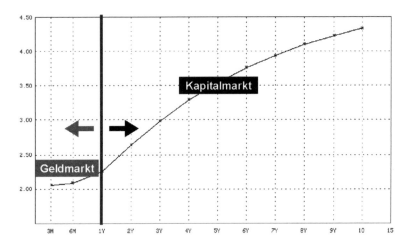

Abb. 3-4: Unterscheidung Zinsmarkt: Geldmarkt/Kapitalmarkt. Quelle: Bloomberg

Der Geldmarkt ist durch seine Referenz-Zinssätze geprägt. Für bestimmte glatte Laufzeiten werden hier einmal täglich für den gesamten Zinsmarkt einheitliche Sätze gefixt. Dies geschieht in der Regel anhand einer Durchschnittsbildung nach Gebotsanfragen bei mehreren Banken. Für den Euro-Raum heißen diese Referenz-Zinssätze Euribor. Sie werden für Laufzeiten von einer Woche bis zu zwölf Monaten täglich festgestellt und veröffentlicht. Vorteil ist ein hohes Maß an Transparenz, da alle Geschäfte an diesem Tag mit gleicher Euribor-Basis zu dem exakt gleichen Zinssatz abgerechnet werden, egal bei welcher Bank und egal in welchem Land der Euro-Zone.

Einfluss auf die Höhe der Zinssätze am Geldmarkt nimmt die jeweilige Notenbank, für die Euro-Zone demnach die Europäische Zentralbank EZB mit Sitz in Frankfurt am Main. Grundsätzlich ist eine Notenbank immer daran interessiert, das Zinsniveau relativ niedrig zu halten. Das fördert die Investitionsbereitschaft der Unternehmen sowie die Kaufbereitschaft der Konsumenten und führt damit zu einer gesunden wirtschaftlichen Entwicklung. Jedoch fördert ein niedriges Zinsniveau bei gleichzeitig prosperierendem allgemeinen Wohlstand auch das Ansteigen der Inflation.

Oberstes Ziel der EZB ist die Stabilität des Euro. Um dieses Ziel zu erreichen, hat sich die EZB ein Inflationsziel von 2 % gesetzt, das möglichst nicht überschritten werden soll. Steigt die Inflation in Europa über diese Grenze, so wird die Notenbank ihren Leitzins erhöhen. Beim Leitzins handelt es sich um einen Zinssatz, zu dem sich die europäischen Banken kurzfristig Geld von der EZB leihen. Eine Erhöhung geben die Banken im Kreditgeschäft an ihre Kreditnehmer weiter. Die verteuerte Kreditaufnahme bremst die Investitionsbereitschaft der Unternehmen sowie die Konsumbereitschaft der Verbraucher und führt verzögert zu einem Rückgang der Inflation. Taucht die Inflationsrate dann wieder unter die Marke von 2 %, ergibt sich Zinssenkungs-Spielraum für die EZB.

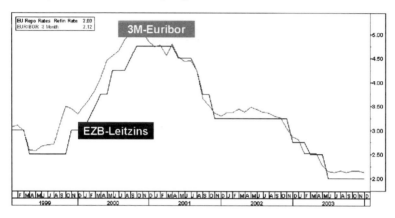

Abb. 3-5: EZB Leitzins und Euro-Geldmarkt. Quelle: Bloomberg

Diese Grafik zeigt den direkten Einfluss des Leitzins-Niveaus auf das Niveau des Geldmarktes (hier: 3M-Euribor).

Die EZB besitzt hingegen kein geldpolitisches Instrument zur Einflussnahme auf die Höhe des Kapitalmarkt-Niveaus. Der Kapitalmarkt ist völlig auf sich allein gestellt. Der Kapitalmarkt wird lediglich von der Erwartungshaltung der Marktteilnehmer für die zukünftige EZB-Politik und der prognostizierten Wirtschaftsentwicklung geprägt. In der Erwartung eines wirtschaftlichen Aufschwungs werden die Kapitalmarkt-Zinsen in der Regel anziehen, in der Erwartung einer rezessiven Entwicklung sinken die Kapitalmarkt-Zinsen.

Zu beachten ist, dass dies nicht immer im Gleichlauf mit der Entwicklung des Geldmarktes geschieht. Am Kapitalmarkt werden Erwartungen gehandelt, am Geldmarkt Realitäten, nämlich das aktuelle Leitzins-Niveau. So kommt es in Zins-Trendwenden häufig vor, dass trotz eines letzten Zins-Schrittes nach unten und einem damit verbundenen sinkenden Geldmarkt der Kapitalmarkt bereits in hohem Maße steigt. Hier wird von den Kapitalmarkt-Teilnehmern interpretiert, dass dieser Zins-Schritt nach unten zu wirtschaftlichem Wachstum führen wird, was langfristig für höhere Zinsen spricht. Umgekehrt wird bei zu stark steigenden Geldmarkt-Zinsen das Kapitalmarkt-Niveau bereits sinken aufgrund das Ausblicks auf einen damit verbundenen wirtschaftlichen Abschwungs. In vielen Medien wird in der Regel nur von fallenden oder steigenden Zinsen gesprochen. Dies genügt also nicht, sondern es ist jeweils für die beiden Teilmärkte zu präzisieren!

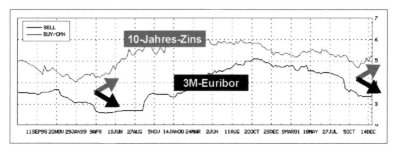

Abb. 3-6 zeigt, dass vor allem in Zinswenden in (z.Bsp 1999) Geld- und Kapitalmarkt nicht immer gleich laufen. Quelle: Bloomberg

3.1.2 Arten von Zinsrisiken

Zinsrisiko tritt in verschiedenen Ausprägungen auf. In der Praxis wird Zinsrisiko zum Beispiel als Cashflow-Risiko, Barwert-Risiko, Duration-Risiko oder Opportunitätskosten-Risiko gemessen. Die bedeutendsten Zinsrisiko-Arten sind dabei das Cashflow- und das Barwert-Risiko.

Cashflow-Risiko

Unter dem Cashflow-Risiko versteht man dabei das Risiko, das sich aufgrund eines sich ändernden Marktzins-Niveaus Zins-Cashflows eines Unternehmens verändern. Das Cashflow-Risiko tritt demnach bei allen Zinspositionen eines Unternehmens auf, deren Zinsbasis kürzer als deren komplette Laufzeit ist.

Dies sind im Finanzierungsbereich vor allem Kredite mit kurzfristiger Zinsbasis, wie zum Beispiel Kontokorrent-Kredite bzw. andere Betriebsmittelkredit-Formen. Der Zinssatz für einen Kontokorrent-Kredit wird vom Kreditgeber in der Regel „bis auf weiteres" (b.a.w.) zugesagt. Der Kreditgeber behält sich vor, bei einer Veränderung des Marktzins-Niveaus den Kreditzins kurzfristig den aktuellen Markt-Verhältnissen anzupassen. Entscheidenden Einfluss nimmt dabei die Entwicklung des Zinsmarktes für kurze Laufzeiten, also der Geldmarkt. Kontokorrent- und andere kurzfristige Kredite verändern sich im Zinssatz in der Regel mit bzw. nach EZB-Leitzinsveränderungen.

Größtenteils berechtigte Kritik erfährt die deutsche Bankenlandschaft in Bezug auf ihre Anpassungs-Praxis. So wird doch in nicht seltenen Fällen bei Leitzins-Erhöhungen eine Anpassung der Kontokorrentzinsen nach oben sehr viel schneller vollzogen als im umgekehrten Falle bei Zinssenkungen. Hier nutzen die Kreditinstitute die häufig unpräzise formulierte Vorgehensweise in Sachen Zinsanpassung.

Behoben werden kann dieses Problem durch Aufnahme von kurzfristigem Kreditbedarf zu den bereits beschriebenen Referenz-Zinssätzen. Diese Kreditform ist in der deutschen Bankenlandschaft am häufigsten unter

- Kurzfristiger Kredit auf Roll-Over-Basis,
- Eurokredit,
- Eurogelder,
- Euribor-Kredit bzw.
- Luxemburg-Kredit

bekannt.

Vorteil dieser Kreditformen ist die Abrechnung auf Basis eines transparenten Referenz-Zinssatzes, der sich je nach Laufzeit und Markterwartung immer am aktuellen Leitzins-Niveau orientiert. Wenn die EZB die Zinsen überraschend senkt, dann sinkt zum Beispiel auch der 1-Monats-Euribor und bei der nächsten turnusmäßigen Prolongation (hier insgesamt zwölf Prolongationen pro Jahr) wird damit auch der Kredit-Zins automatisch an das aktuelle Geldmarkt-Zinsniveau angepasst. Anhand der im Internet und in der Wirtschaftspresse veröffentlichten Euribor-Sätze lässt sich spätestens am Folgetag die Richtigkeit der letzten Zinsabrechnung feststellen.

Euribor bedeutet „Euro inter bank offered rate", d.h. das ist der Zinssatz, zu dem sich Banken untereinander in Euro Geld leihen. Euribor ist also der Krediteinstand der Banken, alles über diesem Euribor ist die individuelle Kreditmarge des jeweiligen Unternehmens. Damit lässt sich für die jeweiligen Kreditnehmer ganz transparent die eigene Kreditmarge nachvollziehen.

In Phasen sinkender bzw. niedriger Zinsen entsteht durch die direkte bzw. zeitnahe Anpassung des Kreditzinses eine Zinsänderungs-Chance. In Zeiten steigender Zinsen entsteht ein entsprechendes Zinsänderungs-Risiko. Zinsveränderungen im Geldmarkt sind in der Regel sehr groß, deutlich größer als am Kapitalmarkt. Aufgrund dieser höheren Schwankungsbreite unterliegen Kreditpositionen mit einer kurzfristigen Zinsbindung, also so genannte Geldmarkt-Positionen oder Positionen mit variabler Zinsbindung, einem sehr hohen Zinsänderungs-Risiko.

Das wird oft und ganz besonders schnell in ausgeprägten Niedrigzins-Phasen vergessen. Der Geldmarkt braucht zwar im Vergleich zum Kapitalmarkt meist etwas länger bis er sich bewegt, wenn er sich jedoch bewegt, dann meist deutlich extremer.

3. Zinsrisikomanagement

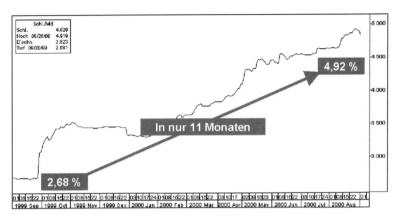

Abb. 3-7: Gefahr des Zimsanstiegs. Quelle: Bloomberg

Diese Grafik zeigt, dass der 3-Monats-Euribor im Jahre 1999 in nur neun Monaten um mehr als 1,75%, in elf Monaten um mehr als 2,20% gestiegen ist.

Aber auch Kredite mit fester Zinsbindung können einem Cashflow-Risiko unterliegen. Und zwar genau dann, wenn aus dieser ehemals festen Zinsbindung eine zwischenzeitlich variable Zinsbindung wird durch zum Beispiel eine Konditionenanpassung aufgrund des Auslaufs der ursprünglichen Zinsbindung.

Besonders Sachanlagen-Investitionen werden in der Regel auf sehr lange Laufzeiten (20 bis 30 Jahre) finanziert. Dabei fällt jedoch zumeist die Zinsbindungs-Laufzeit und die Gesamt-Finanzierungs-Laufzeit auseinander. In der Regel sind Zinsbindungs-Laufzeiten auf zehn Jahre beschränkt. Sind nun die ersten zehn Jahre der Zinsbindung verstrichen, so wird die 30-jährige Finanzierung um weitere zehn Jahre prolongiert – zum dann gültigen 10-Jahres-Zins. Da dieser Zinssatz jedoch bei Abschluss der Finanzierung noch nicht feststeht, ergibt sich mit jedem Zinsauslauf bei weiterem Finanzierungsbedarf ein Cashflow-Risiko. In diesem Falle ist jedoch nicht das dann aktuelle Geldmarkt-Niveau, sondern das jeweilige Kapitalmarkt-Niveau entscheidend.

Das Risiko steigender Kapitalmarktzinsen wird deshalb sehr schlagend, da es für die komplette Dauer der Zinsfestschreibung wirksam wird, d.h. ein Prozent Zinsanstieg im Kapitalmarkt führt bei einer 5-jährigen Zinsbindung zu einem Zins-Mehraufwand von 5%!

Das Cashflow-Risiko tritt im Anlagebereich für die entsprechenden Pendants mit umgekehrten Vorzeichen auf. So wird zum Beispiel eine Guthabens-Verzinsung auf einem Kontokorrent-Konto in der Regel ebenfalls b.a.w. zugesagt und bei entsprechenden Verände-

3.1 Erkennen spezifischer Zinsrisiken 111

rungen seitens EZB dem aktuellen Niveau mehr oder weniger zeitnah angepasst.

Fest- bzw. Termingelder werden bei jeder Prolongation entsprechend dem aktuellen Geldmarktniveau angepasst. Damit erfolgt auch hier eine zeitnahere Anpassung und dadurch tritt auch hier das Cashflow-Risiko bzw. die -Chance noch schneller auf. Zu beachten ist, dass sich aus den Referenz-Zinssätzen nicht automatisch der Banken-Einstand ablesen lässt. Euribor-Sätze sind Kredit-Einstandssätze, die Banken-Einstände für Termingelder liegen entsprechend unter den entsprechenden Euribors. Auch kann es zu Mindestreserve-Stichtagen zu starken, kurzfristigen Verwerfungen am Termingeld-Markt kommen.

Und auch im Anlagebereich kann eine Veränderung des Kapitalmarkt-Niveaus zu einem Cashflow-Risiko führen. Werden zum Beispiel festverzinsliche Wertpapiere (Bonds) fällig und sollen die Mittel erneut in längere Laufzeit reinvestiert werden, dann entsteht je nach Entwicklung des Kapitalmarktes eine Cashflow-Chance bzw. ein Cashflow-Risiko – im Anlagebereich bekannt unter dem Begriff Wiederanalage-Risiko.

Aktiva	Passiva
Kontokorrent-Guthaben	Kontokorrent-Kredit
Festgelder	Roll-Over-Kredite
Termingelder	Zwischenfinanzierungen
Floating-Rate Notes	auslaufende Zinsbindungen
Geldmarktfonds	...
...	

Abb. 3-8 zeigt eine Auswahl von Positionen eines Unternehmens, die dem Cashflow-Risiko unterliegen.

Das Cashflow-Risiko macht sich immer unmittelbar in der Gewinn- und Verlustrechung bemerkbar und muss deshalb am besten auch immer im Verhältnis zum Betriebsergebnis oder ähnlichen Größen betrachtet werden.

Barwert-Risiko

Unter dem Barwert-Risiko versteht man das Risiko, dass aufgrund eines sich ändernden Marktzins-Niveaus sich die Werte verschiedener Positionen eines Unternehmens verändern. Zinspositionen verändern Ihren Wert, wenn deren Zinssatz nicht mehr dem aktuellen Zinsniveau für die entsprechende Rest(zinsbindungs)-Laufzeit entspricht. Der durch die Veränderung des aktuellen Marktzinsniveaus entstehende Vor- oder Nachteil wird durch positive oder negative Wert-Veränderung kompensiert. Das Barwert-Risiko tritt demnach bei allen Zinspositionen eines Unternehmens auf, deren Zinsfestschreibung über den für die Risikobeurteilung relevanten nächsten Betrachtungszeitpunkt (zum Beispiel nächster Bilanzstichtag) hinaus geht.

Das kann ein festverzinsliches Wertpapier sein, an dessen Beispiel das Barwert-Risiko hier noch mal verdeutlicht werden soll:

Sie kaufen ein 5-jähriges festverzinsliches Wertpapier mit einem Kupon von 5 %.

Das 10-jährige Zinsniveau ist bei 5 %. Deshalb notiert das Wertpapier bei einem Kurs von 100 %. Zum Kauf des Wertpapiers investieren Sie also genau 100 EUR.

Eine Sekunde nach dem Wertpapierkauf zu 100 sinkt das 10-jährige Zinsniveau auf 4 %. Das gekaufte Wertpapier verspricht weiterhin einen Kupon von 5 %. Da sich der Kupon der Marktzinsveränderung nicht anpassen kann, muss die Anpassung über eine Veränderung des Kurses des Wertpapiers geschehen. Da das Wertpapier eine höheren Ertrag abwirft als der aktuelle Markt, muss sein Wert steigen.

Vereinfacht betrachtet wirft das Wertpapier jedes Jahr einen Mehrertrag von 1 % ab. Bei 10-jähriger Laufzeit entsteht eine Mehrertrag von insgesamt 10 %, um die sich entsprechend der Kurs auf jetzt 110 % erhöhen muss. Exakt betrachtet, geschieht die Kursveränderung sofort, der Mehrertrag von jährlich einem Prozent wird jedoch erst im Laufe der Jahre generiert. Deshalb muss für die exakte Berechnung des neuen Wertpapierkurses der heutige Wert des zukünftigen Mehrertrags berechnet werden, der so genannte Barwert. Dazu wird jeder Kupon mit dem entsprechenden Zinssatz seiner Laufzeit abgezinst. Zur Vereinfachung in unserem Beispiel gehen wir davon aus, dass das Zinsniveau für jede Laufzeit bei 4 % liegt.- Nach folgender Formel wird abgezinst:

$$\text{Barwert} = \frac{\text{Nennwert der Zahlung}}{(1 + \text{Zinssatz})^{\text{Anzahl der Jahre}}}$$

Für unser Beispiel ergeben sich demnach folgende Barwerte für die einzelnen Kupons:

Jahr	1	2	3	4	5	6	7	8	9	10
Mehrertrag	1,00%	1,00%	1,00%	1,00%	1,00%	1,00%	1,00%	1,00%	1,00%	1,00%
Barwert einzeln	0,96%	0,92%	0,89%	0,85%	0,82%	0,79%	0,76%	0,73%	0,70%	0,68%
Barwert summiert	8,11%									

Der Mehrertrag ist aus heutiger Sicht 8,11 % wert, damit steigt der Kurs von 100 % auf 108,11 %. Der Investor muss nicht die nächsten zehn Jahre warten bis er diesen Mehrertrag einspielen kann, sondern kann ihn über den Verkauf des Wertpapiers durch gleichzeitige Vereinnahmung des Kursgewinns sofort realisieren. In diesem Falle handelt es sich beim Investor um eine Barwert-Chance. Steigt hingegen das Zinsniveau, so entsteht für den Bond-Besitzer ein Barwert-Risiko. Eine weitere Sekunde nach Wertpapierkauf steigt also das Zinsniveau von alt 4% auf nun 6%. Die Kupons des Wertpapiers bleiben unverändert bei 5%. Im Vergleich zum Markt wirft dieses Wertpapier jetzt also einen Minderertrag von einem Prozent per anno ab, der sich durch einen Kursverlust ausdrücken muss.

Für unser Beispiel ergeben sich nun folgende Barwerte:

Jahr	1	2	3	4	5	6	7	8	9	10
Minderertrag	-1,00%	-1,00%	-1,00%	-1,00%	-1,00%	-1,00%	-1,00%	-1,00%	-1,00%	-1,00%
Barwert einzeln	-0,94%	-0,89%	-0,84%	-0,79%	-0,75%	-0,70%	-0,67%	-0,63%	-0,59%	-0,56%
Barwert summiert	-7,36%									

Der barwertige Minderertrag beträgt in Summe −7,36%. Die Zahl ist im Vergleich zur ersten Berechnung kleiner, da hier jeder Kupon mit einem höheren Zinssatz, nämlich mit 6% abgezinst werden muss. Der Kurs des Wertpapiers steht nun also bei 92,64%.

Je länger die Laufzeit eines solchen Wertpapiers, desto größer dessen Kursschwankung. Der Kurs eines 5-jährigen Wertpapiers hätte in diesem Fall nur zwischen 95,79% und 104,45% geschwankt, eines 2-jährigen Papiers gar nur zwischen 98,17% und 101,89%.

Das Barwert-Risiko für Zinspositionen der Aktivseite ist demnach immer mit Anlageformen mit festen Zinsfestschreibungen verknüpft. Am deutlichsten wird dieses Barwert-Risiko bei Instrumenten, für die täglich offizielle Kurse gestellt werden (zum Beispiel Bonds).

Bilanziell wird in der Regel nur das Barwert-Risiko, nicht die -Chance berücksichtigt. Speziell im HGB greift das Imparitätsprinzip. Nichtrealisierte Kursverluste müssen in der Regel berücksichtigt werden, indem die Wertpapiere auf ihren niedrigeren Kurs abgeschrieben werden. Nichtrealisierte Kursgewinne dürfen nicht zugeschrieben werden. Dennoch ist sowohl Risiko als auch Chance existent, denn durch den Verkauf des Wertpapiers kann jederzeit der nichtrealisierte Kursgewinn realisiert werden. Ein solcher Verkauf wirkt sich sofort unternehmenswertsteigernd aus.

Auch für Zinspositionen der Passivseite können Barwert-Risiken entstehen. Hier werden sie nur selten beachtet. Zur Verdeutlichung soll weiter das aktuelle Beispiel dienen.

Der Käufer des Wertpapiers tätigt eine Anlage. Der Emittent des Wertpapiers nimmt Kredit auf. Er zahlt dem Käufer für die befristete Zeit von zehn Jahren jährlich 5% Zinsen, damit er ihm zehn Jahre lang seine 100 EUR zur Verfügung stellt. Der Anleger gewährt dem Emittenten des Wertpapiers einen Kredit.

Sinkt nun das Zinsniveau wieder schlagartig auf 4 %, so steigt der Kurs des Wertpapiers wie vorhin berechnet auf 108,11 %. Der Mehrertrag für den Anleger ist ein zusätzlicher Aufwand für den Emittenten, also den Kreditnehmer. Hätte er mit der Kreditaufnahme noch eine Sekunde gewartet, dann hätte er nur 4 % anstatt der festgeschriebenen 5 % Zinsen zu zahlen. Würde er jetzt den Anleger bitten, das Kreditverhältnis vorzeitig zu beenden, also den emittierten Bond vorzeitig an den Emittenten zurückzugeben, so würde dieser berechtigt nicht seine 100 EUR zurückfordern, sondern den aktuellen Wert von 108,11 EUR.

Wenn sich die Position des Anlegers um 8,11 EUR verbessert, dann muss sich die Gegenposition des Kreditnehmers genau um diese 8,11 EUR verschlechtern. Ohne das dem Kreditnehmer nochmals Liquidität zugeflossen ist, hat sich seine Verbindlichkeit aufgrund der falschen Zinsentwicklung um 8,11 % erhöht.

Für den Fall steigender Zinsen verhält sich die Wertentwicklung wieder entsprechend umgekehrt. Der Kreditnehmer hat sich einen festen Kreditzins von 5 % gesichert. Steigt das Zinsniveau jetzt auf 6 %, dann zahlt er im Vergleich zum aktuellen Markt 1 % zu wenig Zinsen. Der Kursverlust von 7,36 % beim Anleger ist sein Gewinn, seine Verbindlichkeit reduziert sich auf 92,64 EUR.

Der Staat, Länder, Städte und größere Unternehmen finanzieren sich durch Emission solcher Wertpapiere. Das Barwert-Risiko tritt jedoch auch nahezu bei jeder Hausfinanzierung auf. Denn in seiner Wirkung ist die Emission eines festverzinslichen Wertpapiers nichts anderes, als die Aufnahme eines Kredites zu einem festen Zins. Jeder Kredit mit einer längerfristigen Zinsfestschreibung unterliegt demnach dem Barwert-Risiko. Nachdem Deutschland ein traditionelles „Festzins-Land" ist, sind Barwert-Risiken in nahezu jeder Unternehmens-Passivseite zu finden.

Aufgrund der Bilanzierungsregeln im HGB wurden Barwert-Risiken und Barwert-Chancen auf der Passivseite aber bisher stark vernachlässigt. Das HGB sieht keine Bewertung von Verbindlichkeiten vor. Verbindlichkeiten sollen immer zu ihrem ausstehenden Rest-Nominal-Betrag angesetzt werden. Würde also der Emittent sein eigens emittiertes Wertpapier in die Bücher nehmen, so müsste er das Wertpapier bei gestiegenen Zinsen auf der Aktivseite zwar abschreiben, dürfte die Schuld jedoch nicht reduzieren. Bei Veräußerung des Wertpapiers an sich selbst würde dann ein außerordentlicher Ertrag entstehen. Ziel der internationalen Bilanzierungsvorschriften US-GAAP und IAS ist das Eliminieren dieser Paradoxie.

Dass Barwert-Chancen und Barwert-Risiken nicht in der HGB-Bilanz auftauchen, bedeutet aber nicht, dass Sie nicht existieren, bedeutet

3.1 Erkennen spezifischer Zinsrisiken

damit auch nicht, dass Sie nicht trotzdem den Wert des Unternehmens und vor allem den Wert der Eigenkapital-Position nachhaltig beeinflussen. Zur Verdeutlichung soll folgendes Beispiel dienen:
Ein Unternehmen mit 20 EUR Eigenkapital emittiert zur Kreditaufnahme besagten 10-jährigen Bond mit einem Kupon von 5%. Bei einem Zinsniveau von 5% ist die Verbindlichkeit genau -100 Wert. Nachdem Eigenkapital als Differenz aus Bilanzsumme und Verbindlichkeiten definiert ist, beträgt der Wert weiterhin 20 EUR.

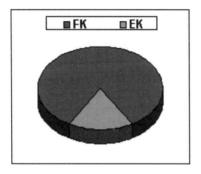

Abb. 3-9 zeigt das Verhältnis Eigenkapital zu Fremdkapital direkt nach Kreditaufnahme

Sinkt nun das Zinsniveau auf 4%, so wird der Wert der Fremdkapital-Position größer. Zur sofortigen Rücknahme des emittierten Wertpapiers müsste der Anleger mit 108,11 EUR ausbezahlt werden. Nachdem sich aber nur aufgrund von Zins-Schwankungen nichts an der Bilanzsumme eines Unternehmens ändert, hat sich zwangsläufig auch der Wert der EK-Position um 8,11 EUR auf 11,89 EUR reduziert.

Steigt hingegen das Zinsniveau um 1%, so reduziert sich der Wert der Fremdkapital-Position auf 92,64 EUR. Bei nach wie vor unver-

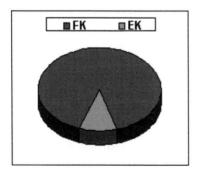 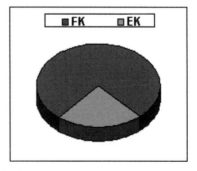

Abb. 3-10 zeigt das Verhältnis Eigenkapital zu Fremdkapital nach einem Zinsrückgang bzw. einem Zinsanstieg.

änderter Bilanzsumme muss damit der Wert der Eigenkapital-Position auf 27,36 EUR gestiegen sein.

Ohne weitere unternehmerische Entscheidungen getroffen zu haben, unterliegt die Position des Eigenkapitals einer Wertschwankung von +/−40 % − verursacht durch Zinsschwankungen, die vom Unternehmer selbst nicht beeinflusst werden können, den Wert seines Vermögens jedoch beeinflussen. Jedes moderne Unternehmen sollte sich demnach seines Barwert-Risikos bewusst sein, auch wenn oder viel eher noch gerade weil es nicht direkt aus der Bilanz abzulesen ist.

Einen Berührungspunkt hat aber auch vor dieser separaten Betrachtung nahezu schon jeder Unternehmer einmal mit dem Barwert-Risiko gehabt. Bei vorzeitiger Ablösung eines Festsatz-Darlehens wird in der Regel von der Bank eine so genannte Vorfälligkeitsentschädigung in Rechnung gestellt. Diese setzt sich grundsätzlich aus zwei Positionen zusammen, der entgangenen Marge der Bank und dem meist aufgetretenen Zinsschaden. Die entgangene Marge ist als eine Art Schadensersatz für den entgangenen geplanten Gewinn aus dem Geschäft für die Bank zu betrachten. Diese Handhabung ist legitim und steht dem jeweiligen Kreditgeber zu, denn der Kreditnehmer will sich vorzeitig aus einem langfristigen Vertrag lösen.

Die Position Zinsschaden tritt auf, wenn das aktuelle Zinsniveau für die Restlaufzeit des Kredites niedriger als das Zinsniveau bei Abschluss des Kredites ist. Dieser Teil der Vorfälligkeitsentschädigung ist als Preis für eine falsche unternehmerische Entscheidung bei Abschluss des Kreditvertrages zu betrachten. Denn offensichtlich wurde entweder die Entwicklung der Zinslandschaft oder die Dauer der Finanzierungslaufzeit oder beides bei Abschluss falsch eingeschätzt.

Großer Nachteil beim Thema Vorfälligkeitsentschädigung ist ihre Einseitigkeit. Die Entschädigung kann, wie ihr Name schon verrät, nur zu Lasten, nie zu Gunsten des Kreditnehmers entstehen. Dem Kreditnehmer wird also immer nur das Barwert-Risiko, nie jedoch die Barwert-Chance aufgezeigt. Durch den Einsatz moderne Finanzinstrumente ist es jedoch jederzeit möglich, auch die Barwert-Chance eines Festsatz-Kredites zu generieren.

Das Barwert-Risiko für Zinspositionen der Passivseite tritt demnach hauptsächlich bei Festsatz-Krediten auf, auch wenn es längst nicht so deutlich wie auf der Aktivseite zu Tage tritt. Es entsteht aber auch noch bei außerbilanziellen Positionen, die eine feste Zins-Komponente beinhalten wie zum Beispiel Leasing-Verträge oder Forfaitierungen.

3.1 Erkennen spezifischer Zinsrisiken

Aktiva	Passiva
Bonds Inhaberschulverschreibungen Schuldscheine ...	Festsatz-Darlehen Zinsgesicherte Roll-Over-Kredite ...
Leasingverträge, Forfaitierungen, ...	

Abb. 3-11: Auswahl von Positionen eines Unternehmens, die dem Barwert-Risiko unterliegen

Das Barwert-Risiko drückt sich nicht unmittelbar in der Gewinn- und Verlustrechung aus und sollte deshalb am besten immer im Verhältnis zum Eigenkapital betrachtet werden.

Barwert-Risiko vs. Cashflow-Risiko

Barwert-Risiko und Cashflow-Risiko können jeweils einzeln behandelt bzw. ausgeschlossen werden. Sie können jedoch nicht beide gleichzeitig eliminiert werden.

Wird eine Maßnahme zur Reduktion des Barwert-Risikos getroffen, dann erhöht sich automatisch das Cashflow-Risiko. Soll ein Cashflow-Risiko eliminiert werden, so entsteht folglich ein Barwert-Risiko. Eine unternehmerische Entscheidung ist also nie gegen beide Risiken möglich, sondern nur zu Gunsten eines und gleichzeitig zu Lasten des anderen. Der Unternehmer entscheidet jeweils für seine individuelle Situation, wieviel Risiko von welcher Art er sich leisten will bzw. wieviel er sich leisten kann.

Abb. 3-12: Zusammenhang zwischen Cashflow- und Barwert-Risiko

Dieser Zusammenhang wird an folgendem Beispiel nochmals verdeutlicht:

Ein Unternehmen hat eine Cash-Position von 100 EUR. Diese 100 EUR sind derzeit im 3-Monats-Termingeld geparkt. Aufgrund der 3-monatigen Prolongationen wird der Termingeld-Zins quartalsweise an das aktuelle Geldmarkt-Niveau angepasst. Die Position unterliegt dem Cashflow-Risiko. Das Barwert-Risiko eines Termingeldes ist nahezu Null (während der 3-monatigen Zinsbindungslaufzeit besteht es rein theoretisch, ist aber aufgrund der kurzen Abstände zu vernachlässigen).

Das Cashflow-Risiko drückt sich in der Unsicherheit für den nächsten Anlagezins aus. Das Unternehmen hat eine variable Komponente auf der Einnahmen-Seite, die letztendlich aufgrund ihrer direkten Wirksamkeit in der GuV auch Einfluss auf das Unternehmensergebnis hat. Um diese Unsicherheit zu beseitigen, soll das Cashflow-Risiko der Anlageposition beseitigt werden.

Das Termingeld wird aufgelöst und in einen 10-jährigen Bond investiert. Dieser Bond mit einem jährlichen Kupon von 5 % wird zu einem Kurs von 100 % gekauft. Da der Kupon nun für die nächsten zehn Jahre fixiert ist, wird auch das Cashflow-Risiko für die Dauer von zehn Jahren eliminiert (danach besteht es wieder in Form des Wiederanlage-Risikos). Da aber der Bond und damit ab sofort die Anlageposition des Unternehmens den üblichen Kurs-Schwankungen unterliegt, entsteht sofort ein Barwert-Risiko. Das Cashflow-Risiko wurde in ein Barwert-Risiko getauscht.

In Form eines Bonds wirkt sich das Barwert-Risiko unter Umständen auf Bilanz und GuV des Unternehmens aus. Zinsrückgänge im 10-jährigen Bereich führen zu Kursgewinnen im Bond. Diese nichtrealisierten Gewinne dürfen nach HGB jedoch nicht in der Bilanz ausgewiesen werden. Das Unternehmen schafft stille Reserven. Damit sich diese Barwert-Chance in der GuV auszahlt, muss der Bond verkauft werden. Die nun realisierten Gewinne erhöhen das Unternehmensergebnis. Kursverluste aus Zinsanstiegen wirken sich direkt in Bilanz und GuV aus (mit Ausnahmen – siehe Kapitel über Bilanzierung). Nach dem Niederstwertprinzip muss der zu 100 EUR gekaufte Bond zu seinem dann niedrigeren Kurs bilanziert werden. Die nichtrealisierten Kursverluste (=Barwert-Risiko) gehen somit direkt über die GuV in das Unternehmensergebnis ein.

Will das Unternehmen das Barwert-Risiko zurück in ein Cashflow-Risiko drehen, so muss der Bond verkauft werden. Dabei wird die bis dahin eingetretene Barwert-Veränderung auf jeden Fall realisiert. Der Verkaufserlös wird wieder mittels Termingeld oder mittels anderer Anlageformen mit variabler Verzinsung (zum Beispiel Floating-Rate-Note, Geldmarktfonds, ...) barwertneutral, aber Cashflow-sensitiv angelegt.

Die gleiche Vorgehensweise ist analog auf die Passiv-Seite übertragbar. Auch wenn Kredite nicht so leicht handelbar bzw. umwandelbar erscheinen, so ist dies täglich möglich. Wichtig ist nämlich nicht die Handelbarkeit des Kredites an sich, sondern die Handelbarkeit seiner Zinsbindung. Dies ist heute durch moderne Finanzinstrumente jederzeit möglich. In den nachfolgenden Kapiteln wird ein Auszug dieser Instrumente sowie deren Einsatzmöglichkeiten behandelt.

Opportunitäts-Risiko

Das Opportunitäts-Risiko gehört zu den am wenigsten beachteten Zinsrisiken. Das liegt zum einen darin begründet, dass es einem nie direkt ins Auge sticht, und zum zweiten, dass die Augen auch oft davor verschlossen bleiben, weil es die eigene Fehlentscheidung offenbart.

Unter Opportunitäts-Risiko versteht man das Risiko, bei einer bestehenden Position bei einer alternativen Zinsbindung entweder mehr Ertrag erwirtschaftet oder weniger Kosten verursacht zu haben. Bei dem Eingehen einer Zinsbindung steht der Unternehmer immer vor den beiden Alternativen variable oder feste Zinsbindung.

Hat er sich bei einem Kredit für eine feste Zinsbindung entschieden und das Geldmarkt-Zinsniveau verbleibt im Zeitverlauf deutlich unter diesem Zinsniveau, so sind Opportunitätskosten entstanden, denn die alternative Zinsbindung, in diesem Falle variabel, hätte weniger Zinsaufwand verursacht. Unter dem Opportunitäts-Risiko versteht man damit die potentiellen zukünftigen Mehrkosten aufgrund der jetzt falsch gefällten Zinsentscheidung. Zur Quantifizierung dieses Risikos kann entweder mit aktuellen Daten in die Zukunft gerechnet werden, Termin-Zinssätze unterlegt werden oder eigene Szenarien aufgestellt werden.

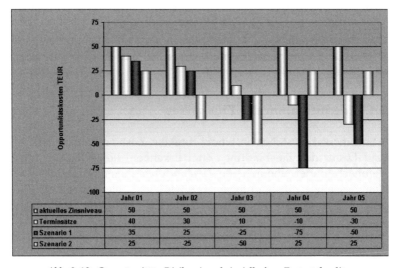

Abb. 3-13: Opportunitäts-Risiko eines beispielhaften Festsatzkredites

Hat er sich bei einer Anlage für eine feste Zinsbindung (zum Beispiel in Form eines Bonds) entschieden und das Geldmarkt-Zinsniveau steigt im Zeitverlauf deutlich über das aktuelle Kapitalmarktniveau, so fallen quasi Opportunitätserträge an, denn die alternative Zinsbindung, in diesem Falle variabel (zum Beispiel in Form eines Floaters), hätte mehr Zinsertrag gebracht. Unter dem Opportunitäts-Risiko im Anlagebereich versteht man damit die potentiellen zukünftigen Mindererträge aufgrund der jetzt falsch gefällten Zinsentscheidung. Zur Quantifizierung dieses Risikos kann wieder mit den entsprechenden Daten gerechnet werden.

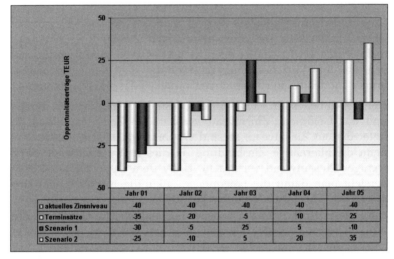

Abb. 3-14: *Opportunitäts-Risiko eines beispielhaften festverzinslichen Wertpapiers*

Das Opportunitätsrisiko bildet spielt in der Praxis eine untergeordnete Rolle. Deshalb erfolgt im weiteren Verlauf eine Konzentration auf Cashflow- und Barwertrisiko.

3.1.3 Identifikation der Zinsrisiken

Alle Zinsrisiken stehen in einem direkten Zusammenhang mit Art und Dauer der Zinsbindung. Zum Erkennen dieser Risiken muss demnach immer eine aktuelle Zinsbindungs-Bilanz aufgestellt werden. Bei einer Zinsbindungsbilanz wird in Zahlen oder zum Beispiel in Form eines Diagramms der Anteil der festen Zinsbindung zum Anteil der variablen Zinsbindung gegenübergestellt.

Diese Gegenüberstellung ist eine Momentaufnahme. Sinnvoll ist es hierbei, nicht nur den aktuellen Tag zu betrachten, sondern den Zeitpunkt etwas weiter zu fassen und auf eine quartalsweise, Halb-

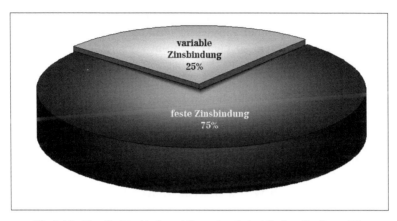

Abb. 3-15: Aktuelle Zinsbindungsbilanz eines beispielhaften Kreditportfolios

jahres- oder Jahresbetrachtung zu reduzieren. Das hat den Vorteil, dass derzeit noch feste, aber in diesem Jahr auslaufende Zinsbindungen eben nicht als feste, sondern als variable Positionen ausgewiesen werden. Damit identifiziert der Risiko-Manager diese Positionen sofort als Cashflow-Risiko-behaftete Positionen und nicht als Teile des Portfolios mit Barwert-Risiken, womit der Thematik unterjährig auslaufende Zinsbindungen ausreichend Rechnung getragen wird.

Als sinnvolle Zeiträume zur Zusammenfassung bieten sich im Kreditbereich Kalenderjahre an, da es sich hier in der Regel um längerfristige Laufzeiten handelt. Bei abweichendem Geschäftsjahr sollte

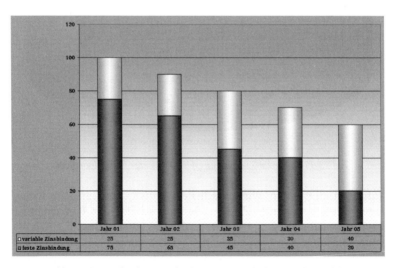

Abb. 3-16: Zinsbindungsverlauf eines beispielhaften Kreditportfolios

die Risiko-Analyse auf dieses Geschäftsjahr umgestellt werden. Soll das Zinsrisiko eines eher kurzfristig strukturierten Anlage-Portfolios untersucht werden, so bietet sich ein kürzerer Zeitraum, zum Beispiel das Quartal an.

Das Aufstellen einer aktuellen Zinsbindungsbilanz reicht jedoch zu einer umfangreichen Risiko-Identifikation nicht aus. Risiko-Management bedeutet eine weitsichtige Betrachtung von Risiken. Nicht nur das aktuelle Kalender- oder Geschäftsjahr bzw. Quartal sollte betrachtet werden, sondern auch die Folgejahre bzw. Folgequartale. Es sollte also zusätzlich noch eine Auswertung zum Zinsbindungsverlauf aufgestellt werden. Dabei wird jeweils der Stand zum Ende des Kalenderjahres bzw. des Geschäftsjahres (Bilanzstichtag) aufgezeigt.

Welche entscheidenden Informationen diese Analyseform geben bzw. welche Fehlinterpretationen sie verhindern kann, soll nachfolgendes Beispiel zeigen.

Das Kreditportfolio eines Unternehmens besteht aus zwei Festsatzkrediten. Die Zinsausläufe erfolgen nicht in diesem Geschäftsjahr. Bei der Zinsrisiko-Analyse wird demnach ein Barwert-Risiko, aber kein Cashflow-Risiko identifiziert. Nachdem die Kredite in einer Niedrigzinsphase aufgenommen wurde und die Zinsen seit dem deutlich gestiegen sind, hat diese Position einen positiven Barwert.

Abb. 3-17: Aktuelle Zinsbindungsbilanz unseres Beispielportfolios

Aufgrund der guten wirtschaftlichen Entwicklung spricht wenig gegen wieder sinkende Zinsen. Deshalb schätzt der Unternehmer das Barwert-Risiko seiner Position, also das Risiko, dass die Kredite einen Teil ihres positiven Barwertes wieder verlieren bzw. dass sich der positive in einen negativen Barwert umwandelt, als sehr gering ein. Das Barwert-Risiko wurde also identifiziert, muss nach Ansicht

3.1 Erkennen spezifischer Zinsrisiken

des Unternehmers aber nicht behandelt werden. Da das Cashflow-Risiko an des Existieren einer variablen Position gebunden ist, konnte kein Cashflow-Risiko identifiziert werden. Die Zinsrisiko-Analyse scheint abgeschlossen zu sein – weit gefehlt! Bei der Betrachtung des Zinsbindungsverlaufs wird deutlich, dass der erste Kredit bereits Anfang nächsten Jahres, der zweite Kredit dann Mitte des übernächsten Jahres aus der Zinsbindung auslaufen und zur Prolongation anstehen. Damit besteht sehr wohl ein Cashflow-Risiko. Da das gesamte Portfolio innerhalb der nächsten zwei Jahre vom Zinsauslauf betroffen ist, handelt es sich hier sogar um ein gewaltiges Risiko, welches bei Aufstellen der aktuellen Zinsbindungsbilanz nicht zu Tage getreten ist.

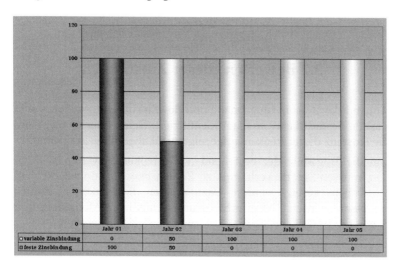

Abb. 3-18: *Zinsbindungsverlauf unseres Beispielportfolios*

Für einen wirkungsvollen Zinsrisiko-Mangement-Prozess sollten mindestens drei Jahre bei der Analyse Berücksichtigung finden, besser noch fünf Jahre. Längere Betrachtungen können selbstverständlich zusätzlich noch angestellt werden, nachdem klassische Zinszyklen in der Regel jedoch nicht länger als fünf Jahre dauern, hat sich die 5-Jahres-Methode in der Praxis bewährt. Dadurch, dass sich die Analyse in einem sauber definierten Risiko-Management-Prozess regelmäßig (z.B. halbjährlich) wiederholt, werden ja sukzessive die Risiken, die erst in den Jahren danach auftreten, mit einbezogen.

Anhand von aktueller Zinsbindungsbilanz und Zinsbindungsverlauf werden also Cashflow- und Barwertrisiken eine Kredit- oder Anlageportfolios identifiziert. Der Unternehmer hat nun zu entscheiden, ob die identifizierten Risiken für die Steuerung des Unternehmens Relevanz haben. So kann zum Beispiel für einen Unternehmer, dessen Kreditportfolio nur aus Festsatzkrediten mit noch lang laufenden Zinsbindungen besteht und der sein Unternehmen ausschließlich nach Cashflow-Gesichtspunkten steuern will, das Zinsrisiko-Management hiermit beendet sein. Für ihn relevante Risiken wurden nicht identifiziert, deshalb kann ihre Auswirkung auf das Unternehmen nicht gemessen werden und eine mögliche Behandlung nicht erfolgen. In Frage zu stellen ist hier jedoch die Sinnhaftigkeit der Betrachtungsweise dieses Unternehmers bzw. inwiefern die ausschließliche Cashflow-Betrachtung noch zeitgemäß ist, denn der Wert der eigenen Vermögensposition, der Eigenkapital-Position des Unternehmens sollte für jeden Unternehmer von Interesse sein (siehe Ausführungen zum Barwertrisiko).

3.2 Bewerten dieser Zinsrisiken

Anhand der Zinsbindungsbilanz und des Zinsbindungsverlaufs sind Cashflow- und Barwertrisiken identifiziert. Dem Unternehmer wird die Existenz dieser Risiken aufgezeigt, nicht aber deren Tragweite.

Um die Tragweite der bestehenden Zinsrisiken bewerten zu können, müssen Sie ins Verhältnis zu Zahlen bzw. Positionen des Unternehmens gesetzt werden. Dazu müssen die Risiken in Zahlen gemessen werden. Dabei gibt es unterschiedliche Methoden, von denen die praktikabelsten im Folgenden vorgestellt werden.

3.2.1 Szenario-Analyse

In der Szenario-Analyse werden für einen vordefinierten Zeitverlauf verschiedene Zinsentwicklungen unterstellt, deren Auswirkung auf das Kredit- und/oder Anlageportfolio des Unternehmens dann jeweils untersucht werden können.

Beim Generieren und bei der Anzahl der Szenarien sind dem Unternehmer theoretisch keine Grenzen gesetzt. Um zu sinnvollen und übersichtlichen Ergebnissen zu gelangen, sollten folgende Punkte beachtet werden:

1) Mehr als fünf Szenarien tragen eher zur Verwirrung als zur Verdeutlichung bei.
2) Die Szenarien sollten über einen entsprechend sinnvollen Zeitraum gewählt werden (zum Beispiel wieder fünf Jahre)
3) Die Szenarien sollten sowohl positive als auch negative Entwicklungen abbilden.

4) Zumindest einige Szenarien sollten keine Zinsmeinung enthalten.
5) Es können ein oder zwei Szenarien mit eigener Zinsmeinung unterlegt werden.
6) Ein sehr unwahrscheinliches extrem negatives Szenario sollte enthalten sein (der so genannte Stresstest)

Achtung:
Hüten Sie sich davor, die Risiko-Analyse nur mit Szenarien zu tätigen, die Ihrer Zinsmeinung entsprechen. In der Regel haben Sie Ihr Kredit- oder Anlageportfolio eh schon entsprechend dieser Zinsmeinung ausgerichtet. Wenn Sie jetzt nur die Chancen und Risiken anhand ihres Szenarios untersuchen, dann belügen Sie sich selbst. Natürlich wird die Analyse zu einem unschlagbar guten Ergebnis mit großen Chancen und nur geringen Risiken führen, aber was ist, wenn Sie sich irren? Soll aktives Risikomanagement nicht genau dazu führen, vor Irrtümern geschützt zu sein?

Zur Verhinderung dieses Sachverhalts und zur Wahrung der Übersichtlichkeit wird folgende Vorgehensweise empfohlen:

Zunächst muss eine Ausgangsbasis für alle weiteren Berechnungen geschaffen werden. Nichts liegt näher, als hierzu ein Szenario unveränderter Zinsen zu verwenden. In Szenario 1 wird demnach untersucht, wie sich Cashflows und Barwerte des Portfolios bei unveränderter Zinslandschaft im Zeitverlauf entwickeln.

Dann sollte untersucht werden, wie das Portfolio grundsätzlich auf normale Zinsrückgänge und normale Zinsanstiege reagiert. Dazu wird für Szenario 2 ein Zinsrückgang von 1% über alle Laufzeiten angenommen (Parallelverschiebung). Um Diskussionen darüber zu vermeiden, wie lang es dauert, bis das Zinsniveau vom aktuellen Niveau um insgesamt ein Prozent gesunken ist, wird eine sofortige Veränderung (ad hoc) unterstellt, danach bleibt das Niveau dann konstant. Szenario 3 bildet die gegensätzliche Entwicklung, also den parallelen Zinsanstieg um ad hoc 1% ab.

Szenario 4 soll den Stresstest abbilden. Da bei Kreditportfolien Chancen und Risiken umgekehrte Vorzeichen als bei Anlageportfolio haben, muss hier entsprechend unterschieden werden. Grundsätzlich sind niedrige bzw. sinkende Zinsen gut für ein Kreditportfolio. Ein sinnvoller Stresstest muss eine deutlich gegensätzliche Bewegung abbilden. Deshalb empfiehlt es sich, für den Kreditstresstest einen sofortigen Zinsanstieg von zwei Prozent und dann einen weiteren jährlich Anstieg um ein Prozent anzunehmen.

	Zinsen
Szenario 1	Konstante Zinsen, Keine Veränderung der Zinsen
Szenario 2 (Best Case)	1,00% Zinsrückgang, ad hoc (sofort) danach konstant
Szenario 3 (Worst Case)	1,00% Zinsanstieg, ad hoc (sofort) danach konstant
Szenario 4 (Stresstest)	2,00% Zinsanstieg, ad hoc (sofort) danach 1,00% p.a.

Abb. 3-19: Beschreibung der verschiedenen Szenarien für die Szenario-Analyse für ein Kreditportfolio

Diese Entwicklung klingt zunächst sehr unrealistisch, ein Blick in die jüngste Vergangenheit zeigt jedoch, dass zwei Prozent Anstieg in einem Jahr durchaus auftreten können (siehe Ausführungen zum Geldmarkt). Das weitere Prozent Zinsanstieg pro Jahr soll dann etwas überzeichnet aufzeigen, wie sich das Portfolio bei weiter steigenden Zinsen verhält bzw. welche dann zum Teil existenzbedrohenden Risiken auftreten können.

Für ein Anlageportfolio kann das Kreditportfolio-Stressszenario nicht einfach gespiegelt werden, denn ein Zinsrückgang ist auf 0% begrenzt. Es gilt hier, einen starken Rückgang zu unterstellen (bei einem Ausgangsniveau im Geldmarkt von 2% zum Beispiel 1,0% bis 1,5%, bei einem Ausgangsniveau von 3% können diese durchaus wieder 2% sein). Danach sollte sich das Szenario einer Zinslandschaft eines Niedrig-Zinslandes (z.B. Schweiz oder Japan) angleichen.

Diese Szenarien sollten unverzichtbare Grundlage einer Analyse sein. Sie können erweitert werden um ein oder zwei individuelle Szenarien. Dies können zum Beispiel eine Hausprognose und ein Prognose-Mix verschiedener Banken sein. Da es sich bei diesen Szenarien im Gegensatz zu 1 bis 4 jedoch nicht um zeitlose Szenarien handelt, werden sie im weiteren Verlauf dieses Buches keine Berücksichtigung finden.

Die Szenarien 1 bis 4 werden sehr pauschal konstruiert. Ihre Eintrittswahrscheinlichkeit ist nahezu Null. Diese Szenarien sollen aber

3.2 Bewerten dieser Zinsrisiken

keine Meinung zur möglichen Entwicklung der Zinsen abbilden, sondern lediglich Chancen und Risiken eines Portfolios aufzeigen. Sobald man sich beim Generieren von Szenarien über deren Eintrittswahrscheinlichkeit Gedanken macht, fließt die eigene Zinsmeinung ein und es treten die aus Risiko-Gesichtspunkten bereits beschriebenen Probleme ein. Die eigene Meinung kann ja in einem möglichen Szenario 5 und/oder 6 eine gewichtige Rolle spielen. Das Portfolio kann bzw. muss auch nach der eigenen Zinsmeinung aufgestellt werden, ganz wichtig ist aber, dass das eigene Portfolio auch die Szenarien 1 bis 4 „überlebt".

Nach dem Generieren der Szenarien muss nun das Portfolio sowohl Cashflow-seitig als auch barwertig auf die Probe gestellt werden.

Zunächst wird für jedes einzelne Szenario der Gesamt-Zinsaufwand bzw. -Zinsertrag pro Periode (zum Beispiel pro Jahr) summiert. Die Jahres-Summen können dann zum Vergleich jeweils gegenüber gestellt werden. Das kann in einer Tabelle geschehen oder zur besseren Verdeutlichung in einem Diagramm dargestellt werden.

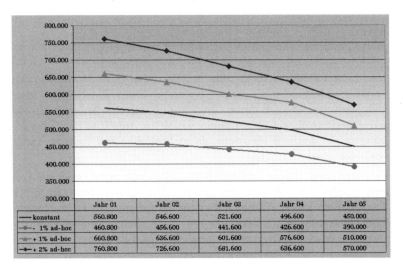

Abb. 3-20: *Entwicklung des Zinsaufwands in den verschiedenen Szenarien eines Beispiel-Kreditportfolios.*

Anhand dieser Ergebnisse kann der unter den unterstellten Szenarien geringste und größte Liquiditätsabfluss (Zinsaufwand eines Kreditportfolios) bzw. höchste und niedrigste Liquiditätszufluss (Zinsertrag eines Anlageportfolios) abgelesen werden. Diese Daten geben wichtige Anhaltspunkte für die Liquiditätsplanung eines Unternehmens.

Um Cashflow-Chancen und -Risiken des Portfolios noch deutlicher aufzuzeigen, werden nun die Differenzen des Zinsaufwands der einzelnen Szenarien 2 bis 4 zum Szenario 1 (unverändertes Zinsniveau) gebildet und tabellarisch und grafisch abgebildet.

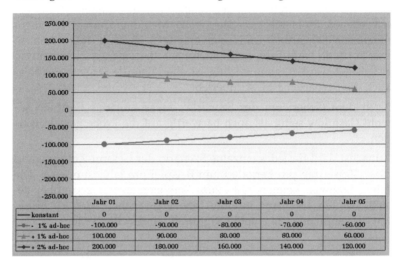

Abb. 3-21: Cashflow-Risiko eines Beispiel-Kreditportfolios für die nächsten 5 Jahre

Nachdem Cashflow-Risiko nur bei Portfolien mit Positionen mit variabler Zinsbindung oder auslaufender fester Zinsbindung entsteht, entscheidet auch deren Gewichtung über das Ausmaß des Risikos. In Portfolien mit geringem variablen Anteil ist die Schwankungsbreite deutlich niedriger als in Portfolien mit hohem Anteil variabler Zinsbindungen.

Ein modernes Risiko-Managementsystem soll nicht alle Risiken ausschließen. Ein Risiko ist immer auch gleichzeitig mit einer Chance verbunden. Ohne bewusstes Eingehen von Risiken kann kein Unternehmer Chancen wahren. Beim Risikomanagement-Prozess geht es also nicht um das Vermeiden von Risiken, sondern um das Kalkulierbar-Machen von Risiken.

Chancen und Risiken beim Zinsrisiko-Management resultieren aus möglichen Entwicklungen des Zinsniveaus. In der Regel lässt sich das Zinsniveau für einen dem Betrachtungszeitpunkt näher liegenden Zeitraum (zum Beispiel die nächsten 2 Jahre) viel besser einschätzen als für eine Periode, die deutlich weiter entfernt liegt (Jahre 4 und 5).

Je einschätzbarer eine potentielle Zinsentwicklung ist, desto kalkulierbarer werden die mit ihr verbundenen Risiken. Ziel beim Cashflow-Risikomanagement sollte es also sein, Chancen und Risiken in

3.2 Bewerten dieser Zinsrisiken 129

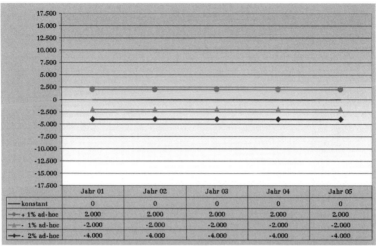

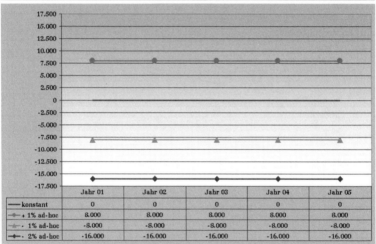

Abb. 3-22: Cashflow-Risiko eines Anlage-Portfolios
mit fast ausschließlich langlaufenden Bonds im Vergleich zu einem Portfolio
mit fast ausschließlich Geldmarkt-Instrumenten

den nahe liegenden Perioden zu erhöhen und dann in den Folgeperioden schrittweise zu reduzieren.
Im zweiten Schritt wird das Barwert-Risiko des zu untersuchenden Portfolios gemessen. Dazu dient der Barwert im Szenario 1 wieder als Ausgangsposition. Nun wird in den verschiedenen Szenarien die einzelnen absoluten Barwerte sowie die Barwertveränderung des Portfolios gemessen und tabellarisch und grafisch abgetragen. Anhand dieser Daten kann abgelesen werden, wie viel Wert das Unternehmen bei einem Zinsanstieg gewinnt (für ein Kreditpotfolio) bzw.

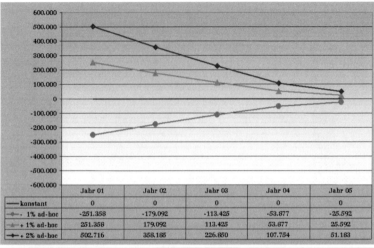

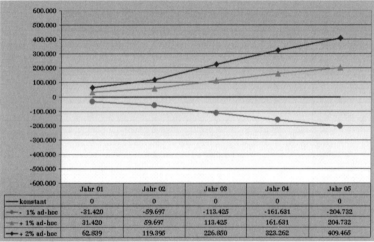

Abb. 3-23: *Gegenüberstellung zweier Kreditportfolien mit unterschiedlicher zeitlicher Verteilung der Cashflow-Chancen und -Risiken.*

wie viel Wert durch einen Zinsrückgang von zum Beispiel einem Prozent bis zum nächsten Bilanzstichtag vernichtet wird.

Da das Barwert-Risiko im Vergleich zum Cashflow-Risiko im Kreditbereich nach wie vor eine eher untergeordnete Rolle spielt, wird es in der Regel nur bis zum nächsten, eventuell noch bis zum übernächsten Bilanzstichtag gemessen. Der Unternehmer nutzt diese Auswertung zumeist als ersten Anhaltspunkt, was bei Bilanzierung seiner einzelnen Kredit-Positionen zu beachten sein wird. Aufgrund der in Deutschland üblichen Bilanzierungsvorschriften wirkt sich nur selten das komplette, in der Analyse gemessene Risiko

3.2 Bewerten dieser Zinsrisiken 131

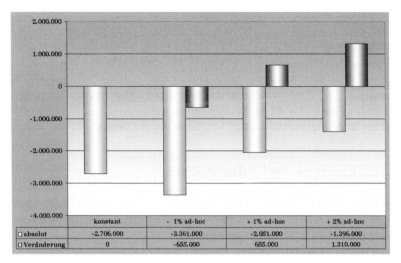

Abb. 3-24: Barwert-Risiko eines Beispiel-Kreditportfolios

direkt auf Bilanz und GuV aus. Da das Cashflow-Risiko über die Position Zinsaufwand voll in die GuV und damit auch in die Bilanz eingeht, kommt ihm zumeist die größere Bedeutung bei.

Für ein Unternehmen mit einem großen Anlageportfolio ist das Barwert-Risiko aufgrund der strengeren Bilanzierungsvorschriften und aufgrund der schnelleren Liquidierbarkeit der Instrumente von größerer Bedeutung. Hier kann das Barwert-Risiko ebenfalls über verschiedene Perioden hinweg simuliert werden.

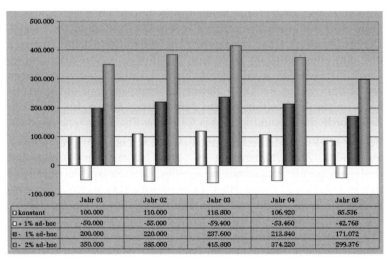

Abb. 3-25: Barwert-Risiko eines beispielhaften Anlageportfolios über die nächsten fünf Jahre im Verlauf.

Nachdem Cashflow- und Barwert-Risiken gemessen wurden, entscheidet der Unternehmer, ob bzw. welche dieser Risiken er tragen möchte bzw. ob und welche er tragen kann. Ergibt sich aus Unternehmergesichtspunkten keine optimale Chance-Risiko-Struktur, so muss über verschiedenen Maßnahmen eine bessere Struktur erzielt werden. Die Auswirkungen werden durch eine erneute Szenario-Analyse über das Portfolio zuzüglich Maßnahmen berechnet und dem Ausgangsportfolio zum Vergleich gegenübergestellt.

3.2.2 Cashflow- und Value-at-Risk

Beim Cashflow-at-Risk (CfaR) und beim Value-at-Risk (VaR) werden wieder Cashflow- und Barwert-Risiken eines bestehenden Kredit- oder Anlageportfolios gemessen.

Bei dieser Methode wird im Unterschied zur Szenario-Anlayse

1) Nur jeweils eine Kennzahl zum Ausdruck des Risikos verwandt (CfaR und VaR),
2) Das Szenario zur Messung des Risikos nicht willkürlich oder zufällig sondern anhand historischer Daten generiert (Volatilität) und
3) Die Beziehung verschiedener Risikofaktoren zueinander berücksichtigt (Korrelation).

Zu 1)

Die „at-Risk"-Methode ist eine sehr übersichtliche Methode der Risiko-Darstellung. Beide Kennzahlen entstammen dem Investmentbanking. Das Konzept des Value-at-Risk wurde Ende der achtziger Jahre von der amerikanischen Großbank J.P. Morgan entwickelt. Deren damaliger Chef *Dennis Weatherstone* forderte seine Experten auf, ihm eine Kennzahl zu liefern, die ihm an jedem Abend eines Geschäftstages das maximale Verlustrisiko der Handelspositionen seiner Bank aufzeigte. Diese Kennzahl bezog sich nur auf Wertveränderungen der Positionen, also dem Barwert-Risiko. Im Laufe der Zeit wurde die Methodik für das Cashflow-Risiko weiterentwickelt.

Bei der „at-Risk"-Methode handelt es sich um ein sehr professionelles Modell. Zur Übertragung auf den Unternehmens-Alltag sind deshalb folgende Annahmen notwendig. Dem Risiko-Manager wird nur eine Maßzahl ausgegeben. Dass er weiß, bei welcher Zinsentwicklung dieses Risiko auftreten kann und dass er ein Gefühl für die Entwicklung dieses Risikos entwickelt hat, wird vorausgesetzt. Das Modell wurde für das Portfolio von Handelspositionen einer Bank entwickelt. Erscheint dem Bank-Risiko-Manager ein bestimmtes Risiko zu hoch, so liquidiert er diese Position innerhalb eines Tages. Für ein Unternehmen mit einem Zins-Risiko im Anlage-Port-

3.2 Bewerten dieser Zinsrisiken

folio ist das relativ gut darstellbar. Doch welcher klassische Kreditnehmer ist in der Lage, eine bestehende Kreditposition von heute auf morgen zu liquidieren? Es ist deshalb im Einzelfall abzuwägen, ob „at-Risk" als das einzige, als ein ergänzendes oder als überhaupt kein geeignetes Risiko-Messsystem für das jeweilige Unternehmen in Frage kommt.

Zu 2)
Bei der Szenario-Analyse können zur Messung von Chancen und Risiken verschiedenste und theoretisch eine unbegrenzte Zahl von Szenarien generiert werden. Beim „at-Risk"-Modell wird ebenfalls eine Art Szenario entwickelt, dieses aber anhand historischer Zins-Schwankungen, der so genannten Volatilität.

In der Szenario-Analyse wurde durch Szenario 2 und 3 ein Zinskorridor dadurch geschaffen, dass die aktuelle Zinskurve pauschal um 1% ad-hoc nach oben und unten verschoben wurde. Für einen bestimmten Geldmarktsatz (in diesem Beispiel klassisch der 3-Monats-Euribor) ergibt sich folgender Korridor für den Zeitverlauf:

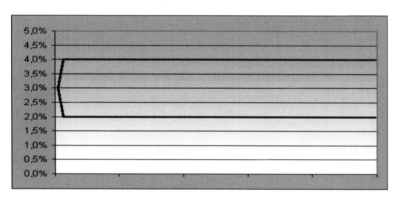

Abb. 3-26: Beispielhafter Verlauf des 3-Monats-Euribors in den Szenarien 2 und 3 der Szenario-Analyse

Wie bereits im Kapitel Szenario-Analyse erwähnt, liegt die Eintrittswahrscheinlichkeit dieser Szenarien bei Null. Es ist sowohl unrealistisch, dass sich der Zins sofort um 1% verändert als auch dass er danach unverändert bleibt, was ja aber auch nicht Ziel und Zweck der Szenario-Analyse war.

Beim „at-Risk"-Modell wird versucht, über historische Daten vergleichsweise wahrscheinliche Szenarien zu generieren. Dazu wird anhand von historischen Daten eine Bandbreitenprognose abgegeben. Als Maß dazu dient die Volatilität. Die Volatilität kann über statistische Verfahren für jede historische Zeitreihe ermittelt werden und steht für alle klassischen Zinssätze zur Verfügung. Je länger diese Zeitreihe, desto aussagekräftiger wird die Volatilitätszahl. Die Volatilität gibt die Schwankungsbreite der historischen Daten um den errechneten historischen Mittelwert an. Dabei gibt die Volatilität die einfache Standardabweichung an, umfasst also zwei Drittel aller Werte um den Mittelwert. Die Jahres-Volatilität des Geldmarktsatzes von zum Beispiel 2,00 % (absolut) gibt also an, dass bei einem aktuellen Geldmarktsatz von 3,00 % innerhalb des nächsten Jahres mit einer Wahrscheinlichkeit von zwei Drittel sich dieser in der Bandbreite +/−2 % bewegt, also zwischen 1,00 % und 5,00 %.

In dieser Bandbreite sollte sich der Geldmarktsatz innerhalb eines Jahres bewegen. Für den nächsten Monat sollte diese Bandbreit jedoch geringer ausfallen. Die Volatilität kann ganz einfach durch folgende Formel umgerechnet werden.

$$\text{Volatilität}_{\text{längere Laufzeit}} = \frac{\text{Volatilität}_{\text{kürzere Laufzeit}}}{\times \sqrt{\text{Anzahl der Handelstage in längerer Laufzeit}}}$$

Eine Jahres-Volatilität von 2,00 %, dividiert durch die Wurzel aus 250 (Handelstage pro Jahr) ergibt demnach ein Tages-Volatilität von 0,13 %. Durch diese Methodik wird mit zunehmender Laufzeit größere Unsicherheit in der Szenario-Entwicklung besser abgebildet. Für das aktuelle Beispiel ergibt sich damit folgender Korridor:

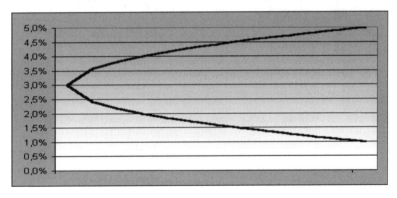

Abb. 3-27: *Beispielhafter Verlauf des 3-Monats-Euribors bei der „at-Risk"-Methode*

Soll nun der CfaR einer variablen Position betrachtet werden, so ist für den Kreditnehmer also nur die obere Linie interessant, für den Anleger entsprechend die untere Linie.

Zu 3)

Bedeutendster Vorteil der „at-Risk"-Methode ist die Berücksichtigung der Korrelation. Die Korrelation misst die Beziehung zweier Risikofaktoren zueinander. Diese Größe kommt vor allem dann zum Tragen, wenn ein komplexes Kredit- oder Anlageportfolio verschiedene Währungen enthält, ist teilweise auch sinnvoll bei starke Laufzeitenstreuung und strukturierten Produkten.

Die Korrelation wird von –1 bis +1 gemessen. Korrelieren zwei Zinssätze mit „–1", dann bedeutet das, dass sie sich gegensätzlich entwickeln. Eine Korrelation von „0" bedeutet überhaupt keine Beeinflussung, ein Korrelation von „+1" bedeutet Gleichlauf. Zinssätze in der gleichen Währung korrelieren in der Regel immer miteinander, deshalb nimmt die Korrelation im reinen Zinsbereich eine geringere Rolle als zum Beispiel im Währungsbereich ein. Würden aber zum Beispiel der 3-Monats-Zins und der 6-Monats-Zins nur mit „+0,5" zueinander korrelieren, dann würde der CfaR dieses Anlageportfolios sofort deutlich reduziert, wenn ein Teil die Hälfte der 3-Monats-Festgelder auf 6-Monats-Festgelder umgestellt würde. Denn diese geringe Korrelation würde bedeuten, dass der Zins für die 6-Monats-Festgelder nicht unbedingt genau so stark sinken müsste, wie der 3-Monats-Zins.

Nachdem nun also sowohl die Daten für die Volatilität als auch für möglichen Korrelationen eingeholt wurden, können CfaR und VaR des aktuellen Kredit- oder Anlageportfolios berechnet werden. Die Ergebnisse werden wieder tabellarisch oder grafisch aufbereitet.

Diese Werte sind mit der einfachen historischen Volatilität und damit der einfachen Standardabweichung gerechnet. Die einfache Standardabweichung beinhaltet ca. zwei Drittel aller Werte. Jeweils ein Sechstel liegt darunter (= Chance) und darüber (= Risiko). Nach-

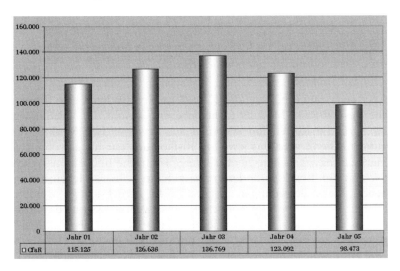

Abb. 3-28: CfaR eines beispielhaften Kreditportfolios über den Verlauf der nächsten fünf Jahre.

dem beim CfaR nur das Risiko betrachtet wird, beträgt die Wahrscheinlichkeit, dass diese Werte nicht überschritten werden, demnach 84% (zwei Drittel + ein Sechstel). Es verbleibt demnach ein Restrisiko von 16%, dass der jeweils berechnete CfaR doch höher ausfällt.

Um dieses Risiko entsprechend zu reduzieren, kann die Anzahl der Standardabweichungen erhöht werden. Dazu wird die Volatilität mit dem jeweiligen Faktor multipliziert. Durch 1,65 Standardabweichungen wird dann bereits eine CfaR-Eintrittswahrscheinlichkeit von 95%, durch den Faktor 2,33 eine Eintrittswahrscheinlichkeit von 99% erreicht (so genannte Konfidenz-Niveaus).

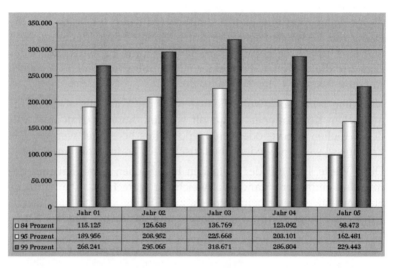

Abb. 3-29: *Unterschiedliche CfaR's eines beispielhaften Kreditportfolios über den Verlauf der nächsten fünf Jahre bei verschiedenen Konfidenz-Niveaus.*

Aber auch eine Erhöhung des Konfidenz-Niveaus kann eine Schwäche des „at-Risk"-Modells nicht beheben. Sowohl die Volatilitäten als auch die Korrelation stammen aus gewöhnlichen Marktbewegungen. Damit wird das jeweilige Risiko auch nur für gewöhnliche Marktbewegungen berechnet. Außergewöhnliche und ihrem Wesen nach in der Regel besonders schmerzhafte, teilweise lebensbedrohende Markt-Bewegungen können nicht berücksichtigt werden. Deshalb ist es unbedingt notwendig, zusätzlich Stresstests durchzuführen. Das Zinsrisiko kann also nicht ausschließlich über „at-Risk" gemessen werden, sondern muss um ein oder mehrere Stresstests (wie zum Beispiel in der Szenario-Analyse) erweitert werden.

Analog wird für den VaR eines Kredit- oder Anlageportfolios verfahren.

3.3 Möglichkeiten zur Zinsrisiko-Steuerung

3.3.1 Klassisches Zinsrisiko-Management

Die Steuerung des Zinsrisikos erfolgt im ersten Schritt bei Neuaufnahme bzw. Neuanlage. Über die Entscheidung der Art der Zinszahlung für die Kreditaufnahme bzw. aus der Geldanlage wählt der Unternehmer entweder das Cashflow- oder das Barwert-Risiko. Diese Entscheidung ist zumeist gründlich überlegt und auf die aktuelle Situation und die Risikotragfähigkeit des Unternehmens abgestimmt. Märkte und Unternehmen befinden sich jedoch im dauernden Wandel. Das bedeutet, dass sich eine Entscheidung, die letztes Jahr richtig war, aktuell negativ auf die Gesamt-Risikoposition eines Unternehmens auswirken kann.

In der Vergangenheit war es in der Regel schwierig bzw. teuer, derartige Entscheidungen nachträglich zu revidieren. Im Anlagebereich fällt es traditionell etwas leichter, eingegangene Positionen zu verändern, da ein Großteil der Anlageprodukte, unter Umständen mit Kursverlusten, relativ zügig liquidierbar ist. Ist der Unternehmer bewusst ein Cashflow-Risiko eingegangen und hat seine liquiden Mittel im Festgeld „geparkt", dann kann er nach Ablauf des Festgeldes durch Kauf eines festverzinslichen Wertpapiers das Cashflow – in ein Barwert-Risiko umwandeln. Soll aus dem dann eingegangenen Barwert-Risiko irgendwann wieder ein Cashflow-Risiko werden, so muss dieses Wertpapier wieder veräußert und der Verkaufserlös wieder mit variabler Zinsbindung angelegt werden. Bei verändertem Zinsniveau entstehen neben den Transaktionskosten zusätzliche Kursverluste bzw. Kursgewinne.

Grundsätzlich ist die Zinsrisikosteuerung im Anlagebereich durch Kauf, Anlage, Verkauf und Auflösung relativ gut möglich und verhältnismäßig transparent und kostengünstig (je nach Höhe der Transaktionskosten).

Da mit Veränderung der Zinsbindung jeweils eine andere Kreditform und damit meist eine neue Kreditentscheidung verbunden ist, gestaltet sich das Zinsrisiko-Management für den Kreditbereich mit klassischen Instrumenten deutlich schwieriger. Kredite im klassischen Sinne werden nicht wie Wertpapiere an einer Börse gehandelt. Ein reger Handel bedeutet jedoch transparente und faire Preisstellung sowie kostengünstige Transaktionen. Eine „Kredit-Liquidierung" ist damit deutlich intransparenter und teurer.

Im eigentlichen Sinne liegt das jedoch hauptsächlich an der Fristigkeit der gebundenen Liquidität und weniger an der Fristigkeit des Zinses, um den es beim Zinsrisiko-Management geht. In den klassischen Instrumenten ist eine Trennung von Zins und Liquidität jedoch leider nicht möglich. Ein Vertrag über ein festverzinsliches Darlehen besteht nun mal aus mindestens zwei Komponenten,

- den Regelungen bezüglich der Liquidität (Höhe = Nominalvolumen, wie lang wird sie zur Verfügung gestellt = Laufzeit, wann wird wie zurückgezahlt = Tilgungsplan) und

- dem Zinssatz, der für die Überlassung des Geldes bezahlt werden muss (der sich zusammensetzt, aus dem reinen Interbanken-Zinsniveau und der bonitätsabhängigen individuellen Kreditmarge des Kreditnehmers.

Das bedeutet, dass nicht eine von beiden Komponenten verändert werden kann, ohne dass die andere berührt wird. Ziel eines modernen Zinsrisiko-Mangements muss es also sein, Liquidität und Zins voneinander zu trennen.

3.3.2 Modernes Zinsrisiko-Management

Diese Ziel wird erreicht durch den Einsatz von Zins-Derivaten. Zins-Derivate sind Instrumente zur Steuerung von Zinsrisiken. Dabei werden zwischen zwei Vertragspartnern (in der Regel Bank–Unternehmen, aber auch Bank–Bank und rein theoretisch auch Unternehmen–Unternehmen) frei vereinbare Verträge über den Austausch von Zinszahlungen bzw. über die Zahlung von bestimmten Ausgleichszahlungen getroffen. Die Verträge enthalten auch ein Nominalvolumen. Diese Nominalvolumen fließt jedoch nicht als Liquidität wie beim Wertpapierkauf (vom Unternehmen an den Emittenten) oder bei der Kreditaufnahme (von der Bank an das Unternehmen), sondern dient rein als Rechengröße zur Berechnung der Zinsen.

Dadurch ist es möglich, die Liquidität (gebunden im Kredit) strikt und zum eigenen Vorteil vom Zins (separates Zinsrisiko-Management durch Zins-Derivat) zu trennen. Die meisten Zins-Derivate werden nicht standardisiert an einer Börse, sondern OTC (Over The Counter), also frei vereinbar gehandelt. Aufgrund der Möglichkeit der individuellen Vertragsgestaltung kann ein Zins-Derivat jederzeit der ganz individuellen Situation des Anlegers oder des Kreditnehmers angepasst werden. Weil das Nominalvolumen nicht mit diesen Verträgen „fließen" muss, sind die Märkte viel liquider als alle anderen Wertpapiermärkte.

Wenn zum Beispiel eine große Versicherung einen Teil ihres Barwert-Risikos in ein Cashflow-Risiko drehen möchte, so muss sie nicht mehr alle festverzinslichen Wertpapiere verkaufen, sondern belässt die festverzinslichen Wertpapiere im Bestand und gestaltet deren Zinszahlung durch Abschluss eines Zins-Derivats variabel.

Sie spart sich dadurch Transaktionskosten und ungewollte Kursabschläge, die sie hätte hinnehmen müssen, damit sie für dieses große Paket überhaupt einen Käufer findet.

Ein weiterer Vorteil ist die unheimliche Transparenz. Da keiner der beiden Vertragspartner dem anderen eine große Summe Liquidität zur Verfügung stellt, muss das Rückzahlungsrisiko auch nicht beordnet bzw. in einer Kreditmarge bepreist werden. Bei den Zinssätzen in Zins-Derivaten handelt es sich damit in der Regel immer um Interbanken-Sätze.

Außerdem stehen Zins-Derivat und Basisportfolio stets nur in einem wirtschaftlichen Zusammenhang, nie in einem rechtlichen. Das bedeutet, dass Derivate unabhängig vom Basisportfolio zum Beispiel bei einer anderen Bank abgeschlossen und wieder aufgelöst werden können, oder das auch das Basisportfolio verändert werden kann, ohne dass der Derivat-Vertrag beeinflusst wird.

Die grundsätzlichen Einsatzmöglichkeiten von Zins-Derivaten, die sich für ein modernes Zinsrisiko-Management eignen, werden im Folgenden dargestellt. Aufgrund der Möglichkeit der individuellen Vertragsgestaltung und des rasant wachsenden Marktes ist die Anzahl der möglichen Lösungen schier unendlich. Deshalb kann nur ein kleiner Ausschnitt aufgezeigt werden.

1) Festverzinsliches Wertpapier und Festzins-Zahler-Swap

Ein Zins-Swap ist ein Vertrag über den Austausch von Zinszahlungsströmen

- an bestimmten Terminen,
- bezogen auf ein bestimmtes Nominalvolumen und
- für eine bestimmte Laufzeit.

Da die Art des Zinsrisikos von der Fristigkeit des Zinses abhängt, wird im Rahmen eines modernen Zinsrisiko-Managements in der Regel ein kurzfristiger Zins (Cashflow-Risiko) gegen einen langfristigen Zins (Barwert-Risiko) getauscht.

Das Anlageportfolio der bereits erwähnten Versicherung besteht also zum Großteil aus festverzinslichen Wertpapieren. Die Versicherung möchte das damit verbundene hohe Barwert-Risiko reduzieren. Deshalb schließt sie einen aus ihrer Sicht Festzins-Zahler-Swap ab. Wie der Name schon sagt, zahlt die Versicherung dabei einen Festsatz und erhält im Gegenzug einen variablen Satz, in diesem Beispiel 6-Monats-Euribor.

Aus dem Anlageportfolio mit verschiedenen Wertpapieren erhält die Versicherung einen durchschnittlichen Festzins von 6% bei einer durchschnittlichen Restlaufzeit von 5 Jahren. Über den Swap zahlt

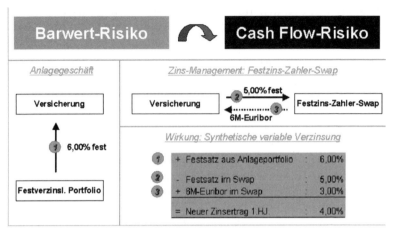

Abb. 3-30: Wirkung eines Festzins-Zahler-Swaps auf ein festverzinsliches Anlageportfolio

sie jetzt für die nächsten fünf Jahre einen Festsatz in Höhe von 5 % und empfängt einen 6-Monats-Euribor von aktuell 3 %. Die Festsätze werden für die nächsten fünf Jahre zum durchlaufenden Posten, die Differenz von einem Prozent verbleibt bei der Versicherung, sie erhält auf ihr Portfolio demnach ab sofort 6-Monats-Euribor + 1,00 %.

Für das erste Halbjahr steht der 6-Monats-Euribor mit 3,00 % bereits fest. In den ersten sechs Monaten erhält die Versicherung also 4,00 %, der Ertrag für die nächsten neun Halbjahre richtet sich dann nach dem jeweils am Anfang des Halbjahres festgelegten 6-Monats-Euribors. Bei fallenden Geldmarkt-Zinsen reduziert sich damit der laufende Zinsertrag (= Cashflow-Risiko). Von steigenden Geldmarkt-Zinsen profitiert die Versicherung über halbjährlich steigende Zinserträge (= Cashflow-Chance). Wie wird nun aber das Barwert-Risiko ausgeschaltet? Wenn die festverzinslichen Wertpapiere nicht verkauft werden, sondern im Depot der Versicherung verbleiben, dann bleibt doch auch deren Barwert-Risiko bestehen. Richtig. Durch den Abschluss des Festzins-Zahler-Swaps schafft sich die Versicherung jedoch eine Gegenposition (oder in Worten des Value-at-Risk-Ansatzes eine Position, die zum Basisportfolio eine Korrelation von −1 aufweist).

Das Basisportfolio verliert an Wert wenn die Kapitalmarktzinsen steigen (bei einer durchschnittlichen Restlaufzeit von fünf Jahren nimmt vor allem das 5-jährige Zinsniveau nachhaltigen Einfluss). Der Festzins-Zahler-Swap gewinnt an Wert, wenn die Kapitalmarkt-Zinsen steigen. Einen Verlust im Basisportfolio gleicht der Barwertgewinn im Festzins-Zahler-Swap entsprechend aus. Durch diese kompensierende Wirkung wird das Barwert-Risiko eliminiert.

3.3 Möglichkeiten zur Zinsrisiko-Steuerung

Der Barwertgewinn eines Festzins-Zahler-Swaps rechnet sich wie folgt. Bei Abschluss hat die Versicherung mit dem Swap-Vertragspartner vereinbart, fünf Jahre lang einem Zinssatz von 5 % gegen 6-Monats-Euribor zu zahlen. Nach einem Jahr ist das Kapitalmarkt-Niveau deutlich angestiegen. Der Zinssatz für fünf Jahre liegt jetzt bei 6,50 %. Nachdem der Swap nun aber nur noch eine Restlaufzeit von vier Jahren hat, muss auch das 4-jährige Zinsniveau zur Bewertung herangezogen werden.

Der 4-Jahres-Zins liegt bei 6,00 %. Würde die Versicherung das Geschäft zu diesem Zeitpunkt abschließen, müsste sie ein Prozent mehr Zinsen zahlen. Oder anders betrachtet, bei einem Gegengeschäft, also einem Festzins-Empfänger-Swap, würde die Versicherung in einem 4-jährigen Zinstausch gegen 6-Monats-Euribor aktuell 6,00 % erhalten. Die Swap-Geschäfte isoliert betrachtet, könnte die Versicherung für die komplette Restlaufzeit einen risikolosen Zins in Höhe von 1,00 % erwirtschaften. Die jeweils variable Größe in den Geschäften ist der 6-Monats-Euribor, aufgrund der entgegengesetzten Richtungen kürzt sich dieser weg und ist nicht mehr von Interesse. Aus der Differenz der Festsätze ergibt sich dann der jährliche Zinsvorteil zugunsten der Versicherung.

Der vor einem Jahr abgeschlossene Festzins-Zahler-Swap muss heute also den gleichen Wert haben, wie eine Zinszahlung von 1% per

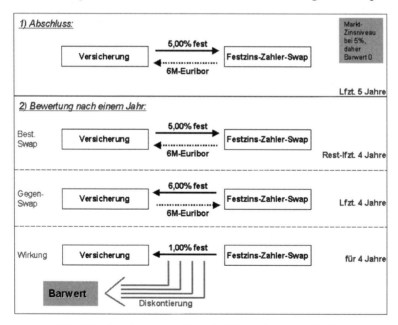

Abb. 3-31: Berechnung der Wertentwicklung eines beispielhaften Festzins-Zahler-Swaps

anno über die Laufzeit von 4 Jahren aus heutiger Sicht. Der positive Barwert ergibt sich also aus der Diskontierung der einzelnen Zahlungsströme.

In gleichem Maße, in dem der Festzins-Zahler-Swap an Wert gewonnen hat, muss das Basisportfolio an Barwert verloren haben, denn Eliminierung des Barwertrisikos bedeutet auch Eliminierung der Barwert-Chance. Das ein Anlageportfolio mit festverzinslichen Wertpapieren in einem Zinsanstieg an Wert verliert (die Kurse der Wertpapiere sinken), ist einleuchtend. Damit ist die Strategie aufgegangen. Basisportfolio zuzüglich Zinsmanagement-Maßnahme haben sich gegenüber dem Zinsanstieg wertneutral entwickelt.

2) Festsatz-Kredit und Festzins-Empfänger-Swap

Ein Unternehmen möchte sich vor Barwert-Risiken eines aufgenommenen Festsatz-Kredites schützen. Die von der Bank vor zwei Jahren für zehn Jahre zur Verfügung gestellten Mittel werden weiter benötigt. Eine Rückführung kommt für das Unternehmen deshalb nicht in Frage. Eine Ablösung durch ein Darlehen mit variabler Zinsbindung wurde in Betracht gezogen, aufgrund der Ablöse-Gebühren jedoch schnell wieder verworfen.

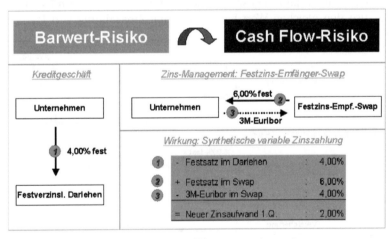

Abb. 3-32: Wirkung eines Festzins-Empfänger-Swaps auf ein festverzinsliches Darlehen

Durch den Abschluss eines Festzins-Empfänger-Swaps mit gleichem Nominalvolumen und gleicher Tilgungsstruktur kreiert sich das Unternehmen deshalb ein synthetisches variables Darlehen. Das Festzins-Darlehen wurde in einer absoluten Niedrigzins-Phase abgeschlossen. Der Zinssatz beträgt 4,00 %. Seitdem sind die Kapitalmarkt-Zinsen ziemlich stark gestiegen. Bei Abschluss eine Festzins-Empfänger-Swaps erhält das Unternehmen nun einen Zinssatz von 6,00% (Zinssatz für Restlaufzeit acht Jahre) und zahlt dagegen 3-Monats-Euribor. Der Festsatz aus dem Swap wird in den Kredit weitergeleitet, die positive Differenz in Höhe von 2% verbleibt beim Unternehmen. Im Gegenzug wird dem Unternehmen vierteljährlich der jeweils am Anfang des Quartals festgelegte 3-Monats-Euribor belastet. Die Zinsbelastung für das erste Quartal steht bei Abschluss fest, die übrigen 23 Quartale unterliegt der Kredit jetzt dem Cashflow-Risiko.

Sinken die Kapitalmarkt-Zinsen wieder, verliert der Festsatz-Kredit an Wert. In diesem Falle verliert er einen Teil seines in den letzten beiden Jahren gewonnen Barwerts (aufgrund des deutlich angestiegenen Zinsniveaus hat der Kredit einen stark positiven Barwert). Im Gegenzug gewinnt jedoch der Festzins-Empfänger-Swap an Wert und kompensiert diesen Wertverlust.

Der Kreditnehmer empfängt aus dem Swap für eine Laufzeit von acht Jahren einen Festsatz von 6%. Nach zwei Jahren sind die Kapitalmarkt-Zinsen deutlich gefallen. Der Zinssatz für 6-jährige Laufzeiten (= Restlaufzeit) liegt bei nur noch bei 4%. Der komplette, noch vor einem Jahr deutliche Barwert-Gewinn im Kredit ist aufgebraucht. Der Festzins-Empfänger-Swap muss diesen Betrag an Barwert hinzugewonnen haben.

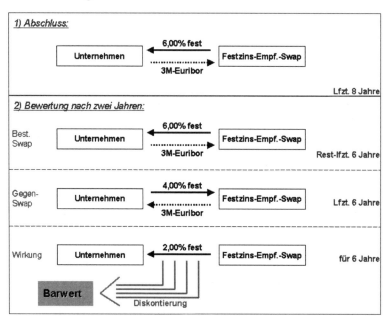

Abb. 3-33: Berechnung der Wertentwicklung eines beispielhaften Festzins-Zahler-Swaps

Um die Auswirkungen des Festzins-Empfänger-Swaps zu neutralisieren, könnte das Unternehmen wieder einen Gegen-Swap abschließen. Für eine Laufzeit von sechs Jahren verpflichtet sich das Unternehmen in einem Zinstausch einen Festzins zu zahlen und einen variablen Zins, in diesem Falle, den 3-Monats-Euribor zu empfangen. Durch das Gegen-Geschäft heben sich die variablen Zahlungsströme auf, weil sie wieder einmal zu zahlen (Ursprungs-Swap) und einmal zu empfangen (Gegen-Swap) sind. Die Festsätze kürzen sich und beim Unternehmen verbleibt ein jährlicher Zufluss von 2%, der zur Barwert-Berechnung dann wieder entsprechend diskontiert wird.

Der Wertzuwachs des Festzins-Empfänger-Swaps muss diesem Barwert entsprechen. Das Gesamtportfolio hat somit zwar in der Kreditposition an Wert verloren, in der Zins-Derivat-Position diesen Wert aber hinzugewonnen und sich in Summe damit barwertrisiko-neutral verhalten.

Das Unternehmen glaubt das Barwert-Risiko nun gut einschätzen zu können, will sich vor dem aus seiner Sicht steigenden Cashflow-Risiko schützen. Dazu löst es den vor einem Jahr abgeschlossenen Festzins-Empfänger-Swap auf. Der aktuelle Barwert wird dem Unternehmen auf dem Konto gutgeschrieben und gleicht den nicht liquiditätswirksam gewordenen Barwert-Verlust des Kredites aus.

Nach einem Jahr sind die Kapitalmarktzinsen wieder deutlich gestiegen. Der Zinssatz für die Restlaufzeit von fünf Jahren beträgt 5%. Der Festsatzkredit hat wieder an Barwert gewonnen (1% per anno für insgesamt fünf Jahre, diskontiert auf heute). Das Unternehmen möchte nun diesen Barwert-Gewinn realisieren. Es spricht mit der kreditgebenden Bank über eine vorzeitige Ablösung des Kredites. Zu seiner Überraschung wird dem Unternehmen mitgeteilt, dass bei Ablösung des Kredites kein positiver Barwert ausbezahlt werden könne, da ein klassischer Kredit nie einen positiven Wert hat. Bei gesunkenem Zinsniveau wird eine Vorfälligkeitsentschädigung belastet, bei gestiegenem Zinsniveau jedoch keine „Vorfälligkeitsentschädigung" ausbezahlt. Dies ist gängige Praxis und aus Kreditnehmersicht leider absolut rechtens. Für dieses Problem gibt es jedoch eine einfache Lösung:

Durch den Einsatz eines Zins-Derivats kann sich das Unternehmen den positiven Barwert des Kredites sofort auszahlen lassen. Üblicherweise hat ein Zins-Swap bei Abschluss einen Barwert von Null, da der Festzins dem aktuellen Marktzins entspricht. Weicht der vereinbarte Festzins vom aktuellen Marktzins ab, so hat der Zins-Swap bei Abschluss einen positiven oder negativen Barwert, der sofort an die benachteiligte Partei ausbezahlt werden muss.

Der Festsatzkredit hat einen Zinssatz von 4%. Zur Auszahlung des Barwert-Gewinns schließt das Unternehmen einen Festzins-Empfänger-Swap mit einem so genannten Off-Market-Kupon ab. Eigentlich würde das Unternehmen einen Festsatz von 5% erhalten. Auf besonderen Wunsch empfängt es in diesem Fall jedoch nur 4% und lässt sich die ihm zustehende positive Differenz in Höhe von 1,00% per anno als Barwert sofort auszahlen. Dadurch wurde der Barwert-Gewinn im Kredit sofort realisiert, ohne dass der eigentliche Kredit „angefasst" werden musste.

Gleichzeitig ist wieder das Barwert-Risiko eliminiert und bewusst ein Cashflow-Risiko eingegangen worden. Da Grundgeschäft und Derivat nicht in rechtlichem Zusammenhang stehen, muss die kreditgebende Bank nicht einmal von der Barwert-Realisierung über das Derivat mit einer anderen Bank erfahren. Diese Freiheit liegt allein beim Unternehmer.

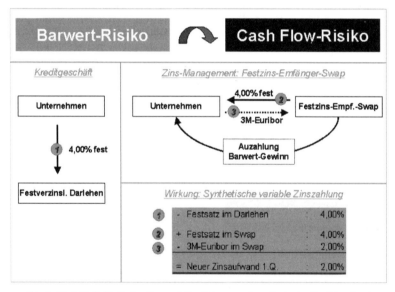

Abb. 3-34: *Möglichkeit der Barwert-Realisierung eines Festsatz-Kredites durch Einsatz eines Festzins-Empfänger-Swaps mit Off-Market-Kupon*

3) Variabel verzinslicher Kredit und Festzins-Zahler-Swap

Die klassische Einsatzmöglichkeit für Zins-Swaps. Ein Unternehmen hat einen variabel verzinslichen Kredit aufgenommen (Roll-Over-Kredit, Eurokredit ...). Der zu zahlende Zinssatz setzt sich aus 3-Monats-Euribor und der vereinbarten Kreditmarge von beispielsweise 1,00% zusammen. Da der 3-Monats-Euribor quartalsweise an das aktuelle Zinsniveau angepasst wird, beinhaltet diese

Kreditform das volle Cashflow-Risiko. Aus Gründen der Flexibilität (Möglichkeiten zur zwischenzeitliche Rückführung, Sondertilgung, Ablösung durch eine andere Bank ...) möchte das Unternehmen an der Kreditform festhalten.

Zum Ausschluss des Cashflow-Risikos schließt es deshalb für die nächsten fünf Jahre zusätzlich einen Festzins-Zahler-Swap ab. In diesem Swap zahlt es an eine Bank den aktuell gültigen Festsatz in Höhe von 5% und empfängt 3-Monats-Euribor. Der 3-Monats-Euribor wird somit zum durchlaufenden Posten. Die Zinsbelastung des Unternehmens setzt sich für die nächsten fünf Jahre aus dem Festsatz im Swap und der Kreditmarge in der Finanzierung zusammen, völlig gleichgültig, auf welchem Niveau der 3-Monats-Euribor aller drei Monate gefixt wird. Steigt dieser Euribor zum Beispiel auf 10%, so muss das Unternehmen an die kreditgebende Bank zwar insgesamt 11% Zinsen bezahlen (Euribor + Kreditmarge), erhält diesen hohen Euribor aber gleichzeitig aus dem Festzins-Zahler-Swap und kann damit die 10% Zinszahlung im Kredit ohne Probleme begleichen. Dadurch ist das Cashflow-Risiko vollkommen eliminiert.

Gleichzeitig ist ein neues Barwert-Risiko entstanden. Der variabel verzinsliche Kredit unterliegt nach wie vor keinem Barwert-Risiko, da sein Zins vierteljährlich an das aktuelle Zinsniveau angepasst wird. Aber der Festzins-Zahler-Swap gewinnt an Wert bei steigenden Langfrist-Zinsen (= Chance) und verliert an Barwert, wenn die Langfrist-Zinsen sinken (= Risiko).

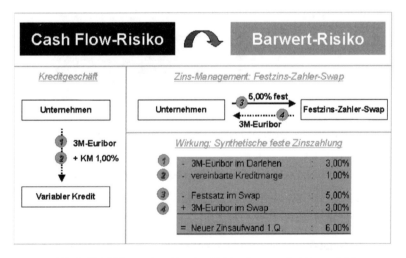

Abb. 3-35: *Wirkung eines Festzins-Zahler-Swaps auf einen variabel verzinslichen Kredit*

4) Variabel verzinsliches Wertpapier und Festzins-Empfänger-Swap

Ein Unternehmen hat einen Teil der Pensionsverpflichtungen in einem variabel verzinslichen Wertpapier, einer so genannten Floating Rate Note (Floater) angelegt. Grund für diese Anlageentscheidung ist die benötigte Flexibilität in der Verfügung der Anlagemittel. Da bereits Pensionsansprüche ausbezahlt werden müssen, gleichzeitig aber weiterhin Zuflüsse stattfinden, schwankt das Anlagevolumen. Die Anlageform des variabel verzinslichen Wertpapiers wurde gewählt, da es einen attraktiven Aufschlag in Höhe von 1,25 % auf Marktzins-Niveau bezahlt und aufgrund seiner geringen Kursschwankungen (=geringes Barwert-Risiko) jederzeit ohne große Verluste liquidierbar ist.

Grundsätzlich steht ein Bodensatz jedoch längerfristig zur Verfügung. Um das Cashflow-Risiko für diesen Teil auszuschließen, wird ein Festzins-Empfänger-Swap abgeschlossen. In diesem Swap zahlt das Unternehmen den 12-Monats-Euribor weiter, den es aus dem Floater erhält. Im Gegenzug erhält es dafür für die nächsten zehn Jahre einen Festsatz in Höhe von 5,50 %. Der Aufschlag aus dem Floater bleibt beim Unternehmen, so dass durch Verbindung der Floating-Rate-Note mit dem Festzins-Empfänger-Swap ein synthetisch festverzinsliches Wertpapier mit einem Kupon von 6,75 % kreiert wurden – mit einem entscheidenden Vorteil: Die Liquidität ist nach wie vor ohne großes Barwert-Risiko verfügbar, da das Barwert-Risiko nicht in der Anlage sondern im Swap entstanden ist.

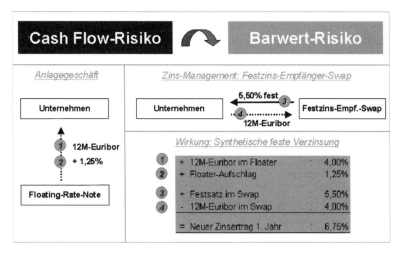

Abb. 3-36: *Wirkung eines Festzins-Zahler-Swaps auf einen variabel verzinslichen Kredit*

5) Auslaufendes Festsatz-Darlehen und Forward-Festzins-Zahler-Swap

Zins-Swap und Grundgeschäft sind eigenständige Rechtsgeschäfte. Es besteht zwar sehr wohl ein wirtschaftlicher Zusammenhang (Steuerung von Cashflow- und/oder Barwert-Risiko), es wird jedoch kein rechtlicher Zusammenhang geschaffen. Das bedeutet auch, dass beide Geschäfte nicht immer zeitgleich abgeschlossen werden müssen.

So kann ein Kreditnehmer für ein in einem Jahr auslaufendes Festsatzdarlehen das dann schlagend werdende Cashflow-Risiko bereits heute eliminieren. Dazu schließt er einen so genannten Forward-Swap ab, bei dem er nach einer Vorlaufperiode von einem Jahr an den Swap-Vertragspartner einen bereits heute fixierten Festsatz bezahlt und im Gegenzug zum Beispiel den 1-Monats-Euribor empfängt.

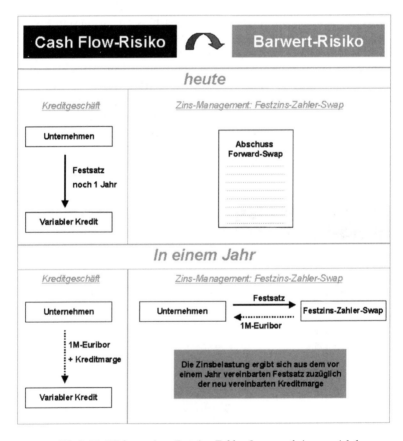

Abb. 3-37: Wirkung eines Festzins-Zahler-Swaps auf einen variabel verzinslichen Kredit

3.3 Möglichkeiten zur Zinsrisiko-Steuerung   149

Während der Vorlaufperiode von einem Jahr fließen im Swap keine Zahlungsströme. Das Unternehmen zahlt weiter den festen Zins für das noch laufende Festsatz-Darlehen an die kreditgebende Bank. Nach einem Jahr wird dieses Darlehen durch einen variabel verzinslichen Kredit auf 1-Monats-Euribor-Basis abgelöst. Gleichzeitig beginnt der Festzins-Zahler-Swap zu laufen. Aus dem Swap erhält das Unternehmen den jeweils monatlich neu gefixten 1-Monats-Euribor, den es in den Kredit weiterleitet. Im Gegenzug zahlt es den vor einem Jahr bereits fixierten Festsatz. Die Gesamt-Zinsbelastung erhöht sich entsprechend um die im Kredit vereinbarte Kreditmarge. Das Cashflow-Risiko wurde bereits ein Jahr vor Zinsauslauf beseitigt, dafür entstand mit Abschluss des Forward-Swaps ein Barwert-Risiko, da der Swap auch schon in seiner Vorlaufzeit den üblichen Barwert-Schwankungen unterliegt (aufgrund der kurzen Restlaufzeit des Festsatz-Kredites war das Barwert-Risiko bisher eher gering).

Der Forward-Swap wird regelmäßig in Niedrigzinsphasen für zukünftige Zinsausläufe bzw. für geplante Kredit-Neuaufnahmen eingesetzt. Im Anlagebereich kann er mit entsprechend umgekehrten Vorzeichen als Festzins-Empfänger-Swap für zukünftige Geldanlagen oder zum Ausschluss des Wiederanlage-Risikos (= Cashflow-Risiko beim Auslauf einer festverzinslichen Anlage) eingesetzt werden.

6) Variabel verzinslicher Kredit und Kauf Zins-Cap

Durch Kauf eines Zins-Cap entscheidet sich ein Kreditnehmer bewusst für ein gewisses Maß an Cashflow-Risiko. Im Gegensatz zum Festzins-Zahler-Swap belässt der Zins-Cap den Kredit in seiner variablen Zinsbindung. Durch Kauf des Caps wird das uneingeschränkte Cashflow-Risiko lediglich in seiner Höhe begrenzt.

Durch Kauf eines Caps sichert sich der Kreditnehmer das Recht, bei Überschreiten eines festgelegten Zinsniveaus (Obergrenze, Strike) durch den variablen Zins (zum Beispiel Euribor) Ausgleichszahlungen in Höhe derer Differenz zu erhalten. Für diese Recht zahlt der Cap-Käufer am Anfang der Laufzeit eine Cap-Prämie.

Kauft ein Unternehmen zum Beispiel für seinen Roll-Over-Kredit auf 3-Monats-Euribor-Basis einen 5-jährigen Zins-Cap mit einem Strike von 5,00 %, so erhält es bei einem 3-Monats-Euribor in Höhe von 6,00 % eine Ausgleichszahlung vom Cap-Vertragspartner in Höhe von 1,00 %. Liegt der 3-Monats-Euribor unter der Obergrenze von 5,00 % (zum Beispiel bei 2,00 %), so fließt keine Ausgleichszahlung.

Mit dem Kauf eines Zins-Cap bleibt demnach das Cashflow-Risiko grundsätzlich erhalten, wird jedoch nach oben begrenzt. Der Cap

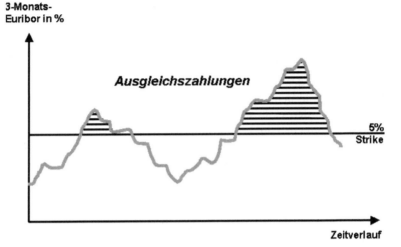

Abb. 3-38: *Auszahlungsprofil eines Zins-Caps*

stellt somit eine Versicherung gegen stark werdendes Cashflow-Risiko dar.

Der Zins-Cap ist eine Option. Nach Entrichtung der einmaligen Prämie hat der Käufer nur noch Rechte (= Ausgleichszahlungen) und keine weiteren Verpflichtungen. Die Prämie wird dementsprechend anhand der gängigen Options-Preis-Modelle berechnet. Das Barwert-Risiko eines Caps ist auf Veränderungen dieser Prämie begrenzt. Durch Kauf des Caps wird ein Vermögensgegenstand geschaffen, dessen Wert von Zinsbewegungen beeinflusst wird.

Grundsätzlich wird die Prämie bei steigenden Zinsen größer (= Barwert-Chance) und bei fallenden Zinsen kleiner (= Barwert-Risiko). Im Vergleich zum Barwert-Risiko von Festzinspositionen ist dieses Risiko jedoch sehr gering.

Durch Kauf eines Zins-Caps geht der Risiko-Manager eines Unternehmens bewusst ein Cashflow-Risiko ein um von der damit verbundenen Cashflow-Chance zu profitieren. Entgegen der allgemein vertretenen Ansicht hat sich der Einsatz eines Zins-Caps für einen Kreditnehmer genau dann am meisten rentiert, wenn er nie eine Ausgleichszahlung bekommen hat. Das bedeutet nicht, dass der Zins-Cap damit unnütz gewesen wäre, denn er hat ein nicht kalkulierbares Cashflow-Risiko ganz klar kalkulierbar gemacht, gleichzeitig jedoch voll seine positive Eigenschaft ausgespielt, dass jederzeit die Cashflow-Chance generiert werden konnte. Im Vergleich dazu profitiert der Festzins-Zahler eines Swaps nicht von niedrigen bzw. sinkenden Zinsen.

Für die vierteljährliche Abrechnung des oben angeführten Zins-Caps gibt es somit folgende zwei Szenarien. Liegt der 3-Monats-Euribor bei 3,00%, so zahlt das Unternehmen an die kreditgebende Bank diesen Zinssatz zuzüglich der vereinbarten Kreditmarge von 2,00%, also insgesamt 5,00%. Der Cap zahlt keinen Ausgleich.

Steigt der 3-Monats-Euribor auf zum Beispiel 8,00%, dann greift der Zins-Cap. Zunächst sind an die kreditgebende Bank wieder 3-Monats-Euribor plus Kreditmarge, also insgesamt 10,00% zu zahlen. Aus dem Cap erhält das Unternehmen jedoch eine Ausgleichszahlung in Höhe von 3,00%. Die Gesamt-Zinsbelastung reduziert sich damit auf 7,00% und kann nie darüber steigen.

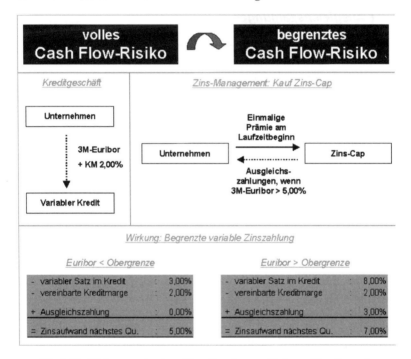

Abb. 3-39: *Wirkungsweise eines Zins-Caps in verschiedenen Zins-Szenarien*

7) Variabel verzinsliche Anlage und Kauf Zins-Floor

Der Cap für den Anleger heißt Zins-Floor. Hier sichert sich der Käufer nach Entrichtung einer einmaligen Prämie Ausgleichszahlungen, wenn ein variabler Zinssatz ein bestimmtes Zins-Niveau unterschreitet. Der Anleger sichert sich damit einen Mindest-Zins bei gleichzeitiger Partizipation an Zinssteigerungen.

Damit wird auch die Anlage (zum Beispiel Festgeld) bewusst dem Cashflow-Risiko ausgesetzt, um von der Cashflow-Chance zu profi-

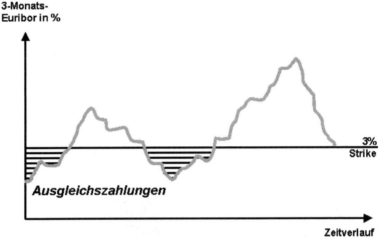

Abb. 3-40: Auszahlungsprofil eines beispielhaften Zins-Floors

tieren. Im Sinne eines modernen Risiko-Management-Systems wird das Risiko jedoch ganz klar begrenzt. Die zu zahlende Prämie unterliegt wieder in gewissem Ausmaß dem Barwert-Risiko.

8) Variabel verzinslicher Kredit und Constant-Maturity-Swap

Beim üblichen Zins-Swap wird ein variabler Zinssatz gegen eine festen Zinssatz getauscht. Beim Constant-Maturity-Swap werden zwei unterschiedliche variable Zinssätze gegeneinander getauscht.

Der Kreditnehmer mehrerer Roll-Over-Kredite zahlt Zinsen auf 6-Monats-Euribor-Basis. Das Cashflow-Risiko wird allein durch die Entwicklung des Geldmarktes bestimmt. Nachdem sich Geldmarkt- und Kapitalmarkt-Zinsen nicht unbedingt immer im Gleichlauf entwickeln, soll aus Diversifikations-Gründen ein spezieller Roll-Over-Kredit auf variable Kapitalmarkt-Basis umgestellt werden.

Dazu schließt das Unternehmen einen fünfjährigen Constant-Maturity-Swap ab, bei dem es den 6-Monats-Euribor empfängt und dagegen den 5-jährigen Festsatz zahlt. Beide Zinssätze werden halbjährlich an das gültige Marktzins-Niveau angepasst. Der Roll-Over-Kredit unterliegt also weiterhin einem Cashflow-Risiko, jedoch nun einem anderen. Dieses wird nicht mehr vom 6-Monats-Euribor, sondern von der halbjährlichen Entwicklung des 5-Jahres-Satzes beeinflusst. Da dieser zum einen anderen absoluten Ausschlägen unterliegt und zum zweiten sich nicht eins zu eins zum 6-Monats-Euribor entwickelt, wird das Cashflow-Risiko des Kreditportfolios dadurch reduziert.

3.3 Möglichkeiten zur Zinsrisiko-Steuerung

Da beide Seiten des Constant-Maturity-Swap regelmäßig an das aktuelle Zinsniveau angepasst werden, sollte er aus diesem Grund keinen bzw. nur geringen Barwert-Schwankungen unterliegen und damit das Barwert-Risiko des Kredit-Portfolios nicht erhöhen. Er unterliegt Barwert-Schwankungen aus einem anderen Grund. Der jeweils aktuelle 5-Jahres-Satz wird abzüglich eines finanzmathematisch ermittelten Abschlags gezahlt. Dieser bleibt über die komplette Laufzeit konstant. Ändert sich aufgrund von Bewegungen des Zinsmarktes der Abschlag für ein theoretisches Gegengeschäft, so wird der Barwert des Constant-Maturity-Swap negativ (Abschlag wird größer) bzw. positiv (Abschlag wird kleiner). Im Vergleich zu den Barwert-Schwankungen einer Festzins-Position sind diese Barwert-Risiken jedoch deutlich geringer.

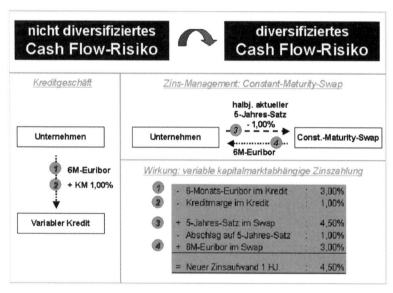

Abb. 3-41: *Wirkung eines fünfjährigen Constant-Maturity-Swaps auf einen Roll-Over-Kredit*

Zur Begrenzung des Cashflow-Risikos, das aus der Entwicklung des 5-Jahres-Satzes resultiert, kann ein entsprechender Constant-Maturity-Cap gekauft werden. Solche Caps werden oft aus den Abschlägen des Constant-Maturity-Satzes finanziert.

Für Anleger kann der Constant-Maturity-Swap mit umgekehrten Vorzeichen eingesetzt werden und das Cashflow-Risiko durch einen entsprechenden Constant-Maturity-Floor begrenzt werden.

3.4 Praxisbeispiel

3.4.1 Ausgangssituation

Die Zins-Risiko-Management GmbH (ZRM-GmbH) hat folgende Kredite im Bestand:

1) Langfristige Immobilienfinanzierung

aktuelles Nominalvolumen: 10 Mio. EUR
Tilgung: 250 TEUR halbjährlich linear
Festzins: 7,00 % (enthaltene Kreditmarge 1,00 %)
Konditionenanpassung: in 2 Jahren

2) Betriebsmittel-Linie (Bank A)

durchschnittlicher Inanspruchnahme: 2 Mio. EUR
Zinsbasis: 6-Monats-Euribor
Kreditmarge: 2,00 %

3) Betriebsmittel-Linie (Bank B)

durchschnittlicher Inanspruchnahme: 3 Mio. EUR
Zinsbasis: 6-Monats-Euribor
Kreditmarge: 1,75 %

Investitionen bzw. Desinvestitionen sind nach aktuellem Kenntnisstand nicht geplant. Die Betriebsmittel-Linien werden auch in Zukunft ähnlich durchschnittlich beansprucht.

Messung und Controlling der Zins-Risiken erfolgt mittels Szenario-Analyse. Ergänzend soll Cashflow- und Value-at-Risk gemessen werden.

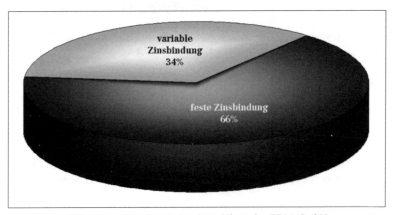

Abb. 3-42: Aktuelle Zinsbindungsbilanz der ZRM-GmbH

3.4.2 Identifikation der Risiken

Zur Identifikation der Zinsrisiken muss zunächst die aktuelle Zinsbindungs-Bilanz sowie der Zinsbindungs-Verlauf aufgestellt werden.

1) Aktuelle Zinsbindungsbilanz

Die ZRM-GmbH ist zu zwei Drittel mit fester Zinsbindung, zu einem Drittel mit variabler Zinsbindung finanziert. Daraus lässt sich schlussfolgern, dass das Kreditportfolio aktuell weniger dem Cashflow-, sondern eher dem Barwert-Risiko unterliegt.

2) Zinsbindungsverlauf

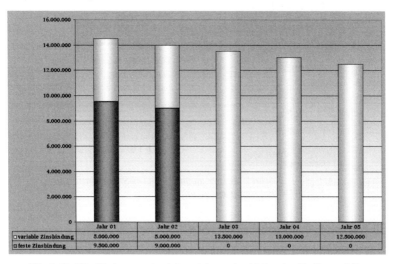

Abb. 3-43: Zinsbindungsverlauf der nächsten fünf Jahre des Kreditportfolios der ZRM-GmbH

Aus dem Zinsbindungsverlauf ist gut zu erkennen, dass sich die Zinsbindungsstruktur und damit die Zinsrisiko-Verteilungsstruktur im Vergleich zur aktuellen Situation in 2 Jahren ziemlich stark ändert. Aus dem hohen Barwert-Risiko wird durch den kompletten Zinsauslauf des Immobiliendarlehens ein 100%iges Cashflow-Risiko.

Weiterhin wird die durch die Tilgung im Immobiliendarlehen verursachte langsame Entschuldung der ZRM-GmbH deutlich.

3) Fazit der Risiko-Identifikation

Jahr 01 + Jahr 02: geringes Cashflow-Risiko   hohes Barwert-Risiko
Jahr 03 – Jahr 05: volles Cashflow-Risiko   kein Barwert-Risiko

3.4.3 Messen der Risiken

Das Messen der Risiken soll über eine Szenario-Analyse erfolgen. Dazu werden folgende, bereits bekannte Szenarien generiert:

1) Szenarien

	Zinsen
Szenario 1	Konstante Zinsen, Keine Veränderung der Zinsen
Szenario 2 (Best Case)	1,00% Zinsrückgang, ad hoc (sofort) danach konstant
Szenario 3 (Worst Case)	1,00% Zinsanstieg, ad hoc (sofort) danach konstant
Szenario 4 (Stresstest)	2,00% Zinsanstieg, ad hoc (sofort) danach 1,00% p.a.

Abb. 3-44: Beschreibung der anzuwendenden Szenarien für die Szenario-Analyse für das Kreditportfolio der ZRM-GmbH

2) Messung des Cashflow-Risikos

2a) Messung des Zinsaufwands absolut

Nun wird für der absolute Zinsaufwand des aktuellen Kreditportfolios in sämtlichen vier Szenarien simuliert und sowohl tabellarisch als auch grafisch abgetragen.

Nachdem die Unterschiede in den einzelnen Szenarien in den ersten beiden Jahren relativ moderat ausfallen, werden die Differenzen ab dem dritten Betrachtungsjahr deutlich höher. Im Stresstest steigt der Zinsaufwand deutlich an, obwohl das ausstehende Kreditvolumen aufgrund der Tilgungen gleichzeitig kleiner wird.

2b) Messung des Cashflow-Risikos

Aus den Ergebnissen der Zinsaufwand-Analyse wird eine Übersicht zum Cashflow-Risiko erstellt. Dabei werden jeweils die Differenzen des Zinsaufwands der Szenarien 2 bis 4 zum Szenario 1 abgetragen. Dadurch wird ersichtlich, welcher Zinsmehr- oder Minderaufwand das Unternehmen im Vergleich zu unverändertem

3.4 Praxisbeispiel

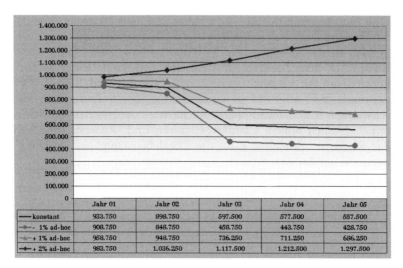

Abb. 3-45: *Absoluter Zinsaufwand des Kreditportfolios der ZRM-GmbH über die nächsten 5 Jahre in den jeweiligen Szenarien*

Zinsniveau bei einem normalen Zinsrückgang, einem normalen und einem starken Zinsanstieg trifft.

Die bereits bei Betrachtung des absoluten Zinsaufwands offensichtliche Entwicklung kommt hier nochmals verstärkt zum Vorschein. Nachdem sich Cashflow-Chancen und -Risiken in den Jahren 01 und 02 eher in Grenzen halten, steigen sie in den Jahren 03 bis 05 deutlich an.

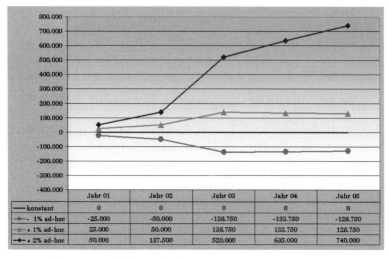

Abb. 3-46: *Cashflow-Risiko des Kreditportfolios der ZRM-GmbH über die nächsten fünf Jahre in den jeweiligen Szenarien*

Eine Einschätzung der Zinsentwicklung ist jedoch eher in den ersten beiden Jahren als in den letzten drei Jahren möglich. Damit verbunden ist die Abwägbarkeit der damit verbundenen Chancen und Risiken. In dem Zeitraum, in dem der Zinsmarkt besser zu prognostizieren ist, bestehen nur geringe Chancen und Risiken. Der Zeitraum, der aufgrund seiner zeitlich größeren Entfernung viel schwieriger bzw. nahezu überhaupt nicht zu prognostizieren ist, eröffnet deutlich höhere Cashflow-Chancen und -Risiken. Vor allem das Risiko im Stresstest kann die Überlebensfähigkeit des Unternehmens gefährden.

3) Messung des Barwert-Risikos

Im nächsten Schritt wird die aktuelle Barwert-Position berechnet sowie das Barwert-Risiko des Kreditportfolios in den verschiedenen Szenarien simuliert und tabellarisch und grafisch aufbereitet.

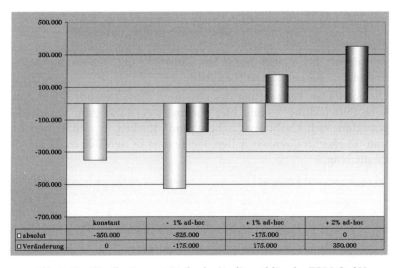

Abb. 3-47: Aktuelles Barwert-Risiko des Kreditportfolios der ZRM-GmbH

Aufgrund der nur noch kurzen Zinsbindung der Immobilien-Finanzierung fällt das Barwert-Risiko relativ gering aus.

4) Fazit der Risiko-Messung

Chancen und Risiken des Kreditportfolios sind deutlich unausgewogen. Die Cashflow-Chance in den ersten beiden Jahren ist mit insgesamt 75 TEUR im Vergleich zum Cashflow-Risiko in den letzten drei Jahren mit über 400 TEUR deutlich zu gering. Vor allem bei stark steigenden Zinsen können mit insgesamt 1900 TEUR Zinsmehraufwand deutliche Ergebnis-Belastungen auftreten. Im Vergleich dazu ist das aktuelle Barwert-Risiko mit 175 TEUR relativ überschaubar.

3.4.4 Behandeln der Risiken

1) Immobilien-Finanzierung und Festzins-Empfänger-Swap

Um die Cashflow-Chance in den ersten beiden Jahren deutlich zu erhöhen, wird die Immobilienfinanzierung über einen Festzins-Empfänger-Swap synthetisch variabel gestaltet. Die Laufzeit des Zins-Swaps wird entsprechend der Laufzeit der Zinsbindung gewählt (= zwei Jahre). Die Nominalstruktur wird der Tilgungsstruktur des Immobiliendarlehens angepasst. Die ZRM-GmbH erhält im Swap einen Festsatz in Höhe von 5,00 % und zahlt dagegen den 6-Monats-Euribor.

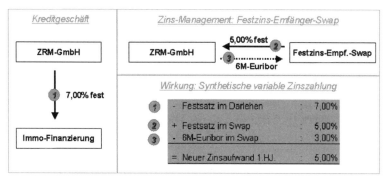

Abb. 3-48: Umgestaltung der Zinsbindung für die Immobilien-Finanzierung der ZRM-GmbH

Die Differenz zwischen Festsatz im Kredit und Festsatz im Swap resultiert zum einen aus der im Festsatz des Kredites versteckten Kreditmarge und zum anderen in dem seit Abschluss der Immobilien-Finanzierung gesunkenen Zinsniveaus.

Das Barwert-Risiko der Immobilien-Finanzierung wurde in ein Cashflow-Risiko umgewandelt. Ab sofort bestehen für die Finanzierung Cashflow-Chancen und -Risiken.

Die Umwandlung in ein synthetisch variables Darlehen führt auf aktuellem Zinsniveau zu einer Zinsersparnis in Höhe von 2,00 %. Diese Zinsersparnis steht für das erste Halbjahr fest und entlastet die ZRW-GmbH sicher um 100 TEUR.

2) Immobilien-Finanzierung und Festzins-Empfänger-Swap und Kauf Zins-Cap

Das nun uneingeschränkte Cashflow-Risiko wird durch Einsatz eines Zins-Caps nach oben begrenzt. Die ZRM-GmbH kauft also zusätzlich einen Zins-Cap mit einer Obergrenze von 6,00 % auf 6-Monats-Euribor-Basis. Laufzeit und Nominalvolumen werden ebenfalls wieder der Immobilien-Finanzierung angepasst. Für den Kauf bezahlt das Unternehmen eine einmalige Prämie in Höhe von 0,50 % vom Nominal (= 50 TEUR). Im Falle niedrig bleibender 6-Monats-Euribors profitiert die ZRM-GmbH weiterhin in vollem Umfang, im Falle steigender 6-Monats-Euribors trägt das Unternehmen das Cashflow-Risiko nur bis zu einem Niveau von 6,00 % selbst, danach greift der Zins-Cap.

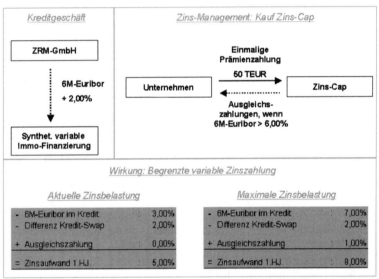

Abb. 3-49: *Begrenzung des Cashflow-Risikos der umgestalteten Zinsbindung für die Immobilien-Finanzierung der ZRM-GmbH*

3) Immobilien-Finanzierung und Forward-Festzins-Zahler-Swap

Zusätzlich schließt die ZWR-GmbH für die Hälfte des in zwei Jahren aus der Zinsbindung laufenden Immobiliendarlehens einen Forward-Swap ab. Die Nominalstruktur wird selbstverständlich wieder dem Tilgungsplan der Finanzierung angepasst, als Laufzeit der Anschlusszinsbindung werden fünf Jahre gewählt. Die ZWR-GmbH sichert sich damit bereits heute einen Festzins in Höhe von 6,50 % für den Zinsauslauf in zwei Jahren. Dadurch wird das bisher mit diesem Zinsauslauf verbundene hohe Cashflow-Risiko halbiert. Die andere Hälfte des Nominalvolumens wird bewusst offen gelassen, um für diesen Teil die Cashflow-Chance im Falle weiter sinkender Zinsen zu wahren. Das damit verbundene Risiko wird über ein Limitsystem gemanaged. Die ZRM-GmbH setzt sich sowohl für den Ziel-Zins ein Limit (zum Beispiel 5,00 %) als auch ein Stop-Loss- Limit für den maximal verkraftbaren Zins (zum Beispiel 7,50 %).

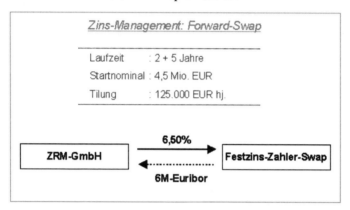

Abb. 3-50: *50 %iger Ausschluss des Cashflow-Risikos der auslaufenden Zinsbindung für die Immobilien-Finanzierung der ZRM-GmbH*

Der Ausschluss eines Teils des Cashflow-Risikos ab dem dritten Jahr hat natürlich sofort eine Erhöhung es Barwert-Risikos zur Folge. In Anbetracht der Neutralisierung des Barwert-Risikos der ursprünglichen Festzins-Bindung durch den 2-jährigen Festzins-Empfänger-Swap bleibt das Barwert-Risiko des Forward-Swaps auf das Gesamtportfolio bezogen relativ gering.

4) Betriebsmittel-Kredite und Kauf Zins-Cap

Als vorerst abschließende Maßnahme wird das Cashflow-Risiko der insgesamt 5 Mio EUR Betriebsmittel-Kreditlinien durch einen Zins-Cap begrenzt. Da Zins-Derivat und Grundgeschäft rechtlich eigenständige Geschäfte sind, kann ein Zins-Cap gleich über beide Kredite gelegt werden. Der Zins-Cap kann mit Bank A, mit Bank B oder mit einer dritten Bank abgeschlossen werden.

Als Obergrenze werden 6,00 % eingezogen. Da nach Meinung des Risiko-Managers die nächsten beiden Jahre relativ überschaubar sind, beginnt der Zins-Cap erst in zwei Jahren für dann drei Jahre zu laufen. Zur Liquiditäts-Schonung wird die Prämie nicht bei Abschluss bezahlt, sondern aufgezinst und während der Laufzeit in jährlichen Raten von 0,30 % (= 15 TEUR p.a.) bezahlt.

3.4.5 Controlling der Risiken

1) Gegenüberstellung des Zinsbindungsverlaufs

Nach Maßnahmen ergibt sich ein deutlich besseres Verhältnis der verschiedenen Zinsbindungsarten. Durch Einsatz des Festzins-Empfänger-Swaps mit Cap wurde die feste Zinsbindung der ersten beiden Jahre komplett in eine variable Zinsbindung mit begrenztem Risiko umgewandelt. Durch Einsatz des Forward-Swaps wurde die komplette variable Zinsbindung ab dem dritten Jahr zu ca. einem Drittel in eine feste Zinsbinung umgewandelt. Das nächste Drittel

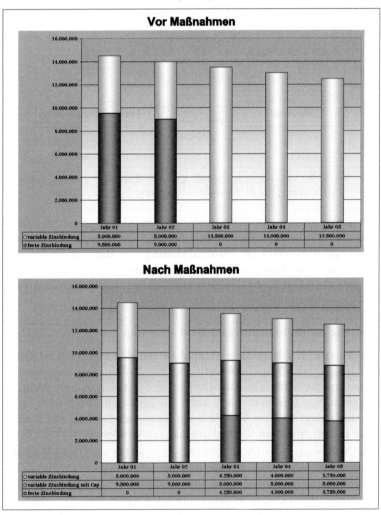

Abb. 3-51: Zinsbindungsverlauf des Kreditportfolios der ZRM-GmbH nach den durchgeführten Maßnahmen

ist durch den Cap auf die Betriebsmittel-Linien im Risiko begrenzt. Das letzte Drittel wird bewusst in variabler Zinsbindung ohne Begrenzung belassen.

2) Gegenüberstellung des Cashflow-Risikos

2a) Gegenüberstellung des absoluten Zinsaufwands

Durch die entsprechenden Maßnahmen reduziert sich der Zinsaufwand in den ersten zwei Jahren in den Szenarien 1 bis 3. Durch Einsatz des Forward-Swaps wird der Zinsaufwand im Szenario 4 ab dem dritten Jahr deutlich begrenzt.

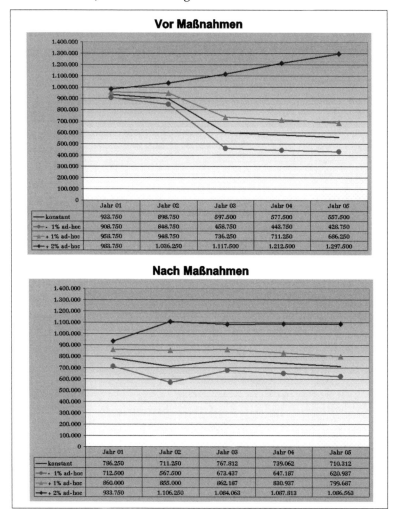

Abb. 3-52: *Zinsaufwand des Kreditportfolios der ZRM-GmbH nach den durchgeführten Maßnahmen*

2b) Gegenüberstellung des Cashflow-Risikos

Aufgrund der eingeleiteten Maßnahmen erhöht sich die Cashflow-Chance in den ersten beiden Jahren deutlich, genau in dem Zeitraum, in dem die Zinsentwicklung aufgrund der zeitlichen Nähe am besten prognostizierbar ist. Ab dem dritten Jahr wird das Cashflow-Risiko im Stress-Szenario reduziert. In den anderen drei Szenarien erhöht sich der Zinsaufwand gegenüber der Ausgangssituation aufgrund der Zinssicherungskosten. Wenn dieser Zeitraum näher rückt, können hier bei besser prognostizierbarem Zinsverlauf erneut Verbilligungs-Maßnahmen eingesetzt werden.

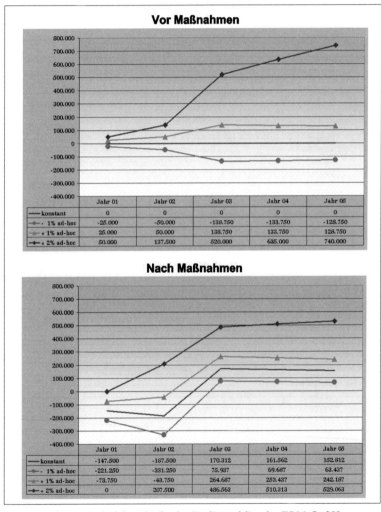

Abb. 3-53: Cashflow-Risiko des Kreditportfolios der ZRM-GmbH nach den durchgeführten Maßnahmen

3) Gegenüberstellung des Barwert-Risikos

Die aktuelle Barwert-Position hat sich nicht verändert. Das Barwert-Risiko hat aufgrund des Forward-Swaps leicht zugenommen. Im Vergleich zu den Cashflow-Chancen und -Risiken sind die Barwert-Chancen und -Risiken jedoch nach wie vor sehr überschaubar.

4) Fazit des Risiko-Controllings

Chancen und Risiken des Kreditportfolios sind deutlich ausgewogener. Die Cashflow-Chance in den ersten beiden Jahren ist mit

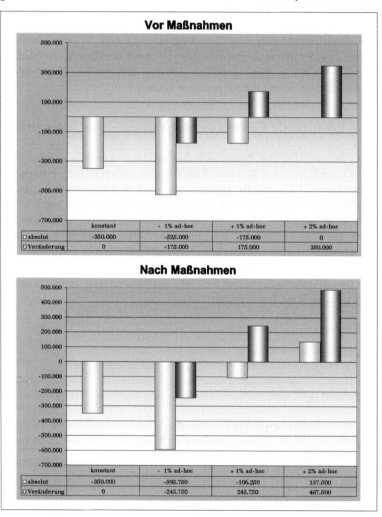

Abb. 3-54: Barwert-Risiko des Kreditportfolios der ZRM-GmbH nach den durchgeführten Maßnahmen

insgesamt mehr als 550TEUR deutlich gewachsen. Die Zinsaufwandsposition hat in den Folgejahren in den Szenarien 1 bis 3 jeweils zugenommen. Zinssicherheit ist immer mit Absicherungskosten verbunden, welche sich hier in Form des höheren Festsatzes im Forward-Swap niederschlagen. Diese Kosten sind vorerst notwendig, um die Cashflow-Risiko-Position im Stresstests zu verbessern. Das Risiko ist um insgesamt mehr als 375 TEUR gesunken. Anhand des Limit-Systems für die zweite Tranche des Forward-Swaps hat die ZRM-GmbH das verbleibende Risiko zudem viel besser im Griff. Im Zeitverlauf wird die Prognose für eine mögliche Zinsentwicklung für diesen Zeitraum zudem besser möglich. Über zusätzlich auf die dann neue Zinssituation abgestimmte Zins-Derivate können die zunächst höheren Zinssicherungskosten wieder reduziert werden. Trotz deutlich besserer Cashflow-Strukturen hat sich das Barwert-Risiko nur leicht erhöht und ist weiterhin sehr überschaubar.

3.4.6 Ergänzende Cashflow- und Value-at-Risk-Betrachtung

Zur Absicherung der Ergebnisse der Szenario-Analyse werden nun noch Cashflow- und Value-at-Risk für das laufende Jahr berechnet. Dazu werden Daten zu Volatilitäten und Korrelationen benötigt. Zur Wahrung der Übersichtlichkeit und da es weniger auf die exakte Zahl, sondern vielmehr auf die richtige Richtung ankommt, wird in diesem Beispiel nur mit einer durchschnittlichen Geldmarkt- und einer durchschnittlichen Kapitalmarkt-Volatilität gerechnet (obwohl natürlich die Volatilität des 2-Jahres-Zinses von der des 10-Jahres-Zinses abweicht), ebenso nur mit einer Korrelation zwischen beiden Märkten.

Geldmarkt-Jahres-Volatilität (absolut):	1,50 %
Kapitalmarkt-Jahres-Volatilität (absolut):	1,00 %
Konfidenz-Niveau:	95 %
Korrelation (Geldmarkt zu Kapitalmarkt)	0,67

Für das Ausgangsportfolio und das Portfolio inklusive der beschlossenen Maßnahmen ergeben sich damit folgende Ergebnisse für Cashflow- und Value at Risk:

	Vor Maßnahmen	Nach Maßnahmen
Cashflow-at-Risk	**ca. 125 TEUR**	**ca. 350 TEUR**
Value-at-Risk	**ca. 310 TEUR**	**ca. 370 TEUR**

3.4 Praxisbeispiel

Höherer CfaR bedeutet neben höherem Risiko im laufenden Jahr auch höher Cashflow-Chance. Nachdem die Zinsentwicklung für das laufende Jahr relativ gut prognostizierbar ist, wird dieses Risiko bewusst zur Wahrung der Chance eingegangen. Über die reine Cashflow-at-Risk-Betrachtung für das laufende Jahr wird das Cashflow-Risiko in den Folgejahren nicht berücksichtigt. Deshalb ist es wichtig, diese Risiken anhand der Szenario-Analyse oder anhand von weiterführenden Berechnungen zu quantifizieren. Dies ist in unserem Beispiel ja bereits mittels Szenario-Analyse geschehen, ebenso der notwendige Stresstest. Das Barwert-Risiko bleibt auch bei dieser Berechnungsform weiterhin relativ überschaubar.

Zur Reduzierung des CfaR kann die moderate Korrelation zwischen Geldmarkt und Kapitalmarkt ausgenutzt werden. Da diese mit 0,67 deutlich unter 1,00 liegt, sollte sich eine Beimischung eines variablen Kapitalmarkt-Satzes auszahlen. Dies kann erzielt werden, indem auf die Betriebsmittel-Linien für die ersten beiden Jahre ein Constant-Maturity-Swap (CMS) aufgesetzt wird, bei dem die ZRM-GmbH den 6-Monats-Euribor empfängt und dagegen den 2-Jahres-Satz abzüglich eines Abschlages zahlt.

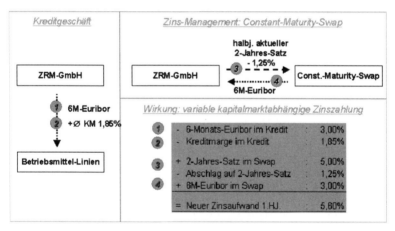

Abb. 3-55: *Umwidmung des geldmarktabhängigen in ein kapitlamarktabhängiges Cashflow – Risikos für die Betriebsmittel-Linien der ZRM-GmbH*

Diese Maßnahme führt im ersten Halbjahr definitiv zu einem um 37 TEUR höheren Zinsaufwand, reduziert jedoch gleichzeitig den CfaR um ca. 60 TEUR.

	Vor Maßnahmen	Nach Maßnahmen ohne CMS	Nach Maßnahmen mit CMS
CfaR	ca. 125 TEUR	ca. 350 TEUR	ca. 290 TEUR

3.5 Executive Summary

Der Zins-Risiko-Management-Prozess ist ein Kreislauf, der sich ständig wiederholen muss. Das bedeutet, der im Beispiel aufgezeigte Prozess muss je nach Komplexität des Portfolios in turnusmäßigen Abständen von drei oder sechs Monaten wieder stattfinden.

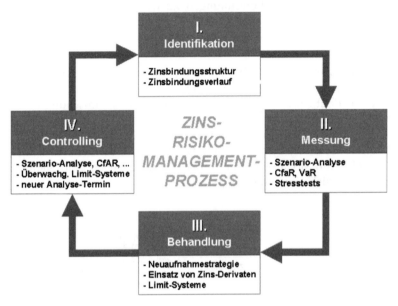

Abb. 3-56: *Ablauf des Finanz-Risiko-Management-Prozesses für den Zinsbereich*

Im ersten Schritt wird die Zinsbindungsstruktur und der Zinsbindungsverlauf des Kredit- oder Anlageportfolios untersucht. Dadurch werden aktuelle Cashflow- und Barwert-Risiken und durch den Zinsbindungsverlauf noch viel wichtiger die zukünftigen Cashflow- und Barwert-Risiken aufgezeigt. In der Regel wird für den Kreditbereich das Cashflow-Risiko von größerer Bedeutung sein. Im Anlagebereich wird die Barwert-Betrachtung in der Regel eine größere Rolle spielen.

Im zweiten Schritt müssen die identifzierten Risiken quantifizert werden. Dies geschieht über Szenario-Analysen, CfaR- und VaR-Analysen und/oder weitere statistische Verfahren (z. B. Monte-Carlo-Simulationen). Die Cashflow-Risiken werden zur ihrer Beurteilung in der Regel zum Jahresergebnis ins Verhältnis gesetzt, die Barwert-Risiken eher zur Summe der Eigenmittel (vor allem im Kreditbereich).

Ergibt diese Analyse ein zu hohes Maß eines oder beider Risiken, müssen im dritten Schritt entsprechende Maßnahmen getroffen werden. Das kann im Vergleich zur ursprünglichen Planung eine veränderte Strategie bei Neuaufnahmen (Kredit) oder Neuanlagen zur Folge haben. Aufgrund ihrer größeren Flexibilität und Individualität werden die Risiken für neue Positionen und für Bestands-

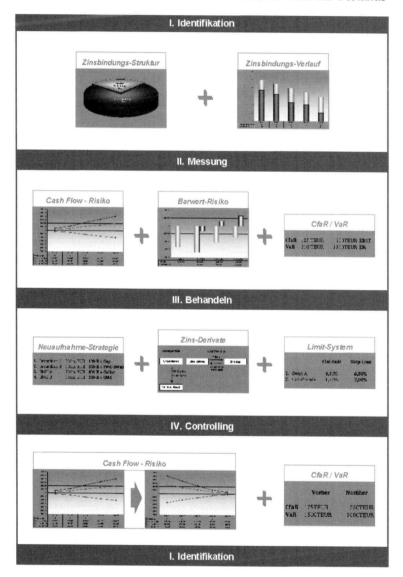

Abb. 3-57: Schematische Darstellung des FiRM-Regelkreises am Beispiel des Zinsmanagements

positionen (hier eh nicht anders möglich) über den Einsatz von Zins-Derivaten gesteuert. Für bewusst dem Risiko ausgesetzte Positionen wird die Einführung eines Limit-Systems mit Zielsätzen und Stop-Loss-Marken empfohlen.

Im vierten Schritt müssen getroffene Maßnahmen in ihrer Auswirkung auf die Portfolio-Risiken überprüft werden. Um einen Vergleich zum Portfolio vor Maßnahmen ziehen zu können, müssen die gleichen Analysemethoden (Szenario-Analysen, CfaR- und VaR-Analysen ...) angewendet werden. Der Aufbau eines regelmäßigen Reportings hilft bei der Überwachung des Limit-Systems. Gleichzeitig sollten die getroffenen Maßnahmen und deren Entscheidungsgrundlagen sauber dokumentiert werden.

4. Devisenrisikomanagement

Von Bernd Küpper

Das Management so genannter externer Risiken hat in den letzten Jahren in Industrieunternehmen erheblich an Bedeutung zugenommen. Unter externen Risiken werden solche Faktoren verstanden, die außerhalb des direkten Einflussbereichs durch das Unternehmen liegen. Zu den externen Risiken zählen die in diesem Buch behandelten Markpreisrisiken. Eine besondere Stellung kommt dabei dem Währungsrisiko zu.

Für den immer stärker werdenden Einfluss von Wechselkursschwankungen auf die Geschäftstätigkeit von Industrie- und Handelsunternehmen sind vor allem zwei Faktoren verantwortlich: die zunehmende Internationalisierung und der damit einhergehende Wettbewerb sowie die gestiegene Volatilität an den internationalen Devisenmärkten.

Aufgrund des grenzüberschreitenden Handels, der im Zuge der Internationalisierung immer weiter zunimmt, können sich Unternehmen kaum mehr der Währungsproblematik entziehen. Im Falle von

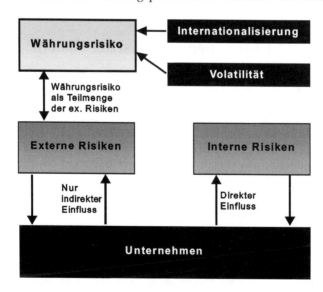

Abb. 4-1: Bedeutung des Währungsrisikos

Unternehmen, die in irgendeiner Form an den internationalen Import- oder Exportmärkten aktiv sind, erscheint dieser Sachverhalt eindeutig. Aber auch scheinbar rein national agierende Betriebe sind meist einem latenten Wechselkursrisiko ausgesetzt, da sie entweder mit Unternehmen aus anderen Währungsräumen konkurrieren oder Wettbewerbsnachteile gegenüber Konkurrenten befürchten müssen, die sich des internationalen Importmarktes bedienen.

Die gestiegene Volatilität des Währungsmarktes scheint kaum überraschend, wenn man bedenkt, dass ein immer geringerer Teil der täglich an den Devisenmärkten gehandelten Beträge durch reale Grundgeschäfte bedingt wird. Das reale Handelsvolumen wird durch reine Devisenspekulation um ein vielfaches überstiegen, was zur Folge hat, dass die beobachtbaren Kursschwankungen kaum noch anhand fundamentaler Wirtschaftsdaten begründet werden können.

Eine grundsätzliche Überlegung in der Betriebswirtschaftslehre ist, dass ohne das Eingehen von irgendwie gearteter Risiken, das Erwirtschaften von Renditen nicht möglich ist. Risiken sollten aber möglichst dort eingegangen werden, wo man die größte Kompetenz besitzt und die von einem selbst beeinflussbar sind. Im Falle von Währungsrisiken kann dies in Bezug auf Industrie- und Handelsunternehmen wohl nur in den seltensten Fällen angenommen werden. Deshalb ist ein möglichst professionelles Devisenmanagement für Unternehmen von Bedeutung. Im Folgenden wird ein solches Devisenrisikomanagementkonzept vorgestellt.

4.1 Erkennen spezifischer Risken

4.1.1 Das risikorelevante Exposure

In einem ersten Schritt wird zunächst definiert, was unter dem Begriff Währungsrisiko prinzipiell zu verstehen ist und welche Steuerungsgrößen dabei beachtet werden können. Anschließend müssen die risikorelevanten Positionen als Vorraussetzung für die spätere Quantifizierung und Steuerung ermittelt werden.

Währungsrisiko und Steuerungsgrößen

Unter dem Begriff Währungsrisiko wird allgemein die Möglichkeit verstanden, dass der tatsächliche Währungskurs zu einem bestimmten Zeitpunkt von dem erwarteten Kurs abweicht. Diese Abweichung kann für das Unternehmen sowohl ein Währungsgewinn als auch einen -verlust bedeuten.

4.1 Erkennen spezifischer Risken

In der betriebswirtschaftlichen Literatur wird diese Abweichung häufig mit dem statistischen Maß der Streuung um einen Erwartungswert gleichgesetzt. Gemessen wird diese Größe meist durch die so genannte Standardabweichung. Die Standardabweichung ist jedoch eine kontextunabhängige Größe und sagt nichts über die tatsächliche Bedeutung möglicher Abweichungen für das jeweilige Unternehmen aus.

Wichtig bei der Behandlung des Themas Wechselkursrisiko ist, welche Größen von Änderungen in den Währungsparitäten beeinflusst werden und welche Bedeutung das für das jeweilige Unternehmen hat. Es müssen demnach jene Exposure (engl.: to be exposed = ausgesetzt sein) ermittelt werden, die einem Währungsänderungsrisiko ausgesetzt sind und die im spezifischen Kontext eines Unternehmens im Vordergrund stehen. Es werden dabei grundsätzlich drei verschiedene Exposure-Arten unterschieden:

- Das **Translations-Exposure** umfasst sämtliche Bilanzpositionen, die von Wechselkursänderungen betroffen werden können. Ein solches Exposure kann nur bei internationalen Unternehmungen entstehen, die in einer konsolidierten Bilanz Positionen bzw. Erträge und Aufwendungen von ausländischen Tochtergesellschaften ausweisen müssen. Beim Translations-Exposure kommt ein so genanntes Währungsumrechnungsrisiko zum Tragen

- Das **Transaction-Exposure** umfasst alle Ein- und Auszahlungen die zum Zeitpunkt ihrer Begründung in einer anderen als der Konzernwährung fakturiert sind. Im Gegensatz zu den Positionen, die dem Währungsumrechnungsrisiko ausgesetzt sind, werden beim Transaction-Exposure die Veränderungen von Zahlungsströmen bei Währungsschwankungen betrachtet. Dem so genannten Währungsumtauschrisiko unterliegen sämtliche Fremdwährungsforderungen und -verbinlichkeiten sowie Fremdwährungskassebestände.

- Im Transaction-Exposure werden nur die zum Betrachtungszeitpunkt bestehenden Fremdwährungspositionen berücksichtigt, die zukünftigen, noch ungewissen Positionen werden jedoch nicht einbezogen. Im **Economic-Exposure** finden jedoch zusätzlich auch solche Ein- und Auszahlungen Beachtung, die erst zu einem Zeitpunkt in der Zukunft erwartet werden. Die exakte Ermittlung des Economic-Exposure ist nur bedingt möglich, da zukünftige Fremdwährungspositionen nur schwierig in exakter Weise prognostiziert werden können.

Die Frage, welche Exposuredefinition nun als Steuerungsgröße für das Währungsrisiko gewählt werden sollte, hängt von den jeweiligen Präferenzen der einzelnen Unternehmung ab. Wichtig dabei ist, dass eine gewisser Grad an Praktikabilität gegeben ist, so dass die zu steuernde Größe auch handhabbar ist. Im hiesigen Kontext wer-

Abb. 4-2: Exposure-Arten

den ganz allgemein in Anlehnung an das Transaction-Exposure die von Wechselkursschwankungen beeinflussten Cashflows als Steuerungsgröße definiert. Die Wahl von Cashflows macht insoweit Sinn, da Stromgrößen bereits in den Planrechnungen der Unternehmen eine wichtige Rolle spielen. Das Devisenmanagement setzt demnach an Plangrößen aus der betrieblichen Finanzplanung an, da in den Unternehmen dafür bereits ein intuitives Verständnis vorzufinden ist.

Als Risiko wird in einer vertiefenden Betrachtung die negative Abweichung von geplanten Cashflows verstanden, die aufgrund von Währungskursänderungen zustande kommen können.

Identifizierung der Risikoexposure

Die Frage, welche Cashflows von Währungsrisiken beeinflusst werden, also die Bestimmung der relevanten Risikoexposures, ist kein triviales Problem. Grundvoraussetzung ist hierbei die enge Anlehnung an die Finanzplanung des Firmenkunden. Aufgrund der enormen Bedeutung der Finanzplanung für die Existenzsicherung des Unternehmens wird dieses Instrument in jedem Unternehmen in der ein oder anderen Form vorzufinden sein. Durch den Finanzplan sollen sämtliche Zahlungsströme innerhalb des Analysehorizonts, die von Währungspreisänderungen beeinflusst werden, prognostiziert und nach Volumen und Fristigkeit aufgegliedert werden.

Soweit die theoretische Forderung. Bei der konkreten Umsetzung dieses Ziels ergeben sich jedoch erhebliche Probleme, wie im Folgenden noch aufgezeigt wird.

Als wichtigste Aufgabe der Finanzplanung wird die Sicherung der Liquidität gesehen. Deshalb soll der Finanzplan so präzise wie möglich alle zukünftigen zu- und abfließenden Zahlungsströme des Unternehmens erfassen und diese unter Wahrung der so genannten Grundsätze der Finanzplanung darstellen. Zu diesen Grundsätzen zählen unter anderem die Forderungen nach Vollständigkeit, Betragsgenauigkeit und Zeitpunktgenauigkeit. Die Einhaltung dieser drei Grundsätze ist jedoch als problematisch anzusehen, da sie dem Einfluss diverser Risikofaktoren ausgesetzt sind. Bei der Planung der zukünftigen Zahlungsströme müssen somit Annahmen über die

4.1 Erkennen spezifischer Risken

Ausprägung sämtlicher Risikofaktoren getroffen werden, um eine hinreichend vollständige Erfassung bezüglich der Betragshöhe und dem Zeitpunkt zu gewährleisten.

Einer dieser Risikofaktoren, welche die Betragshöhe der zukünftigen Cashflows determinieren, wird in diesem Zusammenhang nun näher betrachtet: das Wechselkursänderungsrisiko. Dabei wird zwischen den direkten und indirekten Effekten (Mengenrisiko) unterschieden. Diese beiden Risikoarten lassen sich aber nicht überschneidungsfrei trennen, was doch für eine exakte Definition von Risikoexposures bezüglich Währungsrisiken unerlässlich wäre.

Direkte Effekte liegen vor, wenn die Höhe von Cashflows unmittelbar durch den Wechselkurs des Euro zu einer anderen Währung beeinflusst wird. Dieser Sachverhalt ist bei solchen zu- bzw. abfließenden Zahlungsströmen vorhanden, die in einer anderen als der Berichtswährung fakturiert sind.

Unter dem Mengenrisiko wird allgemein die Gefahr verstanden, dass die tatsächlich realisierte Umsatzmenge von der geplanten Referenzmenge abweicht. Im Zuge der Finanzplanung müssen eben auch zukünftige Absatzzahlen und Beschaffungsmengen prognostiziert werden. Diese Prognosen sind mit zum Teil erheblichen Unsicherheiten behaftet. Diese Unsicherheiten sind jedoch, soweit sie nicht durch Währungsrisiken verursacht werden, nicht Thema dieser Ausführungen.

Das Mengenrisiko wird aber teilweise auch von Wechselkursschwankungen beeinflusst. Zwei Beispiele erläutern dies:

- Ein deutsches Unternehmen exportiert Waren in die USA. Steigt nun der Euro gegenüber dem US-Dollar, so kann sich dies negativ auf die Wettbewerbssituation des Unternehmens auswirken. Denn im Vergleich zu Unternehmen aus dem Nicht-Euroraum, kann das deutsche Unternehmen – zumindest kurzfristig – preislich nicht mehr konkurrieren. Somit kann aufgrund einer Marktpreisschwankung die tatsächliche Absatzmenge von der prognostizierten abweichen.

- Beim selben Unternehmen kann es auch zu marktpreisbedingten Absatzschwankungen kommen, wenn der Euro/USD-Wechselkurs konstant bleibt. So kann beispielsweise auch ein fallender Yen gegenüber dem US-Dollar zu Wettbewerbsnachteilen im US-Markt führen. Denn in diesem Fall können eventuelle japanische Konkurrenten ihre Waren vergleichsweise billiger anbieten.

Diese Wirkungszusammenhänge von Marktpreisrisiken und Mengenrisiken werden als indirekte Effekte bezeichnet. Diese indirekten Effekte lassen sich jedoch nur schwer quantifizieren. Um die Wirkungszusammenhänge zu ermitteln, wäre der Weg über eine Re-

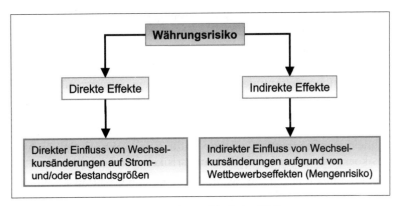

Abb. 4-3: Direkte und indirekte Risiken

gressionsanalyse denkbar. Es könnte demnach aus historischen Daten ein Regressionskoeffizient berechnet werden, der den Zusammenhang zwischen Marktpreisen und Absatzmengen bestimmt. Diese Vorgehensweise ist jedoch kritisch zu beurteilen. Selbst im Fall, dass eine ausreichende Datenbasis vorhanden ist, bleibt es fraglich, inwieweit die Verhältnisse der Vergangenheit auch für die Zukunft Gültigkeit besitzen. Von einem stabilen Regressionskoeffizienten im Zeitverlauf kann wohl nur in Ausnahmefällen ausgegangen werden, da Marktpreise im Verhältnis zu anderen makroökonomischen Umweltfaktoren (z. B. Modetrends, Konjunktur) nur einen kleinen Teil der Varianz der Umsatzmenge ausmachen.

In Bezug auf den oben angesprochenen Grundsatz der Zeitpunktgenauigkeit in der Finanzplanung wird grundsätzlich eine möglichst taggenaue Bestimmung des zeitlichen Anfalls der Cashflows gefordert. Es ist jedoch objektiv nicht möglich, sämtliche künftigen Zahlungsbewegungen über einen längeren Zeitraum taggenau zu erfassen. Deshalb sollte mit zunehmender zeitlicher Entfernung vom Planungszeitpunkt eine Vereinfachung in der Form vorgenommen werden, dass die Zahlungsströme für immer längere Teilperioden aggregiert werden. So wäre eine Staffelung von einer taggenauen Ermittlung für die ersten Monate denkbar, die mit fortschreitendem Prognosehorizont auf eine wöchentliche, später eine monatliche und schließlich eine quartalsmäßige Aggregation übergeht.

Generell sollte sich das Risikomanagementkonzept jedoch an die Dimensionierungen der im jeweiligen Unternehmen vorhandenen Finanzplanung anpassen.

Als riskant sind prinzipiell also nicht nur jene Zahlungsströme zu bezeichnen, bei denen Währungsschwankungen direkte Auswirkungen auf die Höhe der Cashflows haben. Beim Währungsrisiko sind dies eben nicht nur jene zu- und abfließenden Zahlungen, die

4.1 Erkennen spezifischer Risken

in einer anderen als der Basis- oder Konzernwährung fakturiert sind, sondern es sollten auch die indirekten Effekte in die Betrachtung einbezogen werden

Bisher wurde allgemein anhand von Cashflows als Risikogröße argumentiert. Da es im Währungsbereich meist zu- und abfließende Zahlungen gibt, entstehen kompensatorische Wirkungen. Soweit nämlich die Positionen auf Ein- und Auszahlungsseite zeitpunkt- und betragsgleich sind, gleichen sich Wechselkursschwankungen exakt aus. Dem eigentlichen Risiko unterliegen deshalb lediglich die so genannten offenen Positionen oder Nettopositionen. Dabei kann es zu offenen Plus- oder Minuspositionen kommen, je nachdem, ob die positiven oder die negativen Cashflows dominieren.

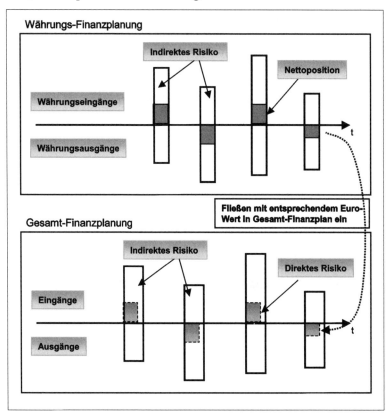

Abb. 4-4: Währungs- und Gesamt-Finanzplanung

Analysehorizont

Im ersten Schritt eines Risiko-Management-Konzeptes muss neben den Risikoexposures auch der Analysehorizont bestimmt werden.

Dabei ist zu beachten, dass hier ein grundsätzlicher Trade-off zu lösen ist. Fasst man den Analysehorizont zu weit, besteht die Gefahr von Ungenauigkeit. Die relevanten Plandaten sind mit zunehmendem Abstand vom Planungszeitpunkt mit immer höheren Unsicherheiten behaftet. In besonderem Maße schwierig wird die Prognose zukünftiger Entwicklungen des Risikofaktors, wenn der Analysehorizont zu weit in die Zukunft reicht. Wird jedoch der Analysehorizont zu sehr begrenzt, so bleibt die Erfassung des Risikos unvollständig. Denn unterstellt man den Fortbestand der Unternehmung, finden zukünftige risikobehaftete Cashflows keine zeitliche Begrenzung. Im Zuge dieser Betrachtung orientiert sich die Analyse der Marktpreisrisiken am Planungshorizont der jeweiligen betrieblichen Planungsrechnung. Dabei wird von Zeiträumen zwischen zwölf und in Ausnahmefällen von bis zu vierundzwanzig Monaten ausgegangen. Im Einzelfall können jedoch auch längere Horizonte betrachtet werden.

4.2 Bewerten der Devisenrisiken

4.2.1 Cashflow-Mapping

Unter Exposure-Mapping wird die Erstellung eines formalen Funktionszusammenhangs zwischen den Risikofaktoren und den betrachteten Cashflows verstanden. Es müssen mathematische Funktionen aufgestellt werden, die exakt beschreiben, wie sich eine Risikofaktoränderung auf die Höhe der Cashflows auswirkt.

Abb. 4-5: Cashflow- Mapping

Im Falle des Währungsrisikos lässt sich der Wirkungszusammenhang zwischen dem in Euro umgerechneten Währungsexposure ($CF_€$) und dem in diesem Beispiel gewählten Euro/USD-Wechselkurs ($W_{€/\$}$ bzw. $W_{\$/€}$) wie folgt beschreiben.

$CF_€ = CF_\$ \times W_{€/\$}$ (Preisnotierung) $CF_€ = CF_\$ / W_{\$/€}$ (Mengennotierung)	$CF_€$: Euro-Cashflow für Zeitintervall t $CF_\$$: USD-Cashflow für Zeitintervall t $W_{€/\$}$: Euro/USD-Wechselkurs in t $W_{\$/€}$: USD/Euro-Wechselkurs in t

4.2 Bewerten der Devisenrisiken

Dabei ist zu beachten, dass der eigentliche Fremdwährungs-Cashflow (CF$) als fix angenommen wird, sofern das Mengenrisiko aus der Betrachtung ausgeschlossen wird. Es werden hier sowohl die Preis- als auch die Mengenotierung angegeben. Die Mengennotierung ist jedoch vor allem in bezug auf das obige USD-Beispiel die gebräuchlichere Methode, und sie erleichtert dem Kunden deshalb den intuitiven Umgang mit dieser Größe.

Diese Funktionszusammenhänge müssen für alle relevanten Währungen erstellt werden. Keine Beachtung finden hier Korrelationen zwischen den verschiedenen Fremdwährungen. Diese wäre im jetzigen Stadium des Risikomanagementprozesses auch noch nicht sinnvoll, da ganz bewusst zunächst die jeweiligen spezifischen Risikopositionen je Währung ermittelt und gemessen werden sollen. Erst im letzten Schritt der Risikoquantifizierung (s. Abschnitt 4.2.3), wenn eine Gesamtwährungsrisikoposition errechnet wird, können die Wirkungszusammenhänge zwischen einzelnen Währungen eine Rolle spielen.

Wie bereits ausgeführt, wird prinzipiell gefordert, auch indirekte Effekte zu erfassen. In Zusammenhang mit dem Exposure-Mapping werden jedoch die Schwierigkeiten dabei nochmals deutlich sichtbar. Um diese indirekten Einflüsse auf die Risiko-Ccashflows mathematisch zu beschreiben, müsste auf Regressionskoeffizienten oder Nachfrageelastizitäten zurückgegriffen werden. Dies ist allerdings, wenn überhaupt, nur näherungsweise und unter erheblichem Aufwand möglich. Somit stellt sich die Frage, ob die Einbeziehung indirekter Effekte überhaupt möglich bzw. sinnvoll ist. Dies kann nicht abschließend beantwortet werden. Ist bei einem Unternehmen jedoch ein merklicher Einfluss eines indirekten Währungsrisikos er-

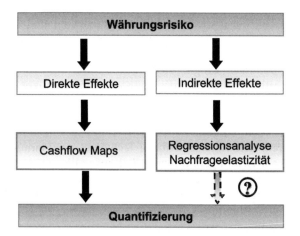

Abb. 4-6: Quantifizierung direkter und indirekter Risiken

kennbar, so sollte doch versucht werden, das daraus resultierende Exposure zu schätzen. Es könnte dann zumindest in Sinne eines Makrohedges näherungsweise mit gesteuert werden. Im weiteren Verlauf der Abhandlung werden die indirekten Effekte nur noch am Rand behandelt, was jedoch nicht bedeutet, dass deren grundsätzliche Bedeutung unterschätzt werden darf.

Es wurden oben freilich nicht alle notwendigen Exposure-Maps dargestellt. Da auch diverse Derivate Anteil an den Risiko-Cashflows haben können, muss auch für diese eine Aufstellung von Funktionszusammenhängen erfolgen. Im Rahmen dieses Kapitels kann dies jedoch nicht erfolgen.

Nachdem nun die relevanten Exposures ermittelt wurden und man die Funktionszusammenhänge bestimmt hat, müssen in einem dritten Schritt Prognosen über die zukünftige Entwicklung der Risikofaktoren erstellt werden.

4.2.2 Szenariogenerierung

Unter einem Szenario wird allgemein die Beschreibung einer zukünftigen Entwicklung eines Prognosegegenstandes verstanden. Der Prognosegegenstand ist in diesem Fall der Marktrisikofaktor Wechselkurs.

Die Prognose über die zukünftigen Entwicklungspfade dieser Größen ist hier insofern von grundlegender Bedeutung, da nur auf diese Weise eine Risikomessung möglich ist. Ziel der Risikomessung ist, die Auswirkungen von zukünftigen Währungsschwankungen auf die geplanten Cashflows zu quantifizieren. Dabei ist die Ermittlung so genannte relativer Abweichungen sinnvoll, also Abweichungen von einem bestimmten Zielwert. Als Zielwert dient in diesem Fall der erwartete Cashflow aus der Finanzplanung, der unter bestimmten Annahmen bezüglich der Risikofaktoren bestimmt wurde. Um die möglichen Abweichungen zu prognostizieren, sind adäquate Prognosetechniken notwendig. Vor allem aus wissenschaftlicher Sicht sollten Prognosetechniken allgemein mit einer gewissen Vorsicht betrachtet werden. Prognosen sind aber von essentieller Bedeutung für die Risikomessung und können somit nicht umgangen werden.

Es existieren viele unterschiedliche Techniken zur Planung zukünftiger Preisentwicklungen, die zum Teil auf völlig unterschiedlichen Methoden beruhen. Zu beachten ist dabei, dass es keine universell „beste" Lösung gibt, sondern eine hinreichend akzeptable Methode ausgewählt werden muss.

Eine weitverbreitete Prognosemethode beruht auf aktuellen Marktpreisen. Unter der Annahme eines informationseffizienten, perfek-

4.2 Bewerten der Devisenrisiken

ten Kapitalmarkts werden aktuelle Forward-, Future- und Optionspreise zur Prognose herangezogen. Es wird davon ausgegangen, dass alle verfügbaren Informationen in den aktuellen Preisen verarbeitet sind. Diese Hypothese des informationseffizienten Kapitalmarkts muss jedoch angezweifelt werden, und empirische Untersuchungen über die Aussagefähigkeit von Terminzinssätzen haben hohe Prognosefehler ergeben.[1] Außerdem ist bei strenger Auslegung dieses aus der Kapitalmarkttheorie stammenden Ansatzes, die Möglichkeit zusätzliche Renditen zu erwirtschaften, ausgeschlossen. Dies widerspricht jedoch der Intention des hier vorgestellten Risikomanagementkonzeptes und somit wird diese Prognosetechnik als ungeeignet für den hiesigen Kontext betrachtet.

Aus Gründen der Praktikabilität empfiehlt es sich, auf Prognosen aus bankeigenen Research Abteilungen zurückzugreifen, gleichviel mit welchen Methoden diese Prognosen erstellt werden. Banken operieren dabei mit großem personellem und technischem Aufwand und sie werden deshalb zu den wenigen Marktteilnehmern gezählt, die am ehesten zukünftige Entwicklungen erkennen.

Es wird demnach davon ausgegangen, dass diese prognostizierten Marktpreise aus den bankeigenen Research-Abteilungen mit „hoher" Wahrscheinlichkeit zutreffen. Um der trotzdem verbleibenden hohen Unsicherheit gerecht zu werden, sollten neben diesem wahrscheinlichsten Zukunftszustand noch zwei Extremszenarien ausgewählt werden. Diese Extremszenarien zeigen zum einen den „Best Case", also ein Szenario, dass weitgehend frei von Störeinflüssen eine positive Entwicklung ausdrückt. Zum anderen soll das Worst-Case-Szenario ungewöhnlich negative Entwicklungen der Risikofaktoren widerspiegeln. Steht der Sicherheitsgedanke beim Risikomanagementprozess im Vordergrund, so kommt vor allem dem Worst Case Szenario eine hohe Bedeutung zu. Schließlich soll die Tragbarkeit der Risiken selbst in diesem unwahrscheinlichen „Worst Case" gegeben sein.

Das Worst-Case-Szenario kann als die negative Kursentwicklung definiert werden, die mit einer bestimmten Wahrscheinlichkeit (z.B. 95 % oder 99 %) innerhalb eines festgelegten Zeitraums maximal zu erwarten ist. So bedeutet ein Prozentsatz von 99 % z.B., dass nur in jedem 100. Fall eine größere negative Veränderung zu beobachten ist. Analog kann das Best-Case-Szenario beschrieben werden.

Zur konsistenten Umsetzung dieser drei Szenarien müssen unter der Annahme, dass die Risikofaktoren näherungsweise normalverteilt sind, Wahrscheinlichkeitsverteilungen für die relevanten zukünftigen Zeitpunkte oder Intervalle modelliert werden. Dies kann

---

[1] Vgl. Meyer zu Selhausen, H. (Informationssysteme, 2000), S. 201.

erreicht werden, indem das wahrscheinlichste Szenario, also die Bankprognose, zur Bestimmung der Erwartungswerte herangezogen wird. Um die zwei Extremszenarien zu konstruieren, muss nun die (Tages-)Volatilität der Risikofaktoren geschätzt werden. Diese Schätzung kann mit Hilfe historischer Daten erfolgen, wobei dann der generelle Kritikpunkt an der so ermittelten historischen Volatilität bezüglich seiner Stabilität im Zeitablauf anzuführen ist. Wird die Volatilität durch die Standardabweichung ausgedrückt, so können die gewünschten Quantilswerte durch Multiplikation der Standardabweichung mit den entsprechenden Z-Werten ermittelt werden. Die Schwankungsbreite der Verteilung nimmt dabei mit zunehmender Entfernung zum Gegenwartszeitpunkt zu, was die erhöhte Unsicherheit weiter in der Zukunft liegender Prognosezeitpunkte ausdrückt. Die Zunahme der zeitabhängigen Schwankungsbreite kann mit Hilfe der auf unabhängigen Änderungen des Preisfaktors beruhenden Wurzelformel ermittelt werden. Die Schwankungsbreite eines Preisfaktors zu einem bestimmten Zeitpunkt berechnet sich damit folgendermaßen:

Schwankungsbreite = *aktueller Wert des Risikofaktors* × *Tagesvolatilität* × *Wurzel t*

Abbildung 4-7 zeigt beispielhaft prognostizierte Wahrscheinlichkeitsverteilungen für einen Risikofaktor für die Planungsperioden drei, sechs und zwölf Monate.

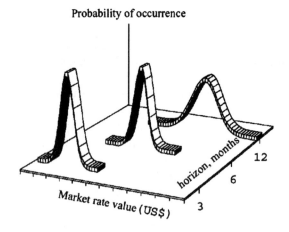

Abb. 4-7: Wahrscheinlichkeitsverteilungen[2]

---

[2] Vgl. in Anlehnung an Lee, A.Y. (Corporate Metrics, 1999).

4.2 Bewerten der Devisenrisiken   183

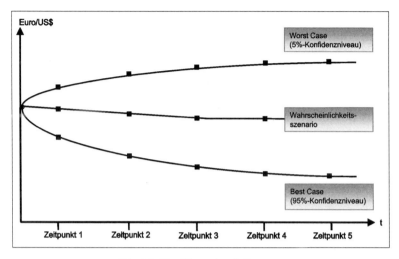

Abb. 4-8: Zweidimensionale Prognose

Der Vorteil dieser Szenariomethode ist, dass die Prognosen sowohl quasi dreidimensional in Form von Wahrscheinlichkeitsverteilungen, als auch zweidimensional in Form von Einzelszenarien ausgedrückt werden können (s. Abbildung 4-8).

Werden die Prognosen als Einzelszenarien dargestellt, so werden dabei die Wahrscheinlichkeiten für das Eintreffen der drei Entwicklungspfade außer acht gelassen. Die zwei unterschiedlichen Darstellungsvarianten spielen bei der Risikobewertung eine wichtige Rolle, was in Abschnitt 4.2.3 gezeigt werden wird.

Es besteht grundsätzlich auch die Möglichkeit, eigengenerierte Szenarien zu verwenden. Sollte jemand eine eigene Meinung zur zukünftigen Entwicklung der relevanten Risikofaktoren haben, so kann freilich auch diese berücksichtigt werden. Allerdings sollte man sich den damit verbunden Gefahren bewusst sein. Es sei dabei auf den subjektiven Charakter eigener Prognosen verwiesen. Es besteht die Gefahr, dass eventuelle Verlustpotentiale unterschätzt werden und das Unternehmen sich gewissermaßen „reich" rechnet.

Um eine hinreichende Prognosegenauigkeit im Zeitablauf zu gewährleisten, ist eine kontinuierliche Fortführung der Szenarien notwendig. Neu auftretende Informationen und Entwicklungen müssen in gewissen Zeitabständen in die erstellten Szenarien integriert werden. Um dies sicher zu stellen, sollte mindestens alle drei Monate die Richtigkeit der Szenarien überprüft und gegebenenfalls entsprechend modifiziert werden.

Wie schon erwähnt, wird der Einsatz von Prognosetechniken in der wissenschaftlichen Literatur oftmals kritisch beurteilt. Dem ist wohl in vielen Fällen zuzustimmen, allerdings tragen sie zur rationalen Entscheidungsfindung bei. Schließlich ist die Planung zukünftiger Ereignisse allgemein ein wichtiger Bestandteil der Unternehmensführung und sollte sich dabei auf möglichst objektive Methoden stützen.

4.2.3 Bewertungsgrößen und Risikodarstellung

Mit Hilfe der erstellten Szenarien und den Cashflow-Maps wird nun versucht, das Risiko der relevanten Cashflows zu quantifizieren. Die Risikomessung sollte dabei relativ zu bestimmten Zielwerten erfolgen. Hier wird demnach die mögliche negative Abweichung der Risiko-Cashflows von den prognostizierten Zahlungsströmen aus der Finanzplanung als Risiko bezeichnet.

Ziel des hier vorgestellten Konzeptes ist es, den Unternehmen ihre Risiken, aber auch ihre Chancen, aufzuzeigen und sie bei deren Handhabung zu unterstützen. Der Risikomanagementprozess dient also den Verantwortlichen in den Unternehmen als Entscheidungshilfe, ob Steuerungsmaßnahmen ergriffen werden sollen und gegebenenfalls welche Instrumente dabei verwendet werden sollten.

Im Rahmen der Risikobewertung wird die Bedeutung der relevanten Risiken für die Erreichung bestimmter Referenzwerte geschätzt und ist gleichzeitig die Grundvoraussetzung für eine sinnvolle Risikosteuerung.

Die Bewertung des Risikos erfolgt dabei durch Konfrontation der Risiko-Cashflows mit den aus den Szenarien generierten Werten

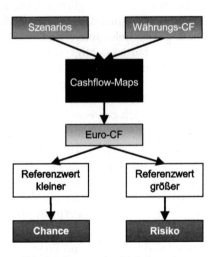

Abb. 4-9: Prozess der Risikobewertung

4.2 Bewerten der Devisenrisiken

der Risikofaktoren. Mit Hilfe der in Abschnitt 4.2.1 erstellten Funktionszusammenhänge können nun „neue" Cashflows für die jeweilige Planungsperiode berechnet werden. Die Höhe möglicher Risiken/Chancen ergibt sich somit aus der Differenz zwischen dem ursprünglichen Wert aus der Finanzplanung und dem nun errechneten Betrag. Eine negative Entwicklung eines Risikofaktors im Vergleich zum angenommenen Wert in der Finanzplanung führt deshalb zu einem Risiko, da nun aufgrund einer Marktpreisänderung der erwartete Cashflow nicht erreicht wird.

Soll die Risikobewertung die Funktion der Entscheidungsunterstützung erfüllen, so ist die Art und Weise der Darstellung von besonderer Bedeutung. Das Risiko und eventuelle Steuerungsmaßnahmen müssen transparent und verständlich aufbereitet sein. Hierbei werden dabei zwei unterschiedliche Darstellungsformen, korrespondierend zur Szenariogenerierung in Abschnitt 4.2.2, vorgeschlagen: Entweder wird mit Hilfe von Einzelszenarien das Risiko als absolute Größe ausgewiesen oder in Form von Wahrscheinlichkeitsszenarien, in denen es durch die Kennzahl CFaR beschrieben wird. Welche Darstellungsform verwendet wird, sollte unter anderem vom Vorwissen des Verantwortlichen abhängig gemacht werden. Absolute Cashflow-Größen sind leichter verständlich und entsprechen unter Umständen mehr den Denk- und Planungskategorien eines mittelständischen Unternehmers. Mit dem CFaR lässt sich das Risiko jedoch wesentlich exakter beschreiben, da hier auch die Wahrscheinlichkeit des Eintreffens verschiedener Umweltzustände mit einbezogen ist. In beiden Fällen sollte aus Gründen der Anschaulichkeit neben einer Darstellung in Tabellenform auch eine grafische Darstellung ausgewiesen werden.

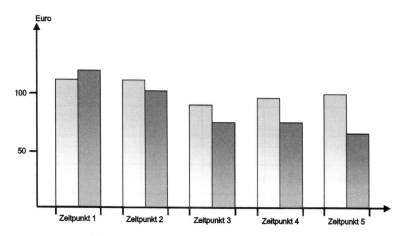

Abb. 4-10: Grafische Darstellung aus Einzelszenarien

Abbildung 4-10 zeigt exemplarisch den grafischen Risikoausweis wie er sich aus Einzelszenarien ergibt. Dabei sind auf der X-Achse die zukünftigen Planungszeitpunkte und –perioden abgetragen, während die Y-Achse die absolute Höhe der Cashflows beschreibt. Die weißen Balken stellen die ursprünglichen Cashflows aus der Finanzplanung dar, die grauen hingegen symbolisieren die Zahlungsströme, die sich nach der szenariobedingten Neuberechnung ergeben. Das eigentliche Risiko wird dadurch in solchen Fällen sichtbar, in denen der graue Balken kleiner ist als der weiße. Analog handelt es sich um Chancen, wenn der neu errechnete Cashflow größer als der weiße Zahlungsstrom ist. Diese grafische Darstellung muss jedoch für jedes Szenario extra erstellt werden, also jeweils für das wahrscheinlichste, das Best-Case- und das Worst-Case-Szenario.

Szenario	Zeitpunkt 1	Zeitpunkt 2	Zeitpunkt 3	Zeitpunkt 4	Zeitpunkt 5
Basis CF	110	110	90	95	100
Erwartungswert	115	105	80	80	75
Best Case	125	115	95	100	100
Worst Case	105	95	65	60	50

Abb. 4-11: Tabellarische Darstellung aus Einzelszenarien

Abbildung 4-11 gibt die tabellarische Auswertung der Risikomessung wieder. Die Spalten stellen die Planungszeitpunkte und -perioden dar, während in den vier Zeilen die ursprünglichen Cashflows (Basis CF) aus der Finanzplanung und die neu errechneten Cashflows aus den drei Szenarien eingetragen sind.

In Abbildung 4-12 sind nun die absoluten Chancen/Risiken direkt ablesbar, denn als Ergebnis lassen sich dort die Differenzen zwi-

Szenario	Zeitpunkt 1	Zeitpunkt 2	Zeitpunkt 3	Zeitpunkt 4	Zeitpunkt 5
Basis CF	110	110	90	95	100
Erwartungswert	+5	-5	-10	-15	-25
Best Case	+15	+5	+5	+5	0
Worst Case	-5	-15	-25	-35	-50

Abb. 4-12: Absolute Chancen/Risiken der Einzelszenariobetrachtung

schen den ursprünglichen Cashflows und den Szenario-Cashflows direkt ablesen. Weist ein Wert ein Minuszeichen aus, so handelt es sich um ein Risiko, ansonsten um eine Chance.

Bei dieser Art der Risikodarstellung ist zu beachten, dass die drei Szenarien nicht wahrscheinlichkeitsgewichtet sind. Da jedoch das Best-Case-Szenario nur mit sehr geringer Wahrscheinlichkeit zutrifft, ist es weniger relevant und sollte nur bedingt zur Risikobewertung herangezogen werden. Das Argument der geringen Eintrittswahrscheinlichkeit gilt freilich auch in Zusammenhang mit dem Worst-Case-Szenario, dieses ist jedoch aufgrund seiner möglicherweise sogar bestandsgefährdenden Wirkung von enormer Wichtigkeit. Der Fokus der Betrachtung bei dieser Darstellungsart sollte demnach auf dem Wahrscheinlichkeits- und dem Worst-Case-Szenario liegen.

Wird das Risiko jedoch durch den CFaR ausgedrückt, so spielen normalverteilte Wahrscheinlichkeitsverteilungen eine wichtige Rolle. Durch die in Abschnitt 4.2.2 beschriebene Methode zur Szenariogenerierung, kann für sämtliche Planungszeitpunkte und -perioden eine Wahrscheinlichkeitsverteilung ermittelt werden. Durch die Festlegung eines bestimmten Konfidenzniveaus lässt sich nun der jeweilige CFaR, als die maximale negative Abweichung der Netto-Cashflows von einem erwarteten Wert bei diesem Konfidenzniveau, bestimmen. Mit dem erwarteten Wert ist hier jedoch nicht der statistische Erwartungswert gemeint, sondern der Wert des Wahrscheinlichkeitsszenario. Da das Risiko als relativer Wert ausgewiesen werden soll, errechnet sich die in Euro quantifizierte Höhe des Risikos aus der Differenz zwischen dem Quantilswert und dem Zielwert.

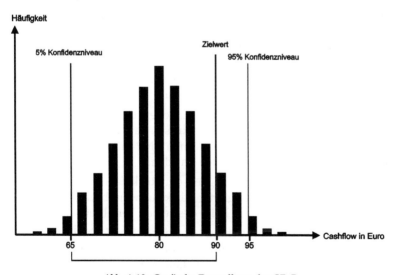

Abb. 4-13: Grafische Darstellung des CFaR

Diesen Sachverhalt gibt Abbildung 4-13 wieder. Bei einem Konfidenzniveau von 95%, wird es in diesem Beispiel nur in fünf von 100 Fällen zu einer negativen Abweichung von mehr als 65 Euro kommen.

Eine grafische Darstellung des Risikos ist jedoch in diesem Fall wenig sinnvoll, da für jeden Planungszeitpunkt bzw. -periode eine Grafik gemäß Abbildung 4-13 erstellt werden müsste und dadurch die Übersichtlichkeit erheblich leiden würde. Wird mit dem CFaR als Risikomaß gearbeitet, so empfiehlt sich also lediglich eine tabellarische Darstellungsweise, wie sie in Abbildung 14 gezeigt wird. Dort wird der jeweilige CFaR pro Periode als numerische Größe ausgewiesen.

	Zeitpunkt 1	Zeitpunkt 2	Zeitpunkt 3	Zeitpunkt 4	Zeitpunkt 5
CFaR	5	15	25	35	50

Abb. 4-14: Tabellarische Darstellung der CFaR

Ein Vorteil der Nutzung von Wahrscheinlichkeitsverteilungen ist, dass mit deren Hilfe eine aggregierte Risikodarstellung möglich ist. Es kann also nicht nur der CFaR jeder einzelnen Periode errechnet werden, sondern auch ein kumulierter CFaR für den gesamten Analysehorizont. Der CFaR zeigt dann an, um wieviel der tatsächlich kumulierte Cashflow innerhalb des Analysehorizonts von dem geplanten kumulierten Zahlungsstrom abweichen kann. Unter Rückgriff auf die geschätzten Wahrscheinlichkeitsverteilungen je Planungsperiode können nun mit Hilfe einer Monte-Carlo-Simulation beliebig viele (N) Szenarien für die einzelnen Risikofaktoren simuliert werden. Über die vorher bestimmten Funktionszusammenhänge lässt sich nunmehr auch eine Verteilung für den kumulierten Cashflow des Betrachtungszeitraums erstellen und damit auch ein CFaR auf aggregiertem Niveau.

Abbildung 4-15 und 4-16 stellen den oben beschriebenen Prozess am Beispiel des US-Dollar Wechselkurses dar, wobei die drei aufeinanderfolgenden Wechselkurse durch eine die tägliche Entwicklung andeutende Linie verbunden wurden.

Unterstellt man die Unabhängigkeit der Risikofaktoren untereinander, so wäre gar ein aggregierter Risikoausweis bezüglich sämtlicher Marktpreisfaktoren mit Hilfe des selben Verfahrens möglich.

Die aggregierte Risikobewertung hat jedoch den Nachteil, dass sich daraus keine exakten Rückschlüsse auf etwaige Steuerungsmaßnahmen ableiten lassen. Da die Risikofaktoren aus unterschiedlichen Zeitpunkten herrühren, gestaltet sich die Entscheidung über den

4.2 Bewerten der Devisenrisiken

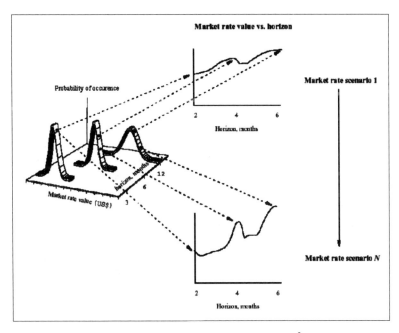

Abb. 4-15: Ziehungen aus den Verteilungen[3]

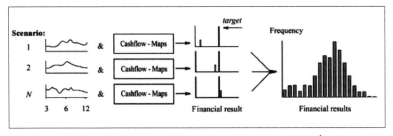

Abb. 4-16: Über Cashflow-Maps zu aggregiertem CfaR[4]

Zeitpunkt, an dem mit eventuellen Hedgingmaßnahmen angesetzt werden soll, als schwierig. Es ist z.B. durchaus vorstellbar, dass ein Unternehmen zu Beginn des Betrachtungszeitraums zunächst von einer positiven Entwicklung profitiert und sich ein niedriger kumulierter Cashflow erst aufgrund stark negativer Tendenzen gegen Ende des Analysehorizonts einstellt. Als Entscheidungshilfe für die eigentlichen Steuerungsmaßnahmen ist deshalb der disaggregierte Risikoausweis je Planungszeitpunkt bzw. -periode vorzuziehen. Dennoch kann ein kumulierter CFaR interessante Informationen über das Gesamtrisiko liefern dem ein Unternehmen durch Wech-

---

[3] In Anlehnung an Lee A.Y. (Corporate Metrics, 1999).
[4] In Anlehnung an Lee A.Y. (Corporate Metrics, 1999).

selkursschwankungen ausgesetzt ist. Vor allem in Hinblick auf den Zusammenhang von Gesamtrisiko und gesamter Risikotragfähigkeit eines Unternehmens ist ein aggregierter CFaR eine wichtige Steuerungsgröße.

> **Exkurs: Währungskorrelationen:**
>
> In den bisherigen Ausführungen wurde das Thema Korrelationen bewusst nicht angeschnitten. Unter Währungskorrelationen versteht man bestimmte Wirkungszusammenhänge verschiedener Währungen, die in der Vergangenheit beobachtbar waren. Dabei gibt der so genannte Korrelationskoeffizient den Grad der Gleichrichtung zweier Währungen an.
>
> Die Kapitalmarkttheorie sagt, dass das gemeinsame Risiko aus zwei Fremdwährungspositionen (entweder beide long oder beide short!) immer kleiner ist als die Summe der Einzelrisiken, sofern der Korrelationskoeffizient kleiner 1 ist. Im hier vorgestellten Risikomanagementkonzept werden diese Wirkungszusammenhänge jedoch nicht betrachtet und jede Fremdwährungsposition unabhängig von anderen Währungspositionen behandelt. Dabei wird das Gesamtrisiko zwar überzeichnet, aber der Einsatz von Korrelationen im Währungsmanagement ist generell kritisch zu beurteilen.
>
> Wird mit Korrelationen gerechnet, so setzt dies eine gewisse Stabilität des Korrelationskoeffizienten im Zeitablauf voraus. Historische Analysen zeigen jedoch, dass diese Stabilität nur in ganz wenigen Währungspaaren gegeben war. Zudem erweisen sich Korrelationen oftmals gerade in „Crashsituationen" als äußerst unzuverlässig. Der Schutz vor solchen Stresssituationen ist jedoch gerade das Ziel eines jeden Risikomanagements. Es wird also hier von der Verwendung von Korrelationen bewusst abgesehen. Dieser Punkt wird in der wissenschaftlichen Literatur kontrovers diskutiert. Steht jedoch der Sicherungsgedanke im Vordergrund, so ist es besser Risiken zu überschätzen als sie zu unterschätzen.

4.3 Strategien und Produkte zur Währungsrisikosteuerung

Die oben beschriebene Risikobewertung stellt die Grundlage für die Risikosteuerung dar. Nun müssen aus dem quantifizierten Risiko Entscheidungen über eventuelle Absicherungsmaßnahmen abgeleitet werden.

4.3.1 Risikosteuerung

Lang- und kurzfristige Risikosteuerung

Wie oben gezeigt wurde unterliegt die Finanzplanung gewissen zeitlichen Beschränkungen. So ist es äußerst unwahrscheinlich, dass zukünftige Cashflows über einen Zeitraum von mehr als zwölf Monaten (im Einzelfall evtl. vielleicht bis zu 24 Monate) mit der notwendigen Genauigkeit ermittelt werden können. Da sich das Devisenmanagement sehr eng an der Finanzplanung orientieren sollte, ergeben sich die gleichen zeitlichen Restriktionen für das Risikomanagement von Währungsrisiken. Wird jedoch der Fortbestand der Unternehmung unterstellt, so finden Währungsrisiken keine zeitliche Begrenzung. Auch über die Zeitspanne von 1 bis 2 Jahren hinaus, wird das Thema Wechselkursänderungen eine Rolle spielen.

Das **langfristige Management** von Währungsrisiken kann kaum über die klassischen Methoden, also über den Einsatz von Sicherungsinstrumenten geleistet werden. Die Prognoseungenauigkeiten sowohl der zukünftigen Cashflows als auch des Risikofaktors selbst lassen, neben u.U. beachtlichen Hedgingkosten, den Einsatz von Derivaten als wenig sinnvoll erscheinen. Der Ansatz beim langfristigen Devisenrisikomanagement sollte eher an der Ebene der Grundgeschäfte angestellt werden.

Die langfristige Steuerung von Währungsrisiken ist somit weniger ein Thema der Treasury- bzw. Risikomanagementabteilungen, sondern ist eher in der strategischen Unternehmensplanung angesiedelt. Dort müssen grundsätzliche Fragestellungen beantwortet werden, die die langfristige Ausrichtung der Grundgeschäfte betreffen. In welchen Währungsräumen soll in Zukunft der Absatz bzw. Einkauf stattfinden? In welchen Währungen kann langfristig Kapital aufgenommen werden? Macht es Sinn durch Etablierung ausländischer Töchter Fremdwährungs-Cashflows zu verschieben? Können Liefer- oder Abnahmeverträge langfristig in der Heimwährung fakturiert werden?

Diese Fragestellungen sollen nur ein Gespür dafür vermitteln, dass die Steuerung von Währungsrisiken über den Horizont der Finanzplanung hinaus auf andere Weise zu handhaben ist als das nun beschriebene kurzfristige Wechselkursrisiko. Die Methoden der strategischen Unternehmensplanung in Hinblick auf Währungsrisiken können an dieser Stelle jedoch nicht näher betrachtet werden.

Im **kurzfristigen Risikomanagement**, also im Horizont der von der Finanzplanung determinierten Zeitspannen von in der Regel zwölf Monaten, kann wohl nur in seltenen Fällen mit den Mitteln der langfristigen Risikosteuerung gearbeitet werden. Hier gilt es mit Hilfe schnell einsetzbarer Maßnahmen die geplanten Cashflows abzusichern. Eine derart schnelle und flexible Vorgehensweise kann vor allem durch den Einsatz von derivativen Sicherungsinstrumenten gewährleistet werden.

Dem eigentlichen Prozess der Entscheidungsfindung über den Einsatz externer Sicherungsinstrumente müssen zunächst noch einige generelle Überlegungen vorangestellt werden: Das Ziel des Risikomanagements ist nicht einfach sämtliche Risiken zu eliminieren, sondern eine angemessene oder gar optimale Relation zwischen Chancen und Risiken herzustellen. Deshalb ist es nicht unbedingt sinnvoll, eine Vollabsicherung der Risiken anzustreben, da damit meist auch vorhandene Chancen reduziert werden. Zwar spricht insofern einiges für eine Strategie der vollständigen Absicherung, da eine nur partielle Sicherung von Marktpreisrisiken automatisch auch einen spekulativen Charakter hat. Die Stärken von Industrie- und Handelsunternehmen liegen jedoch allein schon im risikobehafteten Grundgeschäft und nicht in der spekulativen Nutzung von Marktpreisen. Neben der Eliminierung von Chancenpotentialen sprechen jedoch vor allem die mit einer Vollabsicherung verbundenen Kosten gegen diese Strategie. Als weiteres gewichtiges Argument gegen vollständige Sicherung muss die Tatsache erwähnt werden, dass die Risikoquantifizierung unter zu Hilfenahme von Vereinfachungen erstellt wurde. Das bedeutet, dass das Risikopotential nicht exakt abgebildet ist und durch eine Vollabsicherung unter Umständen eine Übersicherung des realen Risikos entsteht, womit gar neue Risikopositionen aufgebaut würden. Es empfiehlt

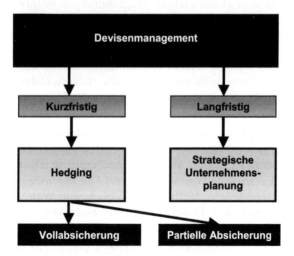

Abb. 4-17: Langfristiges und kurzfristiges Risikomanagement

4.3 Strategien und Produkte zur Währungsrisikosteuerung

sich demnach eine partielle Absicherungsstrategie, in der immer nur ein Teil der Risiken gehedged wird. Wie groß der Anteil der abgesicherten Positionen dabei sein soll, hängt von der Risikopräferenz und dem Risikodeckungspotential des Firmenkunden ab.

Zur Risikosteuerung steht dabei eine breite Palette von Absicherungsinstrumenten zur Verfügung, die von einfachen Termingeschäften bis hin zu exotischen Derivatkombinationen reicht. Es gehen jedoch im Endeffekt alle Instrumente aus zwei Basisprodukten hervor, nämlich Termingeschäften und Optionen.

Produkte zur Risikosteuerung

Die effizienteste Möglichkeit die angestrebte Risikoposition zu erreichen, ist der gezielte Einsatz von Finanzderivaten. Derivative Finanzinstrumente sind aus einem anderen Finanzprodukt, hier Wechselkurse, abgeleitete Finanzinstrumente. Diese Produkte können dabei zur Absicherung bestehender Positionen, zur Arbitrage oder zu Spekulationszwecken verwendet werden. Im hiesigen Kontext steht jedoch der Absicherungsgedanke im Vordergrund.

Der Vorteil von Derivaten ist dabei, dass mit deren Hilfe eine isolierte Weitergabe oder Veränderung ganz bestimmter Risikopositionen möglich ist, ohne aufwendige Umschichtungen in den entsprechenden Grundgeschäftspositionen vornehmen zu müssen. Beim Einsatz von Derivaten ist meistens kein oder lediglich ein geringer Mitteleinsatz nötig.

Grundsätzlich lassen sich drei Formen derivativer Instrumente unterscheiden:
- Devisentermingeschäfte
- Devisenoptionen
- Strukturierte Produkte, die sich durch Kombination der beiden Ersten ergeben

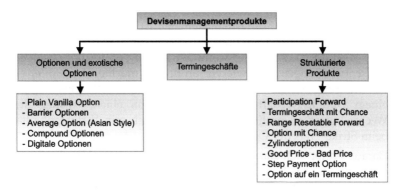

Abb. 4-18: Devisenprodukte

4. Devisenrisikomanagement

a) Devisentermingeschäfte (Outrights)

Unter einem Devisentermingeschäft wird ein Vertrag zwischen Käufer und Verkäufer verstanden, eine im voraus festgelegte Menge eines bestimmten Währungsbetrages als Basiswert (Underlying) zu einem bestimmten Kurs an einem bestimmten zukünftigen Termin zu kaufen oder zu verkaufen.

Der Käufer eines Devisentermingeschäfts verpflichtet sich, die zugrunde liegende Währung entsprechend der Spezifikationen zu kaufen und geht damit eine so genannte Long-Position ein. Der Verkäufer des Termingeschäfts geht demnach eine Short-Position ein. Zum Abschluss des Vertrages wird der Lieferpreis so festgelegt, dass der Wert des Geschäfts Null ist. Der Terminkurs bestimmt sich dabei in Abhängigkeit der Zinsparität, der die Überlegung zugrunde liegt, dass bei abweichendem Terminkurs eine risikolose Arbitrage möglich wäre.

Devisentermingeschäfte sind so genannte unbedingte Geschäfte, da eine definitive Vertragserfüllung am Ende der Laufzeit verpflichtend ist. Damit ergibt sich ein symmetrisches Gewinn- und Verlustprofil, das bei exakt übereinstimmendem Grundgeschäft zur Eliminierung sämtlicher Risiken aber auch Chancen führt.

b) Devisenoptionen

Devisenoptionen weisen im Gegensatz zu den unbedingten Termingeschäften eine asymmetrische Zahlungsfunktion auf. In diesem Fall erwirbt der Käufer das Recht, nicht die Pflicht, ein im voraus festgelegtes Volumen einer fremden Währung zu einem bestimmten Zeitpunkt (europäische Option) oder innerhalb eines bestimmten Zeitraums (amerikanische Option) zu einem festgelegten Wechselkurs (Strike) zu kaufen (Call) oder zu verkaufen (Put). Um dieses Recht zu erhalten muss der Käufer der Option (Long-Position) an der Verkäufer des Rechts (Short-Position) eine Prämie bezahlen.

Im Rahmen des Währungsmanagements ist eine Option dem Termingeschäft v. a. dann vorzuziehen, wenn der abzusichernde Cashflow noch unsicher ist, oder wenn der Käufer von für ihn positiven Kursentwicklungen nach wie vor profitieren möchte. Der Käufer eines Währungs-Calls erhält sich nämlich durch die Absicherung mit einem Optionsgeschäft die Möglichkeit von einem Anstieg des Wechselkurses zu profitieren, begrenzt jedoch sein Verlustpotential beim Strike-Preis der Option.

Daraus ergibt sich das asymmetrische Gewinn- und Verlustprofil von Optionsgechäften. Optionen werden aufgrund der Wahlmöglichkeit (Kauf eines Rechts), deshalb auch als bedingte Termingeschäfte bezeichnet.

4.3 Strategien und Produkte zur Währungsrisikosteuerung

In der Praxis zeigt sich jedoch häufig, dass trotz der unbestreitbaren Vorteile von Optionsgeschäften die entsprechende Optionsprämie eine Eintrittsbarriere darstellt. Da viele Unternehmen diese „Sicherungskosten" scheuen, werden in den meisten Fällen Termingeschäfte zur Devisensicherung eingesetzt.

Um den Nachteil der Optionsprämie zu mindern und dennoch ein gewisses Maß an Chance zu erhalten, wurden in den letzten Jahren eine Vielzahl an so genannten „Low-Cost-Strategien" entwickelt, die sich durch den Einsatz verschiedener Instrumente konstruieren lassen.

c) Strukturierte Instrumente

Unter strukturierten Instrumenten ist jene Vielzahl an Absicherungsvarianten subsumiert, die teilweise unter unterschiedlichen Namen an den internationalen Devisenmärkten vor zu finden sind. Der Vorteil von strukturierten Derivaten ist, dass sich mit deren Hilfe eine genau abgestimmte Risikopostion konstruieren lässt, die exakt zu dem gewünschten Risikoprofil des jeweiligen Unternehmens passt.

Die Gefahr beim Einsatz solcher Sicherungsinstrumente besteht jedoch in ihrer Intransparenz. Denn sowohl der Marktpreis, als auch das genaue Chancen-Risikoprofil ist für Nicht-Fachleute nur schwer nachvollziehbar und deshalb nur für erfahrene Marktteilnehmer zu empfehlen. Die entsprechende Erfahrung lässt sich jedoch durch eine vertrauensvolle, kompetente Zusammenarbeit mit darauf spezialisierten Banken ersetzen.

Es existiert inzwischen ein praktisch nicht mehr überschaubare Vielzahl von unterschiedlichen Varianten von strukturierten Derivaten. Deshalb wird an dieser Stelle auf eine umfassende Aufstellung und Beschreibung dieser Produkte verzichtet. In der Tabelle auf der folgenden Seite sind jedoch exemplarisch einige Instrumente aufgeführt.

Prozess der Risikosteuerung

Nachdem nun das Risiko quantifiziert wurde und der Rahmen für den ungefähren Umfang der Hedgingmaßnahmen abgesteckt ist, müssen über ein „Trial and Error-Verfahren" die geeigneten derivativen Instrumente ausgewählt werden. Es werden demnach verschiedene Derivate oder Derivatkombinationen gesucht, mit denen das gewünschte Risikoprofil am ehesten abgebildet werden kann.

Die obige Risikobewertung kann dabei helfen, die verschiedenen Hedges zu analysieren und die Vorteilhaftigkeit der verschiedenen Möglichkeiten zu prüfen. Dies geschieht indem das Risiko unter

Instrumente des Devisenmanagements

Instrumente	Erklärung	Besonderheit
Termingeschäft	Vereinbarung an einem bestimmten Termin in der Zukunft ein Wahrungspaar zu einem vorab festgelegten Kurs zu tauschen.	a) Erfullungspflicht b) Symmetrisches Risikoprofil
Plain Vanilla Option	Der **Käufer** erwirbt gegen Zahlung einer Pramie das Recht ein bestimmte Wahrung A gegen eine andere Wahrung B an einem bestimmten Termin zu einem festgelegten Kurs zu kaufen (Call) oder zu verkaufen (Put). Der **Verkäufer** hat die Pflicht die Wahrung A zu liefern (Verkauf einer Call-Option) bzw. zum Strikeprice abzunehmen (Verkauf einer Put-Option).	a) Fur den Kaufer keine Erfullungspflicht b) Asymmetrisches Risikoprofil c) Pramienzahlung bei Kauf notwendig
Barrier Option	Die Wirksamkeit einer Barrier Option ist von Erreichen bestimmter Kursniveaus abhangig. Dabei sind sog. Knock-in- bzw. Knock-out-Optionen zu unterscheiden.	a) Sicherungswirkung nicht in jedem Fall gegeben b) i.d.R. billiger als Plain Vanilla Option
Digitale Optionen	Bei der Digitalen Option kommt es nicht zum Austausch zweier Wahrungen, sondern bei Ausubung nur zur Zahlung eines feststehenden Betrages, dem so genannten Pay Out.	a) Der maximale Verlust ist hier auch fur den Verkaufer der Option vorab kalkulierbar (Pay Out) b) Fur den Kaufer ist der Gewinn nach oben begrenzt
Average Option	Mit der Average Option kann man sich bei der Absicherung an Durchschnittskursen orientieren. Zu unterscheiden sind dabei die Floating Strike Average Option und die Fixed Strike Average Option. Es wird einmal der Strike als Durchschnittskurs dargestellt und im anderen Fall wird nicht der Kassakurs mit den festen Strike Level verglichen, sondern ein Durchschnittspreis.	a) Es konnen eventuelle „extreme" Kursausschlage nicht korrekt abgesichert werden b) i.d.R. billiger als einen Plain Vanilla Option
Compound Option	Der Kaufer erwirbt in diesem Fall eine Option auf eine Option. Er kauft sich also das Recht eine vorab definierte Option zu einer festgelegten Pramie kaufen oder verkaufen zu durfen.	a) Sinnvoll bei hoher Unsicherheit uber Zustandekommen des Grundgeschafts
Zylinder Option (Zero Cost Option)	Kombination aus einem Plain Vanilla Call und einem Plain Vanilla Put von welchen eine gekauft und die andere entsprechend verkauft wird. Somit wird eine Bandbreite bestimmt, die sowohl Worst- als auch Best Case definiert. Werden Strikes und Volumen so gewahlt, dass die Konstruktion pramienneutral ist, so wird sie auch Zero Cost Option genannt.	a) Kein oder nur geringer Pramienaufwand b) Volle Absicherung gewahrleistet c) Nur begrenzte Partizipation an positiven Bewegungen
Participation Forward	Kombination aus einem Plain Vanilla Call und einem Plain Vanilla Put von denen eine gekauft und die andere entsprechend verkauft wird. Anders als bei der Zylinder Option wird hier keine Bandbreite definiert, sondern zwei Optionen mit gleichem Strike gewahlt. Die Volumina werden dabei so gestaltet, dass der Kunde zum einen zu 100% gesichert ist, zum anderen aber zu einem gewissen Prozentsatz von fur ihn gunstigen Kursen profitiert.	a) Keine Pramie b) Zu 100% gesichert c) Moglichkeit teilweise an positiven Kursverlaufen zu profitieren Sicherungskurs etwas schlechter als d) entsprechender Terminkurs

4.3 Strategien und Produkte zur Währungsrisikosteuerung   197

Einbezug der zunächst gewählten Sicherungsmaßnahmen neu berechnet wird. Wird die erneute Risikobewertung anhand von Einzelszenarien erstellt, so ergibt sich eine veränderte grafische und tabellarische Risikodarstellung.

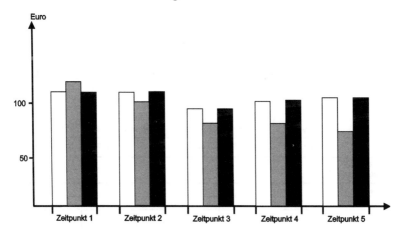

Abb. 4-19: *Grafische Risikodarstellung nach Maßnahmen (Beispiel: Vollabsicherung durch Termingeschäfte)*

	Zeitpunkt 1		Zeitpunkt 2		Zeitpunkt 3		Zeitpunkt 4		Zeitpunkt 5		G/L-Gesamt
	CF	G/L	CF	G/L	CF	G/L	CF	G/L	CF	G/L	
Ohne Hedging	115		105		80		80		75		
Hedging-Variante 1	110	-5	110	+5	90	+10	95	+15	100	+25	+50
Hedging-Variante 2	115	0	110	+5	90	+10	95	+15	100	+25	+55
Hedging-Variante 3	115	0	105	0	90	+10	95	+15	100	+25	+50

Abb. 4-20: *Tabellarische Risikodarstellung nach Maßnahmen für ein Szenario*

Das neue Cashflow-Profil wird grafisch durch die schwarz gefärbten Balken beschrieben. Die aussagekräftigere Darstellung ist jedoch die Tabellenform, da hier alle zunächst gewählten Steuerungsmaßnahmen untereinander aufgereiht sind. Dies ermöglicht den Vergleich mit den nicht gesicherten neu berechneten Zahlungsströmen, die in der ersten Zeile ablesbar sind, und den Hedginginstrumenten untereinander. Erleichtert wird dieser Vergleich durch die Spalten „G/L" (Gain/Loss), wo die jeweilige Vorteilhaftigkeit (oder auch Nachteil falls der Zahl ein Minuszeichen voransteht) gegenüber den nicht gehedgden Cashflows ausgewiesen wird. Die letzte Spalte, die hier „G/L-Gesamt" genannt wird, zeigt schließlich den

4. Devisenrisikomanagement

Vor- bzw. Nachteil der Hedgingmaßnahme auf aggregiertem Niveau, also in Bezug auf den gesamten Analysehorizont. Wichtig dabei ist, dass die letztendlich gewählte Lösung sowohl im wahrscheinlichsten Szenario, als auch im Worst-Case-Szenario ein zumindest befriedigendes Ergebnis aufweist.

Wird der CFaR als Risikomesszahl verwendet, so ergibt sich eine anloge tabellarische Auswertung, mit dem einzigen Unterschied, dass nicht die jeweiligen Cashflows direkt miteinander verglichen werden, sondern eine Gegenüberstellung der einzelnen CFaR erfolgt.

	Zeitpunkt 1		Zeitpunkt 2		Zeitpunkt 3		Zeitpunkt 4		Zeitpunkt 5		CFaR Gesamt
	CFaR	G/L	CFaR	G/L	CFaR	G/L	CFaR	G/L	CFaR	G/L	
Ohne Hedging	5		15		25		35		50		120
Hedging-Variante 1	0	+5	0	+15	0	+25	0	+35	0	+50	0
Hedging-Variante 2	5	0	0	+15	0	+25	0	+35	0	+50	5
Hedging-Variante 3	5	0	15	0	0	+25	0	+35	0	+50	18

Abb. 4-21: Tabellarischer Risikodarstellung nach Maßnahmen in Form von CFaR

Exemplarisch zeigt Abbildung 4-22 noch einmal grafisch die Auswirkung einer Hedgingmaßnahme auf die Wahrscheinlichkeitsverteilung der Cashflows und damit die Veränderung des CFaR.

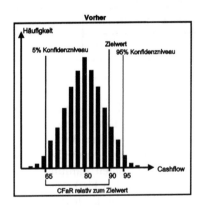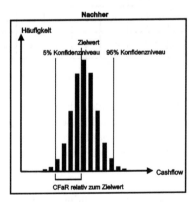

Abb. 4-22: CFaR vor und nach Maßnahmen

Die oben aufgezeigten Darstellungsmöglichkeiten und der damit mögliche Vergleich zwischen verschiedenen Sicherungsmaßnahmen bilden die Grundlage für die Entscheidung über den Kauf eines oder mehrerer Sicherungsprodukte. Damit wird eine bewusste und verbesserte Steuerung des Cashflow-Profils möglich und die Erreichung der unternehmerischen Ziele wird erleichtert.

Zur Umsetzung des oben vorgestellten Konzeptes ist die Entwicklung eines IT-Systems notwendig, das den Anforderungen des dargestellten Prozesses gerecht wird. Ein solches System muss vor allem die vorgeschlagene Szenariogenerierung unterstützen und die Risikodarstellung in der oben beschriebenen Weise leisten können. Zudem sollten möglichst viele derivative Produkte oder Produktkombinationen integrierbar sein, um eine weitestgehend optimale Entscheidungshilfe zu bieten.

Abbildung 4-16 fasst das beschriebene Risikomanagementkonzept noch einmal zusammen und verdeutlicht dabei die Rolle des IT-Systems für den gesamten Prozess.

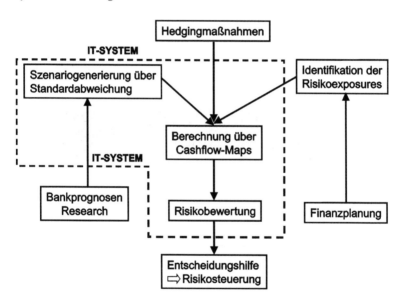

Abb. 4-23: Der Risikomanagementprozess

4.3.2 Kontrolle

Im kurzfristigen Devisenmanagement spielt die laufende Kontrolle der Planprämissen und Sicherungsstrategien eine wichtige Rolle. In den obigen Abschnitten wurde gezeigt, dass die Entscheidungen aufgrund diverser Planprämissen getroffen werden. Zuallererst sind hier die Plan-Cashflows zu nennen. Es muss also fortwährend geprüft werden, ob und in welchem Umfang die prognostizierten Cashflows auch tatsächlich eintreffen. Sollte es zu unerwarteten größeren Abweichungen zwischen Plangrößen und tatsächlich eintreffenden Cashflows kommen, so liegt eine Änderung in der zentralen Steuerungsgröße vor. Dies kann freilich dazu führen, dass die existierenden Sicherungsstrategien nicht mehr exakt auf das Risikoprofil passen oder im Extremfall sogar zu zusätzlichem Risiko führen. In solchen Fällen müsste dann die Hedgingstrategie entsprechend angepasst werden.

Eine weitere Planprämisse ist die Wechselkursprognose. Diese sollte zwar durch das oben beschriebene Konzept unter Einbezug der Volatilität und eines zeitlichen Gewichtungsfaktors in der Regel für den jeweiligen Planungshorizont hinreichend exakt sein, aber bei „extremen" Kursbewegungen kann auch hier eine Änderung in den Annahmen nötig werden. Es sollte demnach mindestens halbjährlich ein Abgleich der Kursprognosen mit der tatsächlichen Kursentwicklung stattfinden.

Weiterhin sollte das Verfahren selbst und natürlich der Erfolg der Maßnahmen in regelmäßigen Abständen kontrolliert werden. Daraus können sich u. U. Modifizierungen in den bisher gebrauchten Strategien ergeben.

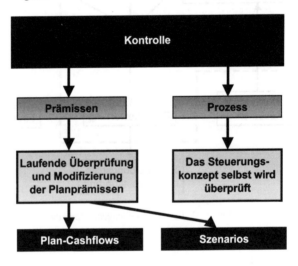

Abb. 4-24: Kontrolle

4.4 Konkretes Praxisbeispiel

Das Beispielunternehmen A mit Hauptsitz in Deutschland stellt hochwertige Textilien her, die zu einem großen Teil in die USA exportiert werden. Stoffe und textile Halbfertigprodukte importiert Unternehmen A häufig aus dem südost-asiatischen Raum, da diese Art von Waren dort sehr günstig bezogen werden kann. Die Importe sind dabei zum Großteil in US-Dollar fakturiert. Unternehmen A hat also sowohl USD-Eingänge aus Umsatzerlösen als auch USD-Ausgänge aufgrund von Materialkosten. In der Treasury-Abteilung des Kunden werden die zukünftigen Zahlungsströme für einen Zeitraum von zwölf Monaten erfasst. Der Einfachheit halber wird hier unterstellt, dass Unternehmen A nur vier Perioden als relevant betrachtet, nämlich die jeweiligen Quartale. Es wird also angenommen, dass beispielsweise sämtliche Zahlungen der ersten drei Monate aggregiert werden und als ein „Quartals-Cashflow" ausgewiesen wird. Die Zahlungsströme stellen sich folgendermaßen dar:

Cashflows	Quartal 1	Quartal 2	Quartal 3	Quartal 4
USD-Eingang	100	250	70	320
USD-Ausgang	80	130	180	260

Da jedoch nur die entsprechenden Netto-Cashflows riskant sind, ergeben sich die steuerungsrelevanten Zahlen tabellarisch und grafisch folgendermaßen:

USD-Netto-positionen	Quartal 1	Quartal 2	Quartal 3	Quartal 4
	20	120	-110	60

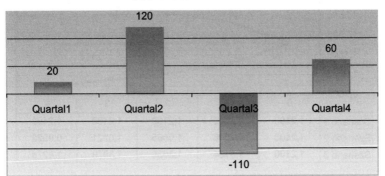

Da nun die Risiko-Exposures ermittelt sind muss in einem zweiten Schritt die Szenariogenerierung erfolgen. Wichtig sind in diesem Fall Prognosen wo der Kurs des US-Dollar am jeweiligen Quartalsende steht, also in drei, sechs, neun und zwölf Monaten.

Angenommen die Meinung der Researchabteilung einer bestimmten Bank wird als das wahrscheinlichste Szenario in Betracht gezogen. Die Volkswirte der entsprechenden Bank prognostizieren, dass sich der EUR/USD-Wechselkurs in den nächsten zwölf Monaten nicht verändern wird. Als Wahrscheinlichkeitsszenario wird hier also von einer Fortführung des aktuellen Wechselkurses bis zum Ende des Analysehorizonts ausgegangen.

Bei einer gegebenen Tagesvolatilität des US-Dollar von 0,69 %, einem aktuellen Wechselkurs 1,2100 und einem gewünschten Konfidenzniveau von 95 % (Multiplikation mit einem Z-Wert von 1,65) werden die Kurse zu den relevanten Prognosezeitpunkten wie folgt errechnet:

Zeitpunkt 1: 1,2100 × 0,0069 × Wurzel 62 × 1,65 = 0,1084
⇨ Szenario 1 (Wahrscheinlichkeitsszenario) = 1,2100
⇨ Szenario 2 (Best Case) = 1,1016
⇨ Szenario 3 (Worst Case) = 1,3184

Zeitpunkt 2: 1,2100 × 0,0069 × Wurzel 124 × 1,65 = 0,1535
⇨ Szenario 1 (Wahrscheinlichkeitsszenario) = 1,2100
⇨ Szenario 2 (Best Case) = 1,0565
⇨ Szenario 3 (Worst Case) = 1,3635

Zeitpunkt 3: 1,2100 × 0,0069 × Wurzel 186 × 1,65 = 0,1879
⇨ Szenario 1 (Wahrscheinlichkeitsszenario) = 1,2100
⇨ Szenario 2 (Best Case) = 1,0221
⇨ Szenario 3 (Worst Case) = 1,3979

Zeitpunkt 4: 1,2100 × 0,0069 × Wurzel 250 × 1,65 = 0,2178
⇨ Szenario 1: (Wahrscheinlichkeitsszenario) = 1,2100
⇨ Szenario 2: (Best Case) = 0,9922
⇨ Szenario 3: (Worst Case) = 1,4278

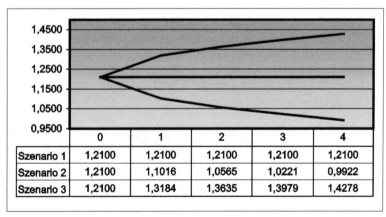

Um das Wechselkursrisiko aus den Fremdwährungs-Cashflows zu ermitteln, müssen in einem dritten Schritt die ermittelten Risiko-Exposures mit Hilfe der Funktionszusammenhänge mit den jeweiligen Szenarien konfrontiert werden. Es wird also der in US-Dollar fakturierte Netto-Cashflow mit dem jeweiligen prognostizierten Wechselkurs in Euro umgerechnet. Als Ergebnis ergibt sich der Eurowert der einzelnen Netto-Positionen je Zeitpunkt unter dem jeweiligen Szenario.

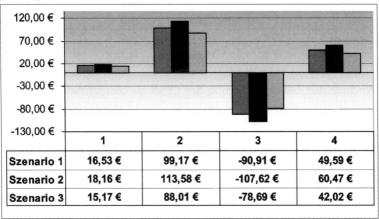

In Unternehmen mit einer hinreichend professionellen Finanzplanung exsistiert ein so genannter Kalkulationskurs. Der Kalkulationskurs ist der Umrechnungspreis der bei der Planung der zukünftigen Cashflows angesetzt wurde. Häufig ist das der aktuelle Kurs vom Stichtag der Planrechnung oder der Kurs mit dem Fremdwährungspositionen, der in der letzten Bilanz bewertet wurde. Im Fall des Unternehmens A wird vereinfachend davon ausgegangen, dass der Kalkulationskurs bei 1,2100 EUR/USD liegt. Somit entsprechen die Werte des Szenarios 1 den angenommenen Werten aus dem Liquiditätsplan.

Das eigentliche Risiko für Unternehmen A ist, dass aufgrund von Wechselkursschwankungen die tatsächlichen in Euro bewerteten Cashflows von den Sollgrößen abweichen. Die Währungsrisiken bzw. -chancen ergeben sich in diesem Beispiel also aus der Differenz zwischen den Werten aus Szenario 2 und 3 zu Szenario 1. Das Gain/Loss-Profil von Unternehmen A sieht somit folgendermaßen aus:

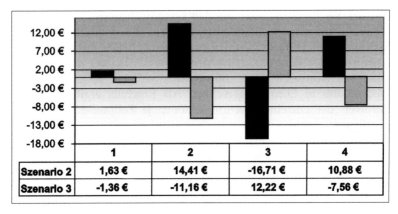

Wird für die Risikodarstellung der CFaR als Messgröße gewählt, so wird der maximale Verlust gesucht, der mit einer Wahrscheinlichkeit von 95 % nicht überschritten wird. Da die Szenarios über die Standardabweichung und einen Z-Wert von 1,65 erstellt wurden, ist die jeweils negativste Veränderung auch gleichzeitig der CFaR der entsprechenden Periode. Per Definition ist der CFaR die in Geldeinheiten gemessene maximale Abweichung der Cashflows von ihrem erwarteten Wert, die innerhalb eines bestimmten Zeitraums mit einer bestimmten Wahrscheinlichkeit nicht überschritten wird. Der CFaR ist somit grundsätzlich vorzeichenfrei und wird immer als „positiver" Wert ausgewiesen. Hier wird der CFaR dennoch als negativer Wert angegeben, da die bessere Verständlichkeit und Darstellung dieser Zahl dadurch unterstützt wird.

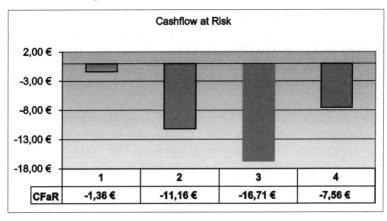

Auf Basis der oben dargestellten Risikoquantifizierung kann nun der Prozess der Risikosteuerung beginnen. Bei der Risikosteuerung, also der Wahl eines ganz bestimmten Chance-Risiko-Verhältnisses, gibt es keine generell „beste" Lösung. Entscheidend dabei ist neben

4.4 Konkretes Praxisbeispiel

der individuellen Risikotragfähigkeit jedes Unternehmens auch die Frage der Hedgingkosten (z. B. Optionsprämien).

Eine völlige Eliminierung des Risikos bei geringst möglichem Kostenaufwand könnte in diesem Fall durch die Einzelabsicherung der jeweiligen Risiko-Exposures durch Termingeschäfte erfolgen. Nachteil dieser Strategie ist jedoch, dass neben den Risiken auch die Chancen auf Kursgewinne eliminiert werden. Außerdem kann es sein, dass die prognostizierten Cashflows von der geplanten Höhe und dem erwarteten Eingangszeitpunkt abweichen. Es könnten deshalb u. U. sogar neue offene Positionen entstehen.

Eine weitere Möglichkeit wäre, dass Unternehmen A nur das Quartal sichert in dem das größte Risikopotential vorhanden ist. In diesem Beispiel ist er größtmögliche Verlust untern den gegebenen Prämissen im dritten Quartal. Durch den Kauf des entsprechenden USD-Cashflows auf Termin könnte hier ein Hedging vorgenommen werden. Das Gain/Loss-Profil ändert sich dann wie folgt:

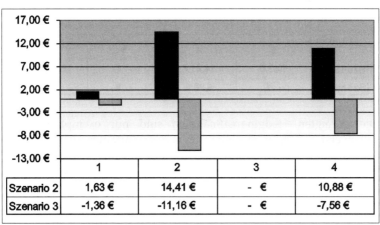

Beurteilt Unternehmen A das verbleibende Restrisiko als tragbar, so wäre der Risikomanagementprozess zunächst beendet. Wie jedoch in Kapitel 6.3.2 erläutert, muss trotzdem eine laufende Kontrolle des Währungsrisikos und der ergriffenen Maßnahmen erfolgen.

Sollte jedoch das verbleibende Restrisiko von Unternehmen A als noch immer zu hoch eingestuft werden, so wäre eine Variante die zusätzliche Absicherung über ein Devisenoptionsgeschäft. Dabei kann es sich allerdings nur um eine partielle Sicherung handeln, da das zugrundeliegende Nominalvolumen im Zeitverlauf nicht konstant ist. Zur Bestimmung eines sinnvollen Nominalvolumens kann beispielsweise der durchschnittliche USD-Überschuss über die drei relevanten Perioden ermittelt werden. Dieser wird dann mittels einer USD-Put-Option bei einem Kurs von 1,2100 EUR/USD nach unten begrenzt. Dabei zahlt Unternehmen A zwar eine Optionsprämie, hält sich jedoch die Chancen von Kursgewinnen zu profitieren offen.

Durch den Kauf einer USD-Put-Option mit einer Laufzeit von einem Jahr und einem Strike von 1,2100 auf ein Nominalvolumen von 66,66 USD (Durchschnitt) entsteht ein Risikoprofil, dass nur noch in Quartal 2 ein Restrisiko aufweist, da hier das Risiko-Exposure das Optionsvolumen übersteigt.

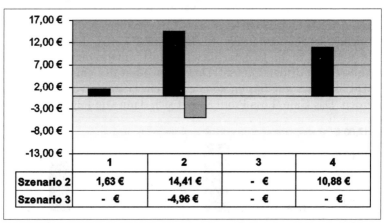

Die gezeigten Hedgingmaßnahmen sind nur exemplarisch, da selbstverständlich auch andere Sicherungsvarianten denkbar sind. Im Einzelfall kann die „geeignetste" Lösung nur in Abhängigkeit vom Risikoaversionsgrad des Betroffenen und seiner eventuell vorhandenen Meinung zur Entwicklung des relevanten Wechselkurses entwickelt werden.

4.5 Executive Summary

Die Bedeutung von Währungsrisiken nimmt aufgrund der zunehmenden Internationalisierung und der gestiegenen Volatilität der Währungsmärkte für Industrie- und Handelsunternehmen ständig zu. Damit rückt das Thema eines adäquaten Devisenmanagements immer mehr in den Vordergrund.

Unter dem Währungsrisiko wird allgemein die Gefahr verstanden, dass der tatsächliche Wechselkurs zu einem bestimmten Zeitpunkt von einem erwarteten Kurs abweicht. Die Fragestellung welche Größen von Änderungen in den Währungsparitäten beeinflusst werden stellt den ersten Schritt des hier vorgestellten Konzepts dar.

4.5 Executive Summary

Dabei orientiert man sich allgemein an Cashflows aus der Finanz- und Liquiditätsplanung des Unternehmens. Die Verwendung von Stromgrößen aus der Planrechnung machen insofern Sinn, da diese unabhängig vom Devisenmanagement ohnehin erstellt werden müssen und ein gewissen intuitives Vorverständnis im Unternehmen für diese Zahlungsströme vorhanden ist. Als riskant werden jedoch nicht nur jene Cashflows bezeichnet, die in einer anderen als der Heimatwährung fakturiert sind, sondern auch Zahlungsströme die von den so genannten indirekten Effekten (Mengenrisiko) beeinflusst werden. Als Risiko-Exposure wurden also jene Cashflows je Zeitpunkt bzw. Zeitraum ermittelt, die direkt oder indirekt von Wechselkursänderungen betroffen sein können. Dabei sind nur die jeweiligen Nettopositionen zu betrachten, da sich zeitpunktkongruente Zahlungsströme in der selben Währung mit unterschiedlichen Vorzeichen aufheben.

Im einem zweiten Schritt müssen nun Funktionszusammenhänge aufgestellt werden, die so genannten Cashflow-Maps; mit denen die Wirkung einer Veränderung des Risikofaktors mathematisch beschrieben werden kann. Im Falle von direkten Effekten ist dies leicht zu erfüllen, da hier nur mit dem jeweiligen Kurs in die Heimatwährung umgerechnet werden muss. Bei indirekten Effekten wurde jedoch gezeigt, das die Erstellung von mathematischen Wirkungszusammenhängen kaum oder nur approximativ möglich ist.

Des Weiteren müssen Prognosen in Form von verschiedenen Szenarien aufgestellt werden, mit denen mögliche Entwicklungen des Risikofaktors beschrieben werden. Als wichtig wurde dabei herausgearbeitet, dass mindestens drei unterschiedliche Szenarien für die Bewertung verwendet werden sollten. Besonderer Bedeutung kommt neben dem Wahrscheinlichkeitsszenario dabei dem Worst-Case-Szenario zu. Da eigengenerierte Prognosen und Meinungen einen stark subjektiven Charakter haben, wurde hier eine möglichst objektive Methode vorgestellt, die mit Hilfe statistischer Größen wie der Standardabweichung mögliche Entwicklungspfade ermittelt. Für das wahrscheinlichstes Szenario, also den Erwartungswert der Verteilung, wird die Verwendung möglichst unabhängiger externer Prognosen empfohlen oder einfach die Annahme einer Fortführung des aktuellen Kassa-Kurses über die Zeit. Der steigenden Unsicherheit bei zunehmender Entfernung vom Gegenwartszeitpunkt wird mit der Verwendung der „Wurzelformel" Rechnung getragen, die bewirkt, dass die mögliche Schwankungsbreite des Risikofaktors um seinen Erwartungswert im Zeitablauf größer wird.

Der Vorteil dieser Art der Szenariogenerierung ist, dass die einzelnen Entwicklungspfade sowohl zweidimensional in Form von Einzelszenarien dargestellt werden können oder durch die Wahl entsprechender Z-Werte als CFaR.

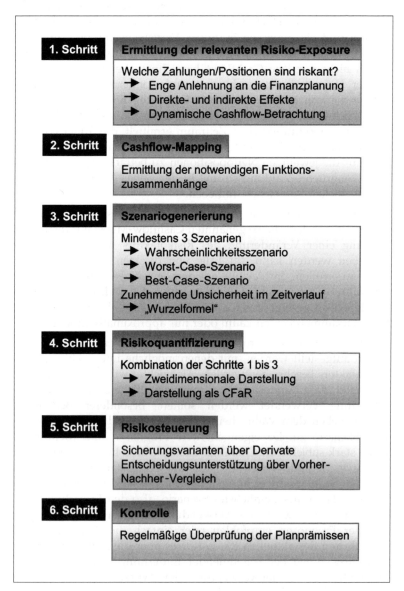

Abb. 4-25: Der Devisenrisikomanagementprozess

5. Rohstoffpreisrisiko-Management

Von Thomas Priermeier

Das Thema Finanzrisikomanagement im Unternehmen wird aus unserer Sicht teilweise in einem zu engem Rahmen gesehen. In der Regel werden meist die „klassischen" Finanzrisiken wie etwa Zinsänderungs- und Wechselkursrisiken betrachtet und (bestenfalls) durch das Unternehmen berücksichtigt. Doch muss das Finanzrisikomanagement weiter gefasst werden. So zählen im weiteren Sinne natürlich auch die Rohstoffpreisrisiken zum Bereich der Finanzrisiken. (Aufgrund des angelsächsischen Ursprungs der Rohstoff-Sicherungen spricht man in diesem Zusammenhang meist auch von „Commodities" oder „Commodity-Risiken".) Denn auch diese Rohstoffpreisrisiken können sehr genau erfasst, bewertet und vielfach auch gemanagt werden. Ein großer Unterschied zu den klassischen Finanzrisiken liegt sicherlich darin, dass deren Ursprung und auch die Behandlung der Risiken oftmals nicht in den Händen der Finanzabteilung liegt. Vielmehr fällt dies erfahrungsgemäß meist in die Sphäre der Einkäufer (wenn es sich beispielsweise um Rohstoffe handelt, die zur Herstellung) oder des Vertriebs (wenn es sich bei den verkauften Endprodukten des Unternehmens um Rohstoffe handelt). Ziel und Anspruch eines gezielten Rohstoffpreisrisiko-Managements muss es nun sein, die unterschiedlichen betrieblichen Funktionen wie Finanzabteilung, Einkauf und Vertrieb unter einen Hut zu bringen.

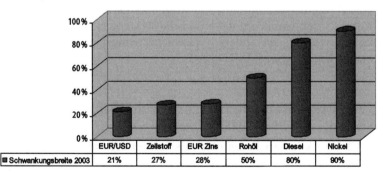

Abb. 5-1: *Schwankungsbreite verschiedener Rohstoffe im Verlauf des Jahres 2003. Grundlage stellten die jeweiligen Höchst- und Tiefstände von Januar bis Dezember dar. Quelle: Alexandra Stelzer, HVB*

Dass das gezielte Management von Rohstoffpreisrisiken nicht nur ein „nice to have" ist, sondern eine entscheidende Quelle des Unternehmenserfolgs sein kann, zeigt sich, wenn man historische Preisentwicklungen an den Rohstoffmärkten näher betrachtet. Wie die obige Grafik zeigt, sind Rohstoffmärkte durch ausgeprägte Preisschwankungen gekennzeichnet. Regelmäßig rücken die gerne als „Ölpreisschock" bezeichneten Anstiege der Rohölpreise dies verstärkt in das Rampenlicht der Medien. Aber auch Metalle wie Nickel, Zink und Palladium sind Beispiele dafür, dass sich die Preise in kurzen Zeitspannen verdoppeln oder gar verdreifachen können – um dann wieder drastisch zu sinken. Je nachdem, wie stark nun die Umsätze oder Kosten eines Unternehmens von den Rohstoffpreisen abhängen, wird der Unternehmenserfolg gegebenenfalls entscheidend von diesen Marktschwankungen abhängen. Bei manchen Unternehmen wird der Zusammenhang enorm (und auch leicht erkennbar) sein. So hängt der unternehmerische Erfolg eines Zellstoff-Produzenten freilich in erster Linie vom Marktpreis von Zellstoff ab. Bei manch anderen Unternehmen ist der Zusammenhang weniger klar erkennbar, kann aber dennoch gravierende Auswirkungen auf den Unternehmenserfolg haben. Ein Spediteur mit festen Frachtraten wird beispielsweise dann ein Kostenproblem haben, wenn die Treibstoffpreise in die Höhe schnellen und er diese nicht über höhere Frachtraten an seine Kunden weitergeben kann. Ein positives Beispiel hierfür ist die Lufthansa AG, die seit Jahren Sicherungsgeschäfte abschließt, um die Preise für ihr Flugbenzin zu sichern. In Phasen stark steigender Rohölpreise – und diese Phasen sind erfahrungsgemäß regelmäßig wiederkehrend – hat die Lufthansa regelmäßig einen enormen Marktvorteil gegenüber ihren Mitbewerbern, welche die Treibstoffpreise nicht gesichert haben. Im ersten Schritt bedeutet dies für Lufthansa einen Kostenvorteil – auf den zweiten Blick aber auch einen Marketingvorteil. Lufthansa kann im Falle steigender Ölpreise den genannten Kostenvorteil nämlich nutzen und die Ticketpreise unverändert belassen, wohingegen andere Airlines gezwungen sind, ihre Preise anzuheben.

5.1 Erkennen spezifischer Rohstoffpreisrisiken

5.1.1 Wie können Rohstoffpreisrisiken erkannt werden?

Wie bereits angesprochen, ist es im Rahmen eines gezielte Management von Rohstoffpreisrisiken notwendig, über den Tellerrand der Finanzabteilung hinauszublicken. Denn im Gegensatz zu den bisher angesprochenen Finanzrisiken werden Rohstoffpreisrisiken in den meisten Fällen in anderen unternehmerischen Funktionen und Bereichen auftreten. Beziehen sich die Rohstoffpreisrisiken auf die Kosten eines Unternehmens, so muss eine enge Vernetzung des Finanzrisikomanagements mit den Einkäufern des Unternehmens sichergestellt werden. Zur Kernkompetenz eines Einkäufers gehört es, die historische Preisentwicklung des benötigten Rohstoffs und dessen Schwankungsintensität zu kennen.

Ein umfassendes Finanzrisikomanagement muss Folgendes berücksichtigen:

- Welche Rohstoffe werde ich im Planungszeitraum benötigen?
(Infos über den Einkauf des Unternehmens)
- Wann werde ich diese Rohstoffe brauchen?
(Infos über den Einkauf des Unternehmens)
- Wie hoch ist die Schwankungsintensität der betreffenden Rohstoffpreise?
(Analyse historischer Daten)
- In wie weit können/sollen erhöhte Kosten auf den Abnehmer/ Kunden abgewälzt werden?
(Abstimmung mit dem Vertrieb)

Diese kurze Aufzählung zeigt, dass zum gezielten Finanzrisikomanagement von Rohstoffpreisrisiken die Kernkompetenzen mehrerer betrieblicher Funktionen und Abteilungen vonnöten sind. Sowohl Einkauf/Beschaffung, Vertrieb als auch die Finanzabteilung als Träger des Finanzrisikomanagement müssen sich eng vernetzen und abstimmen. Nur auf diese Weise können die unterschiedlichen Rohstoffpreisrisiken erkannt und deren Ausmaß bewertet und gemanagt werden.

5.1.2 Wann werden Preisschwankungen von Rohstoffen zu Finanzrisiken eines Unternehmens?

Preisschwankungen von Rohstoffen bedeuten nicht per se Risiken für Unternehmen. Vielmehr ist dafür entscheidend, ob die Auswirkungen der Preisschwankung im Unternehmen verbleibt oder nicht. So ist der unternehmerische Erfolg von Tankstellen nicht in erster Linie vom Ölpreis abhängig. Grund hierfür ist, dass die Tankstellenbetreiber sehr zeitnah auf Marktänderungen des Ölpreises reagieren und ihre Preise entsprechend ändern. Somit ist das Risiko der Preisschwankung auf den Kunden der Tankstelle verlagert und wird eins zu eins weitergeleitet. Das Rohstoffpreisrisiko ist ein „durchlaufender Posten". (Nicht berücksichtigt werden in dieser Aussage die Auswirkungen von „Vermeidungsstrategien" –

also der Tendenz, dass Autofahrer bei hohen Benzinpreisen tendenziell weniger tanken um Geld zu sparen.)

Wenn Preisänderungen eines Rohstoffs nicht an Kunden oder Dritte weitergegeben werden können, werden sich die Preisschwankungen von Rohstoffen zu Finanzrisiken des Unternehmens entwickeln.

Einige wenige Beispiele hierfür – aus Sicht der Kosten:

- **Speditionen** haben in der Regel einen hohen Treibstoffverbrauch. Der Markt ist international hart umkämpft, Unternehmen arbeiten meist mit sehr engen Margen. Steigt nun der weltweite Rohölpreis an, so werden sich auch die Treibstoffpreise signifikant nach oben bewegen. Diese erhöhten Kosten können aber oftmals nicht über höhere Frachtraten weitergereicht werden.
  → Hier haben sich die Preisschwankungen des Rohstoffs eindeutig zu Finanzrisiken des Unternehmens entwickelt.

- **Automobilzulieferer** sind meist durch sehr hart verhandelte Verträge an die großen Automobilkonzerne gebunden und können nur sehr geringe Margen durchsetzen. Fixe Preisverhandlungen gelten meist für längere Laufzeiten. Steigen nun im Beispiel eines Karosseriebauers innerhalb der Laufzeiten die Preise für Nicht-Edelmetalle (z. B. das in großen Mengen bei der Produktion verwendete Palladium) stark an, so kann das Unternehmen dies erhöhten Kosten nicht über höhere Preise an die Automobilkonzerne weitergeben. Dies bedeutet ein Wegschmelzen der ohnehin geringen Margen und im Extremfall die defizitäre Produktion.
  → Auch hier haben sich die Preisschwankungen des Rohstoffs eindeutig zu Finanzrisiken des Unternehmens entwickelt.

- Für die Herstellung von **Zeitungen** ist verständlicherweise eine große Menge an Papier (Güte: „Newsprint") nötig. Die Möglichkeit die Verbraucherpreise für Zeitungen zu erhöhen ist nur sehr bedingt gegeben. Steigt nun der Marktpreis für Newsprint-Papier an, bleibt diese Kostenerhöhung im Unternehmen hängen und muss anderweitig aufgefangen werden.
  → Auch hier haben sich die Preisschwankungen des Rohstoffs eindeutig zu Finanzrisiken des Unternehmens entwickelt.

Einige wenige Beispiele – aus Sicht der Erlöse:

- Der Markt für **Zellstoff** ist sehr international und in erster Linie ein US-Dollar dominierter Markt. Zellstoff kann ohne große Probleme und zu relativ geringen Kosten weltweit verschifft werden. Fällt nun der Weltmarktpreis für Zellstoff, so gehen im gleichen Umfang die Erlöse der Zellstoffproduzenten zurück. Dadurch dass der Zellstoffmarkt international sehr stark vernetzt und transparent ist, können sich einzelne Hersteller nicht gegen den Markt stemmen und ihre Preise unverändert belassen. Dies würde bedeuten, dass Kunden zu anderen Herstellern abwandern, die ihre Preise dem Weltmarkt folgend senken. Diese Erlöseinbrüche können auch nur bedingt durch Ausweitung der Absatzmärkte kompensiert werden.

→ Da der Verkauf von Zellstoff in der Regel die einzige (oder zumindest die Haupt-)Erlösquelle eines Zellstoffproduzenten darstellt, bedeuten Preisschwankungen des Rohstoffs eindeutig Finanzrisiken des Unternehmens.

- Dieses Beispiel zeigt, dass es aber auch anders geht. Wie oben bereits angesprochen, können **Tankstellenbetreiber** die erhöhten Rohölpreise direkt und ohne Zeitverzögerung an ihre Kunden weitergeben. Die Preisschwankungen stellen somit kein Finanzrisiko des Unternehmens dar. Anders sieht die Sache aus, wenn man neben dem Rohölpreis auch andere Komponenten in diese Überlegung mit einbezieht. Eine sehr große Komponente des Verbraucherpreises an der Zapfsäule sind nämlich neben dem eigentlichen Ölpreis die zu entrichtenden Steuern. Diese zählen aber nicht zu den Rohstoffpreisen. Der „Tanktourismus" den insbesondere die Tankstellenbetreiber in grenznahen Regionen beklagen ist somit kein „Rohstoffproblem", sondern vielmehr ein „Steuerproblem". Denn gestiegene Rohölpreise werden nicht nur in Deutschland sofort auf die Verbraucherpreise aufgeschlagen sondern ebenso in Österreich, Tschechien und Polen. Auch wenn diese aufgrund der geringeren Steuerquote den Treibstoff unter den deutschen Preisen anbieten können.

5.2 Bewertung dieser Rohstoffpreisrisiken

Möchte ein Unternehmen seine Rohstoffpreisrisiken bewerten, so gibt es hierfür unterschiedliche Möglichkeiten. Es ist aber nicht so, dass es eine für alle Fälle in gleicher Weise passende Variante gibt. Vielmehr muss individuell eine Methodik angewandt werden, die sowohl den unternehmerischen Rahmendaten wie auch dem betreffenden Rohstoff in gleicher Weise gerecht werden. Die Wahl der Methodik hängt beispielsweise von folgenden Parametern ab:

- Wie häufig werden die betreffenden Rohstoffe ge- oder verkauft (bzw. genauer gesagt, wie häufig werden die dafür relevanten Marktpreise fixiert)?
- Wie stark ist die Preisschwankung der Rohstoffe bzw. wie sieht die Entwicklung der Preise aus?
- Wie hoch ist der Einfluss der Preisschwankung auf den Unternehmenserfolg?

Im Folgenden wollen wir auf diese verschiedenen Parameter im Detail eingehen.

5.2.1 Wie häufig werden die betreffenden Rohstoffe ge- oder verkauft (bzw. genauer gesagt, wie häufig werden die dafür relevanten Marktpreise fixiert)?

Es macht in der Praxis einen sehr großen Unterschied, wie häufig die betreffenden Rohstoffe ge- oder verkauft werden beziehungsweise wie häufig die dafür geltenden Preise fixiert werden. Je seltener der Turnus, um so höher das Risiko. Dies verdeutlicht Abbildung 5-2:

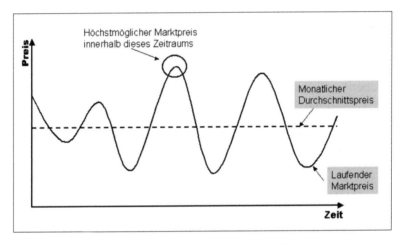

Abb. 5-2: Preisverlauf eines Rohstoffs

Die Grafik zeigt schematisch den Preisverlauf eines Rohstoffs innerhalb eines Zeitraums. Wenn innerhalb dieses Zeitraums nur einmal die Rohstoffe gekauft werden, so hängt die Preisfixierung vom Marktpreis zu diesem Zeitpunkt ab. Im schlechtesten Fall muss das Unternehmen die Rohstoffe zum (nachträglich betrachtet) höchsten Preis kaufen. In diesem Beispiel steht diesem Risiko natürlich auch die Chance gegenüber, zu einem sehr niedrigen Kurs zuschlagen zu können. Auf jeden Fall ist die Höhe des Marktpreises sehr hohen Schwankungen und somit hohem Risiko ausgesetzt. Anders sieht die Situation aus, wenn laufend (z. B. auf monatlicher Basis) die Rohstoffe zum dann gültigen Marktpreis gekauft werden. In diesem Fall wird sich im Schnitt annähernd ein arithmetisches Mittel der Marktpreise ergeben.

Was bedeutet dies nun für die Bewertung des Rohstoffpreisrisikos. Wenn der Rohstoff nur zu wenigen Zeitpunkten ge- oder verkauft wird, so kann das daraus entstehende Finanzrisiko beispielsweise durch eine Szenarioanalyse bewertet werden. Dabei sollte aber möglichst von einem sehr konservativen oder gar einem Worst-

5.2 Bewerten dieser Rohstoffpreisrisiken 215

Case-Szenario ausgegangen werden. Bei einem kontinuierlichen Bedarf nach Rohstoffen sollten weiterentwickelte Modelle zur Bewertung herangezogen werden. Gleiches gilt, wenn es sich bei dem Rohstoff um das (Haupt-)Absatzprodukt eines Unternehmens handelt. Hier sollten besser Modelle wie eine Cashflow-at-Risk-Analyse angewandt werden.

5.2.2 Wie hoch ist die Preisschwankung der Rohstoffe bzw. wie sieht die Entwicklung der Preise aus?

Natürlich muss berücksichtigt werden, wie stark die Schwankungsintensität des betreffenden Rohstoffs ist. Je höher die Schwankungsintensität, desto größer ist natürlich die Unsicherheit über die Höhe der letztlich geltenden Preise – und desto höher ist natürlich das Rohstoffpreisrisiko. Die zu Beginn dieses Kapitels genannte Grafik zeigt, dass beispielsweise Nickel innerhalb eines Jahres eine Schwankungsbreite von rund 90% aufgewiesen hat. Dies kann auf Kostenebene des Unternehmens somit fast eine Verdopplung der Kosten bedeuten! Weniger dramatisch ist das Risiko zu bewerten, wenn die Marktpreise eines Rohstoffs nur geringe Schwankungen aufweisen. Wobei auch hier keine Gewähr besteht, dass diese geringe Schwankungsintensität auch künftig weiter bestehen bleiben wird.

Je höher die Schwankungsintensität eines Rohstoffs, desto größer ist die Notwendigkeit eines Unternehmens zu sehen, diese Rohstoffpreisrisiken auch systematisch zu behandeln.

5.2.3 Wie intensiv ist der Einfluss der Preisschwankung auf den Unternehmenserfolg?

Natürlich muss ein gezieltes Rohstoffpreis-Management darauf abgestimmt sein, wie groß der Einfluss von Rohstoffpreisrisiken auf den Unternehmenserfolgs ist. Ist die Auswirkung nur sehr gering, so kann es durchaus der Fall sein, dass ein Rohstoffpreis-Management für spezielle Segmente entbehrlich sind – falls die Auswirkung auf den Unternehmenserfolg entsprechend gering bleibt.

5.2.4 Beispiel: Vorgehensweise bei einer Szenarioanalyse zur Bewertung von Rohstoffpreisrisiken

Eine Szenarioanalyse zum Bewerten von Rohstoffpreisrisiken biete sich speziell an, wenn nur selten Rohstoffe eingekauft werden müssen oder wenn über mehrere Jahre hinweg ein Businessplan/Cashflow-Modell erstellt werden soll. Für das laufende Bewerten und Management von Rohstoffpreisrisiken auf taktischer Ebene hingegen bieten sich eher komplexere Methoden wie etwa eine Cashflow-at-Risk-Analyse an.

Nach folgender (vereinfacht dargestellten) Methodik kann bei Szenarioanalysen vorgegangen werden:

- **Schritt 1** – Welche Rohstoffe werde ich innerhalb meines Planungshorizonts in welcher Menge benötigen?

- **Schritt 2** – Wie kann sich (basierend auf den historischen Preisentwicklungen der vergangenen Monate/Jahre) der Preis des Rohstoffs im schlechtesten Fall für das Unternehmen entwickeln?

- **Schritt 3** – Was für eine Auswirkung würde dieser (Worst-Case-) Rohstoffpreis für mein Unternehmen bedeuten?

- **Schritt 4** – Kann und/oder will das Unternehmen diese negativen Auswirkungen tragen?

- **Schritt 5** – Gibt es Möglichkeiten, den angenommenen Worst-Case durch Instrumente der Preissicherung zu verbessern und wie würde sich dies für das Unternehmen auswirken?

- **Schritt 6** – Vergleich der sich ergebenden Optionen und unternehmerische Entscheidung, welche umgesetzt werden soll.

5.2.5 Beispiel: Vorgehensweise bei einer Cashflow-at-Risk-Analyse zur Bewertung von Rohstoffpreisrisiken

Für das Bewerten und das Management von Rohstoffpreisrisiken auf permanenter Basis bietet sich wie bereits mehrfach angesprochen eine Cashflow-at-Risk-Analyse an. Voraussetzung hierfür ist allerdings, dass die Entwicklung der Rohstoffpreise (basierend auf historischen Werten) zumindest annähernd eine Normalverteilung aufweist.

Nach folgender (vereinfacht dargestellten) Methodik kann bei Cashflow-at-Risk-Analysen vorgegangen werden:

- **Schritt 1** – Welche Rohstoffe werde ich innerhalb meines Planungshorizonts in welcher Menge benötigen?

- **Schritt 2** – Wie hoch ist (basierend auf den historischen Preisentwicklungen) die Standardabweichung des betreffenden Rohstoffs?

- **Schritt 3** – Wie hoch ist (bezogen auf den betrachteten Rohstoff) der Cashflow-at-Risk des Unternehmens in den verschiedenen Konfidenz-Niveaus?

- **Schritt 4** – Kann und/oder will das Unternehmen diese Cashflow-at-Risk tragen?
- **Schritt 5** – Gibt es Möglichkeiten, den ermittelten Cashflow-at-Risk durch Instrumente der Preissicherung zu verbessern und wie würde sich dies für das Unternehmen auswirken?
- **Schritt 6** – Vergleich der sich ergebenden Optionen und unternehmerische Entscheidung, welche umgesetzt werden soll.

5.3 Nähere Infos zu verschiedenen Commodity-Gruppen

Bei weitem nicht alle Rohstoffe, bei denen Unternehmen Preisrisiken haben, können über Finanzinstrumente auch gesichert werden. Dennoch gibt es eine Reihe von Commodities, für die es einen funktionierenden Markt an Sicherungsinstrumenten gibt. Man kann diese grob in vier Gruppen unterteilen:

- Geschäfte auf Öl-Destillate – (z. B. auf Brent-Oil oder Flugbenzin oder Gasoil)
- Geschäfte auf Zellstoff und Papier – (z. B. auf NBSK-Zellstoff oder Newsprint-Papier)
- Geschäfte auf Edelmetalle – (z. B. auf Gold, Silber oder Platin)
- Geschäfte auf Basismetalle – (z. B. auf Aluminium, Zink oder Kupfer)

Nachfolgend soll auf die wichtigsten dieser zu sichernden Commodities im Einzelnen eingegangen werden.

5.3.1 Aluminium

Aluminium wird in erster Linie an der London Metal Exchange (LME) gehandelt. Aus diesem Grund finden Sie nachfolgend die dort üblichen Spezifikationen dieser Metalle:

Definition: Aluminium mit einem 99,7%igen Reinheitsgrad
Referenzpreis: Daily cash sellers price
Handelswährungen: USD, EUR, GBP, JPY
Absicherungsprodukte: Swaps und Optionen
Handelsgrößen: Minimum von 250t/Monat

Dieser Chart in Abbildung 5-5 zeigt die Entwicklung des Aluminium-Spotpreises an der London Metal Exchange im Zeitraum zwischen 2002 und 2004. Die Kursangabe bezieht sich auf die USD-Notierung. Es zeigt sich in den vergangenen Monaten ein klarer Auf-

Produktionsanteile

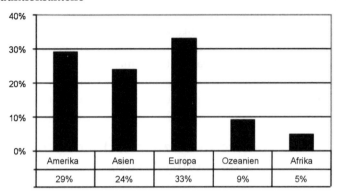

Abb. 5-3: Produktionsanteile Aluminium

Verbrauchsanteile

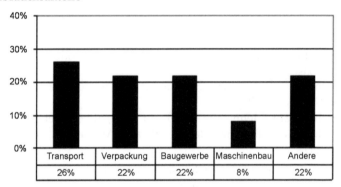

Abb. 5-4: Verbrauchsanteile Aluminium

Historische Preisentwicklung

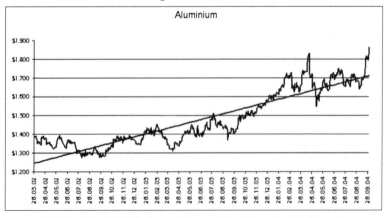

Abb. 5-5: Historische Preisentwicklung Aluminium. Quelle: Bloomberg

wärtstrend in der Kursbewegung des Aluminiums. In dieser Zeit zeigte das Aluminium folgende Preisentwicklungen:

Tiefstpreis 1.278 USD
Höchstpreis: 1.863 USD
Durchschnittspreis: 1.480 USD

5.3.2 Blei

Blei wird in erster Linie an der London Metal Exchange (LME) gehandelt. Aus diesem Grund finden Sie nachfolgend die dort üblichen Spezifikationen dieser Metalle:

Definition: Blei mit einem 99,7 %igen Reinheitsgrad
Referenzpreis: Daily cash sellers price
Handelswährungen: USD, EUR, GBP, JPY
Absicherungsprodukte: Swaps und Optionen
Handelsgrößen: Minimum von 250t/Monat

Produktionsanteile

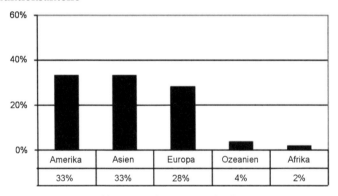

Abb. 5-6: Produktionsanteile Blei

Verbrauchsanteile

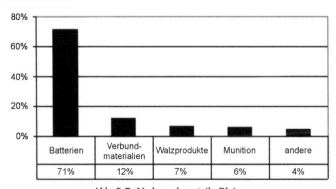

Abb. 5-7: Verbrauchsanteile Blei

Historische Preisentwicklung

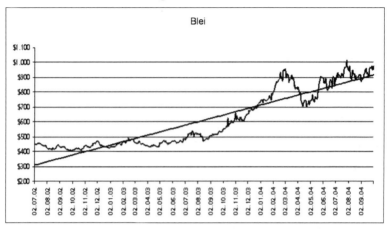

Abb. 5-8: Historische Preisentwicklung Blei. Quelle: Bloomberg

Dieser Chart zeigt die Entwicklung des Blei-Spotpreises an der London Metal Exchange im Zeitraum zwischen 2002 und 2004. Die Kursangabe bezieht sich auf die USD-Notierung. Es zeigt sich – wie auch schon beim Aluminium – in den vergangenen Monaten ein klarer Aufwärtstrend in der Kursbewegung des Bleis. In dieser Zeit zeigte das Blei folgende Preisentwicklungen:

Tiefstpreis	402 USD
Höchstpreis:	1.014 USD
Durchschnittspreis:	620 USD

5.3.3 Edelmetalle

Das traditionelle Betätigungsfeld im Bereich des Rohstoffhandels sind die Edelmetalle. Neben Gold gewinnen seit einigen Jahren auch zunehmend die Platinmetalle (Platin, Palladium, Rhodium, Ruthenium und Iridium) an Bedeutung. Dies liegt einerseits an der verstärkten Volatilität in diesen Märkten (welche die Notwendigkeit nach Absicherungsmöglichkeiten erhöht) und andererseits auch an der verstärkten Nachfrage der globalen Wirtschaft. Der Schwerpunkt der Sicherungstransaktionen liegt im nichtphysischen Bereich. Eine Ausnahme bilden lediglich die Platinmetalle, bei denen es meist zu einer physischen Ausübung/Lieferung kommt. Beherrschende Akteure im Bereich der Edelmetalle sind (immer noch) die Zentralbanken, institutionelle Investoren, Münzprägeanstalten (die so genannten „Scheideanstalten"), Minen sowie – je nach Art des Metalls – unterschiedliche Sektoren auf der Verbraucherseite:

5.3 Nähere Infos zu verschiedenen Commodity-Gruppen

Schmuckindustrie (für Gold, Silber und Platin), Elektronische Leiter (Gold), Fotoindustrie (Silber), Glas-, Chemie-, Elektronik- und Automobilindustrie (Platinmetalle).

Bei Edelmetallen – insbesondere bei den sehr stark an Finanzmärkten nachgefragten Metallen wie Gold, Silber und Platin – sind vielerlei Arten von Absicherungsinstrumenten verfügbar. Im Bereich der börslich gehandelten Instrumente konzentriert sich der Markt auf die Börsen London Metal Exchange (LME), Comex/Nymex sowie die Tokyo Commodity Exchange (TOCOM). Große Volumina in Sicherungsinstrumenten werden hierbei aber außerbörslich umgesetzt. Beteiligt sind hier meist die Edelmetall-Produzenten und Investmentbanken. Insbesondere im Bereich der Gold-Termingeschäfte werden zwischenzeitlich verschiedenste Options-Varianten und Options-Kombinationen angeboten. Es werden auch vereinzelt so genannte Cross-Asset-Derivate eingesetzt, die verschiedene Sicherungsaspekte zu kombinieren und deren individuellen Vorteile zu nutzen versucht.

Beispiel:

Goldproduzent (also eine Mine) möchte ihr Zinsrisiko über einen Zeitraum von fünf Jahren absichern.

Aktuelle Marktkonditionen hierfür:
- Aktueller Goldpreis: 360 USD / Feinunze
- Aktueller 5-Jahres-Zinssatz: 5,30 %

Zur Zinssicherung könnte nun ein klassischer Zinsswap mit einer Laufzeit von fünf Jahren und einem Festsatz von 5,30 % abgeschlossen werden. Als innovative Alternative könnte aber auch ein Gold-Linked-Swap über die selbe Laufzeit abgeschlossen werden. Dieser könnte beispielsweise vereinfacht dargestellt wie folgt aussehen:

Gold-Linked-Swap:
- Wenn Marktpreis für Gold unter 400 USD/Feinunze liegt → Festsatz: 4,90 %
- Wenn Marktpreis für Gold über 400 USD/Feinunze liegt → Festsatz: 5,70 %

In der unterstellten Marktsituation könnte die Zinssicherung unter dem Niveau abgeschlossen werden, das für die gewählte Laufzeit üblich ist. Sie stellt einen sofortigen, gegebenenfalls deutlichen Liquiditätsvorteil dar. Steigt der Goldpreis über das vereinbarte Niveau (in unserem Beispiel über 400 USD), steigt damit auch die Verzinsung der Sicherung deutlich an. In der Situation würde der Goldproduzent aber über den höheren Marktpreis für Gold auch wesentlich höhere Umsätze und Erlöse erzielen – und sich einen höheren Zinsaufwand auch leisten. Dargestellt wird dieses Cross-

Asset-Derivat übrigens durch eine Kombination aus einem klassischen Zinsswap und einer Gold-Option (Shortposition).

Sonderheit der Edelmetall-Leihe

Ein Produkt das in der Industrie zunehmend an Bedeutung gewinnt ist die Edelmetall-Leihe. Hier kommt eine Besonderheit zum Tragen, nämlich die dass die Edelmetalle von der Struktur her Währungen sehr ähnlich sind. So kann man sie gegen Zahlung von Zinsen leihen – also einen Edelmetall-Kredit (rechtlich gesehen ein Sachdarlehen) – aufnehmen. Der Verleiher erhält dann die vereinbarten Zinsen. Anders als bei Währungen unterliegen die Zinsen für die Edelmetalle allerdings keiner (Zentralbank-)Kontrolle, sondern bestimmen sich ausschließlich durch Angebot und Nachfrage. Insbesondere bei Platin-Metallen führte dies in der jüngeren Vergangenheit zu sehr hohen Leihe-Zinsen. Trotz dieses Faktors stellen Leihen für die Industrie ein ideales Instrument der Steuerung von Edelmetallbedarf bzw. -beständen dar. Durch das Leihen des im Produktionsprozess eines Unternehmens gebundenen Metalls wird vermieden, dass Kapital in solchen Beständen gebunden ist. Zudem werden durch das Leihen Preisrisiken vermieden; was bleibt ist lediglich ein Zinsaufwand, der in der Regel unter dem Kapitalmarktzins liegt.

Historische Preisentwicklung

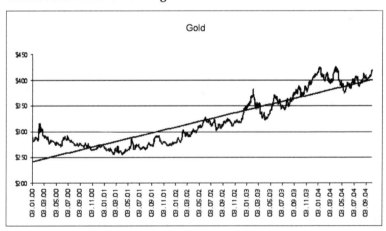

Abb. 5-9: Historische Preisentwicklung Gold. Quelle: Bloomberg

5.3 Nähere Infos zu verschiedenen Commodity-Gruppen   223

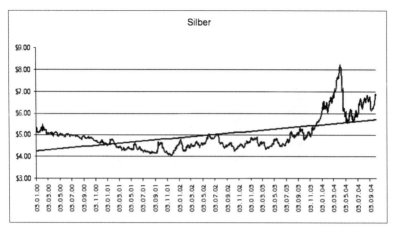

Abb. 5-10: Historische Preisentwicklung Silber. Quelle: Bloomberg

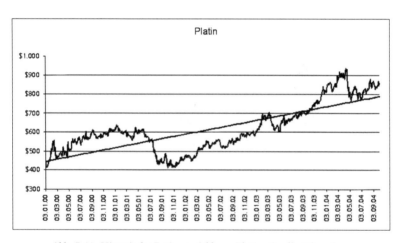

Abb. 5-11: Historische Preisentwicklung Platin. Quelle: Bloomberg

7.3.4 Kupfer

Kupfer wird in erster Linie an der London Metal Exchange (LME) gehandelt. Aus diesem Grund finden Sie nachfolgend die dort üblichen Spezifikationen dieser Metalle:

Definition: Grade A Kathoden Kupfer
Referenzpreis: Daily cash sellers price
Handelswährungen: USD, EUR, GBP, JPY
Absicherungsprodukte: Swaps und Optionen
Handelsgrößen: Minimum von 250t/Monat

Produktionsanteile

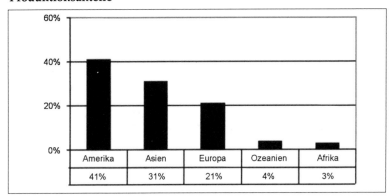

Abb. 5-12: Produktionsanteile Kupfer

Verbrauchsanteile

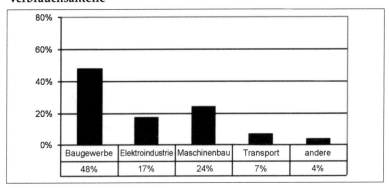

Abb. 5-13: Verbrauchsanteile Kupfer

Historische Preisentwicklung

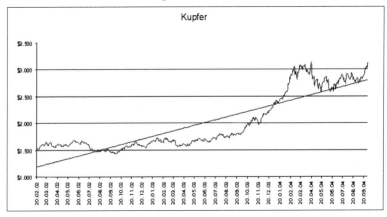

Abb. 5-14: Historische Preisentwicklung Kupfer. Quelle: Bloomberg

5.3 Nähere Infos zu verschiedenen Commodity-Gruppen

Dieser Chart zeigt die Entwicklung des Kupfer-Spotpreises an der London Metal Exchange im Zeitraum zwischen 2002 und 2004. Die Kursangabe bezieht sich auf die USD-Notierung. Es zeigt sich – wie auch schon beim Aluminium und Blei – in den vergangenen Monaten ein klarer Aufwärtstrend in der Kursbewegung des Kupfers. In dieser Zeit zeigte das Kupfer folgende Preisentwicklungen:

Tiefstpreis   1.436 USD
Höchstpreis: 3.145 USD
Durchschnittspreis: 2.000 USD

5.3.5 Nickel

Nickel wird in erster Linie an der London Metal Exchange (LME) gehandelt. Aus diesem Grund finden Sie nachfolgend die dort üblichen Spezifikationen dieser Metalle:

Definition: Nickel mit einem 99,8 %igen Reinheitsgrad
Referenzpreis: Daily cash sellers price
Handelswährungen: USD, EUR, GBP, JPY
Absicherungsprodukte: Swaps und Optionen
Handelsgrößen: Minimum von 250t/Monat

Produktionsanteile

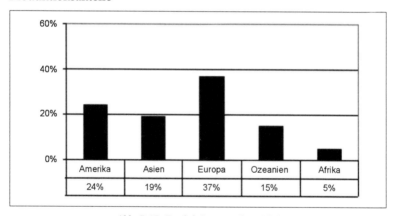

Abb. 5-15: Produktionsanteile Nickel

Verbrauchsanteile

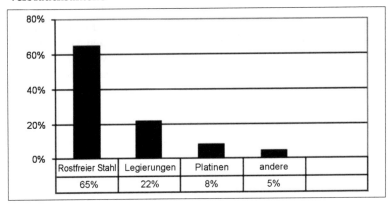

Abb. 5-16: Verbrauchsanteile Nickel

Historische Preisentwicklung

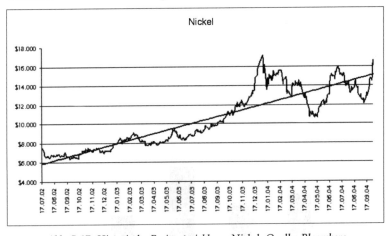

Abb. 5-17: Historische Preisentwicklung Nickel. Quelle: Bloomberg

Dieser Chart in Abbildung 5-17 zeigt die Entwicklung des Nickel-Spotpreises an der London Metal Exchange im Zeitraum zwischen 2002 und 2004. Die Kursangabe bezieht sich auf die USD-Notierung. Es zeigt sich – wie auch schon bei den anderen Basismetallen – in den vergangenen Monaten ein klarer Aufwärtstrend in der Kursbewegung des Nickels. In dieser Zeit zeigte Nickel folgende Preisentwicklungen:

Tiefstpreis	6.363 USD
Höchstpreis:	17.184 USD
Durchschnittspreis:	10.490 USD

5.3.6 Erdöl

Das Segment der Erdöl-Produkte und -Underlyings ist vielfältig. Je nach Grad der Raffinierung entstehen verschiedene Öl-Destillate, die in verschiedensten Bereichen des Wirtschaftslebens als Treibstoff, Ausgangsmaterial, Roh-, Hilfs- oder Betriebsstoff eingesetzt werden. Neben dem an den Tankstellen erhältlichen Benzin oder Diesel ist in unseren Breiten sicherlich das Rohöl der Nordseemarke Brent den meisten Lesern ein Begriff. Interessant ist dabei, dass die Korrelation der verschiedenen Öl-Destillate oftmals nicht so hoch ist, wie es auf den ersten Blick erscheinen mag. So weicht beispielsweise der Marktpreis hinsichtlich seiner Preistendenz oftmals deutlich von der Preisentwicklung der Nordseemarke Brent ab. Dies bedeutet in der Praxis ein nicht zu unterschätzendes Basisrisiko für den Sicherungsnehmer. Als Basisrisiko bezeichnet man in diesem Zusammenhang das Risiko, dass der Preis des Sicherungsinstruments sich unterschiedlich von dem des abgesicherten Rohstoffes entwickelt.

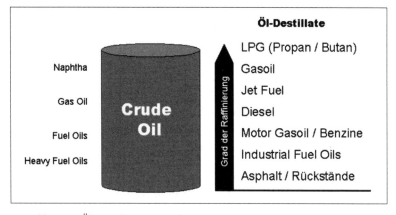

Abb. 5-18: Öl-Destillate und Raffinierungsgrade. Quelle: HypoVereinsbank

Abbildung 5-18 zeigt die verschiedenen Öl-Destillate in ungefährer Relation ihres Raffinierungsgrads.

Viele Unternehmen mit Exposures in Öl-Destillaten haben in der Vergangenheit Terminbörsen zur Absicherung der Produktkosten (oder -erlöse) genutzt und kauften börsennotierte Terminkontrakte wie etwa NYMEX WTI (West Texas Intermediate) oder IPE Brent. Diese Strategie führt aber wie eingangs beschrieben zu einem beträchtlichen Basisrisiko. Darüber hinaus werden die meisten börsengehandelten Kontrakte in US-Dollar denominiert gehandelt – der tatsächliche (und eigentlich zu sichernde) Wareneinkauf erfolgt aber in Euro. Dies führt zu einem noch größeren Basisrisiko oder zu der Notwendigkeit, neben der Rohstoff-Absicherung parallel eine Devisenkursabsicherung vorzunehmen. Bei vielen Unternehmen erwacht deshalb aus verständlichen Gründen das Interesse an außerbörslichen (Over-the-Counter – OTC) Märkten. Bei diesen meist maßgeschneiderten Absicherungsinstrumenten können Sicherungen mit geringem oder gar keinem Basisrisiko (und ohne Devisenrisiken) angeboten werden. Das tägliche Transaktionsvolumen von OTC-Swaps und OTC-Optionen in Europa, Singapur und der amerikanischen Golfküste ist beträchtlich.

Beispiele verschiedener Erdöl-Underlyings

- **Brent Oil** – Einheit: 1 Barrel (1 bbl = 158,984 Liter)
- **HSFO (High Sulfur Fuel Oil)** – Einheit: Metrictonne (1 MT = 1000 kg = ca. 1.002 bis 1.009 Liter HSFO)
- **LSFO (Low Sulfur Fuel Oil)** – Einheit: Metrictonne (1 MT = 1000 kg = ca. 1.003 bis 1.036 Liter LSFO)
- **Gasoil No. 2 (= 0,2 % Schwefelgehalt)** – Einheit: Metrictonne (1 MT = 1000 kg = ca. 1183 Liter Gasoil)
- **Diesel ULSD (Ultra Low Sulfur Diesel mit 50/10 (Schwefel-)ppm)** – Einheit: Metrictonne (1 MT = 1000 kg = ca. 1.183 bis 1.219 Liter Diesel)
- **Jetfuel (Kerosin)** – Einheit: Metrictonne (1 MT = 1000 kg = ca. 1.290 Liter Jetfuel)
- **Regular Unleaded (Benzin bleifrei, Octanzahl: 91)** – Einheit: Metrictonne (1 MT = 1000 kg = ca. 1.325 Liter RU)
- **Premium Unleaded (Super bleifrei, Octanzahl: 95) – Einheit: Metrictonne (1 MT = 1000 kg = ca. 1.325 Liter PU)**
- **Super Premium Unleaded (Super Plus bleifrei, Octanzahl: 98)** – Einheit: Metrictonne (1 MT = 1000 kg = ca. 1.325 Liter SPU)

Bei Erdöl-Absicherungen übliche Markt-Usancen

Quotierung: in USD oder EUR pro Metrictonne
Referenzpreis: Platts Marketscan
Lieferspezifikationen für deutsche Sicherungsnehmer:
– *FOB Rotterdam* oder
– *NWE* (North West Europe) Rotterdam, Amsterdam, Antwerpen
– *Barges* (bis zu 50.000 Barrel-Frachter auf Flüssen und Seen)
– *Cargo*: (ab 50.000 Barrel-Frachter)
Finanzinstrumente: Swap, Cap (Calloption), Floor (Putoption), Collar (Cap + Floor)

5.3 Nähere Infos zu verschiedenen Commodity-Gruppen

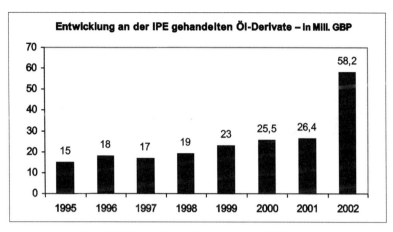

Abb. 5-19: *Entwicklung der gehandelten Öl-Devirate*

Besonderheiten für Heizöl im deutschen Markt

- HEL Rheinschiene (leichtes Heizöl)
  Rheinschiene: Lieferung an Düsseldorf, Mannheim oder Karlsruhe. Fracht ist bis an diesen Ort bezahlt; allerdings herrscht hier geringe Liquidität im Markt.
  Referenz: Statistisches Bundesamt Fachserie 17/Reihe 2
  Einheit: 1 MT = ca. 1.176 Liter

- HSL Rheinschiene (schweres Heizöl)
  Rheinschiene: Lieferung an Düsseldorf, Mannheim oder Karlsruhe. Fracht ist bis an diesen Ort bezahlt; allerdings herrscht hier geringe Liquidität im Markt.
  Referenz: Statistisches Bundesamt Fachserie 17/Reihe 2
  Einheit: 1 MT = ca. 1.004 Liter

Historische Preisentwicklung

Dieser Chart in Abbildung 5-20 zeigt die Entwicklung der Nordseeölsorte Brent in der Zeit zwischen 2000 und 2004, die Notierung lautet auf US-Dollar. Brent zeigte in dieser Zeit folgende Notierungen:

Tiefstpreis   17 USD
Höchstpreis: 48 USD
Durchschnittspreis: 28 USD

5.3.7 Zellstoff (Pulp)

Zellstoff ist ein chemisch gefertigte Fasermaterial (in der Regel aus Holz) und ist neben Altpapier der wichtigste Grund-Bestandteil in der Papierherstellung. Je nach Art der chemischen Lösung spricht

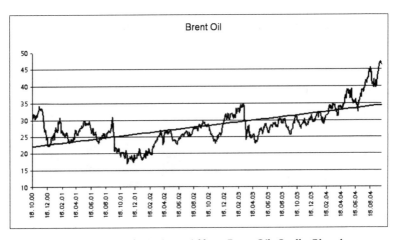

Abb. 5-20: Historische Preisentwicklung Brent Oil. Quelle: Bloomberg

man von Sulfit- oder Sulfatzellstoff. Der Markt für Zellstoff-Absicherungen ist noch sehr jung. Die Folge ist, dass die Marktliquidität für Absicherungsinstrumente – speziell in weniger gebräuchlichen Spezifikationen – oftmals nicht zufriedenstellend ist. Sowohl für Zellstoffproduzenten wie auch für Zellstoff verarbeitende Unternehmen ist ein gezieltes Berücksichtigen des Preisrisikos am Zellstoffmarkt unbedingt erforderlich. Das Preisgefüge für Zellstoff zeigte sich in den vergangenen Jahren sehr zyklisch und volatil. So lag die Schwankungsintensität für NBSK im Jahr 2003 bei knapp 30 %. Zu berücksichtigen ist dabei auch, dass der Zellstoffmarkt – ähnlich dem Ölmarkt – weltweit US-Dollar dominiert ist. Gefährlich ist also, wenn sich die Risiken beider Bereiche (Zellstoff und Devisen) überlagern. Wenn sich der Zellstoffmarkt und gleichzeitig der Devisenmarkt negativ entwickeln, liegt die reale Schwankungsintensität eher bei 40 bis 50 % innerhalb eines Jahres.

Beispiele verschiedener Zellstoff-Underlyings („Zellstoffgrade")

- **NBSK (Northern Bleached Softwood Kraft)** – Referenzpreis: PIX (Pulp and Paper Index). Der Markt für NBSK-Absicherungsinstrumente ist im Zellstoff-Bereich der zur Zeit liquideste.
- **BHKP (Bleached Hardwood Kraft Pulp)** – Referenzpreis: PIX (Pulp and Paper)
- **NBHKP US (Northern Bleached Hardwood Kraft Pulp)** – Referenzpreis: RISI (Research Information Systems)
- **SBHK (Sothern Bleached Softwood Kraft)**
- **BEK (Bleached Eucalyptus Kraft)**

Bei Zellstoff-Absicherungen übliche Markt-Usancen

Quotierung: in USD (in seltenen Fällen auch EUR) pro Tonne
Referenzpreis: üblicherweise PIX oder RISI
Finanzinstrumente: aufgrund der meist noch geringen Liquidität sind bislang nur Swaps verfügbar

5.3.8 Papier (Paper)

Die weltweite Nachfrage nach Papier steigt weiterhin sehr stark an. Die Preisfindung für Papier hängt neben der individuellen Nachfrage auch von den Preisen der Rohmaterialien (Zellstoff und Altpapier) ab. Auch um Papier-Markt sind starke Kursschwankungen zu verzeichnen.

Beispiele verschiedener Papier-Underlyings

- **Newsprint** – (45 oder 48,8 Gramm/Quadratmeter) Referenzpreis: PPI (Pulp and Paper International). Newsprint besteht meist aus mechanischem Holzzellstoff, alten Zeitungen und Altpapier. Die Qualität ist meist niedrig. Der Markt für Newsprint-Absicherungsinstrumente ist im Papier-Bereich der zur Zeit liquideste.

- **LWC 60 g (Light Weight Coated Paper)** – (60 Gramm/Quadratmeter) Referenzpreis: PPI (Pulp and Paper International). LWC 60 g ist ein hochwertiges, beschichtetes Papier, das in erster Linie zum Druck von Magazinen eingesetzt wird.

- **Kraftliner 421 b** – (175 Gramm/Quadratmeter) Referenzpreis: PPW (Pulp and Paper Week). Kraftliner 421 b ist ein grobes, schweres Papier, das in erster Linie als Verpackungsmaterial eingesetzt wird.

Quotierung: in USD oder auch EUR
Referenzpreis: üblicherweise PPI oder PPW
Finanzinstrumente: je nach Underlying unterschiedlich

Historische Preisentwicklung

Dieser Chart in Abbildung 5-21 zeigt den Verlauf des PIX Zellstoff-Index im Zeitraum zwischen 2000 und 2004. Die Notierung des PIX bezieht sich auf US-Dollar. Hier zeigt sich im Gegensatz zu den Basismetallen kein Aufwärtstrend. Vielmehr zeigt sich der Zellstoffmarkt als sehr zyklisch – und schwankungsintensiv. Der PIX zeigte folgende Indexentwicklungen:

Tiefstpreis:	433 USD
Höchstpreis:	710 USD
Durchschnittspreis:	548 USD

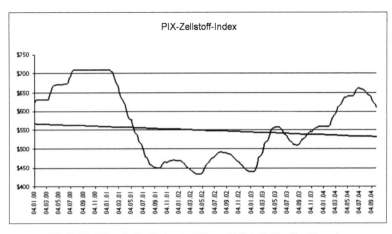

Abb. 5-21: Historische Preisentwicklung Zellstoff. Quelle: Bloomberg

5.3.9 Zink

Zink wird in erster Linie an der London Metal Exchange (LME) gehandelt. Aus diesem Grund finden Sie nachfolgend die dort üblichen Spezifikationen dieser Metalle:

Definition: Zink mit einem 99,995 %igen Reinheitsgrad
Referenzpreis: Daily cash sellers price
Handelswährungen: USD, EUR, GBP, JPY
Absicherungsprodukte: Swaps und Optionen
Handelsgrößen: Minimum von 250t/Monat

Produktionsanteile

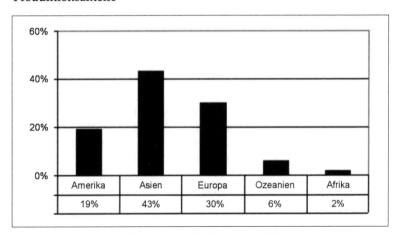

Abb. 5-22: Produktionsanteile Zink

Verbrauchsanteile

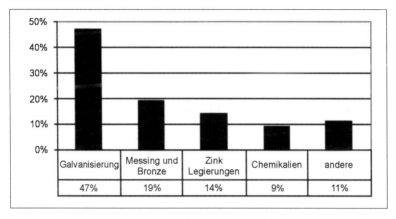

Abb. 5-23: Verbrauchsanteile Zink

Historische Preisentwicklung

Abb. 5-24: Historische Preisentwicklung Zink. Quelle: Bloomberg

Dieser Chart in Abbildung 5-24 zeigt die Entwicklung des Zink-Spotpreises an der London Metal Exchange im Zeitraum zwischen 2002 und 2004. Die Kursangabe bezieht sich auf die USD-Notierung. Es zeigt sich – wie auch schon bei den anderen Basismetallen – in den vergangenen Monaten ein klarer Aufwärtstrend in der Kursbewegung des Zinks. In dieser Zeit zeigte das Zink folgende Preisentwicklungen:

Tiefstpreis 723 USD
Höchstpreis: 1.137 USD
Durchschnittspreis: 883 USD

5.3.10 Zinn

Zinn wird in erster Linie an der London Metal Exchange (LME) gehandelt. Aus diesem Grund finden Sie nachfolgend die dort üblichen Spezifikationen dieser Metalle:

Definition: Zinn mit einem 99,85 %igen Reinheitsgrad
Referenzpreis: Daily cash sellers price
Handelswährungen: USD, EUR, GBP, JPY
Absicherungsprodukte: Swaps und Optionen
Handelsgrößen: Minimum von 250t/Monat

Produktionsanteile

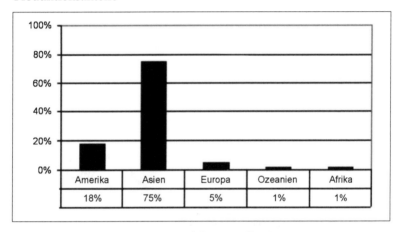

Abb. 5-25: Produktionsanteile Zinn

Verbrauchsanteile

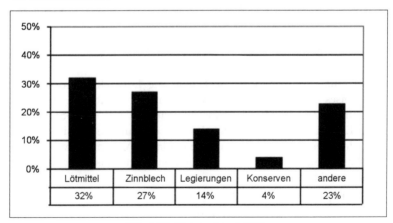

Abb. 5-26: Verbrauchsanteil Zinn

5.4 Möglichkeiten/Produkte/Strategien zur Rohstoffpreisrisikosteuerung 235

Historische Preisentwicklung

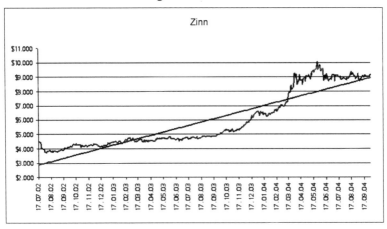

Abb. 5-27: Historische Preisentwicklung Zinn. Quelle: Bloomberg

Dieser Chart in Abbildung 5-27 zeigt die Entwicklung des Zinn-Spotpreises an der London Metal Exchange im Zeitraum zwischen 2002 und 2004. Die Kursangabe bezieht sich auf die USD-Notierung. Es zeigt sich – wie auch schon bei den anderen Basismetallen – in den vergangenen Monaten ein klarer Aufwärtstrend in der Kursbewegung des Zinns. In dieser Zeit zeigte das Zink folgende Preisentwicklungen:

Tiefstpreis	3.700 USD
Höchstpreis:	10.050 USD
Durchschnittspreis:	5.912 USD

5.4 Möglichkeiten/Produkte/Strategien zur Rohstoffpreisrisikosteuerung

Im Bereich der Rohstoffpreisrisikosteuerung können die Strategien prinzipiell unterschieden werden in die Geschäfte **mit** Lieferung des gesicherten Rohstoffs (physische Lieferung) und Geschäfte **ohne** Lieferung des gesicherten Rohstoffs (Barausgleich). Der Fokus der Finanzrisikomanagements sollte hierbei aber auf den Produkten **ohne** Lieferung des gesicherten Rohstoffs ausgelegt sein. Das Finanzrisikomanagement von Rohstoffrisiken zielt darauf ab, bestehende Lieferbeziehungen hinsichtlich des Preises zu optimieren – nicht die Einkaufs- und Absatzstruktur des Unternehmens „umzukrempeln"! Auch wenn er eine Dieselpreissicherung vorgenommen hat wird ein Spediteur an seiner gewohnten Tankstelle tanken.

Lediglich den veränderten und gesicherten Treibstoffpreis bekommt er im vereinbarten Umfang durch das Sicherungsinstrument (also in der Regel über das Institut, das die Sicherung vorgenommen hat) ausgeglichen. Warentermingeschäfte sollten somit im Rahmen des Finanzrisikomanagements vermieden werden. Als Sicherungsgeschäfte **ohne** Lieferung des gesicherten Rohstoffs kommen insbesondere folgende infrage:

- Commodity-Swap
- Call-Option
- Put-Option
- Collar

Die eingesetzten Instrumente zur Sicherung von Rohstoffpreisrisiken gleichen denen, die Sie bereits an anderer Stelle dieses Buches kennengelernt haben. Aus diesem Grund soll an dieser Stelle auch nur kurz in Stichpunkten auf die Produkte eingegangen werden:

5.4.1 Commodity-Swap

- Vereinbarung zum Austausch eines Festpreises (= gesicherter Preis) gegen variable Preise (= Marktpreise)
- Der Swap fixiert ein definitives Preisniveau. Danach gibt es kein Preisrisiko aber auch keine Preischance mehr.
- Der Zahlungsausgleich aus dem Commodity-Swap erfolgt zu bestimmten, im Swapvertrag definierten Zeitpunkten und bezieht sich auf das im Swapvertrag genannte Volumen.
- Kosten des Rohstoffes sind durch die Sicherung bekannt und einfacher zu budgetieren.
- Keine Vorabkosten durch Prämien

Abbildung 5-28 zeigt schematisch den Zahlungsverlauf eines Commodity-Swaps, mit dem ein Unternehmen sich gegen steigende Rohstoffpreise abgesichert hat:

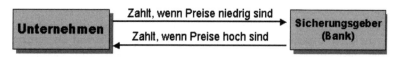

Abb. 5-28: Zahlungsverlauf eines Commodity-Swaps

5.4.2 Call-Option

- Call-Optionen auf Commodities garantieren einen Maximalpreis eines Rohstoffs, halten jedoch noch Möglichkeit niedrigerer Marktpreise offen.

5.4 Möglichkeiten/Produkte/Strategien zur Rohstoffpreisrisikosteuerung

- Zukünftiger Worst-Case ist definiert und gesichert
- Der Zahlungsausgleich aus der Call-Option erfolgt zu bestimmten, im Sicherungsvertrag definierten Zeitpunkten und bezieht sich auf das im Sicherungsvertrag genannte Volumen.
- Kosten des Rohstoffes sind durch die Sicherung bekannt und einfacher zu budgetieren.
- Es erfolgt eine Vorabzahlung einer Optionsprämie zulasten des Unternehmens.

Abbildung 5-29 zeigt schematisch den Zahlungsverlauf einer Commodity-Call-Option, mit der ein Unternehmen sich gegen steigende Rohstoffpreise abgesichert hat:

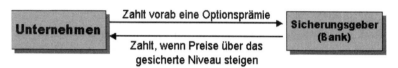

Abb. 5-29: Zahlungsverlauf einer Commodity-Call-Option

5.4.3 Put-Option

- Put-Optionen auf Commodities garantieren einen Mindestpreis eines Rohstoffs, halten jedoch noch Möglichkeit höherer Marktpreise offen.
- Zukünftiger Worst-Case ist definiert und gesichert
- Der Zahlungsausgleich aus der Put-Option erfolgt zu bestimmten, im Sicherungsvertrag definierten Zeitpunkten und bezieht sich auf das im Sicherungsvertrag genannte Volumen.
- Erlöse des Rohstoffes sind durch die Sicherung bekannt und einfacher zu budgetieren.
- Es erfolgt eine Vorabzahlung einer Optionsprämie zulasten des Unternehmens.

Abbildung 5-30 zeigt schematisch den Zahlungsverlauf einer Commodity Put-Option, mit der ein Unternehmen sich gegen fallende Rohstoffpreise abgesichert hat:

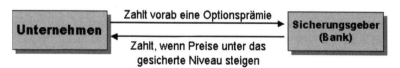

Abb. 5-30: Zahlungsverlauf einer Commodity-Put-Option

5.4.4 Collar

- Auch bekannt als „Fences, oder „Min/Max-Strategien".
- Kombination aus Put- und Call-Optionen.
- Kauf der Call-Option bietet beispielsweise den Schutz durch Sicherung eines Maximalpreises. Durch den gleichzeitigen Verkauf einer Put-Option wird aber der Vorteil niedrigerer Preise teilweise beschnitten. (vice versa)
- Die vorab zu leistende Optionsprämie wird durch die teilweise Aufgabe der Chancen gemindert oder gar ganz vermieden (bei so genannten „Zero-Cost-Collars")
- Kosten sind nach oben und untern durch die Collar-Grenzen beschränkt.

Abbildung 5-31 zeigt schematisch den Zahlungsverlauf eines Commodity-Collars, mit dem ein Unternehmen sich gegen steigende Rohstoffpreise abgesichert hat:

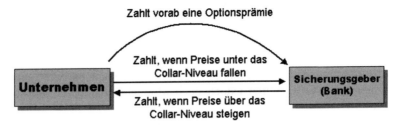

Abb. 5-31: Zahlungsverlauf eines Commodity-Collars

5.5 Executive Summary

Neben den klassischen Finanzrisiken gehören Rohstoffpreisrisiken („Commodity-Risiken") zu den bedeutenden Bereichen des umfassenden Finanzrisikomanagements. Rohstoffmärkte sind geprägt durch ausgeprägte Preisschwankungen, die hinsichtlich ihrer Intensität die der klassischen Finanzrisiken sehr deutlich überschreiten. Dies macht ein Rohstoffpreisrisiko-Management für viele Unternehmen unverzichtbar – auch wenn diese Notwendigkeit in der Praxis bei sehr (zu!) vielen Unternehmen noch nicht entsprechend berücksichtigt wird.

In Abhängigkeit der Umsätze oder Kosten eines Unternehmens von den Rohstoffpreisen, wird der Unternehmenserfolg gegebenenfalls entscheidend von diesen Marktschwankungen abhängen. Bei manchen Unternehmen wird der Zusammenhang enorm (und auch leicht erkennbar) sein. Bei manch anderen Unternehmen ist der Zusammenhang weniger klar erkennbar, kann aber dennoch gravierende Auswirkungen auf den Unternehmenserfolg haben. Ein umfassendes Finanzrisikomanagement kommt nicht umhin, verschiedene Bereiche und Funktionen des Unternehmens zu vernetzen um die Rohstoffpreisrisiken alle erkennen und bewerten zu können. Diese Bereiche sind neben der Finanzabteilung (als Träger des Prozesses des Finanzrisikomanagements) beispielsweise der Einkauf und der Vertrieb des Unternehmens.

5.5.1 Wann werden Rohstoffpreisrisiken zu Finanzrisiken

Preisschwankungen von Rohstoffen werden nicht per se zu Finanzrisiken eines Unternehmens. Nur wenn Preisänderungen eines Rohstoffs nicht an Kunden oder Dritte weitergegeben werden können, werden sich die Preisschwankungen von Rohstoffen zu Finanzrisiken des Unternehmens entwickeln.

5.5.2 Bewerten dieser Rohstoffpreisrisiken durch Szenarioanalysen

Eine Szenarioanalyse zum Bewerten von Rohstoffpreisrisiken bietet sich speziell an, wenn nur selten Rohstoffe eingekauft werden müssen oder wenn über mehrere Jahre hinweg ein Businessplan/Cashflow-Modell erstellt werden soll. Für das laufende Bewerten und Management von Rohstoffpreisrisiken auf taktischer Ebene hingegen bieten sich eher komplexere Methoden wie etwa eine Cashflow-at-Risk-Analyse an.

5.5.3 Bewerten dieser Rohstoffpreisrisiken durch Cashflow-at-Risk-Analysen

Für das Bewerten und das Management von Rohstoffpreisrisiken auf permanenter Basis bietet sich wie bereits mehrfach angesprochen eine Cashflow-at-Risk-Analyse an. Voraussetzung hierfür ist allerdings, dass die Entwicklung der Rohstoffpreise (basierend auf historischen Werten) zumindest annähernd eine Normalverteilung aufweist.

5.5.4 Welche Rohstoffe können mittels Finanzinstrumenten gesichert/gemanagt werden?

Bei weitem nicht alle Rohstoffe, bei denen Unternehmen Preisrisiken haben, können über Finanzinstrumente auch gesichert werden.

Dennoch gibt es eine Reihe von Commodities, für die es einen funktionierenden Markt an Sicherungsinstrumenten gibt. Man kann diese grob in vier Gruppen unterteilen:
- Geschäfte auf Öl-Destillate – (z. B. auf Brent-Oil oder Flugbenzin oder Gasoil)
- Geschäfte auf Zellstoff und Papier – (z. B. auf NBSK-Zellstoff oder Newsprint-Papier)
- Geschäfte auf Edelmetalle – (z. B. auf Gold, Silber oder Platin)
- Geschäfte auf Basismetalle – (z. B. auf Aluminium, Zink oder Kupfer

Interessant ist dabei, dass die Korrelation der verschiedenen Öl-Destillate oftmals nicht so hoch ist, wie es auf den ersten Blick erscheinen mag. So weicht beispielsweise der Marktpreis hinsichtlich seiner Preistendenz oftmals deutlich von der Preisentwicklung der Nordseemarke Brent ab. Dies bedeutet in der Praxis ein nicht zu unterschätzendes Basisrisiko für den Sicherungsnehmer. Als Basisrisiko bezeichnet man in diesem Zusammenhang das Risiko, dass der Preis des Sicherungsinstruments sich unterschiedlich von dem des abgesicherten Rohstoffes entwickelt.

5.5.5 Produkte zum Managen von Rohstoffpreisrisiken

Der Fokus der Finanzrisikomanagements sollte auf den Produkten **ohne** Lieferung des gesicherten Rohstoffs ausgelegt sein. Das Finanzrisikomanagement von Rohstoffrisiken zielt darauf ab, bestehende Lieferbeziehungen hinsichtlich des Preises zu optimieren

Als Sicherungsgeschäfte **ohne** Lieferung des gesicherten Rohstoffs kommen insbesondere folgende in Frage:
- Commodity-Swap
- Call-Option
- Put-Option
- Collar

6. Wertpapierrisiko-Management

Von Marika Bange

6.1 Wertpapiere in der unternehmerischen Praxis

In der unternehmerischen Praxis gibt es eine Reihe von Feldern, in denen Unternehmen mit Wertpapierrisiken konfrontiert werden. So wird in den meisten Unternehmen Liquidität in Einlagen oder Wertpapieren „geparkt". Darüber hinaus können strategische Beteiligungen an anderen Unternehmen in Form von Wertpapieren gehalten werden. Hinsichtlich des Wertpapierrisiko-Managements wollen wir uns in diesem Kapitel aber ausschließlich mit Wertpapieren beschäftigen, die nicht aus strategischer Sicht, sondern als Kapitalanlage gehalten werden. Strategische Beteiligungen müssen aus einer globaleren Unternehmersicht gesteuert werden und fallen somit nicht in die in diesem Buch behandelte Gruppe der Finanzrisiken.

Die Produktpalette an verschiedenen Wertpapieren, die in Unternehmen gehalten werden, ist sehr breit gefächert. Der Schwerpunkt vieler Unternehmen liegt dabei im Bereich der festverzinslichen Anlagen. Hier kann man unterscheiden in die individuellen Risiken der Wertpapiere – die hier behandelt werden sollen – und in die zins-(markt-)bezogenen Risiken, die bereits im Kapitel „Zinsrisikomanagement" abgehandelt wurden. Auf die zins-(markt-) bezogenen Risiken soll an dieser Stelle nicht weiter eingegangen werden. Neben den verzinslichen Anlagen spielen auch Aktienanlagen in Unternehmen eine große Rolle. Auf diese Anlageform wird daher ebenfalls intensiver eingegangen.

Kommen wir nun aber zunächst zu den Basisrisiken im Anlagegeschäft, welche im Prinzip sowohl Aktien- als auch Zinsanlagen gleichermaßen betreffen:

6.2 Basisrisiken im Anlagegeschäft

Alle Anlagen in Wertpapieren unterliegen bestimmten Basisrisiken. Basisrisiken sind unbestimmte Verlustgefahren, die für alle Wertpapieranlagen zu beachten sind.

6.2.1 Konjunkturrisiko

Wird die Konjunkturentwicklung nicht oder nicht zutreffend bei Anlageentscheidungen berücksichtigt, besteht die Gefahr von Kursverlusten, insbesondere wenn getätigte Wertpapiertransaktionen zum falschen Zeitpunkt oder in eine ungünstige Konjunkturphase fallen.

Konjunkturzyklus

Bei einem Konjunkturzyklus handelt es sich um zyklische Wellenbewegungen, die den langfristigen ökonomischen Wachstumspfad darstellen. Hierbei wird der Zeitabschnitt zwischen dem Beginn der ersten Konjunkturphase und dem Ende der letzten definiert. Idealtypischerweise dauert der Konjunkturzyklus zwischen drei und acht Jahren, die sich in folgende vier Phase aufteilen lassen:

- Ende der Rezession/Depression
- Aufschwung, Erholung
- Konjunkturboom, oberer Wendepunkt
- Stagnation, Abschwung, Rezession

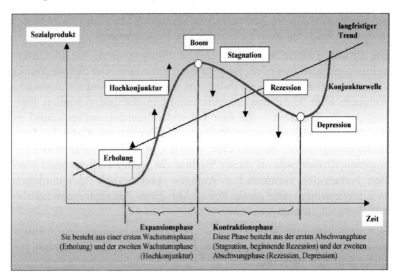

Abb. 6-1: Schematische Darstellung des Konjunkturzyklus

Dauer und Ausmaß der einzelnen Phasen variieren, und somit sind die Auswirkungen auf einzelne Wirtschaftsbereiche unterschiedlich.

Die neuere volkswirtschaftliche Theorie setzt einen langfristigen Wachstumstrend als gegeben, der zyklischen Schwankungen unterworfen ist. Nur so ist es möglich, trotz des stetigen Anwachsens des Produktionspotentials in den westlichen Industrienationen, das Auf und Ab der wirtschaftlichen Gesamtentwicklung auch weiterhin als Konjunkturzyklus zu interpretieren.

Auswirkung auf die Kursentwicklung

Veränderungen einer Volkswirtschaft hinsichtlich ihrer wirtschaftlichen Aktivität haben stets Auswirkung auf die Kursentwicklung der Wertpapiere. Die Kurse schwanken in etwa im Rhythmus der konjunkturellen Auf- und Abschwungphasen. Eine entscheidende Rolle spielt bei jeder Anlageentscheidung die Wahl des „richtigen" Zeitpunktes bei einem Wertpapierkauf bzw. -verkauf. In bestimmten Konjunkturphasen lassen sich Gewinne bei bestimmten Anlageformen erzielen, die in anderen Phasen weniger geeignet sind oder möglicherweise Verluste einbringen.

Da die Kurse mit einem zeitlichen Vorlauf reagieren, ist es empfehlenswert, die Kapitalanlage ständig, unter dem konjunkturellen Aspekt auf Zusammensetzung nach Anlagearten und -ländern, zu überprüfen. Das bedeutet auch, einmal getroffene Anlageentscheidungen ggf. zu korrigieren. Darüber hinaus sind Konjunkturprognosen in den ständigen Prozess mit einzubeziehen. Veränderungen verschiedener Wirtschaftsdaten, die sich empirisch als besonders einflussreich für die konjunkturelle Entwicklung erwiesen haben, werden über einen Zeitraum von ein bis zwei Jahren untersucht. Als wichtigste Indikatoren zur Beurteilung der Konjunktur gelten das Bruttoinlandsprodukt, Auftragseingänge verschiedener Branchen, Produktion, Export, Löhne und Gehälter, Ifo-Geschäftsklimaindex, Einkaufsmanager-Index, etc.

6.2.2 Liquiditätsrisiko

Das Liquiditätsrisiko beinhaltet die Gefahr, dass eine Wertpapieranlage bei Geldbedarf nicht jederzeit oder nur unter ungünstigen Bedingungen verkauft und in liquide Mittel umgewandelt werden kann. Für den Kapitalanleger ist Liquidität von hoher Bedeutung, es beschreibt die Möglichkeit, die Vermögenswerte jederzeit zu marktgerechten Preisen zu veräußern. Voraussetzung für eine schnelle und problemlose Wertpapiertransaktion sind Breite und Tiefe eines Marktes: Ein Markt besitzt Tiefe, wenn viele offene Verkaufsaufträge zu Preisen unmittelbar über dem aktuellen Preis im Markt vorhanden sind und vice versa, viele offene Kaufaufträge zu Preisen unmittelbar unter dem aktuellen Kursniveau liegen. Unter „Markt-Breite" versteht man, wenn eine hohe Anzahl an diesen Aufträgen vorherrscht und diese sich außerdem auf hohe Handelsvolumina beziehen. Enge bzw. illiquide Märkte können für Schwierigkeiten beim Kauf und Verkauf verantwortlich sein, ohne dass Umsätze an der Börse stattfinden, werden die Wertpapiere ausschließlich quotiert, d. h. zu einem bestimmten Kurs besteht nur Angebot (Briefkurs) oder nur Nachfrage (Geldkurs). Es besteht Gefahr von Teilausführungen der Kauf- oder Verkaufsaufträge, die wiederum höhere Transaktionskosten nach sich ziehen können. Das Risiko besteht nicht nur bei angebots- und nachfragebedingter Illiquidität, sonder kann auch aufgrund bestimmter Marktusancen bestehen oder aufgrund diverser Ausgestaltung des jeweiligen Wertpapiers.

6.2.3 Währungsrisiko

Zum Kursrisiko ausländischer Wertpapiere kann ein Währungsrisiko hinzukommen. Durch Veränderungen des Devisenkurses besteht bei Anlagen in fremder Währung Verlustgefahr. Wertpapieranlagen, die auf eine fremde Währung lauten, verlieren an Wert, wenn der zugrunde liegende Devisenkurs sinkt. Durch Aufwertung der inländischen Währung verlieren die in dieser Währung bewerteten Positionen an Wert. Ebenso verhält es sich bei einer Abwertung der Auslandswährung. Wesentliche Einflussfaktoren auf den Devisenkurs eines Landes können fundamentale Komponenten sein, wie die Inflationsrate des Landes, Zinsdifferenz zum Ausland, Einschätzung der Konjunkturentwicklung, weltpolitische Situation und auch Sicherheit der Geldanlage. Psychologische Momente, wie Vertrauenskrise der politischen Führung eines Landes können die Währung auch schwächen. Durch die Währungsentwicklung kann die erzielte Rendite und der mögliche Renditevorsprung schnell aufgezehrt und stark beeinträchtigt werden, dass der Anleger sich dem Währungsaspekt besonders widmen sollte, damit im nachhinein betrachtet eine Anlage in der Heimatwährung vorteilhafter gewesen wäre.

6.2.4 Länder- und Transferrisiko

Potentielle Gefahr besteht, wenn ausländische Schuldner trotz Zahlungsfähigkeit, aufgrund von Devisenbeschränkungen, Kapitalleistungen (Zins- und Tilgung) nicht fristgerecht oder überhaupt nicht erbringen können. Das Länderrisiko umfasst zum einen die Gefahr einer wirtschaftlichen, zum anderen einer politischen Instabilität. Das kann bedeuten, dass Geldzahlungen, aufgrund Devisenmangel und/oder Transferbeschränkungen im Ausland ausbleiben oder die Ausschüttung in der Fremdwährung nicht mehr konvertierbar ist.

6.2 Basisrisiken im Anlagegeschäft 245

Dieses Transferrisiko kann nicht abgesichert werden. Destabilisierende Ereignisse im politischen und sozialen System können zu einer staatlichen Einflussnahme auf die Bedienung von Auslandsschulden und zur Zahlungseinstellung eines Landes führen. Gerade auch politische Ereignisse schlagen sich auf die Kapital- und Devisenmärkte nieder. Dies kann kurssteigernde Impulse hervorrufen oder aber auch eine negative Stimmung an den Märkten erzeugen. Als Beispiel hierfür lassen sich Wahlaussichten und Wahlergebnisse aufzählen, denn hierbei haben die jeweiligen Wirtschaftsprogramme, der an die Regierung strebende Partei, Auswirkungen auf die Währung und die Börse. Große Bedeutung wird den offiziellen Ratingagenturen wie z. B. Moody's oder Standard & Poors beigemessen, die die einzelnen Länder nach deren Bonität einstufen und so als Entscheidungshilfe zur Beurteilung des Länderrisikos dienen (siehe Bonitätsrisiko).

6.2.5 Psychologisches Marktrisiko

Ohne dass es rationale, insbesondere wirtschaftliche Gründe gibt, haben Stimmungen, Meinungen, Gerüchte und Ängste, mögliche massive negative Auswirkungen auf Kurse, wenngleich sich die Ertragslage und die Unternehmensaussichten nicht nachteilig verändert haben müssen. Psychologische Marktrisiken wirken sich zum größten Teil auf Aktien aus. Die Entscheidungen der Marktteilnehmen werden von objektiven Faktoren und rationalen Überlegungen getragen sowie von möglichen irrationalen Meinungen und massenpsychologischen Verhalten beeinflusst. Der Aktienkurs reflektiert somit Hoffnung und Befürchtungen, Vermutungen und Stimmung der Börsianer.

Beispiele für psychologische Momente der Aktienkursbeeinflussung:

Börsenstimmung/Marktstimmung:

Gerade bei einem positiven, steigenden Markt gewinnen die Börsianer zunehmend stärkeres Vertrauen, es werden an den ursprünglich rational begründeten Entscheidungen aus emotionalen Gründen nicht mehr festgehalten. Die Konsequenz daraus kann dazu führen, dass kursrelevante negative Ereignisse einfach ignoriert werden oder aber als bereits eskomptiert bewertet werden. Ein so genannter „Bullen-Markt" entsteht, da das Kursniveau am Aktienmarkt stetig steigt.

Genau mit umgekehrten Vorzeichen gilt dies natürlich bei einem fallenden Markt, positive Ereignisse werden gar nicht erst wahrgenommen und widersprächen der allgemeinen Tendenz. Man spricht von einem „Bären-Markt".

Markttechnik:

Aufgrund moderner Technologie und Telekommunikation können computergestützte Handelsaktivitäten rasant schnell drastische Kursbewegungen auslösen. Hierbei besteht die Gefahr, dass ein sich selbst beschleunigender Prozess ins Rollen gelangt, Kurssenkungen würden z. B. weiter Verkäufe nach sich ziehen.

Globalisierung der Märkte:

Kursentwicklungstrends an wichtigen ausländischen Börsen (Dow Jones) haben oftmals eine Orientierungsfunktion für heimische Börsen.

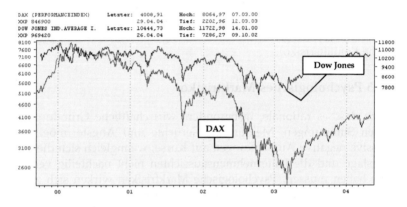

Abb. 6-2: *Dow Jones versus DAX*

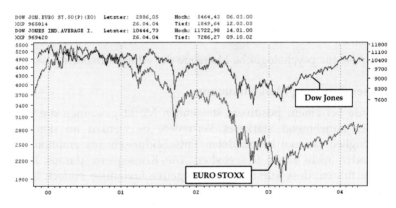

Abb. 6-3: *Dow Jones versus Euro STOXX*

Meinungsführerschaft:

Die Anlageentscheidungen der Anleger beruhen oft auf möglichst vielen Informationsquellen, wie z. B. Analystenempfehlungen, Presseveröffentlichungen, Börsenbriefe, um Ungewissheit über zukünftige kapitalmarktrelevante Entwicklungen zu reduzieren. Diese „Opinion Leaders" besitzen eine Orientierungsfunktion für ein breites Anlegerpublikum und können somit den jeweiligen Börsentrend verstärken.

Gesellschaftsbezogene Maßnahmen:
Die gesellschaftsbezogenen Maßnahmen, wie z. B. Kapitalerhöhung/ -herabsetzung, Firmenübernahmen, Unternehmensverträge können vom Markt positiv oder negative aufgenommen werden, häufig bereits vor offiziellen Ankündigungen, Ad-hoc-Meldungen publiziert werden. Bei günstigem Börsenklima wird möglicherweise eine Kapitalerhöhung tendenziell eine Kurssteigung bewirken, sofern der Markt davon ausgeht, dass der Abschlag des Bezugsrechtes rasch aufgeholt wird und die Dividende trotz der breiteren Kapitalbasis konstant bleibt. Umgekehrt jedoch wird bei schlechtem Börsenumfeld unterstellt, dass die angeführte Kapitalmaßnahme als Schwäche des Unternehmens angesehen wird und somit der Kurs der Aktie fällt.

6.2.6 Risiko bei kreditfinanzierten Anlagegeschäften

Durch Beleihung des Wertpapierdepots besteht für den Anleger die Möglichkeit handlungsfähig und liquide zu bleiben. Der Beleihungswert bemisst sich nach der Qualität des Wertpapiers. Für gewöhnlich ist der Beleihungswert bei Aktien höher als bei Renten. Jedoch können sich bei einem reinen Rentendepot ebenso hohe Risiken verbergen. Insbesondere dann, wenn bei langlaufende Anleihen ein starker Anstieg am Kapitalmarktzinsniveau zu verzeichnen ist und es somit zu hohen Kursverlusten führt.

Die kreditgebende Bank könnte somit weitere Sicherheiten fordern, wenn aufgrund der Kursverluste der überzogene Beleihungsrahmen weitere Sicherheiten fordert. Falls in diesem Fall keine weiteren Sicherheiten gegeben werden, ist die Bank möglicherweise ermächtigt, Anleihen zu liquidieren.Es sollte somit darauf geachtet werden, dass das kreditfinanzierte, spekulative Engagement einen Teil der Anlage nicht übersteigt, damit nicht im „falschen Zeitpunkt", weil Geld benötigt wird, verkauft werden muss.

6.2.7 Inflationsrisiko

Unter Inflationsrisiko versteht man eine Geldentwertung, die dem Anleger einen dem Risiko unterliegt, bzw. der reale Ertrag, der mit dem Vermögen erwirtschaftet werden soll, dem Risiko unterliegt.

Als Anleger ist auf die Realverzinsung zu achten. Es handelt sich hierbei um die Differenz zwischen Rendite und Inflationsrate. In den meisten Konjunktur- und Zinsphasen der Vergangenheit war in Deutschland bislang ein positiver Realzins bei Anleihen zu vermerken. Bezieht man jedoch die steuerliche Komponente mit ein, so lässt sich nicht immer ein Ausgleich des Kaufkraftverlustes erzielen.

Selbst Aktien im Sinne von Sachwerten bieten ebenfalls keinen umfassenden Schutz gegen die Geldentwertung. Die Ursache hierfür liegt meist darin begründet, dass der Anleger in der Regel nicht den Substanzwert, sondern den Ertragswert der Aktie sucht.

Eine positive bzw. negative Realverzinsung kann sich, je nach Höhe der Inflationsrate und dem realisierten Ertrag von Dividenden und Kursgewinnen, ergeben.

Über die Inflationsbeständigkeit von Sachwerten versus Geldwerten lässt sich keine generelle Aussage treffen. Jedoch haben langfristige Vergleiche ergeben, dass Sachwerte bessere Anlageergebnisse erzielten und somit wertbeständiger waren als Geldwerte.

6.2.8 Steuerliche Risiken

Es besteht grundsätzlich die Gefahr, dass der Wert und die Erträge von Wertpapieranlagen durch steuerliche Belastung beeinträchtigt oder gemindert werden. So kann sich ein steuerliches Risiko ergeben, wenn z.B. ein in Deutschland steuerpflichtiger Anleger ausländische Wertpapiere besitzt und die daraus resultierenden Erträge im Ausland zu versteuern sind. Auch, wenn die Anrechnung einbehaltener Quellensteuer im Rahmen eines Doppelbesteuerungsabkommens nicht oder nicht in voller Höhe oder nur auf Antrag möglich ist. Oftmals sind die Banken bereits, aufgrund der Wertpapierart, sensibilisiert, die Quellensteuer nicht abzuführen.

Vor derartigen Investitionen empfiehlt es sich, sich über die steuerliche Behandlung zu vergewissern.

6.3 Spezifische Risiken bei festverzinslichen Wertpapieren

Festverzinsliche Wertpapiere gelten im Allgemeinen als sehr sichere Anlagen im Vergleich zu Aktien oder andere Anlageformen. Es gilt jedoch zu bedenken, dass aufgrund der Vielzahl von Emittenten und der unterschiedlichsten Anleihebedingungen, die Risiken ge-

6.3 Spezifische Risiken bei festverzinslichen Wertpapieren

nau zu prüfen sind und somit die Rede von speziellen Risiken bei Anleihen ist:
- Zinsänderungsrisiko
- Bonitätsrisiko
- Kündigungsrisiko
- Auslosungsrisiko
- Besondere Risiken bei einzelnen Anleiheformen

6.3.1 Zinsänderungsrisiko

Zukünftige Zinsänderungen während der Laufzeit werden sich im Kurswert der Renten widerspiegeln. Das Zinsänderungsrisiko ist eines der zentralen Themen bei Rentenpapieren. Bei Veräußerung während der Laufzeit können nach einem Renditeanstieg erhebliche Kursverluste entstehen. Die Wirkung von Zinsänderung auf die Kurse ist um so stärker, je länger die Restlaufzeit und je niedriger die Nominalverzinsung der Anleihe. Dieser Effekt wirkt sich bei Zinssenkungen positiv (Kurssteigerungen), bei Zinserhöhungen negativ (Kursverluste) aus.

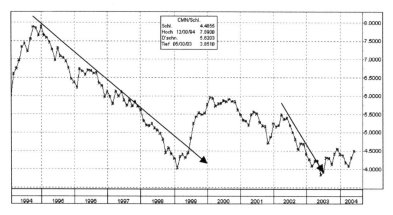

Abb. 6-4: Zinsverlauf der letzten zehn Jahre (erhebliche Zinssenkungen seit 1999)
Quelle: Bloomberg

Die Grafik zeigt eine steile Zinssenkung von Anfang 1995 bis Ende 1998 von über 4,00 %. Ab Mitte 2002 bewegen sich die zehn Jahres Swapsätze binnen zwölf Monate über 1,60 % nach unten.

Zusammenhang zwischen Zins- und Kursentwicklung

Der Kurs festverzinslicher Wertpapiere vollzieht sich unter anderem in Abhängigkeit von Angebot und Nachfrage. Diese beiden Faktoren richten sich nach dem Verhältnis der Nominalverzinsung

250   6. Wertpapierrisiko-Management

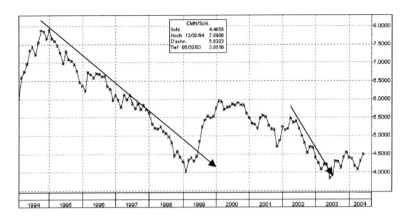

Abb. 8-5: 10-Jahres-Swap-Kurve versus 10-jähriger Bundanleihe
Quelle: Bloomberg

der Anleihe zum jeweiligen Zinsniveau am Geld- und Kapitalmarkt.

Auch hier verdeutlicht die Grafik, dass die 10-Jahres-Bundanleihen stets unter den Renditen der 10-Jahres-Swapsätze liegen.

Zinsänderungen können erheblich sein. Unternehmen in Deutschland sahen sich im Jahr 1994 einem Zinsanstieg von bis zu 2,00 % ausgesetzt, schon im darauffolgenden Jahr 1995 fielen die Zinsen von Januar bis Juni wieder um fast 2,00 %.

Veränderungen der Zinslandschaft um nur 0,10 % beinhalten jedoch bei einem Volumen von 10 Mio. Euro pro Jahr ein Gewinn- bzw. Verlustpotential von 10.000 Euro. Zinsabsicherungen sind daher ein notwendiges Mittel zur Risikobegrenzung (siehe Kapitel 3).

Nominalzins

Üblicherweise wird der Nominalzins einer Anleihe, in Anlehnung an das zum Emissionszeitpunkt aktuelle Marktzinsniveau für die Restlaufzeit, festgelegt. Während der Laufzeit kann der Kurs der Anleihe erheblich vom Emissionskurs abweichen. Ausschlaggebend dafür ist die jeweilige Veränderung des Marktzinsniveaus.

Marktzinsniveau

Einflussnahme auf das Marktzinsniveau wird bedingt durch die konjunkturelle Entwicklung sowie die staatliche Haushaltspolitik, die Politik der Notenbanken, die diese einzelnen Faktoren nicht quantifizierbar und der „Markt" bemisst ihnen unterschiedliche Bedeutung im Zeitablauf zu. Nach Begebung eines festverzinslichen

6.3 Spezifische Risiken bei festverzinslichen Wertpapieren 251

Wertpapiers wird dessen Kursentwicklung in jeweils entgegengesetztes Richtung beeinflusst bei Veränderung des Marktzinsniveaus. Bei Erhöhung des Marktzinsniveaus sinkt in der Regel der Kurs der Anleihe, bis ihre Rendite in etwa dem Marktzinssatz entspricht und vice versa (ceteris paribus). Unter Rendite eines festverzinslichen Wertpapiers ist die effektive Verzinsung zu verstehen, die vom nominalen Zinssatz, dem Ausgabe- bzw. Kaufkurs, dem Rückzahlungskurs und der Restlaufzeit der Anleihe bestimmt wird.

6.3.2 Bonitätsrisiko

Unter dem Begriff Bonitätsrisiko versteht man die potentielle Gefahr der Zahlungsunfähigkeit bzw. die Illiquidität des Schuldners. In wie weit kann der jeweilige Emittent seine Zins-/Tilgungsverpflichtungen termingerecht erfüllen.

Ursachen der Bonitätsänderung

Während der Laufzeit einer Anleihe kann sich die Bonität eines Emittenten, aufgrund von gesamtwirtschaftlichen und/oder unternehmensspezifischen Umfeld, ändern.

Ursachen hierfür können sein:

- Konjunkturelle Veränderung
- Politische Entwicklung
- Branchenveränderung (wirtschaftliche Krisen)
- Veränderung der Länder (hohe Staatsdefizite)

Bei einer Bonitätsverschlechterung des Emittenten wirkt sich die Kursentwicklung des betreffenden Wertpapiers entsprechend ungünstig aus (Risikoabschlag), im Falle einer Verbesserung sind Kurssteigerungen die Folge (ceteris paribus). Tendenziell liegt das Risiko um so höher, je länger die Restlaufzeit der Anleihe ist. Hohe Aufmerksamkeit sollten den Zerobonds beigemessen werden, denn bei dieser Struktur werden die Zinsen gestundet und erst bei Endfälligkeit gemeinsam mit dem Kapital gezahlt. Zu den wichtigsten Entscheidungskomponenten zählt, neben der Bonität des Emittenten, die Werthaltigkeit der für die Anleihe eventuell bestellten Sicherheiten. Geringere Renditen sind meist mit erstklassigen Schuldner verbunden, derartige Anleihen (wie z.B. Staatsanleihen) sind von vornherein mit einer niedrigeren Nominalverzinsung ausgestattet, als vergleichsweise bonitätsmäßig schlechter eingestufte Schuldner. So ergibt sich, dass Staatsanleihen niedrigere Renditen erzielen als Anleihen von Industrieemittenten. Beispiel: Industrieanleihe versus Bundanleihe; gleiche Laufzeit, aber unterschiedliche Rendite bei unterschiedlichem Rating!!

Rating als Entscheidungshilfe

Zur Einschätzung von Schuldnerqualitäten und Bonitätsrisiken werden Ratings (Credit Rating) verwendet. Internationale Ratingagenturen, z. B. Moody's Investors Service und Standard & Poor's (S & P), werden von den Emittenten beauftragt, die Bonität ihrer Anleihen zu beurteilen. Eine Bonitätsanalyse umfasst die Beurteilung

- des Länderrisikos,
- des Branchenrisikos,
- des Ausfallrisikos des Emittenten.

Das Ergebnis der Analyse wird mit Noten bewertet (siehe unten). Moody's und S & P haben jeweils 20 Notenstufen von „AAA" bis „D". „D" steht für Default. Die entscheidende Grenze liegt zwischen

Die Rating – Symbole der Firmen Moody's und Standard & Poor's (S & P)		
Bonitätsbewertung	Moody's	Standard & Poor's
Sehr gute Anleihen		
Beste Qualität, geringes Ausfallrisiko	Aaa	AAA
Hohe Qualität, etwas größeres Risiko als die Spitzengruppe Aaa/AAA (mit jeweiligen Abstufungen)	Aa1 Aa2 Aa3	AA+ AA AA-
Gute Anleihen		
Gute Qualität, viele gute Investmentattribute, aber auch Elemente, die sich bei veränderter Wirtschaftsentwicklung Negativ auswirken können.	A1 A2 A3	A+ A A-
Mittlere Qualität, aber mangelnder Schutz gegen Einflüsse sich verändernder Wirtschaftsentwicklung	Baa1 Baa2 Baa3	BBB+ BB BBB-
Spekulative Anleihen		
Spekulative Anlage, nur mäßige Deckung für Zins- und Tilgungsleistungen	Ba1 Ba2 Ba3	BB+ BB BB
Sehr spekulativ, generell fehlende Charakteristika eines wünschenswerten Investments, langfristige Zinszahlungs-Erwartung gering	B1 B2 B3	B+ B B-
Junk Bonds (hochverzinsliche, hochspekulative)		
Niedrigste Qualität, geringster Anlegerschutz, in Zahlungsverzug oder direkte Gefahr des Verzugs	Caa Ca C	CCC CC C
Extrem hoher Spekulationsgrad. Keine Zinszahlungen, Tilgung höchst zweifelhaft oder fällt aus (Default)	—	D

Abb. 68-6: Bonitätseinstufung nach Moody's und Standard & Poor's

Baa3 und Ba1 (Moody's) bzw. BBB- und BB+ (S & P), d.h. zwischen Investment Grad und Speculative Grad. Die Ergebnisse werden veröffentlicht, um dem Investor im Rahmen seiner Anlageentscheidung zu unterstützen, es gilt allerdings nicht als Kauf- oder Verkaufsempfehlung, lediglich dient es der isolierten Beurteilung des Kreditrisikos. Eine Garantie für die Zahlungsfähigkeit eines Schuldners kann auch ein gutes Rating nicht sein!

Für den Emittenten entstehen durch das Rating Kosten. Das Rating erleichtert aber die Platzierung und die Marktpflege der Anleihe, weil Gläubiger ein objektiviertes Bild über die Schuldnerbonität erhalten.

Ein gutes Rating schützt dennoch nicht vor Kapitalverlusten. Spätestens nach der Asienkrise im Jahre 1998 haben die Rating-Agenturen einen Teil ihres Renommees und den Nimbus der Unantastbarkeit eingebüßt. Noch kurz vor Eskalation der Krise haben sämtliche Rating-Agenturen den später in Zahlungsschwierigkeiten kommenden Schuldnern sehr gute Bonitäts-Ratings testiert. Trotz aller Schwächen bleibt jedoch zum Einsatz von Ratings bei der Bewertung von Anleihen oftmals keine Alternative. Man muss sich jedoch stets vor Augen halten, dass Ratings nie objektive Fakten sondern stets subjektive Einschätzungen sind. Abbildung 6-7 zeigt den Zusammenhang zwischen Rating und tatsächlicher Ausfallwahrscheinlichkeit:

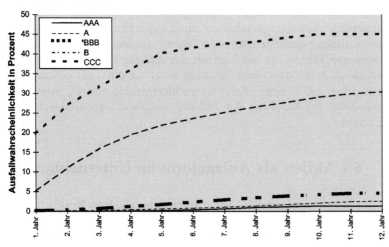

Abb. 6-7: Ausfallwahrscheinlichkeiten verschiedener Ratings
Quelle: Standard & Poor's Creditweek

Abbildung 6-7 spricht eine deutliche Sprache. Zwar zeigen sich sogar bei AAA-gerateten Emittenten Ausfallquoten von bis zu 1,4%, doch der Zusammenhang von Rating und tatsächlicher Ausfallwahrscheinlichkeit ist augenfällig. Bei CCC-gerateten Emittenten hat der Anleger nach zwölf Jahren (ab Emission) ungefähr noch eine fifty-fifty-Chance sein Geld wieder zu bekommen – bei AAA-Emittenten hingegen eine fast 99 %ige Chance.

6.3.3 Kündigungsrisiko

Die im Emissionsprospekt enthaltenen Emissionsbedingungen können ein vorzeitiges Kündigungsrecht des Schuldners vorbehalten. Meist werden Anleihen mit Kündigungsrechten in Hochzinsphasen begeben. Sinkt das aktuelle Zinsniveau, so steigt Weise kann der Emittent seine Verbindlichkeiten abbauen bzw. kann sich durch Ausgabe einer neuen Anleihe billiger refinanzieren. Vielfach sind längerlaufende Rentenpapiere mit diesem sogenannten „Callrecht" ausgestattet oder werden oftmals in variabelverzinsliche Anleihen (Floater) getauscht. Eine vorzeitige Kündigung kann zu Abweichungen in der erwarteten Rendite führen. Von Vorteil ist, dass solche Anleihen in der Regel einen gewissen Renditeaufschlag gegenüber herkömmlichen Anleihen bieten.

6.3.4 Auslosungsrisiko

Besondere Risiken zeigen Tilgungsanleihen, die nach einem bestimmten Auslosungsverfahren zurückgezahlt werden. Wie auch bei Kündigungsrechten, können Tilgungsanleihen zu Renditeveränderungen führen, da die Laufzeit der Anleihe unsicher ist. Im Besonderen heißt dies, dass bei Kauf einer Anleihe mit einem Kurs von über 100 % eine Renditeverschlechterung eintritt, wenn die vorzeitige Rückzahlung der Anleihe, aufgrund der Auslosung, zu pari erfolgt.

6.4 Aktien als Anlageform im Unternehmen

6.4.1 Aktienanlagen in der unternehmerischen Praxis

Wie bereits einleitend angesprochen kommen in der unternehmerischen Praxis auch Aktienanlagen eine große Bedeutung zu. In diesem Abschnittl geht es nun im ersten Schritt darum, wie sich ein Unternehmen ein aussagekräftiges Bild von einem Aktienwert verschafften kann. Hierzu stehen insbesondere die Methoden der Aktienanalyse (fundamental und technisch) sowie Modelle der Unternehmensbewertung zur Verfügung:

6.4.2 Einführung in die fundamentale Aktienanalyse

Die Grundlage des Geschäfts mit Wertpapieren bilden die mehr oder weniger unsicheren Erwartungen der Marktteilnehmer hinsichtlich Ertrag und Risiko einer Anlage vor dem Hintergrund unterschiedlicher Anlagehorizonte. Jeder Kauf oder Verkauf von Wertpapieren ist implizit auch mit einer bestimmten Erwartung hinsichtlich der weiteren Kursentwicklung verbunden. So rechnet der Verkäufer einer Aktie – abgesehen von Verkäufen aus kurzfristigen Liquiditätsüberlegungen – bei gegebenem Kurs der Aktie für die Zukunft nur mit einer unterdurchschnittlichen Rendite und/oder einem höheren Risiko als bei alternativen Anlagen, während der Käufer der Aktie davon ausgeht, mit der Anlage die Struktur seines Wertpapierportefeuilles unter Ertrags- und Risikogesichtspunkten zu verbessern. Stand bei der traditionellen Wertpapieranalyse die isolierte Betrachtung der Ertragschancen eines einzelnen Wertpapiers eindeutig im Mittelpunkt, so kennzeichnet die moderne Wertpapieranalyse eine gleichgewichtige Behandlung von Chance- und Risikoaspekten.

Ziel der Wertpapieranalyse ist es, die Anlagechancen und Risiken einzelner Wertpapiere, Marktsegmente oder Märkte auf der Basis aller verfügbaren Informationen und vor dem Hintergrund der vergangenen Entwicklung isoliert und im Gesamtzusammenhang zu beurteilen und für einen gegebenen Anlagezeitraum in der Zukunft zu prognostizieren. Prinzipiell kann man zwei Grundstrategien der Aktienanalyse unterscheiden: die fundamentale Analyse und die technische Analyse.

- **Fundamentale Analyse** – Bei der fundamentalen Bewertung eines Wertpapiers steht eindeutig die Auswertung der volks- und betriebswirtschaftlichen Daten im Vordergrund der Analyse. Aus der näherungsweisen Berechnung eines „fairen" Werts (fair value) eines Wertpapiers und anschließendem Abgleich mit dem aktuellen Preis resultiert das fundamentale Votum: unterbewertet, angemessen bewertet oder überbewertet.

- **Technische Analyse** – Demgegenüber stützt sich die markttechnische Bewertung eines Wertpapiers ausschließlich auf die Analyse der Kurs- und Umsatzentwicklung des jeweiligen Wertpapiers, in dem sich das Verhalten der Anleger auf der Angebots- und Nachfrageseite widerspiegelt. Je nach Richtung und Stärke der vorangegangenen Kursentwicklung wird von einer überkauften, einer technisch neutralen oder überverkauften Situation eines Wertpapiers gesprochen. Darüber hinaus kennt insbesondere die zur technischen Analyse gehörende Chartanalyse auch Aussagen zur Trendsituation eines untersuchten Werts sowie Widerstands- und Unterstützungsbereiche im Kursverlauf.

Fundamentalanalyse – Was ist das eigentlich genau?

Die Fundamentalanalyse versucht, die Kursentwicklung von Wertpapieren aus der Analyse der grundlegenden wirtschaftlichen Zusammenhänge heraus zu erklären und zu prognostizieren. Die Fundamentalanalyse besitzt zweifellos die längste Tradition innerhalb der Wertpapieranalyse und galt lange Zeit als deren Inbegriff. Entstanden ist die Fundamentalanalyse im Zusammenhang mit der Entwicklung der Aktienmärkte. Auch heute noch bezieht sich der Begriff Fundamentalanalyse in erster Linie auf die Analyse von Aktien. „Fundamental" bedeutet dabei nichts anderes, als eine Sache „aus den grundlegenden wirtschaftlichen Zusammenhängen heraus" zu betrachten.

Aus dem Umstand, dass viele volks- und betriebswirtschaftliche Daten allenfalls monatlich, häufig jedoch nur quartalsweise vorliegen und zudem mit einer gewissen zeitlichen Verzögerung veröffentlicht werden, folgt, dass die Fundamentalanalyse im Grundsatz eher etwas längerfristig angelegt sein muss. Die Fundamentalanalyse eignet sich weniger zur Kurzfristprognose als vielmehr zur mittel- bis längerfristigen Trendeinschätzung. Strategische Wertpapierauswahl; Unter- oder Überbewertung Im Mittelpunkt der Fundamentalanalyse steht dementsprechend nicht die Timingfrage, sondern das Treffen strategischer Auswahlentscheidungen. Das Kriterium hierfür bildet die fundamentale Bewertung der einzelnen Wertpapiere. Das Analyseurteil „unterbewertet" führt zu einer strategischen Kaufentscheidung, eine „Überbewertung" zu einem Verkauf des jeweiligen Wertpapiers.

Technische Analyse

Im Gegensatz zur Fundamentalanalyse beschäftigt sich die technische Analyse ausschließlich mit der Kurs- und Umsatzentwicklung von Wertpapieren. Ziel der technischen Wertpapieranalyse ist es, die Anlagechancen und Risiken einzelner Wertpapiere, Marktsegmente oder Märkte auf der Basis aller verfügbaren Informationen und vor dem Hintergrund der vergangenen Entwicklung isoliert und im Gesamtzusammenhang zu beurteilen und für einen gegebenen Anlagezeitraum in der Zukunft zu prognostizieren. Börsenkurs und Börsenumsatz reflektieren nach dem Verständnis der technischen Analyse zu jedem Zeitpunkt das wahre Verhältnis der Marktkräfte. Änderungen im Verhalten der Marktteilnehmer führen zu entsprechenden Trendänderungen im Preis des Wertpapiers. Solche Trendänderungen rechtzeitig zu erkennen bzw. aus der vorangegangenen Kursentwicklung heraus zu prognostizieren, ist letztlich das Ziel der technischen Analyse von Wertpapieren. Entgegen der Fundamentalanalyse ist die technische Analyse in der Lage, auch und gerade kurzfristige Marktphasen zu analysieren und zu interpretieren. Die technische Analyse wird durch diesen Vorteil auch sehr häufig als Signalgeber für kürzerfristige Engagements eingesetzt.

Fundamentalanalyse versus technische Analyse – zwei unversöhnliche Brüder?

Fundamentalanalyse und technische Analyse sind nicht die zwei Seiten einer Münze, die nur eine „entweder-oder-Lösung" erlauben. Vielmehr sollte ein Anleger versuchen die Vorzüge beider Methoden zu nutzen und dabei deren individuellen Nachteile zu überwinden. Letztlich sind die Aufgaben der Wertpapieranalyse folgendermaßen zu sehen:

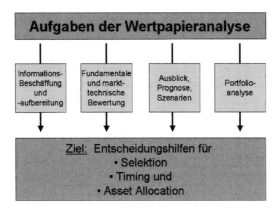

Abb. 6-8: *Aufgaben der Wertpapieranalyse*

Dieses Ziel kann letztlich nur durch eine Kombination von Fundamentalanalyse (Selektion) technischer Analyse (Timing) und Portfoliomanagement (Asset Allocation) erzielt werden.

Herangehensweisen der Fundamentalanalyse

Die fundamentale Aktienanalyse versucht die Kursentwicklung einzelner

- Märkte,
- Branchen und
- Einzelwerte

aus der Analyse der gesamt- und einzelwirtschaftlichen Entwicklung heraus zu erklären und zu prognostizieren. Dabei werden zwei grundlegende Vorgehensweisen unterschieden:
1. **Top-down-Ansatz**
2. **Bottom-up-Ansatz**

Top-down-Ansatz

Beim Top-down-Ansatz wird, wie der Name bereits verrät, von „oben" nach „unten" vorangegangen. Das bedeutet im Falle der Aktienanalyse, dass noch bevor überhaupt auf unternehmensspezifische Details eingegangen wird, eine generelle Untersuchung der das Ertragspotential einer Aktiengesellschaft (AG) bestimmenden fundamentalen Rahmenbedingungen voransteht.

Vorgehensweise

Üblicherweise wird beim Top-down-Ansatz in drei Schritten vorgegangen:

- **Schritt eins – die Globalanalyse.** Hier werden kursbeeinflussende Faktoren wie Konjunkturverlauf, Zinsniveau und Liquidität, die völlig branchen- und unternehmensunabhängig sind, untersucht. Anhand der Analyse dieser Faktoren ermittelt der Analyst die Situation des weiteren Umfeldes des Unternehmens.
- **Schritt zwei – die branchenspezifische Untersuchung.** Hier wird nun die aktuelle Situation und die Zukunftsaussichten des jeweiligen Wirtschaftszweiges, dem das zu analysierende Unternehmen angehört, untersucht. Dadurch wird das engere Umfeld der jeweiligen AG analysiert.
- **Schritt drei – erst jetzt wird das einzelne Unternehmen analysiert.** Bei der Global- und Branchenanalyse spricht man auch von der Fundamentalanalyse im weiteren Sinne. Die Fundamentalanalyse im engeren Sinn beschäftigt sich anschließend mit internen qualitativen und quantitativen Faktoren einer bestimmten Unternehmung.

Hintergrund

Analysten begründen die beschriebene Vorgehensweise damit, dass ein einzelner Aktienkurs nachhaltig von der Entwicklung des Gesamtmarktes beeinflusst wird und sich nur sehr schwer von dieser lösen kann. Das heißt nichts anderes, als das eine gute Aktie bei einem sinkenden Gesamtmarkt nur sehr schwer wird steigen können, sondern ebenfalls an Wert verliert (wenn auch vielleicht nicht so stark wie andere Aktien) und eine schlechte Aktie trotz miserabler Fundamentaldaten bei einem euphorischen Aktienmarkt trotzdem steigen kann. Deshalb gelten bei der Top-down-Analyse gute Global- und Branchensituationen als entsprechend guter Nährboden für steigende Aktienkurse. Ist das gesamtwirtschaftliche und oder das branchenspezifische Umfeld eingetrübt, so wird der Top-down-Analyst selbst bei fundamental aussichtsreichen Werten kein Investment tätigen.

6.4 Aktien als Anlageform im Unternehmen

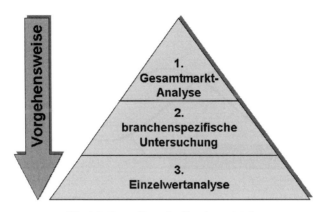

Abb. 6-9: Darstellung der Top-down-Analyse

Beurteilung der Konjunktursituation

Um die Zusammenhänge von Konjunktur- und Börsenzyklus erläutern zu können, wird zunächst auf den Konjunkturzyklus eingegangen. Das Wachstum einer Volkswirtschaft verläuft nie gleichmäßig, sondern unterliegt meist erheblichen, regelmäßig wiederkehrenden Schwankungen, den sogenannten Konjunkturen. Grundsätzlich vollzieht sich ein Konjunkturverlauf in folgenden Phasen:

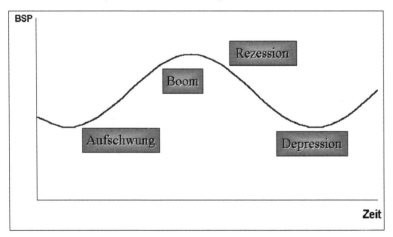

Abb. 6-10: Beurteilung der Konjunktursituation

Die Einheit zur Messung des Wachstums ist das Brutto-Sozial-Produkt oder Brutto-Inlands-Produkt. Es fasst alle in einer Volkswirtschaft über einen bestimmten Zeitraum (in der Regel ein Jahr) produzierten Güter und erbrachten Dienstleistungen zusammen. Zwischen Aktienkursen und Entwicklung der Konjunktur besteht ein

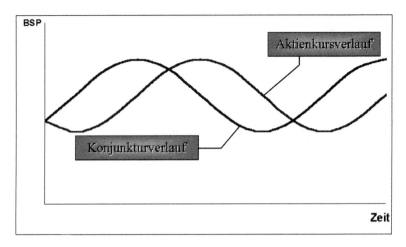

Abb. 6–11: Aktienmarkt läuft der Konjunktur voraus

enger Zusammenhang. Dieser ist jedoch nicht gleichlaufend. Wie aus der Abbildung ersichtlich, nehmen die Aktienkurse die später folgende wirtschaftliche Entwicklung vorweg.

Depression – In der Depression ermöglicht die Zentralnotenbank die Beschaffung von Liquidität zu günstigen Konditionen. Da aufgrund des niedrigen Zinsniveaus Anlagealternativen im festverzinslichen Bereich fehlen, wird ein Großteil dieser Liquidität am Aktienmarkt untergebracht. Die Aktienkurse steigen aufgrund der höheren Nachfrage.

Aufschwung – Tritt der Konjunkturzyklus in seine Expansionsphase ein, haben die Aktien schon einen Großteil ihrer Aufwärtsbewegung hinter sich. Sie erreichen ihren Höchststand, noch bevor die Wirtschaft boomt.

Boom -- Aufgrund der steigenden Geld- und Kreditnachfrage ziehen die Unternehmen ihr Geld aus den Aktienmärkten zurück, um Sachinvestitionen tätigen zu können. Die Kurse beginnen zu fallen. Die steigenden Zinsen wirken sich ebenfalls negativ auf die Aktienkurse aus, weil viele Kapitalmarktteilnehmer ihr Kapital in festverzinsliche Anlagealternativen umschichten.

Rezession – Während der Rezessionsphase sinken die Kurse aufgrund der schlechten wirtschaftlichen Rahmenbedingungen weiter, doch noch vor Eintritt in die Depression wird die Abwärtsbewegung aus den o.g. Gründen gestoppt und die Kurse beginnen wieder zu steigen.

Um die allgemeine Konjunktursituation einschätzen zu können, behelfen sich die Fundamentalanalysten den sogenannten Konjunkturindikatoren. Eine Reihe dieser Konjunkturindikatoren lernen Sie in einem folgenden Abschnitt detailliert kennen.

Bottom-up-Ansatz

Demgegenüber steht beim Bottom-up-Ansatz die Unternehmensanalyse klar im Vordergrund des Interesses. Auf Basis der Ertragsprognosen für die einzelnen Unternehmen werden Bewertungsaussagen („unterbewertet" oder „überbewertet") vorgenommen, die wiederum die Grundlage für die Einzelwertauswahl innerhalb einer Branche oder eines Gesamtmarktes bilden. Wie ebenfalls der Name bereits verrät, wird hier von „unten" nach „oben" vorgegangen.

Vorgehensweise

Entgegen des Top-down-Ansatzes beinhaltet der Bottom-up-Ansatz häufig nur zwei (gegebenenfalls drei) Schritte, welche mit der Einzelwertanalyse beginnen:

- **Schritt eins – Einzelwertanalyse.** Der Fokus des Top-down-Ansatzes ist das einzelne Unternehmen. Im ersten Schritt wird somit auch die Situation eines einzelnen Unternehmens analysiert und bewertet.
- **Schritt zwei – Aggregation auf Branchenebene.** Wird eine derartige Aggregation vorgenommen, wählt der Anleger aus den analysierten Unternehmen/Aktien einer Branche das mit der jeweils besten Einzelwertanalyse aus.
- **(Schritt drei – Aggregation auf Gesamtmarktebene.** Analog zu Schritt zwei werden hier aus der Grundgesamtheit der zur Verfügung stehenden Unternehmen/Aktien die mit der besten Bewertung ausgewählt.)

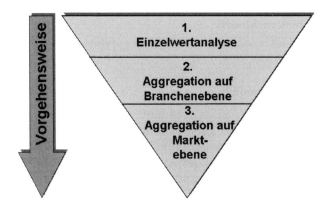

Abb. 6-12: Darstellung der Bottom-up-Analyse

Hintergrund

Der Bottom-up-Ansatz geht davon aus, dass der Erfolg eines Aktienengagements in erster Linie vom Erfolg und der Leistung eines Unternehmens beeinflusst wird. Ein sehr gutes Unternehmen wird auch einem schlechten konjunkturellen Umfeld trotzen können, wohingegen ein „schlechtes" Unternehmen auch in Phasen der Hochkonjunktur nicht erfolgreich sein wird.

6.4.3 Modelle der Unternehmensbewertung

An dieser Stelle sollten wir uns Gedanken darüber machen, was ein Aktienkurs eigentlich ist. Letztlich spiegelt der Aktienkurs – multipliziert mit der Anzahl umlaufender Aktien – den „Wert" eines Unternehmens wider. Was ist nun der „richtige" Unternehmenswert eigentlich? Dieser Frage widmet sich die Unternehmensbewertung. Aufgabe der Unternehmensbewertung ist es, den Wert eines Unternehmens als Ganzes zu ermitteln. Unternehmensbewertungen werden klassischerweise bei Kauf oder Veräußerung von Unternehmen, bei Umwandlungen, Fusionen oder Erbangelegenheiten eingesetzt. Somit können derartige Unternehmensbewertungen – zumindest im Ansatz – auch verwendet werden um Aktienkurse zu bewerten.

Es gibt keine „einheitliche" Methoden, welche als goldener Weg bezeichnet werden kann. In der Praxis werden auch unterschiedlichste Schattierungen an Bewertungsmethoden verwendet. Prinzipiell kann man allerdings zwei beziehungsweise drei Grundprinzipien unterscheiden, anhand deren man Unternehmen und letztlich auch Aktien bewerten kann:

- Substanzwertmodelle
- Ertragswertmodelle
- Kombinierte Modelle

Nachfolgend werden diese Bewertungsprinzipien nun umfassend dargestellt.

Substanzwertmodelle

„Ein Unternehmen ist, was es hat" – das ist der Grundtenor der Substanzwertmodelle. Diese sehr statischen Modelle konzentrieren sich sehr stark auf Bestandsgrößen, wie sie etwa in Jahresabschlüssen zu finden sind. Stromgrößen – also unter anderem Erträge und Gewinne – sowie künftige, erwartete Entwicklungen hingegen werden nicht berücksichtigt.

Darstellung des Grundmodells

Beim Substanzwert wird versucht alle Vermögensgegenstände und Schulden eines Unternehmens möglichst genau zu bewerten und daraus den Saldo zu bilden. In der Praxis wirft dies insbesondere bei größeren Unternehmen erhebliche Probleme auf. So ist nicht nur für Außenstehende sehr schwer zu beurteilen, wie diese einzelnen Posten zu bewerten sind. Selbst an sich gut vergleichbare Vermögensgegenstände wie etwa Immobilien führen hier schnell zu erheblichen Abweichungen. So hat beispielsweise die Deutsche Telekom AG im Jahr 2001 unerwartet ihren Immobilienbesitz um mehrere Milliarden Euro nach unten korrigiert – was sofort zu erheblichen Abweichungen vom bisherigen Substanzwert führte. Ungleich schwieriger ist dieses Bewertungsproblem bei immatriellen Vermögensgegenständen wie Rechten, Lizenzen oder dem so genannten derivativen Firmenwert. Der derivative Firmenwert ergibt sich beispielsweise aus dem schwer greifbaren Wert einer Marke. So dürfte etwa alleine die Marke „Coca Cola" einige Milliarden Euro wert sein.

Einsatzbereiche Substanzwertmodelle

Substanzwertmodelle werden in der Praxis häufig im Bankgeschäft verwendet um die Kreditfähigkeit von Unternehmen zu beurteilen. Daneben lässt der Substanzwert auch als Indiz für das Durchstehvermögen eines Unternehmens in Krisenzeiten betrachtet werden. An den Kapitalmärkten finden Substanzwertmodelle in der Regel nur als zusätzliche Information Einfluss. Reine Substanzwert-Bewertungen hingegen sind nicht die Regel.

Fazit „Substanzwertmodelle"

Die gelegentlich vertretene Auffassung, dass der Substanzwert gegenüber dem Ertragswert eine mit größerer Sicherheit feststellbare Bewertungsgröße sei, teile ich nicht. Letztlich beteiligt sich ein Aktionär an einem Unternehmen, weil er am Gewinn und den künftigen Erträgen des Unternehmens teilhaben möchte (in der Regel durch realisierte Kursgewinne), nicht aber, um „Mitinhaber" bestimmter Vermögensgegenstände zu werden. Entscheidende Faktoren wie etwa die Marktstellung oder die Gewinn- und Ertragssituation werden vollständig außen vor gelassen. Substanzwertmodelle haben ihre Wurzeln in der angestaubten bilanz- und substanzorientierten Historie der Betriebswirtschaft. Hier sollten sie aus Sicht eines Aktionärs auch besser bleiben, da sie den Anforderungen der täglichen Börsenpraxis nicht mehr gerecht werden!

Ertragswertmodelle

Haben die Substanzwertmodelle das Augenmerk auf die Vermögenswerte eines Unternehmens gelegt und potentielle Erträge außer acht gelassen, so richten Ertragswertmodelle im Gegensatz dazu ihren Fokus (nahezu) ausschließlich auf die aktuellen und künftigen Erträge eines Unternehmens.

Darstellung des Grundmodells

Nach herrschender betriebswirtschaftlicher Auffassung bestimmt sich der Wert eines Unternehmens, welches fortgeführt werden soll („Going Concern") als dessen Ertragswert. Der Wert eines Unternehmens ist der Barwert der nachhaltig erzielbaren und ausschüttbaren Erträge. Dies lässt sich auch ohne Abstriche auf den Aktienmarkt übertragen. Letztlich ist die einzige Quelle der Unternehmenserfolgs in der aktuellen und vor allem in der künftigen Ertragssituation des Unternehmens zu suchen. Und aus diesem (erwarteten) Unternehmenswert ergibt sich automatisch der Aktienkurs eines börsennotierten Unternehmens. Der aktuelle Unternehmenswert ist also die Summe aller künftig erwirtschafteten Erträge des Unternehmens. Nachdem Zahlungsströme in der Zukunft zum heutigen Zeitpunkt noch nicht ihren vollen Wert haben (100 Euro die Sie sofort bekommen sind Ihnen heute mehr wert als 100 Euro, die Sie erst in fünf Jahren bekommen), werden die Barwerte der jeweiligen Zahlungsströme ermittelt und addiert.

Exkurs „Barwert"

Der Barwert (oft auch als „present value" bezeichnet) ist dabei der durch Abzinsen ermittelte aktuelle Wert einer zukünftigen Zahlung. Zum Abzinsen werden dabei meist aktuelle Marktzinssätze bzw. relevante Vergleichszinssätze verwendet:

$$\text{Barwert } t_0 = \text{Zahlung zum Zeitpunkt } t_n / (1 + r)^n$$

Der Barwert wird hier auf den Zeitpunkt t_0, also zum heutigen Tag berechnet. n bezeichnet die Anzahl der Perioden, über die die Zahlung abgezinst wird. Die Variable r kennzeichnet den Zinssatz mit dem abgezinst wird.

Beispiel

Sie möchten einen Taschenrechner verkaufen. Ein Interessent bietet Ihnen an, sofort einen Kaufpreis von EUR 920 zu zahlen. Ein anderer Interessent würde einen Preis von EUR 1.000 zahlen – allerdings erst in zwei Jahren. Für welches Angebot werden Sie sich entscheiden, wenn wir einen vergleichbaren zwei-Jahres-Zinssatz von 5% unterstellen?

6.4 Aktien als Anlageform im Unternehmen

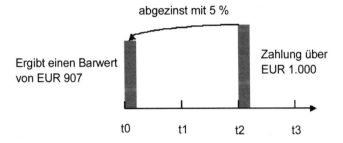

Abb. 6-13: Berechnung des Barwerts einer Zahlung

Das Schaubild verdeutlicht, dass das optisch höhere Kaufangebot von EUR 1.000 tatsächlich einen geringeren Barwert aufweist als das optisch niedrigere. In unserem Beispiel bekommt also der Interessent den Zuschlag, der EUR 920 sofort bezahlt, da Sie einen barwertigen Vorteil von EUR 13 (EUR 920 minus EUR 907) haben.

Schematisch dargestellt sieht eine derartige Berechnung folgendermaßen aus.

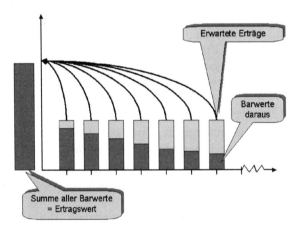

Abb. 6-14: Berechnung des Barwerts einer Zahlungsreihe

Da eine Aktiengesellschaft ja zumindest theoretisch „ewig" besteht, ist der untersuchte Zeitraum „unendlich". Es ist nicht möglich, für einen nicht endlichen Zeitraum jeweils individuelle Ertragsgrößen festzustellen. Dieses Problem lässt sich jedoch mathematisch lösen. Durch die Diskontierung nimmt der Barwert einzelner Zahlungsströme bei weiter in der Zukunft liegenden Zahlungsströmen ab (100 Euro die ich in 20 Jahren bekomme sind heute deutlich weniger wert als 100 Euro, die ich in fünf Jahren bekomme). Dadurch ergibt sich die Situation, dass mit mathematischen Grenzwerten gearbeitet werden kann. So wird der Ertragswert zwar vereinfacht ermittelt, jedoch ohne inkorrekt vorzugehen.

Unterstellt werden hierbei die Ertragssituation – vor allem die unterstellte Steigerung – über längere Zeiträume in der Zukunft. In der Regel wird aus der aktuellen Ertragssituation heraus ein bestimmter Steigerungsfaktor unterstellt und dieser fließt dann in die Berechnung ein. Das ist auch die Schwäche dieses Modells, denn viele Unwägbarkeiten können diese Erwartungen in der Praxis sehr schnell aushebeln. Gesellschaften der New Economy haben dies in den Jahren 2000 und 2001 schmerzlich erlebt. Zunächst wurden die Aktienkurse durch exorbitante und in den meisten Fällen völlig überzogenen Erlöserwartungen (vor allem die unterstellten Ertragssteigerungen!) in unglaubliche Kurshöhen getrieben. Als sich dann abzeichnete, dass derartige Wachstumsszenarien der Unternehmen in der Realität nicht durchsetzbar waren, folgte für viele Unternehmen der börsenmäßige Exitus.

Doch auch die Substanzwerte spielen unter Umständen eine Rolle bei der Ermittlung von Unternehmenswerten nach der Ertragswertmethode. Gegebenenfalls können neben den reinen Ertrags-(Bar-) Werten noch vorhandene, nicht betriebsnotwendige Vermögensgegenstände berücksichtigt werden. So kann beispielsweise ein Grundstück das zur Erzielung der nachhaltigen Unternehmenserträge nicht nötig ist, gegebenenfalls „versilbert" werden und stellt somit einen Werterhöhenden Faktor dar. Soweit nicht-betriebsnotwendiges Vermögen vorhanden ist, wird dessen Substanzwert dem ermittelten Ertragswert des Unternehmens zugeschlagen.

In der Regel müssen folgende Parameter festgelegt werden, um den Ertragswert eines Unternehmens zu ermitteln:

- **Aktuelle Ertragssituation** – als Ausgangsbasis der Berechnung
- Gegebenenfalls **konkrete Ertragsprognosen** für die kommenden ein bis drei Jahre
- **Erwartete Ertragssteigerungen** – beispielsweise: „jährliche Ertragssteigerung um zehn Prozent"
- **Diskontierungszinssatz** – Basiert auf dem jeweiligen Kapitalmarktzinssatz, der um Risikoprämien und andere Komponenten individuell bestimmt wird
- **Wert des nicht betriebsnotwendigen Kapitals** – um den reinen Ertragswert um en Wert „des Tafelsilbers" zu bereinigen

Einsatzbereiche Ertragswertmodelle

Wie bereits eingangs angesprochen stellen die Ertragswertmodelle den Status Quo der Unternehmensbewertung dar. Einsatzbereiche sind sowohl auf Unternehmensebene (bei Fusionen, bei M&A-

6.4 Aktien als Anlageform im Unternehmen

Transaktionen, bei Erbangelegenheiten und so weiter) als auch auf Aktionärsebene sehr stark verbreitet. Dies zeigt sich auch an vielen Kennziffern der Fundamentalanalyse, die Sie auch im Folgekapitel kennen lernen werden. Viele dieser Kennziffern reflektieren letztlich auf Prinzipien der Ertragswertmodelle. Beispiele hierfür sind etwa das Kurs-Gewinn-Verhältnis (KGV), das Kurs-Cash-Flow-Verhältnis (KCV) oder das Kurs-Wachstums-Verhältnis (KWV).

Fazit „Ertragswertmodelle"

Ertragswertmodelle sind betriebswirtschaftliche Praxis! Auch wenn ein Anleger selten in die Verlegenheit kommen wird ein Unternehmen anhand eines Ertragswertmodells zu bewerten, so ist es in meinen Augen dennoch nötig, sich mit dem Prinzip des Ertragswertmodells auseinander zu setzen. Alleine die Vielzahl an Fundamentalkennziffern mit Bezug auf den Ertragswert oder zumindest die Ertragssituation des Unternehmens lässt dem Anleger keine andere Wahl.

Kombinierte Modelle

Die beiden bereits vorgestellten Bewertungsverfahren weisen individuelle Schwächen auf. Aus diesem Grund wurden verschiedene Modelle entwickelt die versuchen, die Vorzüge von Substanz- und Ertragswertmodellen zu kombinieren.

Darstellung des Grundmodells

Das bekannteste Modell, welches sowohl Ertrags- als auch Substanzwerte berücksichtigt, ist das so genannte „Stuttgarter Verfahren". Ermittelt wird durch das Stuttgarter Verfahren ein fiktiver Unternehmenswert, der als „gemeiner Wert" bezeichnet wird.

Als Formel stellt sich die Berechnung wie folgt dar:

$$\text{Gemeiner Wert} = (v + 5 * e) * 0{,}67$$

wobei:

v = Vermögenswert gemäß Abschnitt 77 der Vermögensteuerrichtlinien

e = ausschüttungsfähiger Ertrag gemäß Abschnitt 78 der Vermögensteuerrichtlinien

Unterstellt wird hierbei ein Zeitraum von fünf Jahren. Es werden keine Zinseszinsen berücksichtigt und dem Käufer eine 10%ige Verzinsung zugerechnet.

Einsatzbereiche kombinierter Modelle

Das Stuttgarter Verfahren wird von den Finanzbehörden eingesetzt um den so genannten „gemeinen Wert" von nicht notierten Aktien und Unternehmensbeteiligungen zu ermitteln. Dieser „gemeine Wert" dient als steuerliche Bemessungsgrundlage.

In der börslichen Praxis finden kombinierte Modelle gelegentlich Anwendung. Wesentlich häufiger sind allerdings reine Ertragswertmodelle respektive reine Substanzwertmodelle anzutreffen.

Fazit „Kombinierte Modelle"

Das Verfahren ist zwar einfach, weist allerdings für die Belange eines Käufers Mängel auf. So können die Verallgemeinerungen und Pauschalierungen bei der Bewertung eines Unternehmens nicht als Basis für eine Unternehmenswertermittlungen akzeptiert werden. Gleiches gilt für die Verwendung von historischen Gewinngrößen, da gerade die zukünftige Unternehmensentwicklung für den Käufer von besonderer Bedeutung ist.

Als Fazit kann also festgestellt werden, dass sich kombinierte Methoden wie etwa das Stuttgarter Verfahren in der Börsenpraxis weniger relevant sind. Fundamental-Kennziffern, wie beispielsweise im folgenden Kapitel detailliert dargestellt, beziehen sich stets entweder auf Ertragswert- oder auf Substanzwertmodelle.

Modelle der Unternehmensbewertung – ein Praxisrückblick

Sie haben nun verschiedene Grundmodelle der Unternehmensbewertung kennen gelernt. Hier nochmals ein kurzer Überblick darüber, wie diese verschiedenen Modelle in der börslichen Praxis einzuordnen sind:

	Praktikabilität	Eignung	Praxisanwendung	Verbreitung
Substanzwertmodelle	bedingt	teilweise	verbreitet	stark
Ertragswertmodelle	ja	ja	häufig	stark
Kombinierte Modelle	wenig	nein	selten	wenig

Abb. 6-15: *Übersicht der verschiedenen Modelle zur Unternehmensbewertung*

Der nun folgende Abschnitt beschäftigt sich eingehend mit fundamentalen Kennziffern zur Bewertung von Aktien. Sie werden in den Erläuterungen sehr häufig (wenn auch meist indirekt) den Bezug auf die eben angesprochenen Methoden der Unternehmensbewertung wiederfinden.

6.5 Spezifische Risiken bei Aktienanlagen

Jede Anlage in Aktien birgt verschiedene Gefahren und Risiken, die unter Umständen aus geplanten Gewinnen realisierte Verluste werden lassen. Um richtig mit den Risiken umgehen zu können, sie richtig einschätzen und eventuell ausschalten zu können, ist es wichtig, sich im Klaren darüber zu sein, welche Gefahren tatsächlich drohen. Damit sich Ihre Anlageentscheidung im Nachhinein nicht als unerwarteter Fehlschlag erweist, bitten wir Sie diese Informationen zu beachten und in den Prozess Ihrer Entscheidungsfindung mit einzubeziehen.

Nachfolgend wird auf die wichtigsten Risiken eingegangen, mit denen ein Unternehmen im Zusammenhang mit seinen Wertpapieranlagen – im Bezug auf Aktienanlagen – umgehen muss:

6.5.1 Unternehmerisches Risiko

Als Aktionär zählt man als Mitinhaber eines Unternehmens und nicht zur Gruppe der Gläubiger. Daraus entstehen für Sie Chancen und Risiken einer Aktiengesellschaft und ein Unternehmen ist durch den Besitz von Aktien-Positionen direkt am wirtschaftlichen Erfolg oder Misserfolg der Firma beteiligt.

Da es im Gegensatz zur rechtlichen Stellung eines Gläubigers keine festen Vereinbarungen über Zinszahlungen gibt und auch keine Rückzahlungsgarantien für das eingezahlte Kapital bestehen, übernehmen die Aktionäre das Risiko, dass sich dieses Investment anders entwickelt als erwartet. Dies kann sogar im Extremfall den vollständigen Verlust des investierten Vermögens bedeuten. Im Falle eines Konkurses sind Anleger als Aktionär erst am Liquidationserlös beteiligt, wenn alle Gläubiger befriedigt sind.

6.5.2 Kursänderungsrisiko

Das Risiko der Kursveränderung Ihres Aktieninvestments beschreibt die unvorhersehbaren Schwankungen an den Aktienmärkten. Die Auf- und Abwärtsbewegungen werden von unterschiedlichen Faktoren bestimmt. Den kurzfristigen Bereich beeinflussen unter anderem aktuelle Ereignisse, wie z.B. Veröffentlichungen von Geschäfts-

oder Wirtschaftszahlen, Tarifverhandlungen, nationale und internationale Krisensituationen. Mittelfristig sorgt vermehrt das Geschehen in den Bereichen der Geld-, Währungs- und Wirtschaftspolitik für Kursbewegungen am Aktienmarkt. Die allgemeinen politischen Rahmenbedingungen und die gesamtwirtschaftlichen Entwicklungen können langfristige Trends steuern. Das Kursänderungsrisiko wird in zwei Risikoquellen unterteilt, dem systematischen und dem unsystematischen Risiko.

Systematisches Risiko

Dieses Risiko bezieht sich auf das allgemeine Marktrisiko, welches aus der Tendenz des Gesamtmarktes resultiert und nicht direkt im Zusammenhang mit der Situation eines einzelnen Unternehmens steht. Alle Werte eines Aktienmarktes (z. B. alle deutschen Aktien) unterliegen diesem Risiko, allerdings mit unterschiedlicher Intensität. Es gibt Wertpapiere die auf Veränderungen des Gesamtmarktes überproportional reagieren und Aktien bei denen die Kursänderungen geringer ausfallen. Gemessen wird diese Intensität mit Hilfe des Beta-Faktors. Liegt dieser unter 1, so ist die Veränderung des Kurses geringer als die des Gesamtmarktes. Ein Beta-Faktor von 1 bedeutet einen Gleichlauf mit dem Markt und ein Faktor über 1 weist auf eine stärkere Reaktion hin.

Unsystematisches Risiko

Damit wird das unternehmensspezifische Risiko einer Aktie betitelt. Die Einflussfaktoren sind hierbei mehr betriebswirtschaftlicher Natur und betreffen mittelbar oder unmittelbar das Unternehmen im Einzelnen. Als Beispiele dienen u.a. Managemententscheidungen wie die Einführung neuer Produkte, die Erschließung von Geschäftsfeldern, Kauf und Verkauf von Teilbereichen der Gesellschaft oder die Einleitung von Umstrukturierungs- und Rationalisierungsmaßnahmen. Der individuelle Aktienkurs kann sich aufgrund dieser Tatsachen auch entgegen dem allgemeinen Trend entwickeln. Das Ausmaß dieser Kursveränderungen kann allerdings nur schwer prognostiziert werden, da es von Firma zu Firma, von Branche zu Branche und von Land zu Land andere Bestimmungsfaktoren geben kann. Das unsystematische Unternehmensrisiko kann durch eine breite Streuung des Anlagevermögens innerhalb des Marktes nach Gesellschaften oder Branchen verringert werden. Bei einer optimalen Verteilung (Diversifikation) über den Gesamtmarkt kann es sogar ausgeschlossen werden. Das Kursänderungsrisiko wird dann auf den Teil des systematischen Marktrisikos reduziert.

Dividendenrisiko

Die Dividende stellt Ihre Beteiligung am erzielten Gewinn der Aktiengesellschaft dar und richtet sich darausfolgend auch nach dessen Höhe. Bei einer guten Ertragslage der Gesellschaft kann die Dividende steigen, wogegen sie in Zeiten niedriger Gewinne oder Verlustjahren auch gekürzt werden kann oder sogar entfallen kann. Es besteht meist keine Garantie für zukünftige Dividendenausschüttungen, auch wenn in der Vergangenheit jahrelang Zahlungen erfolgt sind.

Prognoserisiko

Man muss sich immer darüber im Klaren sein, dass alle Methoden der Aktienkursprognose durch Ereignisse in der Zukunft, die oftmals nicht vorhersehbar sind, schnell zur Makulatur werden können.

Letztendlich dienen sie nur als Hilfsmittel für eine qualitative Auswahl (Fundamentalanalyse), eine optimale Zusammenstellung der Einzelwerte (Quantitative Analyse) oder das Timing (Technische Analyse) um Ihre Anlageentscheidung zu fundieren.

Die Prognosen aus historischen Kurs- und Unternehmensbeobachtungen werden am Neuen Markt durch die meist kurze Bestehenszeit der Firma bzw. kurze Historie der Börsennotierungen erschwert.

Psychologisches Marktrisiko

Bei all den rationalen Gedanken, objektiven Überlegungen und Analysen möchte man es kaum glauben, aber auch irrationale Faktoren spielen an den Börsen eine oftmals sogar entscheidende Rolle. Stimmungen, Meinungen und Gerüchte beeinflussen ebenso die Preisbildung, selbst wenn sie unter Umständen den fundamentalen Daten und Prognosen widersprechen. Der Börsenkurs reflektiert neben den sachlich begründeten Prognosen auch emotionale Einschätzungen auf Basis von Hoffnungen und Befürchtungen, Vermutungen und Stimmungen der am Markt teilnehmenden Käufer und Verkäufer. Eine genaue Abgrenzung zwischen diesen objektiven und subjektiven Verhaltensweisen ist nicht eindeutig möglich.

Stimmung am Markt

Ein nach oben gerichteter Trend am Markt kann das Anlagepublikum dazu verleiten, mehr Vertrauen zu gewinnen und rationalen Kriterien weniger Beachtung zu schenken. Es kann bei solch emotional begründetem Handeln dazu kommen, dass eigentlich kursrelevante negative Ereignisse – die der allgemeinen Tendenz widersprechen – ignoriert werden oder als bereits in den Kursen berücksichtigt gelten. Eine kontinuierliche Steigerung des Kursniveaus ist in diesen Phasen die Folge und kann zu einer Hausse (auch Bull-Markt genannt) führen. Dasselbe gilt im umgekehrten Fall für die Einleitung oder Fortsetzung einer Baisse, also einem Bear-Markt. So kann es geschehen, dass ein und dasselbe Ereignis je nach Stimmung an der Börse unterschiedlich eingestuft wird. Während es in einem freundlichen Umfeld als positiv gewertet wird, kann es ein anderes Mal in einer fallenden Trendphase weitere negativen Kursreaktionen auslösen. Wegen der Ungewissheit über künftige Entwicklungen enthält jede Anlageentscheidung spekulative Elemente. Sobald sich breite Anlegerkreise infolge der psychologischen „Ansteckbarkeit" zur Spekulation in eine bestimmte Richtung verleiten lassen, besteht die Gefahr dass sich die Börsenentwicklung tendenziell von den ökonomischen Realitäten entfernt. In diesen Übertreibungsphasen können bereits vergleichsweise unbedeutende wirtschaftliche oder politische Ereignisse, die den bisherigen Börsentrend nicht bestätigen oder in Frage stellen, zu einer plötzlichen Kurs- und Trendumkehr führen.

Multiplikatoren und Meinungsführer

Bevor Sie als Anleger ein Investment tätigen, werden Sie üblicherweise versuchen, den Prozess der Entscheidungsfindung mit möglichst vielen Informationen zu unterstützen. Um die zukünftigen Entwicklungen an den Märkten besser einschätzen zu können, werden z. B. Analyseempfehlungen, Börsenbriefe und Veröffentlichungen von Presse und Research-Abteilungen herangezogen. Aufgrund ihrer hohen Auflagezahlen und der Breite ihres Publikums besitzen solche Informationsquellen teilweise den Status eines Meinungsführers. Sie dienen vielen als Orientierungshilfe und können durch Multiplikator- und Mitläufereffekte Börsentrends verstärken oder gar Kurs- und Trendveränderungen auslösen. Da solche Veränderungen oftmals wirtschaftlich und fundamental nicht begründet werden können, können sie den einzelnen Anleger auch zu Fehleinschätzungen verleiten.

Technik an Finanzmärkten

Durch den Einsatz modernster Technik und Instrumente der Telekommunikation können Kauf- und Verkaufsaufträge blitzschnell an jeden Handelsort der Welt gesendet werden und den Preisbildungsprozess beeinflussen. Es bestehen auch Möglichkeiten Orders als limitierte Aufträge oder Stopp-loss-Verkäufe in „Wartestellung" zu setzten. Dabei besteht die Gefahr, dass sich selbst beschleunigende Prozesse eingeleitet werden. Dazu ein Beispiel: eine durch die Vielzahl von Verkaufsaufträgen verursachte Kurssenkung treibt den Preis unter mehrere Stopp-loss-Limits, wodurch weitere Verkäufe ausgelöst werden und der Kursverfall fortgesetzt wird – die dadurch aufgeschreckten Anleger geraten in Panik und senden blitzschnell über moderne Telekommunikationsleitungen ihre Verkaufsorders auf das Parkett. Der Börsen-Crash vom 19. Oktober 1987, an dem weltweit die Aktienmärkte den historisch stärksten Kursverfall erleben mussten, dient hierfür als Paradebeispiel.

Globalisierte Finanzmärkte

Das Geschehen an den ausländischen Börsen beeinflusst aufgrund der starken Verflechtungen der internationalen Finanzmärkte ebenso die Kursnotierungen der heimischen Handelsplätze. So haben z. B. die Trendvorgaben vom Abend (MEZ) an der New Yorker Wall Street und den frühen Morgenstunden (MEZ) in Tokyo und Hong Kong meist eine Orientierungsfunktion für die europäischen Börsenplätze wie Frankfurt, London, Paris und Mailand.

Aktienmarktanomalien

Dazu gehören beispielsweise der Size-Effekt, unter dem man den inversen Zusammenhang von durchschnittlicher Aktienrendite und Firmengröße versteht. Das heißt, je kleiner das Unternehmen, desto größer der durchschnittlich zu erwartende Ertrag für den Aktionär. Auch kalenderzeitliche Effekte sind zu beobachten, wie die Januar-Saisonalität der Renditen oder der Montags-Effekt (für den deutschen Markt untersucht von Frantzmann, 1990). Unter Umständen können auch bevorstehenden Feiertage (z. B. Weihnachten, Jahresende) oder handelsfreie Tage an anderen Börsenplätzen für ruhige und eher lustlos wirkende Markbewegungen verantwortlich sein.

6.6 Risikominderung von Wertpapier-Anlagen

An den Kapitalmärkten liegen Chancen und Risiken eng zusammen. Um langfristig Erfolg im Anlagegeschäft zu haben ist es für ein Unternehmen nun wichtig die Chancen zu nutzen ohne dabei den Risiken ausgeliefert zu sein. Schafft es dies, so wird es auch in schwierigen Börsenphasen und in einer ausgesprochenen Baisse Gewinne erzielen oder zumindest starke Kursverluste vermeiden können. Es gibt allerdings kein Allheilmittel für Börsenerfolge. Dennoch haben sich verschiedene Strategien und Vorgehensweisen in der Praxis bewährt.

Hier möchten wir nun auf folgende vier verschiedene Strategien eingehen, mit denen ein Unternehmer hinsichtlich seiner Wertpapieranlagen aktives Risikomanagement betreiben und so seinen Erfolg an der Börse sichern kann:

- **Diversifikation** – Die Diversifikation nutzt die Möglichkeit der Risikostreuung, um bei ungebrochenen Gewinnchancen die Kursrisiken eines Anlegers zu mindern
- **Hedging** – Das Hedging schützt – vergleichbar einer Kaskoversicherung – ein Portfolio vor Kursrückschlägen.
- **Stopp-Levels** – Stopp-Levels ziehen bei Kursrückgängen frühzeitig die Reißleine und versuchen dadurch, vor größeren Kursverlusten zu schützen
- „**Airbaging**" – Diese Strategie reduziert den risikobehafteten Anteil eines Anlage und führt auf mittlere Frist sogar eine zu einer „Kapitalgarantie".

Betrachten wir nun die verschiedenen Strategien näher:

6.6.1 Risikosteuerung durch Diversifikation

Eine Strategie der Risikosteuerung ist die so genannte „Diversifikation". Diversifikation kann mit dem einfachen Bild „Lege nicht alle Eier in einen Korb" umschrieben werden. Hintergrund ist, dass ein Anleger sein Geld nicht auf einen Wert oder auch eine Branche konzentrieren soll. Denn dadurch ist sein persönlicher Anlageerfolg auf Gedeih und Verderb von diesem einen Wert oder dieser einen Branche abhängig. Mit dem Thema Diversifikation und Portfoliomanagement kann man ganze Bibliotheken füllen, noch dazu meist mit sehr mathematischen Büchern. Hier wurde versucht, die Grundzüge und Grundprinzipien zusammenzufassen und Ihnen einen kleinen „Fahrplan" an die Hand zu geben um Ihnen dadurch die praktische Umsetzung des Portfoliomanagements zu ermöglichen.

Vorgehensweise

Erster Schritt – Auswahl relevanter Anlagemärkte, -währungen und -produkte

Zunächst muss sich das Unternehmen im Klaren darüber sein, in welche

- Märkte,
- Regionen,
- Währungen und
- Produkte

es prinzipiell investieren will. Dies ist der erste Schritt der so genannten strategischen Asset-Allocation. Soll nun ein reines EUR-

Anleihen-Portfolio deutscher Emittenten oder ein international diversifiziertes Portfolio aus Aktien und Anleihen in allen gängigen Währungen aufgebaut werden? Über diese beiden Beispiele hinaus stehen Ihnen schier unerschöpfliche Kombinationsmöglichkeiten offen.

Zweiter Schritt – Gewichtung der jeweiligen Anlageformen in Ihrem Portfolio

Das Unternehmen ist sich im ersten Schritt darüber klar geworden, auf welcher „Spielwiese" es sein Portfolio prinzipiell ausrichten möchte. Nun ist es an der Zeit, das Mischungsverhältnis der in Frage kommenden Bereiche, man spricht hier auch von Asset-Klassen, festzulegen. Dies ist der zweite Schritt der strategischen Asset-Allocation. In erster Linie werden Sie die Auswahl sicher über die (erwarteten) Erträge der potentiellen Anlageprodukte fällen. Denn warum sollten Sie Assets in Ihr Portfolio aufnehmen, die weniger Rendite versprechen als andere? Die Antwort auf diese Frage ist einfach – wegen der Risikominderung! Versuchen Sie verschiedene Asset-Klassen zu mischen, deren Renditeentwicklung sich entweder gegenläufig oder überhaupt nicht korreliert verhalten.

Ein einfaches, zugegebenermaßen etwas konstruiertes Beispiel hierfür erscheint sehr plausibel: Nehmen wir an, Sie erwarten für den gesamten Aktienmarkt eines Landes für die nächsten Jahre ein jährliches Wachstum von 10 %, wobei die Kurse zwischenzeitlich mit einer Volatilität von 15 schwanken werden. Ihnen stehen Aktien von drei Unternehmen zur Auswahl, die jeweils nur ein Produkt produzieren und nur im Inland vertreiben. Unternehmen A stellt Bademoden, Unternehmen B stellt Schwimmflügel und Unternehmen C stellt Schneeschaufeln her. Obwohl alle drei Unternehmen eine jährliche Kursentwicklung von 10 % und eine Volatilität von 15 aufweisen wird es doch besser sein, Aktien der Unternehmen A oder B mit Aktien des Unternehmens C zu kombinieren, denn zwischenzeitliche saisonal bedingte Kursverluste des einen Unternehmen werden durch zwischenzeitliche saisonal bedingte Kursgewinne des anderen Unternehmens kompensiert. Ein Portfolio aus zwei Einzelwerten weist die gleiche Rendite wie die Einzelwerte (10 %), jedoch ein deutlich geringeres Gesamtrisiko auf. Abbildung 6-16 zeigt diesen Effekt.

Alle drei Varianten erzielen den gleichen Ertrag, der Effekt der Risikominderung durch Portfoliobildung ist dabei aber deutlich erkennbar. Nur durch die Mischung zweier Einzelwerte, die eine gegenläufige Korrelation aufweisen, kann das Risiko eines Portfolios bei gleichem Ertrag(!) deutlich gesenkt werden. Bei einer Mischung von nicht korrelierten Werten (Korrelationskoeffizient = 0) ergibt

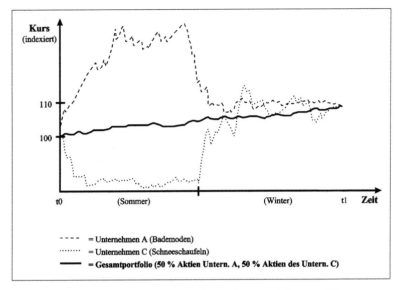

Abb. 6-16: Schematische Darstellung des Diversifikationseffekts am Musterbeispiel zweier Aktien mit negativer Korrelation

sich auch ein vergleichbarer Portfolioeffekt, doch ist die Risikominderung nicht direkt steuerbar sondern ergibt sich ungezielt.

Dritter Schritt – Taktische Asset-Allocation

Nun ist es an der Zeit, innerhalb der definierten Gewichtungen konkrete Anlageentscheidungen zu treffen. Sie können hierbei beispielsweise wie beim isolierten Stock-Picking vorgehen und die vermeintlich besten Einzelwerte auswählen, solange sie in die Grenzen der strategischen Asset-Allocation passen. Andererseits kann man auch hier versuchen innerhalb des gegebenen Rahmens nicht- oder gegenläufig korrelierte Werte zu kombinieren. Wurde die strategische Asset-Allocation sorgfältig durchgeführt und bis auf Branchen und/ oder Marktsegmente heruntergebrochen, so kann dieser Aspekt in der taktischen Asset-Allocation allerdings in der Hintergrund rücken. Konzentrieren Sie sich dann besser auf die ertragsmäßig interessanten Einzeltitel.

Grenzen und kritische Würdigung der Methode

Die Grundprinzipien des Portfoliomanagements sollten in jedem Wertpapierdepot berücksichtigt werden. Oftmals hört man den Einwand, dass man dies nur bei einem sehr hohen Vermögen durchführen kann. Dieses Argument greift allerdings nur vordergründig, da das Angebot an Substituten, insbesondere im Bereich der Investmentfonds, sehr breit ist. Auch mit kleineren Anlagesummen kann man also in den Genuss der Vorzüge des Portfoliomanagements kommen.

Beschreibt man mögliche Asset-Kombinationen anhand von Risiko und Ertrag, zeigt sich, dass ab einem bestimmten Optimierungsgrad bei gleichem Risiko nicht mehr Ertrag, bzw. bei gleichem Ertrag nicht weniger Risiko zu erreichen ist. Man spricht in diesem Fall von der Effizienzgrenze. Durch Diversifikation können Risiken lediglich gemindert aber nie ganz vermieden werden. Der Risikoanteil, der vermindert werden kann, wird „unsystematisches Risiko" genannt. Das allgemein im Wesen der jeweiligen Wertpapierarten liegende Risiko, das sogenannte „systematische Risiko", lässt sich durch Diversifikation nicht vermeiden.

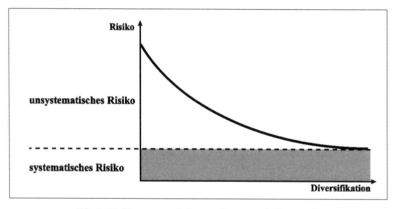

Abb. 6-17: Unsystematisches und systematisches Risiko

8.6.2 Risikosteuerung durch Hedging

Oben wurde bereits erläutert, wie man Risiken durch Diversifikation minimieren kann. Vollkommen eliminieren lassen sich Risiken aber nicht. Es verbleibt stets das systematische Risiko, dem jeder Markt unterliegt. Es gibt allerdings Geschäfte bzw. Transaktionen, über die sich dieses systematische Risiko absichern lässt. Diese Absicherung in Finanzmärkten nennt man Hedging oder Hedge. Als Hedginginstrumente eignen sich insbesondere Finanzderivate, wie etwa Optionen oder Futures. Ziel eines optimalen Hedges sollte sein, bei möglichst einfachen und liquiden Transaktionen und möglichst geringen Kosten den bestmöglichen Absicherungserfolg zu erzielen. Je nach Einsatzfeld unterscheidet man dabei zwischen Macro-Hedge und Micro-Hedge. Der Macro-Hedge bezieht sich auf ganze Portfolios, wohingegen der Micro-Hedge einzelne Handelsobjekte abzusichern versucht.

Grundlagen

Prinzipiell sollte man bei Absicherungsgeschäften folgende Unterscheidung hinsichtlich des Wirkungsgrades des Hedginginstruments treffen (siehe Abbildung 6-18):

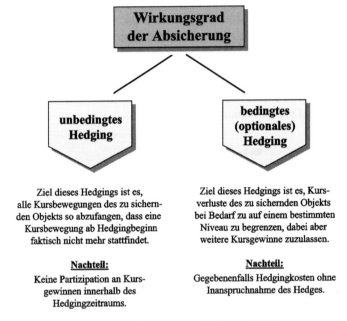

Abb. 6-18: Unbedingtes versus bedingtes Hedging

Der permanente Einsatz von unbedingten Hedges über ein gesamtes Portfolio kommt in der Praxis meist bei speziellen Marktteilnehmern vor, die bestimmte Handelsbestände halten müssen. Ein Market Maker muss beispielsweise unabhängig seiner eigentlichen Markterwartung fast immer relativ hohe Wertpapierbestände fahren. Um diese Bestände zu sichern wird er annähernd sein vollständiges Portfolio durch einen unbedingten Hedge sichern. Durch diesen Hedge ist sein Portfolio immun gegen weitere Kursbewegungen – allerdings auch immun gegen weitere Kursgewinne. Ein Privatanleger würde in Hinsicht auf fallende Kurse im Regelfall seine Bestände verkaufen. Privatanleger werden unbedingte Hedgevarianten lediglich in Ausnahmesituationen einsetzen, die starke Kursrückgänge befürchten lassen. Durch den Hedge wird das Portfolio immunisiert. Nach Beendigung der Sondersituation wird der Hedge in der Regel wieder aufgelöst, die Kurse des Portfolios können sich wieder unbeschränkt entwickeln. Dieser absolute Hedge wird beispielsweise angewandt, wenn die Transaktionskosten eines

6.6 Risikominderung von Wertpapier-Anlagen

zwischenzeitlichen Verkaufs des Portfolios mit anschließendem Rückkauf der betroffenen Papiere höher liegen als etwaige Hedgingkosten.

Anders ist hingegen das bedingte Hedging zu sehen, das in der Regel durch Optionsprodukte umgesetzt wird. Dieses bedingte Hedging beschert zwar zunächst Kosten (die zu zahlende Optionsprämie), beschneidet aber nicht weitere Kursgewinne. Im Falle eines Kursrückgangs wird das bedingte Hedging abgerufen und begrenzt dann die Kursverluste auf dem vorab festgelegten und gesicherten Kursniveau. Der Vergleich mit einer Kfz-Vollkasko-Versicherung ist hier sehr treffend. Auch bei dieser zahlt man vorab seine Versicherungsprämien (→ die Hedgingkosten) und wird zunächst nicht weiter an seine Versicherung denken. Tritt während der Vertragslaufzeit kein Schadensfall ein, so verfällt die Versicherungsprämie ohne Leistung aus der Versicherung (→ keine Zahlung aus dem Hedging). Tritt zwischenzeitlich aber ein Schadensfall ein, so wird der Schaden von der Versicherung (→ dem Hedginginstrument) beglichen. Dieser Schadensausgleich wird allerdings durch eine etwaige Selbstbeteiligung (→ Puffer zwischen Kurs und Hedging-Level) begrenzt.

Entscheidend für den Erfolg eines Hedging ist neben der Wahl des bestmöglichen Absicherungsinstruments auch die möglichst exakte Bestimmung der Quantität der Absicherung, die sogenannte Hedge Ratio. Es wäre fatal, wenn durch eine falsche Hedge-Ratio Verluste aus einer Hedgingposition entstehen, welche die Gewinne des zu sichernden Objekts übersteigen.

Grenzen und kritische Würdigung der Methode

Die Möglichkeit, sich vor drohenden Kursrückgängen zu sichern muss als sehr wertvoll angesehen werden. Der Privatanleger sollte aber genau abwägen, welche Hedginginstrumente er einsetzt und eben auch wann er diese Instrumente einsetzt. Ein zu enger, permanenter Hedge geht, flapsig gesagt, ganz schön ins Geld. Andererseits greift ein weiter angesetzter Hedge erst nach sehr starken Kursrückgängen und beschert dadurch trotz Hedging deutliche Kursverluste. Hier muss jeder Investor seinen eigenen Weg finden.

Prinzipiell ist es für Privatanleger meist besser über bedingte Hedgingmethoden zu sichern. Erstens ist die Immunisierung gegen aller Kursbewegungen in der Regel nur für bestimmte Handelsteilnehmer wie Market Maker interessant, und andererseits ist das komplexe Ermitteln und permanente Angleichen des korrekten Hedge-Ratios von Nichtprofis meist nicht vollständig in den Griff zu bekommen, da die Rahmenbedingungen hierfür suboptimal sind. Hier sollte ein Anleger abwägen, ob er nicht statt einem vollständigen Hedge durchzuführen nicht besser seine zu sichernden Handelsposition verkauft und später wieder zurückkauft. Die anfallenden Transaktionskosten sind meist niedriger zu werten als die Kosten aufgrund eines fehlerhaften Hedges.

Bei gefährlichen Marktsituationen sollte aber der temporäre Einsatz von unbedingten Hedginginstrumenten stets mit bedacht werden.

6.6.3 Risikosteuerung durch Stopp-Levels

Bei Handelsaktivitäten wird meist großes Augenmerk auf den richtigen Einstiegszeitpunkt gelegt. Doch wann wieder aussteigen? Denn wenn man zu früh aus attraktiven Positionen aussteigt, so kann dies sehr ärgerlich sein, weil man weitere Gewinne verschenkt hat. Um also seine Risiken zu mindern und sich gleichzeitig nicht die Chance weiterer Kursgewinne zu beschneiden, ist der Einsatz von Stopp-Levels zu empfehlen.

Zunächst aber zu dem „Was?" – Was ist eigentlich ein Stopp. Stopps sind keine „aktiven" Kauf- und Verkauforders, sie werden vielmehr durch einen Rückfall unter eine vorgegebene Stopp-Grenze (→ stopp loss) bzw. durch einen Anstieg über eine vorgegeben Stopp-Grenze (→ stopp buy) aktiviert. Nach dieser Aktivierung werden die Orders zum nächstmöglichen Zeitpunkt **unlimitiert** ausgeführt. Sie können also nicht damit rechnen, dass eine Stopp-Order genau zu dem von Ihnen erteilten Limit ausgeführt wird, sondern in der Regel zu einem für Sie schlechteren Kurs. In vielen Märkten kann man nicht mit „echten" Stopp-Orders arbeiten. Hier sollte man jedoch als Ersatz „mentale Stopps" beachten. Wird ein Kursniveau erreicht, das normalerweise einen Stopp aktivieren würde, muss folglich eine manuell eine konventionelle Order erteilt werden. Bitte seien sie aber auch wirklich konsequent, sonst können Sie sich die Erteilung von Stopps sparen! Vorsicht! Stopp-Orders schützen Sie nur vor „gewöhnlichen" Kursrückschlägen. Bei starken oder gar crashartigen Kurseinbrüchen werden Sie Ihre Handelsposition in der Regel nicht zum Stopp-Limit sondern gegebenenfalls zu einem wesentlich schlechteren Kurs glattstellen können.

Vorgehensweise

Erster Schritt – Festlegung der Stopp-Marken

Wenn es darum geht die Kurse festzulegen, an denen Stopp-Limits platziert werden sollen, gibt es verschiedenste Möglichkeiten. Es gibt dabei allerdings keinen Königsweg, der „immer passt". Nach-

6.6 Risikominderung von Wertpapier-Anlagen

folgend wollen wir Ihnen einige Varianten zeigen, anhand derer Sie Ihre Stopp-Limits für Protective-Stops setzen können:

- **Initial-Risk-Protection** – Bei Eröffnung einer Handelsposition sollten Sie zeitgleich erste Stopps setzen. Als Anhalt kann der Betrag dienen, den Sie (etwa) maximal an diesem Geschäft verlieren möchten. Rechnen Sie nun um, ab welchem Kursniveau Ihre Handelsposition diesen Verlust erzielen würde. Bedenken Sie dabei, dass ein Stopp-Limit nicht garantiert, dass Sie zu dem angegebenen Limit auch tatsächlich kaufen respektive verkaufen können. In einer starken Kursbewegung werden Sie Ihre Handelsposition oftmals schlechter glattstellen können als geplant.

- **Chartmarken** – Mit die besten Marken zur Festsetzung von Stopp-Loss Limits liefern Chartmarken. Unter „Chartmarken" verstehen wir hier Kurse, die aufgrund der historischen Kursentwicklung potentielle Wendepunkte einer Entwicklung darstellen können. Bestes Beispiel sind beispielsweise Widerstands- und Unterstützungslinien. Ein Durchbrechen derartiger Linien führt in der Regel zu deutlichen Kursbewegungen. Erfahrungsgemäß werden Widerstands- und Unterstützungslinien mehrfach getestet, ohne gebrochen zu werden (hieraus leiten sich ja auch entsprechende Handelssignale ab). Legen Sie also Ihre Stopp-Loss Marken nicht an diesen Linien, sondern knapp unter Unterstützungslinien beziehungsweise über Widerstandslinien. Hierdurch werden sie Stopp-Limits erst aktiviert, wenn ein Kurs die Linie tatsächlich durchbrochen hat.
Neben den Widerstands- und Unterstützungslinien können auch Marken aus Chartformationen als Anhalt dienen. So etwa Nakkenlinien (Schulter-Kopf-Schulter-Formation), Bodenlinien (W-Formation) oder historische Kursmaxima/Kursminima.

- **„Big-Figure"** – Erfahrungsgemäß wirken die so genannten „Big Figures" als guter Anhalt für Stopp-Limits. Als „Big Figure" bezeichnet man runde Kursmarken – also beispielsweise 50,– Euro oder 100,– Dollar. Ein Überwinden beziehungsweise Unterschreiten derartiger Marken bewirkt in der Regel einen deutlichen Kursanstieg (bei einem Überwinden) respektive einen deutlichen Kursrückgang (bei einem Unterschreiten).
Vor Verlusten aus derartigen Bewegungen sollte sich ein Anleger schützen. Setzen Sie also Ihre Stopp-Loss Marken in der Nähe von Big Figures – allerdings nicht zu nahe, dass Sie nicht bereits bei einer ungefährlichen Annäherung an eine Big Figure zu früh ausgestoppt werden.

Zweiter Schritt – Anpassen der Stopp-Levels

Beim Setzen von Stopp-Levels kommt es nicht nur auf die Kursmarken, sondern auf die Nachhaltigkeit der Anpassung an. Die Stopps müssen kontinuierlich an veränderte Marktbedingungen und Kursniveaus angeglichen werden. Diese Angleichung findet jedoch nur in Richtung der Gewinne statt. Steigt etwa der Kurs einer Aktienposition an, so wird die Stopp-Marke lediglich nach oben, nicht aber nach unten angeglichen. Dadurch wird gewährleistet, dass zwischenzeitliche Buchgewinne nicht von einer Kurskorrektur vollständig aufgezehrt werden. Für diese Angleichung gibt es prinzipiell zwei unterschiedliche Ansätze:

- **Zeitlicher Ansatz** – Die wahrscheinlich einfachste Methode Stopp-Limits anzupassen, ist eine Überprüfung anhand eines zeitlichen Turnus. Nach einem vom Anleger gewählten Zeitintervall überprüft dieser, ob der Stopp noch dem aktuellen Kursniveau entspricht, oder ob er nicht angeglichen werden sollte. Wie das Zeitintervall zu wählen ist hängt vom Handelsobjekt, der aktuellen Marktsituation und der individuellen Einstellung des Anlegers ab.

- **Kurs-Ansatz** – Die alternative Variante ist das Angleichen anhand der beobachten Kursbewegung. Hierbei beobachtet der Anleger permanent den Kursverlauf seines Handelsobjekts. Ergibt sich nun eine deutlichere Kursbewegung, gleicht er seine bereits gesetzte Stopp-Loss-Marke an die veränderte Kurssituation an. Der Kurs-Ansatz ist im Gegensatz zum zeitlichen Ansatz etwas zeit- und arbeitsintensiver, führt aber erfahrungsgemäß zu den besseren Ergebnissen.

Grenzen und kritische Würdigung der Methode

Stopp-Levels sind für Anleger ein unverzichtbares Instrument um den Erfolg seiner Transaktionen nachhaltig zu sichern. Jeder Euro der nicht als Verlust verloren geht, braucht später nicht als Gewinn wieder erkämpft werden. Bei jedem Einstieg in eine Handelsposition sollte sofort eine Initial Risk Protection vorgenommen und der erste Stopp-Loss gesetzt werden! Auch während der Haltedauer sollte es jedem Anleger zur Gewohnheit werden, permanent Stopps zu setzen und laufend anhand des Kursverlaufs zu justieren. Welche Methode der Festsetzung und Überwachung gewählt wird, hängt letztlich von den individuellen Vorlieben des Anlegers und der jeweiligen Marktsituation ab.

Vergessen Sie bei all den Vorzügen der Stopp aber bitte nicht, dass Stopp-Orders nur selten genau am Limit (oder besser) ausgeführt werden. Leider ist der tatsächlich erzielte Glattstellung-Kurs sehr häufig um einiges schlechter als geplant. Bei illiquiden Werten bzw.

Märkten wird diese Situation noch verstärkt, da nicht so häufig Kurse festgestellt werden und möglicherweise erst deutlich später tatsächlich glattgestellt werden kann als etwa in liquiden Werten.

6.6.4 Risikosteuerung durch „Airbaging"

Viele Anleger stecken in dem Dilemma, dass Sie einerseits an den interessanten Gewinnmöglichkeiten der Aktienmärkte teilhaben wollen, andererseits aber das Kursrisiko dieser Anlagen scheuen. Prinzipiell gilt natürlich die Regel, dass man für ein mehr an Rendite auch ein mehr an Risiko (oder ein weniger an Rendite) in Kauf nehmen muss. Allerdings gibt es eine kombinierte Handelsstrategie, die einen Ausweg aus diesem Dilemma bieten kann, das so genannte „Airbaging".

Grundlagen

Diese „Airbaging"-Strategie – auch „90/10-Strategie" genannt – stellt ein synthetisches, aus Anleihen und Aktien zusammengestelltes Portfolio dar. Die Rolle der Aktien wird dabei jedoch von Call-Optionen übernommen. Damit wird das Aktien-Risiko, dass immerhin bis zum Totalverlust führen kann, durch den niedrigeren Kapitaleinsatz für Call-Optionen deutlich minimiert. Die Chance auf Kursgewinne der Aktie bleiben natürlich auch über die Calls erhalten, allerdings in einem etwas verringerten Maß. Der Name 90/10-Regel leitet sich übrigens aus einer etwas antiquierten und nicht unbedingt idealen, Faustregel ab. Gemäß dieser Faustregel sollte ein Portfolio aus 90 % Anleihen und 10 % Aktien bestehen. Man sollte sich bewusst sein, dass durch die $^{90}/_{10}$-Regel keine neuen Diversifikationsmöglichkeiten erarbeitet werden, vielmehr werden bestehende oder geplante Portfoliostrukturen durch den Einsatz von Derivaten optimiert. Es ist dabei unerheblich ob es sich um eine Neuanlage oder die Modifizierung eines bestehenden Depots handelt. Im Übrigen setzen so genannte Garantiefonds – also Investmentfonds mit garantiertem Kapitalerhalt nach einer bestimmten Laufzeit – genau diese Strategie ein, um den Kapitalerhalt für ihre Fonds darzustellen.

Vorgehensweise

Erster Schritt – Festlegung einer gewünschten Portfoliostruktur

Wie bereits angeführt stellt das Airbaging keinen neuen Ansatz hinsichtlich der Zusammenstellung Ihres Portfolios dar. Zunächst muss man also unabhängig davon festlegen, wie die Struktur Ihres Portfolios aussehen soll. Dies umfasst sowohl die Art der investierten Werte als auch die Nennung konkreter Produkte und deren Gewichtung. Prinzipiell ebenso möglich ist natürlich, dass man seine bestehenden Anlagen nachträglich nach einer 90/10-Strategie ausrichten möchten.

Zweiter Schritt – Austausch der Austausch der Aktienpositionen durch Call-Optionen

Nun wird ermittelt wie ich den Aktienanteil durch den Kauf von Call-Optionen duplizieren kann. Selbstverständlich ist die Kapitalbindung zunächst viel geringer, da die Optionsprämien bekanntermaßen nur einen Bruchteil des aktuellen Aktienkurses betragen. Das so „eingesparte" Kapital investieren wir kurzfristig und risikolos am Geldmarkt. An steigenden Aktienkursen partizipiert der Anleger annähernd parallel zur Direktanlage in Aktien. Sein Maximalrisiko ist aber auf die Höhe der gezahlten Optionsprämie begrenzt.

Grafisch aufbereitet zeigen sich beide Strategien folgendermaßen:

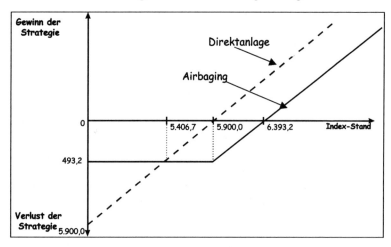

Abb. 6-19: Schematische Darstellung der Kursentwicklung beim „Airbaging"

In Abbildung 6-19 ist deutlich zu erkennen, dass die Direktanlage in Aktien bei steigenden Kursen deutliche Vorteile aufweist. Das Portfolio partizipiert sofort voll an den Kurszuwächsen des DAX. Allerdings gilt dies auch bei Kursverlusten des DAX, an denen das Portfolio ebenfalls sofort und voll partizipiert. Im Extremfall kann dies den Totalverlust der Position bedeuten.

Grenzen und kritische Würdigung der Methode

Bei steigenden Kursen wird die Direktinvestition der 90/10-Strategie immer unterlegen sein, da das darin enthaltene Optionsrecht stets als Kostenfaktor einfließt. Geeignet ist das Airbaging insbesondere für zwei Fälle:

- Für risikoaverse Anleger die Aktienanlagen eigentlich scheuen, andererseits aber von den hohen Gewinnchancen angezogen werden. Die Gewinnsituation wird zwar geschmälert, jedoch sind die maximalen Kursverluste festgezurrt.

- In angespannten Börsenphasen in denen deutliche Kursbewegungen in beide Richtungen zu erwarten sind, deren Vorzeichen aber noch nicht abzusehen sind. Bei deutlichen Kursgewinnen ist das erzielte Portfolioergebnis zwar geringer als bei der Direktanlage, jedoch werden die vorab kalkulierten Sicherungskosten von der Kursbewegung kompensiert. Bei einem Kurs-Crash liegen die Vorzüge natürlich deutlich auf der Hand.

6.6.5 Ein Fazit

Sie haben nun verschiedene Möglichkeiten kennen gelernt, mit denen ein Anleger die Risiken seiner Investments steuern und reduzieren kann. Welche Methode(n) ein Anleger wann einsetzt, muss er letztlich für seine individuelle Lage selbst entscheiden. Wie schon eingangs erwähnt gibt es sicherlich kein „Allheilmittel" gegen Verluste an der Börse. Dennoch führt der Einsatz der angesprochenen Strategien in Krisensituationen letztlich dazu, dass große Kursverluste vermieden werden. Die andere Alternative, nämlich ein kompletter Rückzug von der Börse, ist auch nach einem schwierigen Börsenjahr wie dem Jahr 2000 nicht angebracht. Dies würde den Gewinneraktien dieser Zeit nicht gerecht werden. Denn der Sinn eines gezielten Risikomanagements bedeutet ja nicht nur das Ausschalten der Risiken, sondern das Nutzen von Chancen bei Minimierung der Risiken. Denn letztlich ist nur der Anleger erfolgreich der es versteht Verluste zu vermeiden, Gewinne aber zu nutzen!

6.7 Executive Summary

Wertpapiere in der unternehmerischen Praxis

In der unternehmerischen Praxis gibt es eine Reihe von Feldern, in denen Unternehmen mit Wertpapierrisiken konfrontiert werden. So wird in den meisten Unternehmen Liquidität in Einlagen oder Wertpapieren „geparkt". Ein Schwerpunkt liegt dabei in verzinslichen Anlagen sowie in Aktien (bzw. auf Anlageformen, die sich auf eine der beiden Produkttypen beziehen – beispielsweise Investmentfonds).

Basisrisiken im Anlagegeschäft

Als Basisrisiken aller Wertpapieranlagen können folgende gesehen werden:

- Konjunkturrisiko
- Liquiditätsrisiko
- Währungsrisiko
- Länder- und Transferrisiko
- Psychologisches Marktrisiko
- Risiko bei kreditfinanzierten Anlagegeschäften
- Inflationsrisiko
- Steuerliche Risiken

Spezifische Risiken bei festverzinslichen Anlagegeschäften

Bei verzinslichen Anlageformen spielt in erster Linie das Zinsrisiko eine Rolle. Diese Risikokomponente wurde bereits im Kapitel „Zinsrisikomanagement" behandelt. Darüber hinaus gibt es aber noch weitere spezifische Risiken von verzinslichen Anlageformen.

Als spezifische Risiken festverzinslicher Wertpapiere werden folgende gesehen:

- Zinsänderungsrisiko
- Bonitätsrisiko
- Kündigungsrisiko
- Auslosungsrisiko
- Besondere Risiken bei einzelnen Anleiheformen

Aktien als Anlageform im Unternehmen

Aktienanlagen kommt in der unternehmerischen Praxis auch eine hohe Bedeutung zu. Im Zuge eines Analyseprozesses muss ein Unternehmen sich ein aussagekräftiges Bild von einem Aktienwert verschafften. Hierzu stehen insbesondere die Methoden der Aktienanalyse (fundamental und technisch) sowie Modelle der Unternehmensbewertung zur Verfügung:

6.8 Wertpapieranalyse

Dabei sind die Aufgaben der Wertpapieranalyse folgendermaßen zu sehen:

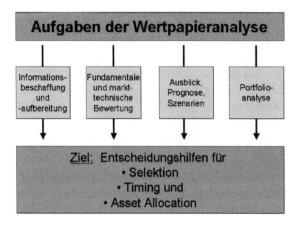

Abb. 6-20: *Aufgaben und Ziel der Wertpapieranalyse*

Unternehmensbewertung (Aktien)

Möchte man sich ein Bild über den Wert eines Unternehmens – und somit über den inneren Wert einer Aktie – verschaffen, so stehen prinzipiell drei Grundmodelle zur Unternehmensbewertung zur Verfügung:

- Substanzwertmodelle
- Ertragswertmodelle
- Kombinierte Modelle

Spezifische Risiken bei Aktienanlagen

Wie schon bei verzinslichen Anlageformen gibt es bei der Anlage in Aktien spezifische Risiken, die ein Unternehmen berücksichtigen muss, wenn es in Aktien investieren möchte. Zu den aktienspezifischen Risiken zählen insbesondere:

- Unternehmerisches Risiken
- Kursänderungsrisiken
- Systematisches Risiken
- Unsystematisches Risiken
- Dividendenrisiken
- Prognoserisiken
- Psychologische Marktrisiken

Risikominderung von Wertpapieranlagen

Möchte ein Unternehmen die Risiken von Wertpapieranlagen mindern/steuern, stehen hierbei verschiedene Grundstrategien zu Verfügung:

- **Diversifikation** – Die Diversifikation nutzt die Möglichkeit der Risikostreuung, um bei ungebrochenen Gewinnchancen die Kursrisiken eines Anlegers zu mindern
- **Hedging** – Das Hedging schützt – vergleichbar einer Kaskoversicherung – ein Portfolio vor Kursrückschlägen.
- **Stopp-Levels** – Stopp-Levels ziehen bei Kursrückgängen frühzeitig die Reißleine und versuchen dadurch, vor größeren Kursverlusten zu schützen
- **„Airbaging"** – Diese Strategie reduziert den risikobehafteten Anteil eines Anlage und führt auf mittlere Frist sogar eine zu einer „Kapitalgarantie".

7. Wetterrisikomanagement

Von Falko Meissner und Thomas Priermeier

7.1 Erkennen spezifischer Wetterrisiken

Die Auswirkungen des Wetters können ein weiteres Risikofeld für Unternehmen darstellen. Deshalb gilt es diese ebenfalls näher zu betrachten. Bezeichnend für diesen speziellen Bereich des Risikomanagements ist jedoch seine auf den ersten Blick zugegebenermaßen exotische Stellung. So findet sich selbst in jüngsten Ausgaben führender Wirtschaftslexika unter dem Begriff „Wetter" praktisch kein Zusammenhang zu den Themenbereichen Risiko, Risikosteuerung und Risikomanagement. Sogar die Darstellung der Möglichkeit des Einflusses von „Wetter" auf Unternehmungen lässt sich in der einschlägigen Wirtschaftsliteratur nur ungenügend erkennen.

Dies ist verwunderlich, stellt doch das Wetter ein Phänomen dar, welches zeitlich gesehen vor jeder noch so primitiven Unternehmensform existiert hat, ja selbst vor uns Menschen das Geschehen auf unserem Planeten bestimmte.

Wir sprechen von Wetter hierbei als lokal auftretende Erscheinungsformen, wie Wind, Niederschlag und Temperaturen. Im Gegensatz hierzu beschreibt das Klima eher die globalen Zusammenhänge, mit kontinentalen Ausprägungen, kontinuierlichen Strömungen, Jahreszeiten etc. sowie deren natürlichen und vom Menschen beeinflussten Veränderungen.

Experten auf dem Gebiet des Wetters sind rein wissenschaftlich Meteorologen, welche sich professionell mit diesem Thema beschäftigen. So können heutzutage recht genaue Vorhersagen getroffen werden. Die Genauigkeit dieser Vorhersagen wird zwar immer höher, allerdings können keine Garantien für deren Eintreten gegeben werden. Mit zunehmender Zukunftsorientierung des betrachteten Ereignisses nimmt die Aussagekraft einer solchen Vorhersage ebenfalls ab.Es ist wohl nicht übertrieben zu behaupten, dass ein jeder Mensch mehr oder weniger ebenfalls ein Experte auf dem Gebiet des Wetters und deren „kritischer Vorhersage" ist. So muss das Wetter hier und da schon einmal als Gesprächsstoff herhalten. In die Planung von den meisten unter freiem Himmel stattfindenden Aktionen wird die Frage des Wetters – gleichgültig ob privat oder geschäftlich – mehr oder weniger bewusst im Voraus mit einbezogen. Hierfür nun ein paar kurze Bespiele:

- Urlaubsplanung
- Das Wetter in der Erntesaison
- Schneerräumen auf einem Flughafen
- Die Dauer einer Badesaison
- Schneehöhen für den Skibetrieb
- Minustemperaturen auf einer Großbaustelle
- Pegelstand eines Flusses

Dies kurze Aufzählung zeigt, dass sich praktisch für jeden Bereich, in dem Menschen „unternehmen", Einflüsse des Wetters erkennen lassen. Bezogen auf Unternehmen ist hierbei nun fraglich, wie groß dieser Einfluss ist und in welchem relevanten Verhältnis zu weiteren Risikopositionen des Unternehmens sich dies bewegt. Hierbei gilt es also zwischen den verschiedenen Erscheinungsformen des Wetters zu unterscheiden und deren spezifische Auswirkungen darzustellen.

7.1.1 Temperaturen

Die rein technische Bestimmung einer „Temperatur" als Zahl hat nur wenig Aussagekraft. Temperaturen werden in den meisten Teilen der Welt in °C, in den USA in °F gemessen. Bei der Betrachtung bestimmter Temperaturmessungen ist es u.a. entscheidend, zu welcher Tageszeit, mit welcher Methode, zu welcher Jahreszeit, an welchem Standort gemessen wurde. Eine Interpretation einer Temperatur ist mithin also nur im Kontext sowie z.B. im statistischen Vergleich mit Vergangenheitsdaten objektiv möglich. Ein Vergleich verschiedener Standorte kann mittels der Korrelationsanalyse vorgenommen werden.

Ein Unternehmen sollte sich nun grundsätzlich die Frage stellen, ob die Schwankungen und die sich damit ergebende Abweichungen zu Messdaten aus der Vergangenheit, ein Problem darstellen können. Hierbei zeigen sich bestimmte Branchen als besonders temperatursensitiv. Eine kleine Auswahl liefert Abbildung 7-1:

Branche	Jahreszeit	Kritischer Temperaturbereich
Bau	Winter	Frost
Wintersportgebiete	Winter	Statistisch warmer Winter
Energie	Winter	Statistisch warmer Winter
Landwirtschaft	Sommer	Statistisch zu heißer Sommer
Badebetriebe	Sommer	Zu wenige „heiße" Tage
Getränkeindustrie	Sommer	Zu „kurzer" Sommer
Straßendienst	Winter	Frost

Abb. 7-1: Branchenspezifische Temperatureinflüsse

Objektiv betrachtet kann also das Eintreten der hier aufgeführten Ereignisse bei ungenügender vorheriger Kalkulation einen Einfluss auf die jeweilige Branche bzw. die einzelnen Unternehmen haben. Dies hängt von der Diversifikation der Unternehmenssparten ab. Des Weiteren können o.g. Problemfelder ebenfalls als Chancen bei Nichteintreten bzw. sich statistisch gegenteilig entwickelnden Wettersituationen gesehen werden.

7.1.2 Niederschläge

Bezüglich der Messverfahren und der kritischen Betrachtung der Messwerte im Kontext gilt hier ähnliches wie bei den Temperaturen. Die Messwerte werden im Ergebnis als Millimeter bzw. Liter je Quadratmeter (mm; l/m^2) angegeben. Niederschläge können sowohl als Regen, Schnee, Graupel, Hagel oder deren Mischform (Schneeregen etc.) auftreten. Für die weiteren Ausführungen im Zusammenhang mit managebaren Wetterrisiken werden wir uns hier auf die wichtigsten – Regen und Schnee – beschränken.

Branche	Jahreszeit	Kritischer Niederschlag
Wintersportgebiete	Winter	Geringe Schneehöhen
Landwirtschaft	Sommer	Zu viel/zu wenig Regen
Badebetriebe	Sommer	Regentage
Straßendienst	Winter	Schnee

Abb. 7-2: Branchenspezifische Niederschlagseinflüsse

7.1.3 Windgeschwindigkeiten

Der Wind als weiterer elementarer Bestandteil einer komplexen Wettersituation kann in seinen unterschiedlichen Ausprägungsformen ebenfalls einen großen Einfluss auf ein Unternehmen haben. Wind wird als Geschwindigkeit i.d.R. in Meter pro Sekunden oder Kilometer pro Stunde (m/s; km/h) gemessen. Dabei kann sich sowohl das Ausbleiben des Windes (Windstille) als auch ein überdurchschnittlich starker Wind (Sturm, Orkan, etc.) als Risiko darstellen, das es zu beachten gilt:

Branche	Jahreszeit	Kritischer Bereich
Windenergie	Ganzjährig	Windstille, Sturm
Landwirtschaft	Sommer	Langanhaltende Sturmperioden
Skibetriebe	Winter	Sturm
Freizeitparks	Ganzjährig	Sturm

Abb. 7-3: Branchenspezifische Windeinflüsse

7.1.4 Sonstige Wetterrisiken

Ein weitere unter Risikogesichtspunkten interessante Wettererkomponente stellen Sonnenstunden dar. Es wird hierbei bestimmt, wie viele Stunden pro Tag die Sonne mit einer bestimmten Intensität geschienen hat. Nutzer einer solchen Absicherung könnten z. B. Betreiber von Photovoltaik-Anlagen sein, welche sich gegen Tage mit zu geringer Sonneneinstrahlung absichern müssen. Für Wasserkraftwerke kann zudem auch die Strömungsgeschwindikeit von Flüssen eine Risikoposition darstellen. Dabei ist es natürlich interessant, sich gegen zu geringe Strömung in langanhaltenden Trockenperioden bzw. übermäßig starke Strömungen abzusichern. Es gibt hier allerdings Überschneidungen mit klassischen Risikoversicherungen. Des Weiteren ist kritisch zu prüfen, ob sich mit Staudämmen bzw. anderen originären Regulierungsinstrumenten bereits Teile dieser Risiken steuern lassen. Geringe Flusstiefen in Phasen langanhaltender Trockenperioden stellen für die Binnenschiffahrt ein großes Problem dar. Hierbei wurden in der Vergangenheit bereits viele Maßnahmen durch Staustufen, Stauseen, Kanäle etc. getroffen. Trotzdem lassen sich Naturgewalten nicht immer in vom Menschen geschaffenen Rahmen bringen. Somit ist auch hier der Einsatz von Wetterderivaten denkbar. Allen diesen sonstigen Wetterrisiken ist objektiv betrachtet gemein, dass diese noch schwieriger als die klassischen zu quantifizieren, also messbar, sind. Somit stellt zum Beispiel die exakte Bestimmung der Ursache für Pegelveränderungen durch Nebenflüsse, Politik der Staudammverwaltung, etc. ein großes Problem dar. Ojektive Vergangenheitsdaten lassen sich schwer bestimmen. Dies hat elemantaren Einfluss auf die grundsätzliche Möglichkeit der Konstruktion eines Derivates und eines entsprechenden Preises für ein solches Risiko.

7.2 Bewerten von Wetterrisiken

Rein betriebswirtschaftlich lassen sich operative Unernehmensrisiken nach endogenen und exogenen Risiken unterscheiden. Endogene Risiken werden als vom Unternehmen selbst kontrollierbar definiert, wohingegen operative exogene Risiken als nicht vom Unternehmen selbst beeinflussbar klassifiziert werden. Diesen sind die Wetterrisiken zuzuordnen, denn die Eintrittswahrscheinlichkeiten der jeweiligen Erscheinungsform des Wetters, z. B. die Höhe der Durchschnittstemperatur für einen bestimmten Zeitraum, ist durch das Unternehmen nicht kontrollier- oder steuerbar. Des weiteren stellen Wetterrisiken Mengenrisiken bezogen auf den Unternehmenserfolg dar. Es ist wiederum branchenbedingt möglich, dass diese Risiken sowohl auf der Beschaffungs- und/oder der Absatzseite latent werden können:

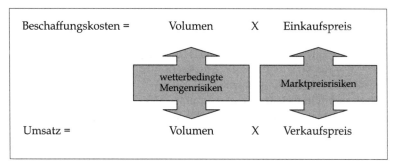

Abb. 7-4: Wetterrisiken in der Unternehmung

In Abbildung 7-4 wird noch einmal deutlich, was genau unter dem Begriff „Mengenrisiken" zu verstehen ist. Wetterbedingte Mengenrisiken können also Volumenschwankungen darstellen, welche Beschaffungskosten oder den Umsatz beeinflussen. Ausgehend von der vereinfachten Formel zur Berechnung der Beschaffungskosten und des Umsatzes lässt sich das Wetterrisiko als Mengenrisiko klar von Marktpreisrisiken abgrenzen: Wetterrisiken stellen zusammenfassend also operative exogene Mengenrisiken für das Unternehmen dar. Beschaffungsseitig können sich Volumenschwankungen in der Form auswirken, als dass eine bestimmte Menge, z.B. Energie in Form von Mwh, vertragsbedingt abgenommen werden muss. Umsatzbedingte Volumenschwankungen ergeben sich aus der Nachfragemenge des angebotenen Produktes, die bei wettersensitiven Branchen ebenfalls eine wetterbedingte Volatilität aufweisen kann. Genau an dem Ausgleich wetterbedingter Absatzschwankungen setzen Wetterderivate an. Die Absicherung des Einkaufspreises für den Rohstoff kann mittels Commodity-Derivaten dargestellt werden. Dies wird dann als „Cross Hedge" bezeichnet.

Unter Wetterrisiken werden Schwankungen einer den Geschäftserfolg eines Unternehmens beeinflussenden Wettervariablen verstanden, die mittels der Maßgrößen Varianz und Standardabweichung quantifiziert werden können.

7.3 Produkte und Strategien zur Wetterrisikosteuerung – Wetterderivate

7.3.1 Definition

Wetterderivate stellen ein spezielles Termingeschäft dar, dessen Underlying auf eine bestimmte, an einem eindeutig festgelegtem Ort messbare Erscheinungsform des Wetters, wie z. B. Temperatur, Windgeschwindigkeit, Regenvolumen, Schneehöhen, Sonnenstunden etc., abstrahierbar ist. Eine direkte Ableitung auf einen Basiswert ist allerdings nicht möglich, da kein „echtes" Underlying existiert: Termingeschäfte auf Finanzobjekte, wie z. B. eine Aktienoption, beziehen sich stets auf originäre Finanzobjekte (hier: die Aktie) und sind direkt von deren Kursverlauf abhängig. Ebenso verhält es sich bei Termingeschäften auf Commodities, welche ebenfalls von originären Instrumenten, z. B. Schweinebäuche, abgeleitet sind.

Eine derartige Ableitung in Bezug auf Wetterderivate gestaltet sich als schwierig, da Wetter weder ein physisch vorhandenes Gut ist, welches deponiert und transferiert werden kann, noch ein Finanzobjekt, das an den Finanzmärkten originär erhältlich ist. Die Erscheinungsformen des Wetters weisen also keine Verbindung zu Finanz- oder Gütermärkten auf. Trotzdem lassen sich die Mechanismen von Derivaten, wenn auch in veränderter Form, auf das Wetter anwenden, da die zugrunde liegenden Erscheinungsformen des Wetters objektiv quantifizierbar sind. So lässt sich die Auszahlungsstruktur eines Wetterderivates an den Verlauf einer solchen Erscheinungsform des Wetters knüpfen. Aus diesem Grund wird also auch der Terminus „Derivate", resp. „Wetterderivate" verwendet, obwohl mithin nicht alle klassischen Voraussetzungen eines Derivates, vor allem in Bezug auf das Underlying, erfüllt werden.

7.3.2 Abgrenzung – Wetterderivate vs. Versicherungen

Gegen extreme Auswirkungen durch besondere Erscheinungsformen des Wetters, wie z. B. Sturm, Hochwasser, Blitzschlag etc. ist es möglich, entsprechende Versicherungen abzuschließen. Hierfür wird eine Prämie im Voraus bezahlt. Der Versicherungsgeber hat dann bei Eintritt des definierten Vorkommens, z. B. eines Sachschadens, verursacht durch extreme Witterungsbedingungen, einen Ausgleich in Höhe des vorab vereinbarten Betrages zu leisten. Auf den ersten Blick könnten sich nun Wetterderivate als Konkurrenzprodukt zu den klassischen Risikoversicherungen darstellen. Bei genauerer Betrachtung werden allerdings durchaus sehr deutliche

7.3 Produkte und Strategien zur Wetterrisikosteuerung

Unterschiede erkennbar: Der wichtigste Unterschied zwischen klassischen Risikoversicherungen und Wetterderivaten ist die Funktion. Versicherungen zielen i.d.R. auf Ereignisse ab, deren Risiko für den Versicherungsnehmer hoch ist, dessen Eintrittswahrscheinlichkeit sich allerdings eher als gering darstellt:

High Risk – Low Probability

Ein Beispiel dafür wäre ein Hurrikan o.ä. Im Gegensatz dazu bieten Wetterderivate die Möglichkeit, sich gegen Ereignisse mit hoher Eintrittswahrscheinlichkeit verbunden mit niedrigeren Risiken abzusichern:

Low Risk – High Probability

Diese Betrachtungsweise sei nachfolgend noch einmal grafisch dargestellt:

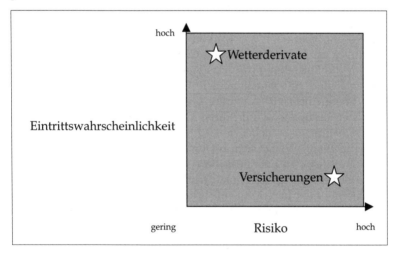

Abb. 7-5: Risiko-Eintrittswahrscheinlichkeits-Matrix

Es bleibt somit festzuhalten, dass Wetterrisiken abdeckende Versicherungen auf völlig andere Elemente des Wetters, welche i.d.R. als Unwetter bzw. Unbilden des Wetters bezeichnet werden, abzielen. Es kann dabei jedoch zu Überschneidungen zwischen dem Leistungszeitpunkt von Wetterderivaten und Versicherungen kommen: Wird beispielsweise ein Wetterderivat bezogen auf eine bestimmte Niederschlagsmenge im Gebiet „X" abgeschlossen und in diesem Gebiet „X" fällt dann ein extrem hoher Niederschlag, so kann es durchaus sein, dass Zahlungen aus dem Derivat und aus einer Risikoversicherung fließen, wenn durch die extreme Niederschlagsmenge Schäden entstanden sind. In der Regel werden sich allerdings diese Überschneidungen relativ gering gestalten, da nach dem o.g. Prinzip Wetterderivate und Versicherungen ein unterschiedliches Leistungsprofil aufweisen.

7.3.3 Historie

Der Markt für Wetterderivate ist vergleichsweise noch sehr jung. So wurden in den USA erstmals 1997 Wetterderivate gehandelt. In Europa wird der erste Deal auf das Jahr 1998, in Asien auf den Juni 1999 datiert. In den Anfangsjahren war lediglich ein nur für wenige Teilnehmer zugänglicher Markt vorhanden. Die Verträge wurden individuell zwischen großen Energieunternehmen in den USA abgeschlossen und somit war der Markt auf diese Firmen begrenzt. Doch in deren Interesse war eine Erhöhung von Liquidität und Tiefe des Marktes. So wurden Energiegroßabnehmer und Versicherungen bzw. Rückversicherungen in den Handel involviert. Für Versicherungen ist der Wetterhandel aus Gründen des Hedging interessant, aber auch zur Risikodiversifikation der umfangreichen Portfolios als Investition in Non-Correlating-Assets. Weitere Faktoren für die Entstehung bzw. das Wachstum des Marktes für Wetterderivate sind die zunehmenden Deregulierungen in den Strom- und Energiemärkten. Auf dem Gebiet waren die USA wiederum Vorreiter, Europa ist dieser Entwicklung gefolgt. Die Metamorphose von reinen Staatsbetrieben hin zu privatwirtschaftlich organisierten Unternehmen, welche sich auf einem neu entstandenem Sektor – dem liberalisierten Energiemarkt – zu behaupten haben, bietet viele neue Chancen, birgt aber auch Risiken in sich. Wetterderivate stellen hierbei eine hervorragende Möglichkeit dar, um Volumen-Absatzrisiken zu mindern und somit ein effektives Wetterrisikomanagement als Teil des gesamten Risikomanagements des Unternehmens zu betreiben.

7.3.4 Der Markt für Wetterderivate in Europa

Es besteht grundsätzlich die Möglichkeit, Derivate an einer Börse standardisiert oder auf dem OTC-Markt nach individuellen Vertragsgestaltungen zu kaufen bzw. zu verkaufen. Obwohl mittlerweile der Bedarf an Hedging-Produkten im Bereich Wetterrisiken sehr groß geworden ist, haben sich selbst an den großen Börsen LIFFE und EUREX noch keine flächendeckenden Futures durchsetzen können. Dies begründet sich vor allem mit der gebietsspezifischen Einzelcharakterisika der Produkte. Somit wären Standardprodukte zwar in Form von Basket-Futures (z.B. Regen Ostdeutschland bezogen auf Messstationen in den Länderhauptstädten) denkbar, doch selbst unter diesem Regionalfututure gäbe es wiederum die unterschiedlichsten Gestaltungsmöglichkeiten bezüglich Ausstattung, Laufzeit etc. Eine entsprechend von allen Marktteilnehmern akzeptierte Marktusance hat sich allerdings noch nicht etablieren können. Somit haben die OTC-Märkte noch immer die größte Bedeutung. Denn gerade eine individuelle Lösung des spezifischen Wetterrisikos des Marktteilnehmers kann hierbei unter Berücksichtigung von regionalen, unstandardisierten Problemem dargestellt werden.

7.3.5 Informationsquellen für Wetterdaten

Es wurde bereits dargestellt, dass für Wetterderivate kein physisches Underlying vorhanden ist. Diese speziellen Termingeschäfte sind auf besondere Erscheinungsformen des Wetters abgeleitet, deren Verlauf an den Payoff eines Derivates geknüpfbar wird. Somit stellt sich die Frage nach der Quelle für Wetterdaten, welche diesen Konstruktionen schließlich zugrunde liegen müssen. Wetterdaten werden seit Jahrhunderten von Menschen registriert, seit geraumer Zeit katalogisiert und somit vergleichbar gemacht. Deshalb müssen die Anbieter von Wetterderivaten diese Daten nicht mühsam selbst erfassen, sondern können hierbei auf die Daten der Wetterdienste zurückgreifen. Es sei hier nun ein kurzer Exkurs in die Meteorologie erlaubt:

Wie in anderen wissenschaftlichen Gebieten gibt es auch in der Meteorologie eine weltumspannende Organisation, die gewisse Standards setzt und deren Einhaltung auch kontrolliert, die WMO – „World Meteorological Organisation". Diese Organisation vergibt für jede registrierte und kontrollierte Messstation weltweit eine fünfstellige Identifikationsnummer, welche den Namen und den Standort dieser Station exakt bestimmt. Die Messverfahren sind ebenfalls standardisiert. So werden Temperaturen beispielsweise stets einen Meter über dem Boden gemessen. Aus dem arithmetischen Mittel von Tageshöchst- und Tagestiefsttemperatur wird dann die Tagesdurchschnittstemperatur gebildet.

Für die Bundesrepublik Deutschland übernimmt der Deutsche Wetterdienst DWD (Wiesbaden) die Messung und die Erfassung der Wetterdaten. Die Deutsche Börse AG hat im Hinblick auf die Eröffnung eines eigenen Marktsegmentes für Wetterderivate an der EUREX bereits eine Datenplattform für Wetterdaten, basierend auf Daten des DWD, erstellt. Diese Daten sind im Internet unter *www.dwd.de* frei erhältlich. Bezüglich der Datenqualität ist anzumerken, dass die Werte entweder auf Daten des klimatologischen

Messnetzes basieren, was eine hohe Qualität und Verlässlichkeit garantiert. Bestimmte Datenreihen hingegen entstammen dem so genannten synoptischen Messnetz, das eine etwas geringere Datenqualität bietet. Hierbei kann es vorkommen, dass die Datenreihen Lücken aufweisen, welche mittels Interpolationsverfahren bzw. durch auf Vergleichsdaten beruhenden Schätzungen gefüllt werden.

Messungen über lange Zeiträume in der Vergangenheit sind besonders für den Vergleich der Wetterdaten mit den historischen Unternehmensdaten in der Korrelationsanalyse von Bedeutung. Bei der Auswahl der Städte wurde auf eine möglichst geringe Korrelation der Messdaten sowie auf einen Standort inmitten möglicher Marktteilnehmer, d.h. Ballungszentren, verteilt auf die Bundesrepublik Deutschland bzw. Europa geachtet. Dabei wurden Messstationen an Flughäfen bevorzugt:

Messstationen der Deutschen Börse AG – Bundesrepublik Deutschland		
Stadt	Station	WMO – Nr.
Essen	Bredeney	10410
Frankfurt/Main	Airport	10637
Hamburg	Fuhlsbüttel	10147
München	Erding	10870

Beispiel für Messstationen in der Bundesrepublik Deutschland.
Quelle: www.xelsius.de

Es können theoretisch alle, von beiden Vertragspartnern akzeptierten, Messstationen als Grundlage für Wetterabsicherungen verwendet werden. Wichtig dabei ist, eine hohe Transparenz über die Echtheit und Replizierbarkeit der Daten zum Schutz vor Manipulation gewährleisten zu können. Dies gestaltet sich in der Praxis mehr als schwierig, so dass den WMO-Stationen die Hauptbedeutung beizumessen ist.

7.3.6 Wetterderivate – Produktbesonderheiten

Temperaturen

Temperatur-Wetterderivaten wird bislang die größte Bedeutung beigemessen. Dies hat mehrere Ursachen: Zum einen ist an jedem Ort zu jedem Zeitpunkt eine Temperatur messbar und kann somit die Grundlage eines Derivates bilden. Des Weiteren ist die Auswirkung von Temperaturveränderungen für sehr viele Unternehmen interessant, da sich z.B. bei Energieunternehmen eine Korrelation zwischen Absatz und Temperaturverlauf ergeben kann. Aus diesem Grund sind viele potentielle Marktteilnehmer vorhanden und temperaturabhängige Wetterderivate bilden deshalb den Großteil der bisher abgeschlossenen Kontrakte.

Aufgrund dieser Entwicklungen haben sich auf dem Markt bereits gewisse Spezifika bzw. Marktusancen bezüglich der als Underlying fungierenden Temperaturindizes herausgebildet, die nachfolgend näher dargestellt werden:

Das Degree-Day-Konzept

Da die USA in der Entwicklung von Wetterderivaten Vorreiter waren, haben sie auch gewisse Standards gesetzt. Für den Payoff eines Wetterderivates werden Indizes von Temperaturzeitreihen benötigt. Dabei gibt es die Möglichkeit mit „echten" Temperaturen, d. h. °F bzw. °C, zu agieren. Weil aber die ersten Marktteilnehmer vorrangig Energieunternehmen waren, wurden speziell auf deren Bedürfnisse abgestimmte Indizes entwickelt:

Grundlage der Degree-Day-Indizes bildet eine festgelegte Referenztemperatur von 65 °F. Dies entspricht ca. 18,33 °C. In den USA schalten bei Überschreiten dieser Temperatur in vielen Haushalten automatisch die Klimaanlagen ein, bei Unterschreiten die Heizanlagen. Da beide technischen Geräte zum Betreiben Energie verlangen, ist dies für Energieunternehmen sehr interessant. Aus dieser Idee heraus wurden zwei verschiedene Degree-Day-Indizes definiert, welche durch den Bezug auf die Referenztemperatur sehr aussagekräftig sind.

Der HDD-Index nimmt einen Wert größer als 0 an, wenn die Temperaturen unter 18,33 °C liegen, bezogen auf die Annahme, dass, wie beschrieben, auch wirklich die Heizungen eingeschaltet werden. Das Gegenstück, der CDD-Index, gewinnt an Wert, wenn die Temperaturen über 18,33 °C liegen. Die Berechnung erfolgt nach folgender Formel:

$$HDD_{Intervall} = \sum_{Intervall} Max(0; 18\,°C - \varnothing Temp)$$

Berechnung HDD-Index

$$CDD_{Intervall} = \sum_{Intervall} Max(0; \varnothing Temp - 18\,°C)$$

Berechnung CDD-Index

Der Index wird basierend auf der täglich gemessenen Tagesdurchschnittstemperatur erstellt. Dabei entspricht 1 K, da heißt die Temperaturdifferenz von einem absoluten Grad, einem DD. Es wird auf volle °C gerundet. Die Differenz aus der Tagesdurchschnittstemperatur und der Referenztemperatur, kann also entweder einen positiven HDD-Wert oder einen positiven CDD-Wert annehmen. Parallel dazu muss der jeweils andere Index einen Wert von 0 DD aufweisen. Für den Sonderfall, dass die Tagesdurchschnittstemperatur genau der Referenztemperatur entspricht, betragen beide Index-Tageswerte 0.

Liegt der Wert der gemessenen Tagesdurchschnittstemperatur beispielsweise bei 14°C, so beträgt der CDD-Tageswert 0 DD, der HDD-Tageswert dagegen 4 DD. Das Ergebnis der soeben beschriebenen Berechnungen sind einzelne Tagesindizes. Werden diese Werte für den Zeitraum eine Monats kumuliert, erhält man so den Monatsindex. Ausgehend von jeweils einer Heiz- und einer Kühlungsperiode im Jahresverlauf werden außerdem Saisonindizes erstellt. Die Wintersaison wird dabei für den Zeitraum vom 1.10. des Jahres bis 31.3. des Folgejahres; als Sommersaison der Zeitraum vom 1.4. bis 30.9. des Jahres definiert. Somit ergeben sich pro Messstation jeweils 3 HDD sowie 3 CDD Index-Typen (Tag/Monat/Saison).

Zur Verdeutlichung der soeben aufgeführten Berechnungsspezifika ist nachfolgend in der monatliche HDD-Index für den Standort Berlin Dahlem (WMO-Nr. 10381) aufgeführt:

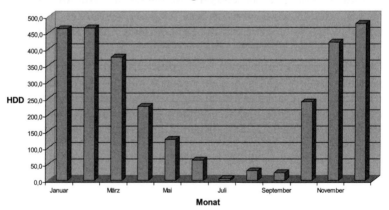

HDD Berlin Dahlem (monatlich) 1999. Quelle: www.dwd.de

Die Abbildung zeigt den typischen Verlauf eines HDD-Index. Für die drei Wintermonate sind extreme Werte von ca. 400 bis 500 HDD gemessen worden. Bildet man hierfür einmal den Durchschnitt für den Monat Januar, so erhält man einen Wert von ca. 15 HDD täglich, was einer durchschnittlichen Tagestemperatur von ca. 3°C entspräche. Dies kann man über folgende vereinfachte Rechnung überschlagsweise nachvollziehen:

7.3 Produkte und Strategien zur Wetterrisikosteuerung

> Monatswert Januar 450 HDD / 31 Tage = 14,51
> (durchschnittlicher HDD-Tageswert)
> Referenzwert 18 °C – 15 °C = 3 °C

Da aber die Tageswerte zur Berechnung des Monatswertes kumuliert werden, kann somit nur eine durchschnittliche, jedoch keine genaue Rückkopplung auf die tatsächlichen Tagestemperaturen vorgenommen werden. Dies ist jedoch auch nicht Ziel des Degree-Day-Index-Konzeptes und stellt aus diesem Grund auch kein Problem dar. Zum Vergleich ist in folgender der CDD-Index ebenfalls für das Jahr 1999 abgebildet. Hierbei wird noch einmal optisch deutlich, dass zwar der CDD-Index das Gegenstück zum HDD-Index bildet, der Verlauf aber nicht umgekehrt proportional zueinander ist. Das liegt an der Berechnung der Werte und an dem Nichtvorhandensein von Negativwerten.

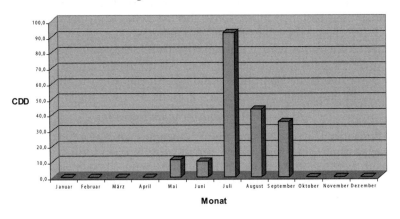

CDD Berlin Dahlem (monatlich) 1999. Quelle: www.dwd.de

Weitere Index-Konzepte

Bezüglich des Degree-Day-Konzeptes wurde bereits dargestellt, dass dessen Ursprung in den USA liegt und es somit gewisse landestypische Spezifika aufweist. Hierbei sei vor allem auf das wenig energiebewusste Verhalten amerikanischer Haushalte in Bezug auf die permanente Benutzung von Klimaanlagen im Sommer sowie eines großen Energieverbrauches im Winter aufgrund schlechter Isolierungen der Häuser bzw. ineffizienter Heizanlagen verwiesen. Dies ist in Europa und vor allem in der Bundesrepublik Deutschland anders. Somit ist es möglich, dass ein Energieversorger für sich andere wichtige Temperaturgrenzen, unabhängig von der 18 °C Referenztemperatur, definiert. So verwenden einige Stadtwerke sog.

Gradtagszahlen mit einer Frerenz von 21 °C. Des Weiteren lassen sich aber auch Modelle bezogen auf reine Temperaturwerte anwenden:

So wurden auf den Märkten bereits weitere Index-Konzepte konstruiert und praktiziert, welche im Folgenden kurz vorgestellt werden. Wichtig zu erwähnen ist allerdings, dass sich Anzahl und Individualität der Konzepte eindeutig am Markt orientieren müssen und werden. Zwar garantieren individuelle Modelle ein exakt auf die Bedürfnisse des Unternehmens zugeschnittenes Produkt, doch das Finden eines Vertragspartners wird sich besonders im Hinblick auf die derzeitige Größe des Marktes als schwierig erweisen. Somit sollte sich wohl an Standardkonzepten orientiert werden.

Eine individuelle Lösung gestattet das ADT-Index Konzept. Hierbei wird im Gegensatz zu dem Degree-Day-Konzept mit absoluten Temperaturen gearbeitet. Die Grundlage dafür bilden die täglich gemessenen Tagesdurchschnittstemperaturen. Des Weiteren wird ein bestimmter Betrachtungszeitraum definiert, der aus mindestens einem Tag bestehen muss, sonst aber an keine Konventionen, wie z. B. Wochen, Tage oder Monate, gebunden ist. Für diesen nun definierten Zeitraum wird wiederum der Durchschnitt aus den Tagesdurchschnittstemperaturen gebildet. Als Ergebnis ergibt sich ein Referenzwert, der dann die Grundlage für das Derivat bildet. Vereinfacht dargestellt, errechnet sich also die ADT wie folgt:

$$ADT = \emptyset \; Tagesdurchschnittstemperatur$$

Mittels der Durschnittstemperatur-Konzeptes kann also für die Vertragspartner eine individuell vereinbarte Temperaturgrenze definiert werden, ab derer es für beide interessant ist, sich gegen kältere bzw. wärmere Temperaturen abzusichern. Dies wird in Zusammenhang mit dem daran geknüpften Derivat deutlich.

Als weiteres Index-Konzept sei der Critical-Day-Index (Kritsiche Tage) genannt. Dieser Index bezieht sich auf eine festgelegte Referenztemperatur. Eine Beispiel hierfür ist ein Index mit der kritischen Temperatur von 0 °C. Dieser wird als Critical-Frost-Day-Index bezeichnet. Zunächst wird eine tägliche Tagesmaximaltemperatur bestimmt. Ausgehend von diesem Wert, wird nun die Anzahl der Tage eines bestimmten Zeitraumes – Wochen, Monate etc. – erfasst, an denen die Referenztemperatur von 0 °C unterschritten wurde. Jeden Tag des gewählten Zeitraumes, für den diese Bedingungen zutreffen, bezeichnet man als einen Critical Day. Als Ergebnis liegen dann für den gewählten Zeitraum „X" die Anzahl „Y" der Critical Days vor (positive natürliche Zahlen). Der Kritische-Frosttage-Index würde sich demnach folgendermaßen berechnen:

$$CFD_{Intervall} = \sum_{Intervall}(0; \text{Jeder Tag an dem gilt}: T_{Max} < 0°C)$$

Als kritische Temperatur kann jede Temperatur definiert werden. Neben diesen etwas näher dargestellten Konzepten sind beliebige andere Kombinationen bzw. Konstruktionen denkbar. Voraussetzung bleibt erstens, dass die jeweilige Spezifika am Markt handelbar sein muss, d.h. es sich zwei Vertragspartner finden, welche diesen zustimmen. Zum zweiten muss das Konzept Werte liefern, an die sich ein Derivat einwandfrei knüpfen lässt.

Niederschlag

Niederschlag kann wiederum in unterschiedlichen Erscheinungsformen auftreten. Für den Markt am interessantesten sind allerdings nur Schneehöhe und Regenvolumen. Die Schneehöhen werden in cm, das Regenvolumen in ml pro m^2 pro Tag gemessen. Aus den Spezifika dieser Erscheinungsformen des Wetters heraus ergibt sich bereits der eingeschränkte Nutzen für ein entsprechendes Derivat. So sind bestimmte Schneehöhen als Referenzwert und ein gewisses Regenvolumen für einen definierten Zeitraum denkbar. Problematisch stellt sich allerdings die exakte Anwendbarkeit der Daten heraus. Finden sich beispielweise zwei Vertragspartner für einen Schneekontrakt, so können die Unterschiede zwischen einer Messstation im Tal und der auf dem Berg schon sehr extrem sein. Die Anwendbarkeit ist also auf einen sehr begrenzten Raum eingeschränkt. Umgekehrt sind die Abweichungen bei geringer Entfernung von der Messstation sehr groß und folgen bei sehr stark variierendem Höhenprofil (z. B. in den Bergen) keinem mathematisch anwendbarem Muster.

Die meisten Niederschlagskontrakte werden auf Basis des bereits im Zusammenhang mit Temperaturkontrakten dargestellten Critical-Day-Konzeptes geschlossen. Es wird hierbei zunächst festgelegt, welcher Tag, einen „Regentag" per Definition für das Derivat darstellt. Als Marktusance hat sich dabei ein tägliches Regenvolumen von mehr als 3 ml pro m^2 herausgebildet. Es wird dann wiederum ein bestimmter Zeitraum festgelegt, in dem die kritischen Tage, also Tage mit einem Niederschlag von mehr als 3 ml pro m^2 pro Tag, gezählt werden. Als Ergebis liefert der Index dann die Anzahl dieser kritischen Tage. Daran kann dann ein Regenderivat geknüpft werden. Man sprich dann von einer „Precip Option" (Precipitation-Niederschlag).

Wind

Wind sei hier als weitere Erscheinungsform des Wetters im Zusammenhang mit Wetterderivaten genannt. Der Wind wird nach seiner Geschwindigkeit bestimmt und stellt die Strömung von Luftmassen dar. Dabei lassen sich gewissen Zyklen, die sich ständig wiederholen, aber auch lokale, sich ständig ändernde Einflussfaktoren bzw. deren komplexes Zusammenspiel als Ursachen für verschiedene Windgeschwindigkeiten eruieren. Denkbare Endnutzer wären Windkraftanlagen, welche ab einer bestimmten Windgeschwindigkeit profitabel arbeiten können. Problematisch stellt sich hier wiederum die Messung der Daten und deren lokale Begrenzung in Bezug auf den zweiten Kontraktpartner dar. (sieht hierzu Exkurs Windrisikomanagment)

7.3.7 Produktstrategien

Wie bei den klassischen Finanzderivaten lassen sich unterschiedliche Arten von Termingeschäften auch in Bezug auf die Wetterderivate konstruieren. Aufgrund der geringen Marktbreite und der relativ großen Möglichkeit der Ausgestaltung des als Underlying fungierenden zugrunde liegenden Index-Konzeptes, werden im wesentlichen zwei Arten von OTC-Wetter-Termingeschäften gehandelt:

- Swaps
- Optionen

Der wesentliche Unterschied zwischen beiden Geschäften zeichnet sich durch das Risikoprofil aus. Swaps erzeugen über die gesamte Laufzeit des Geschäftes ein symmetrisches Risiko. Das bedeutet, dass beide Vertragspartner jeweils das gleiche Risiko als auch die gleichen Chancen bezüglich dieses Geschäftes wahrnehmen können. Deshalb werden Swaps auch als unbedingte Termingeschäfte bezeichnet. Dazu im Gegensatz stellen Optionsgeschäfte bedingte Termingeschäfte dar. Das heißt, der Käufer der Option erwirbt durch die Zahlung der Prämie das Wahlrecht, zum entsprechenden Zeitpunkt in das Grundgeschäft einzutreten oder dieses Wahlrecht verfallen zu lassen. Der Verkäufer dagegen ist nur zum Erwerb der Optionsprämie berechtigt, muss aber dann auch den Anweisungen des Käufers Folge leisten. Dadurch ist das Risiko für den Optionsverkäufer höher; bezogen auf beide Kontraktpartner also unsymmetrisch verteilt. Im Folgenden werden nun je ein Bespiel für einen Swap und eine Option mit Bezug auf Temperaturindizes dargestellt. Die Daten sind frei gewählt und sollen den Mechanismus des jeweiligen Objektes näher darstellen. Bezüglich der Preisfindung der Wetterderivate sei hier auf Punkt 0 verwiesen.

Swaps

Der Begriff Swap bedeutet „tauschen". So erfolgt beispielsweise bei Zinsswaps der Tausch von Zinssätzen unterschiedlicher Laufzeiten oder Währungen. Temperatur-Swaps sind unbedingte Termingeschäfte, welche ein symmetrisches Risikoprofil aufweisen. Des Weiteren muss das zugrundeliegende Index-Konzept festgelegt sein und die entsprechende Grenze (Referenztemperatur, Degree-Day-Zahl), bei welcher der Käufer bzw. Verkäufer zahlen muss. Schließlich sind Laufzeit und Tick-Size, d.h. Auszahlungsvolumen pro °C, DD, etc.; sowie die Messstation zu vereinbaren. Ein ADT-Swap (Swap bezogen auf Durchschnittstemperaturen) könnte wie folgt ausgestaltet sein:

ADT-Swap

Käufer:	Energieversorger für Fernwärme („EFF")
Verkäufer:	Bank
Tick Size:	50.000 EUR pro °C (Einteilung auf eine Nachkommastelle)
Strike:	3 °C
Messstation:	WMO-Nr. 10147 (Hamburg Fuhlsbüttel)
Periode:	1.1. bis 31.1.2005

Der Käufer „EFF" ist bei einer ADT für den gewählten Zeitraum von kleiner als 3 °C zu einer Ausgleichzahlung in Höhe der Differenz zwischen dem Strike und der gemessenen Durchschnittstemperatur ADT (Messstation WMO-Nr. 10147) für den Zeitraum vom 1.1. bis 31.1.2005 multipliziert mit der Tick-Size, an den Verkäufer „Bank" verpflichtet. Bei Überschreitung der Referenztemperatur hat der Verkäufer nach o.g. Bedingungen eine Ausgleichzahlung an den Käufer „EFF" zu leisten. Beträgt nun die gemessene ADT für den Zeitraum beispielsweise 1,5 °C so müsste „EFF" 3 °C – 1,5 °C = 1,5 °C x 50.000 EUR an die Investmentbank bezahlen. Das Derivat würde für beide Unternehmen unter folgenden Bedingungen durchaus Sinn machen: Die „EFF" hat festgestellt, dass bei jeder Durchschnittstemperatur pro Monat von mehr als 3 °C ein absatzbedingter Verlust von ca. 50.000 EUR pro °C erwirtschaftet wird. Unterhalb dieser Grenze steigt der Verbrauch von Fernwärme überproportional an, so dass selbst bei Zahlen des Ausgleichsbetrages noch ein Gewinn erzielt wird. Die Bank dagegen ist zur Diversifizierung ihres Portfolios ein Investment eingegangen, dass in keinerlei Korrelation zu den klassischen Aktien-, Bondmärkten etc. steht. Man bezeichnet dies auch als „non correlating assets".

Sinnvollerweise kann ein solches Swap-Geschäft durch die Vereinbarung einer Obergrenze (Cap) bzw. Untergrenze (Floor) ergänzt werden.

Optionen

Diese bedingten Geschäfte zeichnen sich wie bereits erwähnt durch ein asymmetrisches Risikoprofil aus. Der Käufer sichert sich also bereits zu einem früheren Zeitpunkt den Eintritt in ein Wetterderivat zu einem festgelegten Niveau. Nach Ablauf der Vorlaufzeit kann er dann anhand der aktuellen Daten entscheiden, ob er die Option ausnutzt und in das Geschäft tatsächlich eintritt oder die Option verfallen lässt. Die Optionsprämie muss dabei in jedem Fall an den Verkäufer geleistet werden. Der Verkäufer der Option kann die Prämie behalten, er ist aber zur Erfüllung des Geschäftes, für den Fall, dass der Käufer in dieses eintritt, verpflichtet.

HDD-Put-Option

Käufer:	Energieversorger für Fernwärme („EFF")
Verkäufer:	Bank
Prämie:	85.000 EUR
Tick Size:	5.000 EUR pro °HDD (Einteilung ohne Nachkommastelle)
Maximum Payout:	300.000 EUR
Strike:	500 HDD
Messstation:	WMO-Nr. 10147 (Hamburg Fuhlsbüttel)
Periode:	01.01. bis 31.01. 2005

Die „EFF" erwirbt für den Januar 2005 bereits heute eine Option auf den Eintritt in einen HDD-Put und ist zur Zahlung einer Prämie in Höhe von 85.000 EUR an die Bank zum heutigen Zeitpunkt verpflichtet. Tritt die „EFF" dann in den HDD-Put ein, erhält sie von der Investmentbank pro HDD für den gewählten Zeitraum, der unter der Grenze von 500 HDD liegt, eine Ausgleichszahlung von 5.000 EUR. Liegt der gemessene HDD-Wert bei 500 HDD oder mehr, dann fließt an die „EFF" kein Ausgleichsbetrag.

Dieses Geschäft dient der finanziellen Abfederung eines sehr warmen Januars, in dem sehr wenig Fernwärme abgesetzt werden kann. Dabei hat die „EFF" für sich als Grenze den Wert von 500 HDD festgelegt und möchte einen finanziellen Ausgleich für Temperaturen und den damit verbundenen Absatzrückgang erzielen. In der Regel ist eine Wetter-Option mit einer Grenze, dem Maximum-Payout, gekoppelt, der die Auszahlung auf diesen Wert – hier: 300.000 EUR – begrenzt.

7.3.8 Pricing von Wetterderivaten

Obwohl das Pricing nicht Gegenstand dieses Buches ist, sei ein kurzer Exkurs der Interpretation der am OTC-Markt gestellten Preise unter Bezug auf Experten erlaubt:

Wie bereits dargestellt, weisen Wetterderivate keine Ableitung auf ein echtes zugrunde liegendes Underlying auf, sondern sind an Indizes, wie z.B. die HDD-Indizes geknüpft. Aus diesem Grund lässt sich kein Delta – die Veränderung des Optionspreises bei der Veränderung des Preises für das Underlying um einen Punkt – ermitteln. Der klassische Delta-Hedge, welcher die Voraussetzung für die Zulässigkeit einer risikoneutralen Bewertung für das Black-Scholes-Optionspreismodell bildet, ist somit nicht möglich. Trotz dieser Tatsache differieren die Meinungen der Experten auf dem Gebiet der Wetterderivate. Nach Dischel gibt es zwei Hauptgründe für die Nichtanwendbarkeit des Black-Scholes Modells:

1. Zur Praktizierung des Delta-Hedges ist der physische Besitz des Underlyings notwendig, um das Hedge-Portfolio mit den Basiswerten nachzubilden. Da der Besitz von Erscheinungsformen des Wetters definitiv nicht möglich ist, kann keine Ableitung einer präferenzfreien Differenzialgleichung erfolgen und eine risikoneutrale Bewertung nach Black-Scholes ist nicht vornehmbar.

2. Der Payoff von Wetterderivaten ist nicht, wie z.B. bei Plain-Vanilla-Derivaten, vom Preis des Underlyings zum Ausübungszeitraum abhängig, sondern von der Summe der Tageswerte während des Betrachtungszeitraumes. Damit sind diese am ehesten mit den asiatischen Optionen vergleichbar, deren Wert von der durchschnittlichen Summe der Werte des Underlyings während der Laufzeit abhängig ist, verhindert allerdings die Lösung der für die Differenzialgleichung notwendigen Nebenbedingung.

McIntyre dagegen ist der Meinung, dass trotz dieser Argumente eine Bewertung nach Back-Scholes, wenn auch in abgewandelter Form, möglich ist. Er verfolgt dabei in seinen Ausführungen ebenfalls den Ansatz des Vergleiches von Wetterderivaten mit asiatischen Optionen. Des Weiteren bringt er statistische Betrachtungsmodelle, ausgehend von der Normalverteilung von Wetter-Indizes, bzw. Simulationen, z.B. mittels der Monte-Carlo-Methode, in seine Berechnungen mit ein und hat eine Formel erstellt, mit der auch für Wetterderivate standardmäßig eine Preisbestimmung vorgenommen werden kann.

Näher wird allerdings nicht auf dieses oder weitere Modelle eingegangen werden. Zusammenfassend bleibt vor allem im Hinblick auf die Betrachtung der Fairness von Wetterderivat-Preisen festzuhalten, dass es momentan kein einheitliches Pricing-Modell auf diesem Gebiet gibt. Somit lassen sich dann auch starke Preisunterschiede erklären. Es ist also für einen Marktteilnehmer hier besonders wichtig, eigene Betrachtungen, vor allem die historische statistische Auswertung der Wetterverläufe, auf die sich diese Modelle stützen, vorzunehmen und die Preise eine kritischen Betrachtung zu unterziehen. Wichtig ist in diesem Zusammenhang zu beachten, dass neben den statistische Ausgangsdaten als Berechnungsgrundlage für die Preise, die Vorhersagen sowie klimatische Veränderungen (Global Warming) ebenfalls Einfluss haben. So kann es u.U. Sinn machen, eine besonders lange oder kurze Vorlaufzeit zu wählen, um möglichst keinen oder einen sehr großen Einfluss der aktuellen Vorhersagen in dem gestellten Preis wiederzufinden. Dies ist vor allem auch für die Spekulanten sehr wichtig.

7.4 Praxisbeispiel – Absicherung des Fernwärmeabsatzes von Stadtwerken

Stadtwerke treten als Ver- und auch Entsorger verschiedener Medien für Städte und Gemeinden auf. Das Spektrum der Geschäftsfelder reicht oft von Strom-, Gas-, Fernwärmeversorgung über den Betrieb des städtischen Nahverkehrs bis hin zu den verschiedenen Formen der Entsorgung, Stadtreinigung und dem Winterdienst. Je nach Größe und Umfang sind diese Teilbereiche häufig in einzelnen kommunalen Gesellschaften aufgeteilt.

Die Fernwärmeversorgung ist ein – bezogen auf den möglichen Einsatz von Wetterderivaten – recht homogenes Geschäftsfeld mit überschaubaren Einflussfaktoren. In der Regel wird von der Kundenstruktur zwischen gewerblichen und privaten Kunden unterschieden. Somit kann bei der genauen Untersuchung zunächst eine solche Aufteilung vorgenommen werden. Die Stadtwerke sind verständlicherweise daran interessiert, einen möglichst hohen und gleichmäßig verteilten – weil planbaren – Fernwärmeabsatz zu erzielen. Analysiert man nun den historischen Absatz einmal näher, lassen sich folgende Einflussfaktoren finden, welche gewisse Zyklen erzeugen und für statistische Abweichungen verantwortlich zeigen:

- Verlauf der Jahreszeiten – besonders Herbst, Winter und Frühling
- Bevölkerungsentwicklung (private Kunden)
- Entwicklung der gewerblichen Abnehmer (Insolvenzen, Neuansiedlungen, etc)
- evtl. Konkurrenzsituation
- Akzeptanz der Fernwärme selbst

Bezogen auf die Kundenstruktur können für eine zukünftige Planung Annahmen unterstellt sowie die ökonomischen Rahmendaten des Einzugsgebietes analysiert werden. Besonders der plötzliche Wegfall eines großen gewerblichen Abnehmers stellt hierbei ein Risiko dar. Die direkte Konkurrenzsituation sollte überschaubar sein, hierfür müssen Analysen bezüglich der Entwicklung alternativer Energiequellen (Solar etc.), Anschlusszwang für Neubauten usw. herangezogen werden.

7.4.1 Analyse

Der größte Einflussfaktor jedoch ist das Wetter insbesondere der Temperaturverlauf. Aus Vergangenheitsanalysen lassen sich statistisch zyklische Temperaturverläufe erkennen, welche eine normale Kurve ergeben: Niedrige Temperaturen im Winter erzeugen einen hohen Absatz, wohingegen im Sommer bei hohen Temperaturen wenig bis keine Fernwärme abgenommen wird.

In der Regel kalkulieren Stadtwerke mit den historischen Durchschnitten der letzten fünf bis zehn Jahre. Die Temperaturdaten hierfür liefern eigener Erhebungen sowie der Deutsche Wetterdienst „DWD". Die folgende Beispielgrafik zeigt die historischen Temperaturverläufe des Monats Februar für Berlin (Messstation Dahlem)

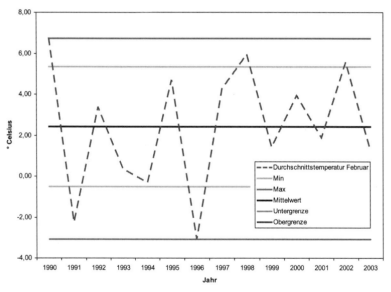

Abb. 7-9: Durchschnittstemperatur Februar Berlin seit 1990
Quelle: dwd.de / eigene Darstellung

Aus Abbildung 7-9 lässt sich entnehmen, dass der durchschnittliche Februar in den vergangenen 10 Jahren ein mittlere Temperatur von 2,42 °C aufwies. Im wärmsten Jahr 1990 lag die Durchschnittstemperatur bei 6,72 °C; im kältesten 1996 bei -3,09 °C. Die Standardabweichung vom Mittelwert beträgt 2,42 K.

Da Stadtwerke in der Regel mit so genannten Heizgradtagen analysieren, ist es sinnvoll, eine weitere Analyse nach dem Degree-Day-Prinzip zu erstellen, welche aufgrund der höheren Wertanzahl, eine genauere Analyse zulässt. Somit ergibt sich für den gleichen Analysezeitraum HDD Abbildung 7-10:

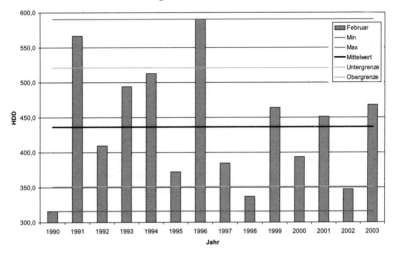

Abb. 7-10: HDD Berlin Februar seit 1990. Quelle: www.dwd.de/eigene Darstellung

Da im Jahr 1990 die wärmsten Temperaturen gemessen wurden, ergaben sich auch die wenigsten Heizgradtage (315,8). Dementsprechend weist die Statistik in 1996 die meisten Heizgradtage aus, da hier die niedrigsten Temperaturen gemessen wurden. Zu beachten gilt es hierbei, dass die Heizgradtage zunächst den reinen Temperaturwert widerspiegeln und noch keine Aussage über den tatsächlichen Wärmeabsatz liefern.

Zusammenfassend zu der Temperaturanalyse lässt sich demnach festhalten: Geringe Temperaturen ergeben eine hohe Anzahl Heizgradtage, hohe Temperaturen hingegen eine niedrige Anzahlt Heizgradtage. Für eine exakte Analyse, welche auch Basis für die Liquiditätsplanung des Stadtwerkes sein kann, ist es nun wichtig, einen direkten Zusammenhang zwischen dem historischen Temperaturverlauf und den Absatzzahlen der Fernwärme herzustellen. Eine Möglichkeit bietet die Korrelationsanalyse. Die Korrelation gibt eine Aussage über den Zusammenhang zwischen zwei Daten oder Datenreihen. Als Ergebnis können drei verschiedenen Zusammenhänge entstehen:

1 = direkter Zusammenhang
0 = kein Zusammenhang
-1 = indirekter Zusammenhang

Werden nun die Datenreihen einer Messstation im Versorgungsgebiet des Stadtwerkes mit den Absatzzahlen verglichen, könnten sich also folgende Korrelationen ergeben:

7.4 Absicherung des Fernwärmeabsatzes von Stadtwerken

1 = bei steigender Temperatur, steigt auch der Fernwärmeabsatz, bei fallender Temperatur fällt dieser auch
0 = bei steigender Temperatur steigt und fällt der Fernwärmeabsatz beliebig, bei fallender ebenso
-1 = bei steigener Temperatur fällt der Fernwärmeabsatz, bei fallender Temperatur steigt dieser

Voraussetzung für die Genauigkeit einer solchen Aussage ist die Reinheit bzw. Genauigkeit der verwendeten Datenreihen. Somit sollte die Messstation im Zentrum der Mehrheit der versorgten Haushalte bzw. Betriebe liegen. Bei größeren Ausdehungen mit temperaturseitigen Besonderheiten kann auch der Durchschnitt mehrerer Stationen angesetzt werden. Die Absatzzahlen sollten um Sondereinflüsse bereinigt sein. Folgende Faktoren könnten eine Ungenauigkeit verursachen:

- Plötzlicher Wegfall einer großen Anzahl privater oder eines gewerblichen Abnehmers
- Technisch bedingte Absatzveränderungen oder Ausfälle
- Verluste durch schlechte Wartung oder alte Anlagen etc.
- Umstellung der Wärmeeffizienz (z. B. Großsanierung mit Wärmedämmung von Plattenbausiedlungen in den neuen Bundesländern)

Ausgehend von den bereits vorgenommenen Temperaturanalysen, möchte nun beispielsweise das Unternehmen „Fernwärmeprofi FWP", welches sich im Einzugsgebiet der Wetterstation Berlin Dahlem befindet, den Zusammenhang zwischen den eigenen Absatzzahlen und den gemessenen Wetterdaten feststellen. Hierfür werden

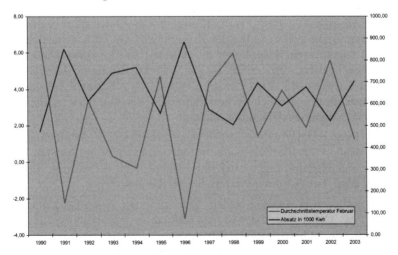

Abb. 7-11: Fernwärmeabsatz „FWP" vs. Durchschnittstemperturen Berlin Dahlem seit Februar 1990. Quelle: www.dwd.de/eigene Darstellung

die im Sondereinflüsse bereits bereinigten Daten verwendet. Bezogen auf die Durchschnittstemperaturanalyse ergibt sich Abbildung 7-11.

Um zu einem weiteren aussagekräftigeren Ergebnis zu kommen, wird des Weiteren der bereinigte Absatz in Zusammenhang mit dem Degree-Day-Verlauf gestellt:

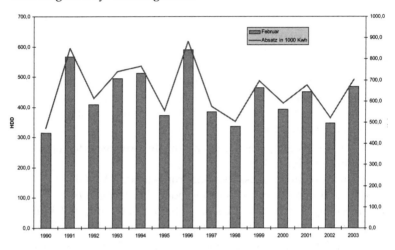

Abb. 7-12: Fernwärmeabsatz „FWP" vs. HDD Berlin Dahlem seit Februar 1990
Quelle: www.dwd.de/ eigene Darstellung

Es lassen sich nun folgende Ergebnisse ableiten:

Es besteht ein Zusammenhang zwischen den Temperaturdaten und den Absatzzahlen der „FWP". Bezüglich den Durchschnittstemperaturen ergibt sich in indirekter Zusammenhang, , d.h. je niedriger die Temperaturen, desto höher der Absatz und vice versa. Die Korrelation liegt bei −0,97. Somit ist der indirekte Zusammenhang sehr groß. Die geringen Abweichungen lassen sich z.B. durch Leitungsverluste, unterschiedliche Wärmedämmung sowie unterschiedliches Heizverhalten der Abnehmer erklären.

Die Degree-Day-Analyse ergab einen direkten Zusammenhang (Korrelation +0.97). Dies bedeutet wiederum, dass bei großer Anzahl von Heizgradtagen auch tatsächlich mehr Fernwärme abgesetzt wird, bei kleineren Werten entsprechend weniger.

Die vorliegende Analyse bezieht sich auf einen 13-Jahres-Zeitraum seit 1990. Dabei wurde der Monat Februar als repräsentativer Heizmonat beispielhaft gewählt. Zur Analyse wurden Daten aus einer dem Einzugsgebiet der „FWP" nahe gelegenen Messstation verwendet. Diese Daten wurden sowohl in Form von Durchschnittswerten als auch mittels der Degree-Day-Methode den bereinigten

Absatzzahlen gegenübergestellt. Für diesen begrenzten Analyseumfang lässt sich als erstes Ergebnis folgendes Fazit ziehen:

Fazit

Der Fernwärmeabsatz des Stadtwerkes „FWP" ist sehr stark vom Temperaturverlauf in den einzelnen Jahreszeiten abhängig. Extrem kalte Winter erfordern eine hohe Fernwärmeproduktion, extrem milde Winter erfordern nur eine geringe Produktion. Da die Energieforderungen der Vorversorger in der Regel sofort beglichen werden müssen, die Kunden des Stadtwerkes in der Regel aber gleichmäßige monatliche Abschlagszahlungen leisten, kann sich hieraus ein Liquiditätsproblem für das Stadtwerk ergeben. Andererseits müssen die Fixkosten gedeckt werden. Somit ist ein Mindestabsatz mindestens ebenso notwendig. Ziel sollte demnach die Glättung von Temperaturspitzen sein.

Nach Abschluss der Analyse für das Stadtwerk „FWP" erklärt der Geschäftsführer, dass die Liquidität bei niedrigen Temperaturen nicht so problematisch sei – jedoch das Erreichen eines Mindestabsatzes. Deshalb ist er an einer Absicherung eines statisitsch milden Winters interessiert. Mit diesem Anliegen tritt er nun an die HypoVereinsbank heran, welche bereits o.g. Analyse für Ihn durchgeführt hat. Auf Basis dieser Daten werden nun nochmals folgende Parameter abgefragt. Dabei beziehen sich alle Angaben auf die Degree-Day-Methode. Der Verlust in Euro pro Grad Abweichung ist dabei ein von dem Unternehmen kalkulierter Wert, der aus Berechnungen der vergangenen Jahre hervorgeht und in diesem Fall zur Deckung der Fixkosten angesetzt wurde:

- kritischer Temperaturbereich-HDD-Werte unter dem Mittelwert
- Verlust in EUR pro Grad Abweichung von Mindesttemperatur – ca. 5.500 EUR
- genauer Sicherungszeitraum – Februar nächsten Jahres
- Einsatz von Liquidität für das Sicherungsgeschäft oder ohne Prämienzahlung

Ausgehend von diesen Angaben stellt die HypoVereinsbank einen Preis für eine HDD-Degree-Day-Option, welche folgende Parameter aufweist:

Optionstyp:	HDD Put Berlin Dahlem
Käufer Option:	FWP
Verkäufer Option:	HVB
Laufzeit:	Februar 05
Strike:	400 HDD
Tick Size:	5.500 EUR
Maximum Payout:	275.000 EUR (50 HDD's)
Prämie:	75.000 EUR

Die „FWP" kauft eine HDD-Put-Option. Die Wetterdaten liefert die Messstation Berlin Dahlem. Für den Erwerb dieser Option ist eine einmalige Prämie in Höhe von 75.000 EUR an die HVB zu zahlen. Damit erwirbt die „FWP" das Recht, auf Basis der Messergebnisse für den Februar 2005 einen Ausgleich in Höhe von 5.500 EUR für jeden Degree Day unter 400 HDD zu erhalten. Die Auszahlung ist auf einen Maximalwert von 275.000 EUR begrenzt. Dies entspricht 50 Degree Days bzw. einem Wert von 350 HDD.

Für die „FWP" bedeutet ein solches Sicherungsgeschäft eine hohe Planungssicherheit des Fernwärmeabsatzes. Weist der Februar 2005 niedrige Temperaturen, d. h. mindestens dem Durchschnitt seit 1990 entsprechend, auf, dann erzielt die „FWP" durch ihr originäres Geschäft die geplanten Erträge oder besser und hat die Prämie für das Sicherungsgeschäft mit zu kalkulieren. Ist der Februar 2004 allerdings statistisch zu warm, zahlt die HVB an die „FWP" einen Ausgleich i.H. der dem Derivat zugrunde liegenden Konditionen. Somit können Umsatzverluste abgefedert und die Fixkosten gedeckt werden. Wichtig hierbei ist, dass die Ausgangsparameter (Korrelation Wetter und Absatz-Sondereinflüsse, etc.) noch zutreffen und die Ausgleichssumme (Tick Size) sinnvoll und exakt vom Controlling der „FWP" berechnet wurde.

Das vorliegende Beispiel soll die Mechanismen eines Analyseprozesses für eine Wetterrisikoanalyse liefern. Dabei wurden die Ausgangsdaten (bis auf die Wetterdaten) frei gewählt und dienen der Veranschaulichung einer solchen Analyse. Das Beispiel ist in Abwandlung auf jedes Unternehmen bestenfalls mit anderen Hedge-Produkten und anderen Wetterkomponenten (z. B. Niederschlag) anwendbar. Eine exakte Analyse setzt immer die Reinheit sowohl der Wetter- als auch der Unternehmensdaten voraus.

7.5 Risikomanagement in der Finanzierung von Windparks mittels Wetterderivaten

In wenigen Branchen hängt der Geschäftserfolg der Unternehmen derart unmittelbar von Wetterphänomenen ab wie in der Windbranche. Die Windenergienutzung befindet sich seit dem Beginn der 1990er Jahre in einem stetigen Aufschwung. Mittlerweile drehen in Deutschland über 10.000 Windenergieanlagen ihre Flügel im Wind, die installierte Gesamtleistung beträgt zur Zeit ca. 8000 Megawatt. Deutschland ist damit weltweit Spitzenreiter bei der Nutzung der Windenergie. Gestützt wird die Branche von der Prognose des europäischen Windenergieverbandes, nach der die Windenergie-Industrie jährlich um 40% wächst. Danach können sie bis zum Jahr 2020 etwa 12% des weltweiten Strombedarfs decken. Nach den Angaben werden 80% aller weltweit verkauften Windturbinen in Europa produziert. Damit wächst auch die Notwendigkeit, sich mit Finanzierungsalternativen und der systematischen Behandlung der spezifischen Finanzrisiken von Windenergieanlagen (WEA) zu beschäftigen.

7.5.1 Beweggründe für das Wind-Hedging von Windparks

Verstetigung der Cashflows

In der Regel ist der im Windpark erzeugte und verkaufte Strom die einzige oder zumindest die dominierende Einnahmequelle des Windparks. Schwankungen in den Windverhältnissen wirken sich somit unmittelbar auf die Ertragslage des Unternehmens aus. Entwickeln sich die Windverhältnisse nun schlechter als erwartet, führt dies folglich zu einer Belastung der Cashflow-Situation des Unternehmens. So kann dies auch zu Liquiditätsproblemen führen, die letztlich gar den Unternehmenserfolg gefährden können. Wind-Hedges bieten dem Windpark die Möglichkeit, sich von unsicheren Ertragserwartungen abzukoppeln indem sie sich Wetter „kaufen" um dadurch ihre Cashflows zu stabilisieren. Der Einsatz von Wind-Hedges reduziert die Ertragsvolatilität und hilft somit, die Positionierung des Windparks am Markt zu verbessern.

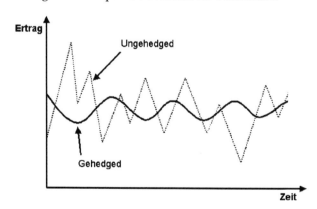

Abb. 7-13: *Ziele des Wetterrisikomanagements. Quelle: Alexandra Stelzer*

Ziel des Wind-Hedgings ist es, die wetterbedingte Ertragsvolatilität des Unternehmens zu mindern. Es eröffnet den Unternehmen die Chance, sich gegen wetterbedingte Ertragsrückgänge abzusichern.

Wetterderivat statt Rücklage

Wetterderivate bieten den Windparks ein weiteres Instrument, um Betriebsrisiken abzupuffern. So müssen Betreiber von Windparks einkalkulieren, dass der Wind möglicherweise gerade in den ersten Betriebsjahren unterdurchschnittlich weht und entsprechende Mindereinnahmen zu verzeichnen sind. Dafür werden jetzt meist Rücklagen gebildet. Wetterderivate zur Absicherung könnten den Windparkbetreibern mehr freies Kapital verschaffen – zwar fallen für das Derivat gegebenenfalls Kosten an, doch je nach finanzieller Konstruktion wird dies in vielen Fällen attraktiver sein als die Bildung von Rücklagen.

Minderung der Finanzierungskosten

Windparks werden sehr häufig in Form einer Projektfinanzierung finanziert. Finanzierungsrelevante Kennziffern und Mindestanforderungen – etwa bestimmte Schuldendienstdeckungsgrade – können durch den Einsatz von Wind-Hedges sichergestellt werden. Dies wirkt sich letztlich positiv auf die Margengestaltung der Finanzierung aus und hilft dem Windpark, Finanzierungskosten zu senken. Und auch im Falle klassischer Unternehmensfinanzierungen wird ein strukturiertes Management der Wetterrisiken die Bonitätssituation des Windparks respektive des finanzierenden Unternehmens verbessern. Dies wird sich entweder direkt oder indirekt durch ein besseres Rating positiv auf die Finanzierungskosten auswirken.

KonTraG

Eine Pflicht zur Behandlung der Wetterrisiken eines Windparks lässt sich auch aus dem am 1. Mai 1998 in Kraft getretenen Gesetz zur Kontrolle und Transparenz im Unternehmensbereich (KonTraG) ableiten. Gesetzestechnisch ist das KonTraG kein einheitliches Gesetz, sondern ein Rahmengesetz, das verschiedene Gesetze zusammenfügt und in Einzelfällen auch ändert. Die in der Öffentlichkeit wohl am meisten beachtete Maßnahme war die Einführung des § 91 II AktG. Basierend auf § 91 II AktG werden die Vorstände deutscher Aktiengesellschaften explizit zur Einrichtung eines Risk-Management-Systems verpflichtet. Es ist in der Zwischenzeit anerkannt, dass diese Vorschrift des AktG auch Ausstrahlungswirkungen auf Gesellschaften anderer Rechtsformen hat. Ein angemessenes Risk-Management ist Bestandteil der Sorgfaltspflichten eines Vorstands oder GmbH-Geschäftsführers. Konkret heißt dies, dass er nachweisen muss, Maßnahmen zur Risikofrüherkennung und zur Risikoabwehr getroffen zu haben.

7.5 Risikomanagement in der Finanzierung von Windparks 317

Die Stromproduktion eines Windparks hängt wie bereits angesprochen direkt und unmittelbar von den tatsächlichen Windverhältnissen ab. Somit ist sehr klar ersichtlich, dass die Unsicherheit hinsichtlich künftiger Windverhältnisse (Windmengen und Windmuster) einen bedeutenden Risikofaktor für das Unternehmen darstellt. Die Geschäftsführung eines Windparks muss sich somit neben der ökonomischen Notwendigkeit auch im Sinne des KonTraG mit einer systematischen Behandlung des Windrisikos beschäftigen. Ziel kann es dabei nicht sein, sämtliche Risiken eines Unternehmens zu vermeiden, sondern Risiken bewusst und zielorientiert einzugehen. Ein effizientes Risk-Management bedeutet demnach gleichzeitige Chancennutzung bei proaktiver Kontrolle und Steuerung der akzeptierten Risiken.

7.5.2 Parameter zur Bestimmung von Hedge-Ratios und zum Bewertung von entsprechenden Wind-Hedges

Bei der Erstellung und der Bewertung (Pricing) von Wind-Hedges sind eine Reihe von Angaben und Daten nötig. Teilweise sind sie zur Bestimmung der umzusetzenden Hedging-Strategie nötig, teilweise auch direkt zur Bewertung der einzelnen Derivate. Von Vorteil ist in der Praxis, dass die meisten hierfür nötigen Informationen dem Windpark bereits direkt oder in indirekter Form vorliegen. Eine der Quellen sind Windgutachten, die nahezu für alle realisierten oder geplanten Windparks vorhanden sind. Darüber hinaus gibt es häufig Cashflow-Modelle oder zumindest Planrechnungen, anhand derer Sensitivitätsanalysen durchgeführt werden können. Diese Cashflow-Modelle und Sensitivitätsanalysen sind nötig um die parkspezifische Anfälligkeit für Windschwankungen zu ermitteln.

Verwendete Turbinen

Leistungskennlinie der verwendeten Turbine

Die im Wind enthaltene Leistung hängt in der dritten Potenz von der Windgeschwindigkeit ab. Allerdings kann in der Praxis nur ein bestimmter Bereich zur Energieerzeugung genutzt werden. Bautechnisch bedingt beginnen WEA'n beispielsweise ab einer Windgeschwindigkeit von vier Metern in der Sekunde mit der Energieerzeugung. Der Energieoutput nimmt bis zu einer bestimmten Windgeschwindigkeit zu, bevor die Grenzenergieerzeugung zunächst abnimmt und die Turbine letztlich „abgeschaltet" werden muss. Aus diesen Produktionsdaten lässt sich eine Leistungskennlinie erstellen, die den Zusammenhang zwischen Windgeschwindigkeit und Energieerzeugung darstellt. Diese Kennlinie beschreibt jeweils die spezifische Leistungskurve einer einzelnen Turbine. Jede WEA hat mithin eine eigene Leistungskennlinie. Die Kenntnis Leistungsdaten der verwendeten Turbine(n) ist nötig um die mögliche Parkproduktion sowie im zweiten Schritt die Ziel-Parkproduktion zu berechnen.

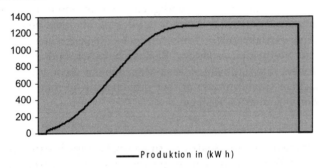

Abb. 7-14: Leistungskennlinie einer Windturbine

Schematische Leistungskennlinie einer Wind-Turbine. Energieerzeugung der verwendeten Turbine in Abhängigkeit des tatsächlichen Windaufkommens.

Nabenhöhe der verwendeten Turbine

Die zu erzielende Energiemenge einer Turbine hängt neben den bauartspezifischen Kriterien auch von der Höhe ab, in der die Turbine installiert ist. Dies ist darin begründet, dass Windmuster im unterschiedlichem Bodenabstand – beispielsweise aufgrund der Rauhigkeit der Umgebung oder Abschattungseffekten durch Bäume oder Häuser – auch unterschiedlich Stärke und Formationen aufweisen. Die Angabe der Nabenhöhe ist also zur Ermittlung der zu erwartenden Produktionsmengen (und somit zur Bewertung des Wind-Derivats) nötig.

Parkspezifische Daten

Standort des Windparks

Einer der entschiedensten Parameter zur Analyse und zur Bewertung eines Wetter-Derivats ist natürlich der Standort des Windparks. Der Standort beeinflusst neben der Ermittlung der zu erwartenden Windverhältnisse auch die zu bestimmenden Messstationen (siehe unten) und letztlich auch die vertragliche Gestaltung des Hedges. In der Praxis sind Wind-Hedges in den meisten westlichen Industrienationen möglich. Letztlich ist entscheidend, ob es eine ausreichende und unabhängige Datenhistorie für den Standort sowie ausreichende Messstationen gibt. Hat der Windpark seinen Unternehmenssitz im Ausland sind gegebenenfalls rechtliche Restriktionen zu beachten.

Anzahl der verwendeten Turbinen

Es wurde bereits angesprochen, dass die Art der verwendeten Turbine sowie die installierte Nabenhöhe entscheidend für die Energieausbeute einer Windenergieanlage ist. Die Energieausbeute des gesamten Windparks hängt selbstverständlich auch von der Anzahl der installierten Windenergieanlagen ab.

Parkwirkungsgrad (aus Windgutachten)

Der Zusammenhang zwischen Anzahl der verwendeten Windenergieanlagen und tatsächlicher Energieausbeute ist in der Praxis nicht linear. Dies liegt in erster Linie daran, dass sich die Windenergieanlagen gegenseitig im gewissen Umfang abschatten werden. So werden die Leistungen der einzelnen Anlagen des Parks deutlich differieren und die aus der Hauptwindrichtung gesehen in hinterster Reihe stehenden Windenergieanlagen werden erwartungsgemäß die niedrigste Jahresarbeit erzielen. Die quantitativen Auswirkungen dieser Abschattungseffekte werden durch den so genannten Parkwirkungsgrad ausgedrückt. Dieser Parkwirkungsgrad ist entscheidend zur Berechnung der erwarteten Produktionsmenge des Windparks und somit zur Ermittlung des anzustrebenden Hedge-Ratios. Der relevante Parkwirkungsgrad ist üblicherweise in den Windgutachten angegeben.

Windsituation

Tatsächliches Windaufkommen

Der wohl bedeutendste Einflussparameter ist das tatsächlich zur Verfügung stehende Windangebot am Standort des Windparks. Es gibt verschiedene Möglichkeiten wie dies (historisch) aufgezeichnet und dargestellt werden. Eines ist die Ermittlung der mittleren Windgeschwindigkeit (als arithmetisches Mittel der gemessenen Windgeschwindigkeiten). Diese mittlere Windgeschwindigkeit ist aber zur Beurteilung des Standorts und zur Ermittlung von Risikopositionen nicht ausreichend. Grund hierfür ist, dass das Windangebot technisch und physikalisch bedingt nicht unmittelbar „eins-zu-eins" in Energie umgewandelt werden kann. Besser ist es, wenn hier auch auf die Schwankungsintensität des Windaufkommens eingegangen wird. Dies kann beispielsweise durch eine Darstellung des tatsächlichen Windaufkommens als Verteilungsfunktion oder zumindest durch das Verwenden von durchschnittlichen Windwerten auf Tages-/Stundenbasis umgesetzt werden.

Verwendete Messstationen

Sowohl zur Berechnung (Pricing) des Wind-Derivats als auch zur Bestimmung der zu leistenden Ausgleichszahlungen ist es notwendig, bestimmte Wind-Messstationen festzulegen. Es ist dabei anzustreben, hierfür möglichst nahe respektive repräsentative Messstationen zu wählen. Alternativ können auch die Messdaten verschiedener Messstationen verwendet und durch einen Algorithmus auf die Erfordernisse des Windparks verknüpft und umbasiert werden. Verständlicherweise muss sichergestellt sein, dass die Messergebnisse aus einer unabhängigen Quelle stammen und von den Vertragspartnern weder beeinflusst noch manipuliert werden können. In Deutschland wird hierfür in der Regel auf Daten des Deutschen Wetterdienstes (DWD) zurückgegriffen. Die zu verwendenden Messstationen werden bei Abschluss eines Wind-Hedges verbindlicher Vertragsbestandteil.

Planproduktion des Windparks

Berechnete Parkproduktion

Anhand der vorhandenen Parameter (verwendete Turbinen, parkspezifische Daten, Windsituation, technische Sonderheiten) kann nun die erwartete Planproduktion (beispielsweise in Kilowattstunden) im Zeitverlauf ermittelt werden. Berücksichtigt man nun die relevante Einspeisevergütung – also den „Preis", den der Windpark für den produzierten Strom erhält – ergibt sich auch die planmäßige Erlössituation des Windparks. Dadurch können Cashflow-Modelle modelliert oder zumindest Planrechnungen erstellt werden um die Wirtschaftlichkeit sowie die Risikosituation des Parks zu analysieren. Dies ist noch Teil des „unternehmerischen Grundgeschäfts", stellt aber gleichzeitig die Basis dar, auf der die Notwendigkeit und Ausgestaltung eines Wind-Hedges analysiert werden kann.

Ziel-Parkproduktion

Anhand der nun erstellten Cashflow-Modelle kann berechnet werden, wie sensitiv der Erfolg des Windparks auf zwischenzeitliche Verschlechterungen der Windsituation reagiert. So wird ermittelt ab welchen Windverhältnissen beispielsweise der Break-even des Windparks oder – im Falle von Projektfinanzierungen – bestimmte Schuldendienstdeckungsgrade unterschritten würden. Das Ergebnis dieser Berechnung stellt letztlich die Anforderungen des Wind-Hedges hinsichtlich dessen Art, Laufzeit und Ausgestaltung dar.

Zu berücksichtigende Finanzkennzahlen

Ziel ist es nun, die ermittelten Mindest-Kennzahlen (z.B. Breakeven oder geforderter Schuldendienstdeckungsgrad) bestimmten Grenz-Windverhältnissen zuzuordnen. Das Ergebnis kann beispielsweise lauten, dass ein von kapitalgebenden Banken geforderter Schuldendienstdeckungsgrad der Finanzierung unterschritten wird, wenn die tatsächlichen Windverhältnisse um den Faktor 0,79 von den erwarteten Windverhältnissen abweichen. Dies ist so zu interpretieren, dass durch einen Wind-Hedge zumindest eine Verschlechterung der Windverhältnisse unter den Faktor 0,79 (= Hedge-Ratio) hinaus abgesichert werden muss. Sollen andere Finanzkennzahlen (beispielsweise die Sicherung einer Mindest-Eigenkapitalverzinsung) gesichert werden, muss die Hedge-Ratio analog ermittelt werden.

Umzusetzender Hedge

Gewünschtes Produkt

Ist nun die zu sichernde Ziel-Produktion und die Hedge-Ratio (siehe oben) ermittelt, geht es an die Umsetzung des Hedges. Die Auswahl der einzusetzenden Instrumente ist so zu gestalten, dass die nötigen Ziele (Sicherung der Ziel-Produktion) mit dem geringsten unternehmerischen Aufwand und den geringsten (Opportunitäts-)Kosten erreicht werden können.

Strike/Struktur

Neben der Auswahl des Instruments ist auch die Festsetzung des jeweiligen Strikes (bei Options-Produkten) respektive der umzusetzenden Struktur (bei Swaps) entscheidend. Strike beziehungsweise Struktur müssen so gewählt werden, dass die Ziele des Wind-Hedges – Sicherung der Ziel-Produktion – gewahrt werden. Letztlich werden unter anderem auch die Kosten/Opportunitätskosten der Hedging-Strategie durch den gewählten Strike bestimmt.

„Tick Size"/Auszahlungssummen

Bei der Berechnung und Fixierung des Wind-Hedges muss auch die so genannte „Tick Size" festgelegt werden. Denn über einen Wind-Hedge werden Windgeschwindigkeiten gesichert, bei der Erfüllung des Hedges kann aber verständlicherweise kein „Wind ausgezahlt" werden. Vielmehr müssen sich die Hedge-Partner über ein geldwertes Äquivalent zu den relevanten Windgeschwindigkeiten verständigen. Dies entscheidet, wie viel Geld im Falle einer Ausgleichszahlung fließt.

7.5.3 Produkte des Wind-Hedging

Die verschiedenen Produkte des Windrisikomanagements wurden ja bereits an anderer Stelle in diesem Buch vorgestellt. Aus diesem Grund soll an dieser Stelle nur kurz auf die spezifischen Aspekte hinsichtlich der Sicherung von Windparks eingegangen werden.

Wind-Hedge mittels Swap

Durch den Einsatz von Wind-Swaps können sich Windparks in ein bestimmtes (windbedingtes) Produktionsniveau „einloggen". Somit fixiert der Windpark mittel Swap also bereits zu einem frühen Zeitpunkt die theoretische Produktionsmenge anhand der vorhandenen Windverhältnisse. Eine Optionsprämie fällt nicht an, was ein Vorteil dieser Strategie ist. Dem steht aber der große Nachteil gegenüber, dass die Produktionsmengen und Erlöse fixiert und somit die Ertragspotentiale auf niedrigem Niveau gekappt werden. Wind-Swaps bieten sich somit insbesondere dann an, wenn ein möglichst exakt planbarer Einnahmenfluss gesichert werden soll.

Wind-Hedge mittels Put-Option

Im Falle des Wind-Hedgings eines Windparks bietet der Einsatz von Put-Optionen spezifische Vor- und Nachteile: Von Vorteil ist in erster Linie, dass das Risiko von Produktionsrückgängen und den daraus resultierenden Ertragsrückgängen gehedgt werden kann, die Chance auf Mehrerträge aber voll erhalten bleibt. Der Hauptnachteil der Put-Option ist die zu leistende Prämie. Je höher der Ausübungspreis der Put-Option gewählt wird – je früher also Ausgleichszahlungen an den Windpark erfolgen, desto höher ist ceteris paribus die zu zahlende Optionsprämie. In der Praxis bedeutet dies, dass der Bestimmung des Ausübungspreises hohes Gewicht zufällt. Wird der Ausübungspreis zu hoch gewählt (selbst geringfügig verschlechterte Windverhältnisse führen bereits zu einer Ausgleichszahlung an den Windpark), ist die zu leistende Optionsprämie sehr hoch. Wird der Ausübungspreis jedoch zu niedrig gewählt (erst stark verschlechterte Windverhältnisse führen zu einer Ausgleichszahlung) greift die Wirkung des Hedges erst (zu) spät. Statt den Ausübungspreis willkürlich zu wählen, sollte anhand der internen Kalkulation des Windparks ermittelt werden, welche windbedingten Produktionsrückgänge der Windpark verkraften könnte (= Risikotragfähigkeit) oder zu tragen bereit ist (= Risikobereitschaft). Wird der Ausübungspreis nun anhand dieser Ergebnisse gewählt kann beispielsweise der Bbreakeven oder auch eine bestimmte Eigenkapitalrendite des Windparks gesichert werden. Put-Optionen kommt in der Praxis der Absicherung von Windparks großes Gewicht zu!

Wind-Hedge mittels Range-Option

Im Falle einer Range-Option werden zwei Optionen zu einem Produkt kombiniert. Ziel ist es dabei das Ziel des Hedges (Absicherung vor „schlechten Windverhältnissen") zu realisieren und dabei den Nachteil einer reinen Put-Strategie (hohe zu zahlende Prämie) beziehungsweise einer Swap-Strategie (auf niedrigem Niveau gekappte Ertragspotentiale) zu vermeiden oder zumindest zu mindern. Umgesetzt wird dies durch die Verbindung einer Put-Option die den Windpark vor zu wenig Wind sichert und einer zweiten Option, welche die Ertragspotentiale bei stärkerem Wind auf ein bestimmtes Niveau begrenzt. Dieses Niveau kann allerdings vom Windpark frei bestimmt werden. Im Gegensatz zu einer Sicherung per Wind-Swap ist das Ertragspotential des Windparks bei einer Range-Option allerdings nicht auf einem festen Niveau fixiert, sondern kann innerhalb der vom Sicherungsnehmer gewählten Bandbreite schwanken. Durch die Begrenzung der Ertragspotentiale vermindert sich die vom Sicherungsnehmer zu zahlende Prämie für die Range-Option gegenüber der reinen Put-Option merklich. Im Maximalfall kann sogar eine so genannte „Zero-Cost-Variante" umgesetzt werden, bei der keinerlei Optionsprämie aufgewendet werden muss.

Soll ein Windpark mittels Range-Option vor verschlechterten Windverhältnissen gesichert werden, so sollte zunächst vorgegangen werden wie bei einer Absicherung durch eine Put-Option. Der Hauptfokus liegt auf der Ermittlung des für den Windpark relevanten Put-Options-Strikes. Steht dieser Teil der Optionsstrategie, kann auch der Kostenanteil der Put-Option ermittelt werden. Im nächsten Schritt wird nun ermittelt, auf welchem Niveau die Ertragspotentiale durch verbesserte Windverhältnisse nach oben hin gekappt werden können und welche Prämienerleichterung dies für die Range-Option bedeutet. Neben den Put-Optionen kommen in der Praxis der Absicherung von Windparks auch den Range-Optionen großes Gewicht zu.

7.5.4 Fazit zu Wind-Hedges bei Windparks

Durch den intelligenten Einsatz von Wind-Derivaten und die abgestimmte Einbettung in eine umfassende Sicherungsstrategie eröffnen sich für Windparks attraktive Perspektiven des Risikomanagements. Sehr häufig werden Windparks in Form geschlossener Fonds (KG-Modelle) oder bei kleineren Anlagen von Finanzinvestoren realisiert. Hier ist im starken Maß die Planbarkeit und Sicherung künftiger Cashflows entscheidend. Bei neu zu realisierenden Parks kann ein integriertes Finanzrisikomanagement – inklusive eines Windrisikomanagements – ein entscheidender Wettbewerbsvorteil bei der Platzierung von Fondsanteilen sein. Da in den vergangenen Jahren verschiedene Windfonds aufgrund negativer Windentwicklungen die prognostizierten Ausschüttungen nicht leisten konnten, hat sich der Fokus potentieller Zeichner sehr stark auf solche Sicherheitsaspekte verlegt.

Die Vorteile eines integrierten Windrisikomanagements entreckt sich dabei auf verschiedene Beteiligte und Aspekte:

7.5.5 Vorteile aus Sicht der Parkinitiatoren

Wettbewerbsvorteil durch Marketingaspekt

Dieser Punkt wurde bereits eingangs angesprochen. Bei ansonsten gleicher Park-Ausstattung wird ein Park-/Windfonds mit Wind-Hedges leichter bzw. zu attraktiveren Bedingungen am Markt platziert werden können als ein ungesicherter Park.

Verbesserte Risikostruktur

Durch die durch das Windrisikomanagement verbesserte Risikostruktur wird sich nicht nur der Vertrieb von Windparks/Windfonds erleichtern, sondern auch die Finanzierungsstruktur verbessert. Dadurch können Finanzierungskonditionen verbessert oder kritische Windparks überhaupt „finanzierbar" gemacht werden.

7.5.6 Vorteile aus Sicht der finanzierenden Banken

Verbesserte Finanzierungsstruktur

Prinzipiell sind Kreditinstitute an der Finanzierung von Windparks interessiert, da sich dadurch Kreditmargen erzielen lassen. Weist ein Windpark ein gezieltes Windrisikomanagement auf, verbessert sich auch aus Sicht des finanzierenden Institut die Risikosituation. Somit müssen geringere Risikokosten in die Kreditmarge eingepreist werden. Dadurch kann entweder der Ertrag bei unveränderter Kredit-(Gesamt)-Marge erhöht oder bei gleichem Ertrag für das Institut die Kredit-(Gesamt)-Marge vermindert werden. Im zweiten Fall profitiert der Windpark direkt durch geringere Finanzierungskosten.

Kritische Projekte gegebenenfalls machbar

Da sich wie gesagt die Risikosituation durch ein gezieltes Windrisikomanagement auch für die kreditgebende Bank verbessert, werden „kritische" Windparks gegebenenfalls finanzierbar, die ansonsten aufgrund zu hoher Risiken nicht finanziert werden konnten.

7.5.7 Vorteile aus Sicht der Shareholder und Analysten

Verbesserte Risikosituation

Am Markt für Windkraftfonds werden seit dem Jahr 2002 verstärkt „Garantiemodelle" angeboten um den Vertrieb neuer Fondsanteile zu erleichtern. Dabei garantiert beispielsweise ein Windpark-Entwickler zu einem gewissen Anteil die Einhaltung künftiger Fondsausschüttungen. Diese Fondsausschüttungen sind an sich sehr stark abhängig vom tatsächlichen Windaufkommen. Bei den meisten Garantiemodellen wird das Windrisiko somit nicht gemanagt, sondern lediglich vom einzelnen Windpark (Fonds) auf den Windpark-Entwickler „verschoben". Übernimmt dieser eine Ausschüttungsgarantie für mehrere Parks, so kumuliert er das Windrisiko (auch wenn durch Portfolioeffekte dieses Risiko leicht abgemindert wird). Durch dieses kumulierte Risiko wird sich die Bonität des Windpark-Entwicklers verschlechtern. Er muss sich zu verschlechterten Konditionen finanzieren – und zwar auch im Kerngeschäft – nicht nur bezogen auf die betreffenden Windparks! Bei börsennotierten Windpark-Entwicklern kommt hinzu, dass der Aktienkurs durch die hohen und schwer kalkulierbaren Wind-Risiken belastet wird. Wird statt auf ein Verschieben der Risiken auf den Windpark-Entwickler auf ein gezieltes Risikomanagement mittels Wind-Derivate zurückgegriffen, so zeigt sich diese Belastung auf Finanzierungskosten und Aktienkurs nicht!

Verbessertes Fonds-Rating

Ein wichtiges Kriterium bei der Auswahl von Windfonds stellt für Investoren das Fonds-Rating dar. Je besser das Rating eines Fonds, umso besser/günstiger lassen sich Fondsanteile am Markt platzieren. Ein umfassendes Risikomanagement ist ein entscheidendes Qualitätskriterium bei der Vergabe von Ratings. Durch ein gezieltes Wetterrisikomanagement kann somit das Rating eines Windfonds deutlich verbessert und seine Wettbewerbschancen am Markt merklich erhöht werden!

7.6 Aktuelle Tendenzen

Wetterderivate erfreuen eines sich immer größeren Bekanntheitsgrades. Dier erklärt sich zum einen mit den vielfältigen Einsatzmöglichkeiten – vom Diversikfizierungspotenzial eines Non-Corralating-Assets bis hin zur Absicherung von Fahrgeschäften beim Oktoberfest. Zum anderen steigt unter den aktuellen Entwicklungen – z.B. KontraG, Basel II und Bilanzierung nach IAS auch die Notwendigkeit, mit Risiken bewusster umzugehen. So wurden anfangs nur temperaturbezogene Sicherungsgeschäfte zwischen großen Energieunternehmen geschlossen. Aktuell können bereits bei für Hedging-Geschäften relativ kleinen Losgrößen Absicherungen im Bereich Niederschlag und Wind geschlossen werden.

Wetterderivate kommen auch immer mehr in den Fokus, da mit dem EEG und seiner aktuellen Novelle die Möglichkeiten des Investments in erneuerbare Energien in Deutschland sehr stark verbessert wurden. Obwohl es aktuelle noch keine Sicherungsgeschäfte im Bereich Solarenergie gibt, sind Entwicklungen in diesem Bereich ebenfalls denkbar.

Für eine Bank, die eine umfassende Produktpalette anbieten will, wird es in Zukunft unumgänglich sein, Wetterderivate anzubieten Nicht zuletzt, um den eigenen Kunden im Hinblick auf die Anforderungen an das Risikomanagement durch Basel II und KontraG, adäquater Sicherungsmöglichkeiten anbieten zu können.

Bislang können für die bis Mai 2004 in der Europäischen Union vertretenen Staaten Wetterderivate gehandelt werden. Die Datenqualität bezüglich der Wetterdaten ist in etwa vergleichbar. Dafür sorgen u.a. die von der WMO gesetzten Standards. Für die „Neuen EU-Staaten" können aufgrund der aktuellen Datenlage noch keine verbindlichen Aussagen getroffen werden, da im Zusammenhang mit dem pricing immer verbindliche Messdaten – möglichst flächendeckend – Voraussetzung sind.

7.7 Executive Summary

Wetterderivate stellen ein innovatives Instrument des Risikomanagements dar. Praktisch jede Branche ist den Unbilden des Wetters in einer bestimmten Form ausgesetzt. Zu einer umfangreichen Risikoanalyse sollte deshalb auch der Einfluss des Wetters auf die Unternehmung regelmäßig untersucht werden. Stellt das ermittelte Wetterrisiko eine relevante Größe im Zussamenhang mit dem Unternehmenserfolg dar, sollte hier über sinnvolle Absicherungsmöglichkeiten nachgedacht werden. Einen grundlegenden Ansatz liefert hierfür das vorliegende Kapitel „Wetterrisikomanagement". Der aufmerksame Leser wird erkannt haben, dass die aufgeführten Instrumente des Wetterrisikomanagements die grundlegenden Mechanismen des Risikomanagements und seiner Instrumente mit entsprechenden Spezifika aufweisen. Da es sich hierbei um ein relativ junges und rasant wachsendes Marktsegment handelt, werden sich immer Veränderungen bzw. neue Produkte ergeben. Dies kann einem umfassenden Hedging nur zuträglich sein.

Wetterderivate werden vorwiegend OTC – d.h. nicht standardisiert gehandelt. Dies ist ebenfalls ein großer Vorteil für die individuellen Einsatzmöglichkeiten dieser Instrumente. Aus diesem Grund sollte ein Preisvergleich immer sehr sensitiv betrachtet werden, da die einfließenden Parameter (Tick Size, Standort, Instrument, Laufzeit, etc.) zu großen Unterschieden bei auf den ersten Blick identischen Sicherungsformen führen können.

8. Management von Inflationsrisiken

Von Thorsten Frey

8.1 Inflationsdefinition

Inflation ist weit verbreitet als Prozess einer anhaltenden Abnahme des Geldwerts (d. h. der Kaufkraft) bzw. als Prozess eines anhaltenden Anstiegs des Preisniveaus definiert. Somit steht die Kaufkraft des Geldes und das Preisniveau in einem reziproken Verhältnis zueinander. Das bedeutet, dass die Kaufkraft sinkt, wenn das Preisniveau steigt und umgekehrt.

Eine Verteuerung einzelner Produkte bei gleichzeitiger Verbilligung anderer ist dagegen kein Anzeichen für eine inflationäre Geldentwertung. Sie zeigen lediglich Verknappungen an, die in einer Marktwirtschaft durch die Lenkungsfunktion der Preise beseitigt werden. Somit ist eine anhaltende und allgemeine Teuerung der Preise ein wichtiges Merkmal der Inflation.

8.1.1 Ursachen der Inflation

Es gibt unterschiedliche Ursachen, die für eine Inflation verantwortlich sind. Hierzu zählen Preissteigerungen im Ausland (importierte Inflation), Kostensteigerungen (wie z. B. Lohnkosten) oder eine Nachfrageboom im Inland. Allerdings ist Inflation ohne eine überschießende Geldmenge nicht denkbar. Denn aufgrund einer permanenten Ausdehnung der Geldmenge über den Anstieg des kaufbaren Güter- und Dienstleistungsvolumens hinaus kommt es zwangsläufig zu Preissteigerungen bzw. zur Geldentwertung. Folglich ist ein dem Wirtschaftswachstum angepasstes Geldmengenwachstum entscheidend für ein stabiles Preisniveau.

8.1.2 Überwachung und Steuerung der Inflation

Die in Europa vorherrschende inflationäre Entwicklung wird offiziell von EUROSTAT ermittelt und monatlich publiziert. Eine Steuerung der inflationären Entwicklung wird von der Europäischen Zentralbank (EZB) unter Zielsetzung eines wertstabilen Geldes nicht nur strikter als im Bundesbankgesetz, sondern darüber hinaus als vorrangiges Ziel der gesamten Wirtschaftspolitik festgesetzt. Demzufolge wurde das Ziel eines stabilen Preisniveaus vom EZB-Rat quantitativ als ein mittelfristiger Anstieg des HVIP (Harmonisierter Verbraucherpreis-Index) gegenüber dem Vorjahr zwischen 0 % und 2 % definiert. Für die Erreichung dieses Ziels hat die EZB zwar keinen direkten Einfluss auf die Ursachen der Inflation, allerdings steht ihr durch die monetäre Geldpolitik die Möglichkeit zur Steuerung der kurzfristigen Zinsen und somit die Lenkung des Geldumlaufs zur Verfügung.

8.1.3 Ermittlung der Inflation

Die Bestimmung des volkswirtschaftlichen Geldwerts (Kaufkraft) dient der quantitativen Darstellung der Inflationsentwicklung. Zu diesem Zweck erfolgt eine fortlaufende Preisbeobachtung durch die Statistikämter (Eurostat auf europäischer Ebene bzw. das Statistische Bundesamt für Deutschland).

Die Entwicklung des „Preisniveaus" wird durch regelmäßige Berechnung eines sogenannten **Preisindex** gemessen. Einem Preisindex liegt stets eine nach bestimmten Gesichtspunkten zusammengesetzte Gütermenge (Warenkorb) zugrunde. Die Festlegung des in einem solchen Warenkorb enthaltenen Güterbündels (Waren und Dienstleistungen) hängt davon ab, unter welchen Gesichtspunkten man sich Aufschlüsse über die Kaufkraftentwicklung schaffen möchte (z.B. finanzpolitische oder geldpolitische Zwecke). Von einem Preisindex ist zu verlangen, dass er ein möglichst vollständiges Bild der Kaufkraftentwicklung einer Volkswirtschaft widerspiegelt.

Die auf dem Preisindex basierende Inflationsmessung erfolgt, indem der Anschaffungswert des jeweiligen „Warenkorbs" zu einem bestimmten Basisjahr t0 mit dem Indexwert von 100 ermittelt wird. Durch Vergleich dieses Basiswerts mit den Anschaffungskosten in einer darauf folgenden Periode t1 kann eine **Inflationsrate** für den betrachteten Zeitraum (t0 bis t1) ermittelt werden. Basierend auf dem nun neu ermittelten Preisindex in t1 wird dann die Inflationsrate für die darauffolgende Betrachtungsperiode (z.B. t1 bis t2, t2 bis t3 usw.) gewonnen.

Abbildung 8-1 verdeutlicht anhand eines einfachen Beispiels den Verlauf eines Inflationsindex.

8.2 Erkennen von spezifischen Inflationsrisiken

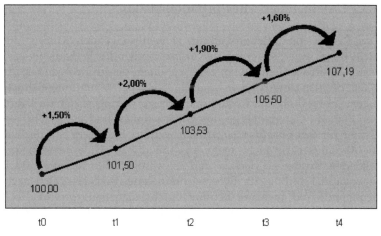

Abb. 8-1: Verlauf eines Inflationsindex

8.2 Erkennen von spezifischen Inflationsrisiken

8.2.1 Inflationseinflüsse innerhalb eines Unternehmens

Nahezu jedes Unternehmen ist direkt oder indirekt der Inflation ausgesetzt. Allerdings ist das Erkennen von Inflationsrisiken nur dann möglich, wenn die Einnahmen und Ausgaben hinsichtlich ihrer Entwicklungsfaktoren genauer betrachtet werden. Hierbei lassen sich einige Kosten isolieren, die im Laufe der Zeit einer permanenten Inflationsanpassung unterliegen (z. B. Personal-, Material-, Sach- und Mietkosten).

Demgegenüber basieren die Erträge eines Unternehmens in den meisten Fällen auf dem Verkauf von Gütern oder Dienstleistungen. Auch hier sollten bzw. müssen inflationsbedingt die Verkaufspreise über die Zeit hinweg permanent angepasst werden, um die gestiegenen Kosten zu kompensieren.

Somit ergibt sich eine grundlegende Konstellation von inflationsabhängigen Kosten (im weiteren Verlauf als variable Kosten bezeichnet) versus inflationsabhängigen (variablen) Einnahmen, die sich im Normalfall aufgrund des wirtschaftlichen Kreislaufes gegenseitig (wenn auch mit einer Zeitversetzung) nivellieren.

Eine Intervenierung in Form der Absicherung einer der beiden Seiten müsste mit äußerster Vorsicht vorgenommen werden, damit das zugrunde liegende Gleichgewicht nicht gestört wird und neben dem bereits vorhandenen Unternehmerrisiko noch zusätzliche Risiken entstehen. Folglich bestehen im Normalfall nur sehr geringe Inflationsrisiken zwischen variablen Kosten und variablen Erträgen.

8.2.2 Unternehmerisches Inflationsrisiko

Das Risiko von inflationsbedingt schnell steigenden Kosten, die nicht durch eine Steigerung der Erlöse (sprich des Verkaufspreises) kompensiert werden können zählt zu einem der grundlegenden Risiken, die der Unternehmer trägt. Bei einer permanent ungleichmäßigen Entwicklung der Kosten und Erträge verringert sich im Laufe der Zeit die Gewinnmarge des Unternehmers und es besteht die Gefahr für den Cashflow negativ zu werden. In diesem Fall reichen die Verkaufserlöse nicht mehr aus um die im Unternehmen anfallenden Kosten zu decken und es werden stille Reserven oder Eigenkapital verbraucht. Dieses Unternehmerrisiko lässt sich nach heutigem Stand auch nur bedingt durch Finanzmarktprodukte beseitigen. Eine einseitige Absicherung der Kosten oder der Einnahmen wäre zwar darstellbar, würde allerdings bei einer Fehljustierung das bestehende Gleichgewicht zwischen variablen Kosten und variablen Erträgen stören und könnte sich langfristig negativ auf die Ertragssituation des Unternehmens auswirken.

Abgesehen von dem Einsatz von Finanzmarktprodukten gibt es in vereinzelten Industriezweigen die Möglichkeit der vertraglichen Anbindung eines Lebenshaltungsindex an die Einnahmequelle (z. B. indexierte Abnahme- oder Mietverträge). Somit ist zumindest gewährleistet, dass die Erlöse voraussichtlich mit der gleichen Geschwindigkeit wie das allgemeine Preisniveau ansteigen. Diese Möglichkeit ist allerdings gesamtwirtschaftlich betrachtet nicht sehr verbreitet und bietet darüber hinaus nur bedingt Schutz gegen schnell steigende Kosten, da unter Umständen die Korrelation zwischen dem gewählten Index und der Kostenentwicklung unterschiedlich sein kann.

8.2.3 Marktrisiken der Inflation

Neben dem Anteil an variablen Kosten existieren allerdings auch feste Kosten innerhalb eines Unternehmens. Diese Kosten zeichnen sich dadurch aus, dass sie sich aufgrund externer Einflüsse (wie z. B. Inflation) in ihrem Nominalwert nicht verändern und somit immer konstant bleiben. Hierzu zählt vor allem der Bedarf an Fremdkapital, das anhand eines festen Rückzahlungsprofils meist über einen sehr langfristigen Zeitraum hinweg getilgt werden muss.

Je nach Industriesektor ist der Anteil von Fremdkapital eines Unternehmens deutlich höher als die Eigenkapitalmittel (Leverage), wodurch dieser Kostenblock eine besonders hohe Gewichtung repräsentiert. Demgegenüber unterliegen die für Tilgungszwecke benötigten Einnahmen der Inflationsanpassung, wodurch sich eine

8.2 Erkennen von spezifischen Inflationsrisiken

grundlegende Diskrepanz zwischen festen Kosten und variablen Einnahmen ergibt.

Abbildung 8–2 zeigt eine mögliche Entwicklung dieser Kosten-/Ertragskonstellation.

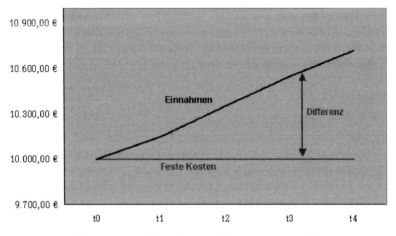

Abb. 8-2: *Entwicklung der festen Kosten versus variablen (inflationsindexierten) Einnahmen*

Wie aus dem Chart hervorgeht, hat die Inflation aufgrund des fehlenden Netting-Effekts bei dieser Konstellation über die Zeit hinweg eine **direkte und oft unterschätzt starke Auswirkung auf die Ertragslage des Unternehmens!**

Da die jährlichen Inflationsraten lediglich einen Einfluss auf die Einnahmen haben, ist die zukünftige Entwicklung der Inflation somit entscheidend über die Höhe der Gewinnmarge des Unternehmers. Insofern ist die Inflation ein maßgeblicher Faktor, der die „Gesamtkosten des Fremdkapitals" erheblich beeinflussen kann.

Die langfristigen Auswirkungen einer unterschiedlichen Inflationsentwicklung sind auf den ersten Blick nicht zu erkennen und werden im Allgemeinen unterschätzt. Dies hat zur Folge, dass im Lauf der Jahre beträchtliche Opportunitätskosten entstehen, die sich auf die

- Liquiditätslage,
- Eigenkapitalrendite und
- Wettbewerbsfähigkeit

des Unternehmens erheblich und nachhaltig negativ auswirken. Die Quantifizierung dieser Opportunitätskosten wird im weiteren Verlauf noch genauer beschrieben.

8.2.3 Mathematisches Risiko der Inflation

Inflation ist ein Indexierungsprozess. Das bedeutet, dass mit Beginn der Indexbildung die Inflationsraten aus jeder nachfolgenden Periode mit in den Index eingerechnet werden. Somit ist der heutige Indexstand die Summe aller in den vorherigen Perioden auftretenden Inflationsraten. Im Vergleich zu anderen Finanzmarktrisiken hat das Inflationsrisiko somit die Besonderheit, dass **die Entwicklung aus der Vergangenheit eine dauerhafte Auswirkung auf ein Unternehmen haben.**

Durch eine unterschiedlich rasche Entwicklung des Inflationsindex können im Lauf der Zeit Opportunitätskosten entstehen, selbst wenn der Indexstand zweier unterschiedlicher Indexverläufe am Ende eines Betrachtungszeitraums wieder gleich ist.

Abbildung 8-3 zeigt einen unterschiedlichen Verlauf eines Inflationsindex, wobei ein Indexverlauf einen konstanten Anstieg und der Zweite einen volatilen zunächst niedrigeren und dann stark zunehmenden Anstieg repräsentiert.

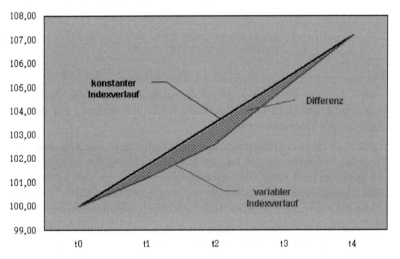

Abb. 8-3: Darstellung der Differenz resultierend aus einer unterschiedlichen Indexentwicklungen

Beide Indexverläufe weisen am Ende des Betrachtungszeitraums den gleichen Stand auf. Da allerdings beide Indizes die Entwicklung der Erträge über den Betrachtungszeitraum widerspiegeln ist es nicht ausreichend, wenn nur das Endergebnis der Indizes gleich ist. Es ist darüber hinaus entscheidend, wie sich der Index entwickelt hat um die in der Abbildung dargestellte potentielle Differenz zu vermeiden. Eine quantitative Darstellung dieser Abweichung erfolgt in den nachfolgenden Kapiteln.

Demzufolge lässt sich das mathematische Risiko der Indexierung auch in einer Weise interpretieren, dass **eine anfänglich langsamere Indexentwicklung (bzw. niedrigere Inflationsraten) eine deutlich stärkere Entwicklung in den folgenden Perioden benötigt um den anfänglichen Nachteil auszugleichen.**

Dies würde allerdings bedeuten, dass die hierzu benötigten Inflationsraten in zukünftigen Perioden sehr hoch sein müssten um zunächst den Nachteil einzuholen.

8.2.4 Risikoprofil der Inflation

Eine weitere mit der Erkennung von Risiken verbundene und äußerst wichtige Eigenschaft der Inflation ergibt sich aus der Betrachtung des grundliegenden Risikoprofils. Dies lässt sich am einfachsten verdeutlichen, indem das mit der Rückzahlung des Fremdkapital beinhaltete Zins- und Inflationsrisiko anhand der Zahlungsströme gegenübergestellt wird.

Daraus ergibt sich bei einer annuitätischer Tilgung folgendes Ergebnis:

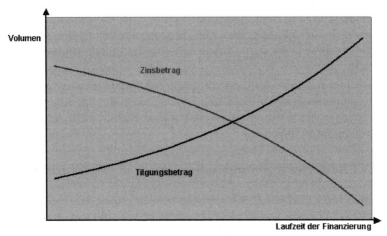

Abb. 8-4: Zins- und Tilgungsverlauf eines Annuitätendarlehens

Das Zinsrisiko bezieht sich hauptsächlich auf die Höhe des ausstehenden Kreditvolumens. Aus diesem Grund wirkt sich das Zinsänderungsrisiko aus Liquiditätsbetrachtung in den anfänglichen Perioden am stärksten aus und nimmt mit zunehmender Tilgung des Kredites ab.

Dahingegen konzentriert sich die Tilgungsbeträge des Kredites vornehmlich auf das Ende der Laufzeit, da die Annuitäten in den Anfangsjahren aus einem überwiegenden Zinsanteil bestehen. Das bedeutet allerdings, dass die für Tilgungszwecke benötigten Einnahmen für einen sehr langen Zeitraum der Inflation ausgesetzt sind. Durch diese Verschiebung der Zahlungsströme ergibt sich, dass **die durchschnittlich gewichtete Laufzeit des Zinsrisikos niedriger ist als die durchschnittlich gewichtete Laufzeit des Inflationsrisikos.**

Demzufolge ist das mit der Inflation verbundene Risiko weiter in die Zukunft verlagert, wodurch ein natürlicher Hedge zwischen variablen Zinskosten und variablen Einnahmen nicht bzw. nur bedingt in Frage kommt.

8.3 Bewerten von Inflationsrisiken

Um die mit der Inflation verbundenen Risiken zu quantifizieren ist es erforderlich die bereits in der Einführung erwähnte grundlegende Eigenschaft der Inflation nochmals genauer zu betrachten.

Inflation ist der kontinuierlicher Prozess einer fortlaufenden Veränderung eines Preisniveaus. Die jährliche Veränderung des Preisniveaus wird durch die Inflationsrate ausgedrückt und bildet somit die Basis für die darauffolgende Periode. Aus diesem Grund spiegeln sich alle Inflationsraten aus vergangenen Betrachtungszeiträumen in dem jeweiligen aktuellen Preisindex wider (**Indexierungseffekt**).

Da allerdings in erster Linie die jährlichen Inflationsraten und nicht die dahinter stehende Entwicklung des Preisindex im Allgemeinen verglichen wird kommt das tatsächliche Risiko nicht im vollem Umfang zum Vorschein.

8.3.1 Bewertung von Indexabweichungen (Marktrisiko)

Das offensichtlichste Inflationsrisiko besteht darin, dass sich die Inflation nicht wie von einem Unternehmer erwartet entwickelt. Die daraus entstehenden Auswirkungen zeigen sich hierbei durch die isolierte Betrachtung von variablen Einnahmen versus fixen Kosten. Hierbei zeigt sich, dass sich höhere Inflationsraten positiv auf das Gesamtergebnis des Unternehmers auswirken. Dabei haben auch kleinere Abweichungen über einen längerfristigen Zeitraum eine erhebliche Auswirkung.

Dies soll nun anhand des folgenden Beispiels verdeutlicht werden.

Zu diesem Zweck wird ein jährlich gleichbleibender Zahlungsstrom (z. B. Umsatz eines Unternehmens) in Höhe von EUR 10.000.000,– über einen Zeitraum von zehn Jahren mit zwei unterschiedlichen

8.3 Bewerten von Inflationsrisiken

Inflationsszenarien konfrontiert. Die Abweichung der Inflationsrate beider Szenarien beträgt pro Jahr jeweils zehn Basis-Punkte.

Jahr	Szenario 1 Inflation	Index	Jahresumsatz	Szenario 2 Inflation	Index	Jahresumsatz	Differenz
2004	2,00%	102,00	10.200.000 EUR	1,90%	101,90	10.190.000 EUR	-10.000 EUR
2005	2,00%	104,04	10.404.000 EUR	1,90%	103,84	10.383.610 EUR	-20.390 EUR
2006	2,00%	106,12	10.612.080 EUR	1,90%	105,81	10.580.899 EUR	-31.181 EUR
2007	2,00%	108,24	10.824.322 EUR	1,90%	107,82	10.781.936 EUR	-42.386 EUR
2008	2,00%	110,41	11.040.808 EUR	1,90%	109,87	10.986.792 EUR	-54.016 EUR
2009	2,00%	112,62	11.261.624 EUR	1,90%	111,96	11.195.541 EUR	-66.083 EUR
2010	2,00%	114,87	11.486.857 EUR	1,90%	114,08	11.408.257 EUR	-78.600 EUR
2011	2,00%	117,17	11.716.594 EUR	1,90%	116,25	11.625.014 EUR	-91.580 EUR
2012	2,00%	119,51	11.950.926 EUR	1,90%	118,46	11.845.889 EUR	-105.037 EUR
2013	2,00%	121,90	12.189.944 EUR	1,90%	120,71	12.070.961 EUR	-118.983 EUR
						Gesamtdifferenz	-618.256 EUR

Abb. 8-5: Quantifizierung einer marginalen Inflationsabweichung

Im Fall einer normalen Zinsrechnung hätte eine jährlich konstante Abweichung von zehn Basis-Punkten nur einen Effekt auf das jeweilige Jahr, in dem der Zahlungsstrom anfällt. Somit würde sich die gesamte Differenz auf EUR 100.000,– belaufen.

Aufgrund der Indexierung wirken sich allerdings die Abweichungen auch auf die darauf folgenden Jahre aus. Somit summieren sich im Lauf der Jahre auch kleinere Abweichungen zu einer erheblichen Differenz! Gegenüber einer normalen Zinsrechnung ergibt sich somit die sechsfache Gesamtdifferenz. Die somit entstehenden Opportunitätskosten verdeutlichen das mit der Indexierung verbundene Risiko der Dynamik.

Daraus folgt, dass selbst eine einmalige Abweichung sich nicht nur im Jahr der Betrachtungsperiode, sondern auch in den darauffolgenden Jahren bemerkbar macht (dauerhafter Effekt).

8.3.2 Bewertung des mathematischen Risikos

Neben dem Risiko von eventuellen Abweichungen der Inflationsraten beinhaltet die Indexierung ein weiteres, auf den ersten Blick nicht erkennbares mathematisches Risiko. Denn je nach Entwicklung der jährlichen Inflationsraten kann es aus Sicht der zugrunde liegenden Zahlungsströmen auch dann zu einer Differenz kommen, wenn die durchschnittliche Inflationsrate eines Betrachtungszeitraumes gleich ist.

Auch dieser Effekt wird anhand eines Beispiels verdeutlicht:

8. Management von Inflationsrisiken

Hierbei wird erneut ein konstanter jährlicher Zahlungsstrom in Höhe von EUR 10.000.000,– über einen Betrachtungszeitraum von zehn Jahren unterstellt. Diese Zahlungsströme werden lediglich mit zwei unterschiedlichen Szenerien konfrontiert.

Szenario 1 unterstellt eine jährlich gleichbleibende Inflation von 2% für die gesamte Laufzeit.

Demgegenüber repräsentiert Szenario 2 eine variable Inflationsentwicklung und unterstellt Inflationsraten von 1,75% in den ersten fünf Jahren und 2,25% in den darauffolgenden fünf Jahren.

	Szenario 1			Szenario 2			
Jahr	Inflation	Index	Jahresumsatz	Inflation	Index	Jahresumsatz	Differenz
2004	2,00%	102,00	10.200.000 EUR	1,75%	101,75	10.175.000 EUR	-25.000 EUR
2005	2,00%	104,04	10.404.000 EUR	1,75%	103,53	10.353.063 EUR	-50.938 EUR
2006	2,00%	106,12	10.612.080 EUR	1,75%	105,34	10.534.241 EUR	-77.839 EUR
2007	2,00%	108,24	10.824.322 EUR	1,75%	107,19	10.718.590 EUR	-105.731 EUR
2008	2,00%	110,41	11.040.808 EUR	1,75%	109,06	10.906.166 EUR	-134.642 EUR
2009	2,00%	112,62	11.261.624 EUR	2,25%	111,52	11.151.554 EUR	-110.070 EUR
2010	2,00%	114,87	11.486.857 EUR	2,25%	114,02	11.402.464 EUR	-84.392 EUR
2011	2,00%	117,17	11.716.594 EUR	2,25%	116,59	11.659.020 EUR	-57.574 EUR
2012	2,00%	119,51	11.950.926 EUR	2,25%	119,21	11.921.348 EUR	-29.578 EUR
2013	2,00%	121,90	12.189.944 EUR	2,25%	121,90	12.189.578 EUR	-366 EUR
						Gesamtdifferenz	-676.130 EUR

Abb. 8-6: Mathematisches Risiko einer Indexierung

Bei einer unabhängigen Betrachtung der durchschnittlichen Inflationsraten beider Szenarien lässt sich anhand des Ergebnisses noch kein Risiko feststellen. Allerdings zeigen die aufgrund der Indexierung ermittelten jährlichen Zahlungsströme eine Abweichung, die sich über den gesamten Betrachtungszeitraum hinweg zu einer erheblichen Differenz aufsummieren. Diese Differenz spiegelt das mathematische (und im Normalfall nicht ersichtliche) Risiko einer Indexierung wider.

Folglich müssten im Fall einer niedrigen Inflation in den anfänglichen Perioden eines Betrachtungszeitraums die darauffolgenden Inflationsraten höher als die vorab bestandene Differenz sein, nur um den Nachteil aus Liquiditätssicht auszugleichen. Somit sind allerdings gleichzeitig die Chancen auf Mehreinnahmen aufgrund von hohen Inflationsraten allein aus dieser Tatsache heraus stark reduziert.

Das mathematische Risiko der Inflation besteht folglich darin, dass nicht nur die Summe der Inflationsraten über einen Betrachtungszeitraum hinweg für das Gesamtergebnis entscheidend ist. Auch die Entwicklung der unterschiedlichen Inflationsraten ist ein entscheidender Faktor und beweist die Wichtigkeit des Verlaufs der Inflation.

8.4 Möglichkeiten der Inflationsabsicherung

8.4.1 Produktbeschreibung des Inflationswap

Ein Inflationswap ist eine vertragliche Vereinbarung zwischen zwei Vertragspartnern hinsichtlich folgender Inhalte: Austausch eines
- festen Inflationsindex (der anhand einer konstanten/festen Inflationsrate ermittelt wird)
- gegen einen verbindlich definierten und öffentlich publizierten variablen Inflationsindex (der anhand von variablen Inflationsraten ermittelt wird),
- bezogen auf einen fiktiven Nominalbetrag,
- zu einem festen Austauschtermin („Roll-Over-Termin"),
- auf eine bestimmte Laufzeit.

Die jeweilige Differenz der Indices bildet unter Bezugnahme der Nominalbeträge die an den Roll-Over-Terminen stattfindende Zahlung der Vertragspartner. Ein tatsächlicher Austausch der zu Grunde liegenden Kapitalbeträge findet nicht statt.

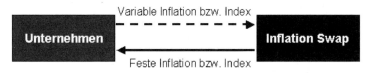

Abb. 8-7: Austausch der Zahlungsströme

Der Inflationswap wandelt die variablen Inflationsraten (bzw. den variablen Index) in eine konstante Inflationsrate (bzw. festen Index) um und entschärft somit das mathematische Risiko sowie Abweichungen von Erwartungswerten.

8.4.2 Vorteile von Inflationswaps

- Die Absicherung einer „festen" Inflation auf einem attraktiven, hohen Niveau sichert die Erträge gegenüber inflationsbedingten Mindereinnahmen.
- Die mit dem mathematischen Risiko verbundenen potentiellen Opportunitätskosten können nicht mehr entstehen.

- In Abhängigkeit von Laufzeit und Ausstattung ist eine Absicherung über dem aktuellen Marktniveau möglich und bewirkt somit eine sofortige Verbesserung der Liquidität.
- Verbesserung bzw. Absicherung der Eigenkapitalrendite.
- Die Volatilität der Zahlungsströme wird wesentlich reduziert und die Planbarkeit wird über die Laufzeit stabiler.
- Kostenlose Absicherungsstrategie.

8.4.3 Nachteil von Inflationswaps

Im Fall eines extrem und unerwartet starken Anstiegs der Inflation kurz nach dem Abschluss des Swaps kann eine Partizipation nicht stattfinden.

8.4.4 Handelsusancen

Kontraktwährungen: Eine gute Marktliquidität ist derzeit bei US-Dollar, Euro und dem Britischem Pfund gegeben.

Kontraktgrößen: In der Regel stellt die Mindesthandelsgröße ein Nominalvolumen im Gegenwert von 5.000.000 EUR dar.

Referenzsatz: Als Referenz für die variable Inflation wird überwiegend der Verbraucherpreisindex ohne Tabak des jeweiligen Landes verwendet. Aufgrund der Vielzahl an veröffentlichen Indices sind daneben noch die allgemeinen Indizes (Kerninflation bzw. innerhalb der EWWU die harmonisierte Inflation) in der Regel auch anwendbar.

Laufzeit: Meist ab zwei Jahre bis zu maximal 30 Jahre. Allerdings nimmt die Liquidität bei Laufzeiten über 20 Jahre gegebenenfalls ab.

8.5 Praxisbeispiel

Die Einsatzmöglichkeit von Inflationsderivaten soll nun anhand eines Praxisbeispiels demonstriert werden.

Die Fondsgesellschaft „Europa AG" hat zu Beginn des Jahres 2004 einen geschlossenen Immobilienfond am Markt platziert. Das Immobilienportfolio des Fonds besteht überwiegend aus gewerbliche genutzten Objekten, die über ganz Europa verteilt sind. Das Unternehmen rechnet mit jährlichen Mieteinnahen in Höhe von 10.000.000 EUR. Die Mietverträge wurden so konzipiert, dass die

Mieteinnahmen einer jährlichen Anpassung an den Europäischen Verbraucherpreisindex ohne Tabak (HVIP) unterliegen. Der Fond rechnet mit einer jährlichen Inflationsrate von 1,8 % und hat dies über den Verkaufsprospekt gegenüber den Fondanlegern publiziert. Diese Inflationserwartung des Unternehmen basiert auf dem langfristigen historischen Durchschnitt der Inflationsentwicklung. Aufgrund des aktuell niedrigen Inflationsniveaus sind die Einnahmen des Fonds bereits im ersten Jahr unter Plan. Des Weiteren liegen die wirtschaftlichen Prognosen für das kommende Jahr ungefähr auf einem unverändertem Niveau. Dies hat zur Folge, dass das Unternehmen aus heutiger Sicht auf weitaus höhere Inflationsraten hoffen muss, nur um die anfänglichen Mindereinnahmen zu kompensieren. Diesbezüglich kommt allerdings noch erschwerend das bereits zuvor beschriebene mathematische Problem der Indexierung hinzu.

Die Europa AG möchte nicht auf Kosten ihrer Anleger darauf spekulieren, dass die anfänglichen Mindereinnahmen durch spätere eventuell höhere Inflationsraten kompensiert werden. Aus diesem Grund entschließt sich das Unternehmen zum Abschluss eines Inflationswaps. Bei einer Laufzeit von zehn Jahren kann eine feste Inflationsrate von 2,10 % gesichert werden

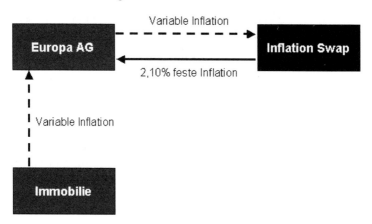

Abb. 8-8: Zahlungsstruktur bei einem Inflationswap-Einsatz, bei dem der Kunde einen Festsatz empfängt

8.5.1 Fazit

Durch den Abschluss des Inflationswaps hat die Europa AG die in dem Verkaufsprospekt publizierte Mietsteigerung abgesichert und konnte darüber hinaus noch einen Mehrwert generieren.

Aufgrund der Absicherung ergeben sich folgende Vorteile:

- Der Inflation Hedge offeriert einen sofortigen Vorteil in Höhe von 30 Basis Punkten gegenüber der langfristig getroffenen Annahme und verbessert somit gleichzeitig die Liquiditätslage des Unternehmens augrund einer Auszahlung dieser Differenz.

- Durch diese zusätzlichen Einnahmen des Inflationswaps erhöht sich auch die Rentabilität des Fonds gegenüber den ungesicherten Erwartungen.

- Aufgrund des sofortigen Vorteils aus dem Absicherungsgeschäft gegenüber dem aktuell niedrigerem Inflationsniveau ist das Risiko für das Unternehmen eher gering, dass in den kommenden Jahren ein Nachteil durch den Hedge entstehen kann, da die tatsächliche Inflation zunächst deutlich steigen muss, um den zunächst bestehenden Vorteil zu kompensieren.

8.6 Executive Summary

Inflation ist ein kontinuierlicher Prozess eines anhaltend steigenden Preisniveaus (bzw. Abnahme der Kaufkraft). Aufgrund des reziproken Verhältnis sinkt die Kaufkraft, wenn das Preisniveau steigt.

Gemessen wird die Inflation durch einen sogenannten Preisindex, dem ein sogenannter Warenkorb zugrunde liegt. Basierend auf der Entwicklung des Preisindex werden die jährlichen Veränderungen durch Inflationsraten ausgedrückt. Somit ist der heutige Indexstand (die Summe) das Ergebnis aller bisherigen Inflationsraten. Die EZB steuert die Inflation mit dem Ziel der Gewährleistung von Preisniveaustabilität als ein vorrangiges Ziel der Wirtschaftspolitik.

Nahezu jedes Unternehmen unterliegt direkt oder indirekt den Auswirkungen der Inflation. Daraus ergeben sich unterschiedliche Konstellationen zwischen Kosten und Einnahen. Im Fall von inflationsabhängigen Kosten und Erträgen besteht im Normalfall keine Risiko, da sich eine Veränderung der Inflation (wenn auch mit einer Zeitverschiebung) beiderseitig bemerkbar macht.

Allerdings trägt der Unternehmer immer das Risiko, dass er inflationsbedingt steigende Kosten auf die Verkaufspreise weitergeben muss um nicht einen negativen Cashflow zu generieren, was in einem wettbewerbsträchtigen Markt nicht immer ganz einfach ist. Dieses Risiko lässt sich auch nicht durch Finanzmarktprodukte absichern.

Inflationsrisiken besteht in der Konstellation zwischen festen und nicht inflationsabhängigen Kosten (z. B. Rückzahlung von Fremdkapital) und inflationsabhängigen Einnahmen.

8.6 Executive Summary

Aufgrund des fehlenden Netting-Effekts können Opportunitätskosten entstehen, die eine direkte und oft unterschätzte Auswirkung auf die

- Liquiditätslage,
- Eigenkapitalrendite und
- Wettbewerbsfähigkeit

des Unternehmens haben.

Aufgrund der Indexierung wirken sich Abweichungen auch auf die darauf folgenden Jahre aus. Somit summieren sich im Lauf der Jahre auch kleinere Abweichungen zu einer erheblichen Differenz! Daraus folgt, dass selbst eine einmalige Abweichung sich nicht nur im Jahr der Betrachtungsperiode, sondern auch in den darauffolgenden Jahren bemerkbar macht (dauerhafter Effekt).

Weitere Opportunitätskosten können aufgrund des mathematischen Risikos der Indexierung entstehen. Die Entwicklung eines Inflationsindex repräsentiert gleichzeitig die Entwicklung der Einnahmen eines Unternehmens. Die Summe der Inflationsraten über einen Betrachtungszeitraum ist nicht entscheidend über das Gesamtergebnis. Auch die Entwicklung der Inflationsraten ist hierbei ein entscheidender Faktor. Denn eine anfänglich langsamere Indexentwicklung benötigt eine deutlich stärkere Entwicklung in den folgenden Perioden, um den anfänglichen Nachteil auszugleichen. Das bedeutet, dass die hierzu benötigten Inflationsraten in zukünftigen Perioden sehr hoch sein müsste, um zunächst den Nachteil auszugleichen.

Zwischen Zins- und Inflationsrisiko besteht zwar eine gewisse Grundkorrelation. Allerdings lassen sich variable Zinszahlungen eines Darlehen nicht mit variablen Einnahmen gegenseitig hedgen. Dies liegt darin, dass die Risikostruktur von Zins- und Inflationsrisiko eine unterschiedliche gewichtete Laufzeit haben.Durch den Einsatz einer Absicherung können die mit der Inflation verbundenen Risiken beseitigt werden. Der diesbezüglich zur Verfügung stehende Inflationswap ist eine vertragliche Vereinbarung über den Tausch eines festen Inflationsindex gegen einen definierten tatsächlichen Inflationsindex.

Durch die Absicherung ergeben sich folgende Vorteile für ein Unternehmen:

- Die Absicherung einer „festen" Inflation auf einem attraktiven, hohen Niveau sichert die Erträge gegenüber inflationsbedingten Mindereinnahmen.
- Die mit dem mathematischen Risiko verbundenen potentiellen Opportunitätskosten können nicht mehr entstehen.

- In Abhängigkeit von Laufzeit und Ausstattung ist eine Absicherung über dem aktuellen Marktniveau möglich und bewirkt somit eine sofortige Verbesserung der Liquidität.
- Verbesserung bzw. Absicherung der Eigenkapitalrendite.
- Die Volatilität der Zahlungsströme wird wesentlich reduziert und die Planbarkeit wird über die Laufzeit stabiler.
- Die Absicherungsstrategie ist kostenlos.

Da in den meisten Fällen der feste Inflationssatz über dem jeweiligen Marktsatz liegt entsteht ein sofortiger Vorteil, der aufgrund der Indexierung ein kleines Sicherheitspolster gegenüber einer negativen Entwicklung repräsentiert.

9. Bilanzielle Darstellung von Finanzderivaten

Von Matthias Kopka

Die folgenden Abschnitte sollen einen grundlegenden Überblick über die verschiedenen Vorschriften zur Bilanzierung nach HGB und IFRS im Allgemeinen und am Beispiel einzelner Produkte im Besonderen geben.

9.1 Übersicht zur Darstellung nach HGB

9.1.1 Grundlagen der Bilanzierung derivativer Finanzinstrumente nach HGB

Mangels gesetzlicher Normierung wird die bilanzielle Behandlung derivativer Finanzinstrumente im nationalen Recht indes unter Berücksichtigung des angestrebten wirtschaftlichen Gehalts als Gewohnheitsrecht aus den Grundsätzen ordnungsgemäßer Buchführung eingefordert. Die Normen lassen sich darüber hinaus aus Stellungnahmen von Berufsgruppen und Verlautbarungen privater Verbände sowie aus Entscheidungen der Finanzgerichte ableiten.

Bilanziell sind Grund- und derivative Sicherungsgeschäfte nach §252 Abs.1 Nr.3 HGB grundsätzlich jeweils einzeln zu bewerten. Der Einzelbewertungsgrundsatz verbietet u.a. auch eine Verrechnung verschiedener Bilanzposten nach §246 Abs.2 HGB. Hierdurch soll dem im deutschen Handelsrecht kodifizierten Vorsichtsprinzip (Imparitäts- und Realisationsprinzip des §252 Abs.1 Nr.4 HGB) Rechnung getragen werden, nach dem Verlustrisiken, die durch einzelne Bilanzposten verursacht werden, aufzudecken sind. Dies erfolgt nach den Bilanzierungsgrundsätzen für schwebende Geschäfte, wonach für einen zu erwartenden Verpflichtungsüberschuss Drohverlustrückstellungen nach §249 Abs.1 Satz 1 HGB zu bilden sind. Positive Erfolgsbeiträge aus dem gegenläufigen Grund- oder Sicherungsgeschäft bleiben dagegen bis zu dessen Realisierung gänzlich unberücksichtigt.

Die starre Anwendung der vorstehenden Bilanzierungsvorschriften würde bei Sicherungsbeziehungen zwischen Grund- und Sicherungsgeschäft jedoch zu einer verzerrten Darstellung der wirtschaftlichen Lage des Unternehmens führen, da jede Marktwertveränderung einen bilanziellen Verlustausweis nach sich zöge, obwohl wirtschaftlich Ergebnisneutralität erzielt wird.

Bei einer wirtschaftlichen Auslegung des Einzelbewertungsgrundsatzes und einem richtig verstandenen Imparitätsprinzip besteht im zwischenzeitig etablierten Gewohnheitsrecht ein Verknüpfungsgebot zwischen Grund- und derivativem Sicherungsgeschäft. Dies erfolgt in Form von **Bildung einer Bewertungseinheit** zwischen Grund- und Sicherungsgeschäft. Die Verknüpfung beider Geschäfte kann buchungstechnisch auf zwei Wegen erreicht werden:

- Bei der Bilanzierung des Grundgeschäfts wird die Wirkung des Sicherungsgeschäfts berücksichtigt (zusammengefasste Bewertung)
- Grund- und Sicherungsgeschäft werden jeweils bewertet und die Bewertungsergebnisse kompensiert (kompensatorische Bewertung)

In der Praxis wird in der Regel die einfachere zusammengefasste Bewertung vorgezogen. Im Ergebnis werden somit nicht realisierte Verluste des einen Geschäfts mit dem nicht realisierten Gewinn des anderen Geschäfts der verbundenen Rechtsgeschäfte über eine Bewertungseinheit verrechnet.

Zur handelsrechtlichen Anerkennung willkürfrei gebildeter Bewertungseinheiten müssen nach herrschender Meinung drei Voraussetzungen kumulativ erfüllt sein:

- Grund- und Sicherungsgeschäft stehen objektiv in einem einheitlichen Nutzungs- und Funktionszusammenhang, d.h. sie müssen vergleichbaren gegenläufigen Risiken und Chancen ausgesetzt sein.
- Der Nutzungs- und Funktionszusammenhang ist vom bilanzierenden Unternehmen über den Bewertungs- bzw. Bilanzstichtag hinaus gewollt, d. h. es besteht eine Durchhalteabsicht.
- Der Wille des bilanzierenden Unternehmens kommt durch eine für Dritte nachvollziehbar durchgeführte und ex ante dokumentierte Zuordnung der Einzelpositionen, die die Bewertungseinheit bilden, zum Ausdruck.

Bewertungseinheiten lassen sich hinsichtlich der Reichweite der Sicherungsgeschäfte in mehrere Kategorien untergliedern. Hierbei erfolgt eine Unterscheidung anhand des Aggregationsgrades der Sicherungsbeziehung:

Auf der niedrigsten Aggregationsstufe wird durch einen **Mikro-Hedge** nur ein Grundgeschäft (beispielsweise eine Forderung oder eine Verbindlichkeit) durch den Abschluss eines gegenläufigen Sicherungsgeschäfts gegen Zins-, Währungs- oder sonstige Preisrisiken gesichert. Dabei ist bei vollständiger Kongruenz zwischen den Parametern Basiswert, Betrag und Fälligkeit beider Geschäfte von einer vollständigen risikokompensierenden Wirkung des Hedges auszugehen (perfekter Micro-Hedge). Bei Vorliegen eines perfekten Micro-Hedges wird in der Literatur teilweise eine Pflicht zur Bildung einer Bewertungseinheit gefordert. Verbleibt aufgrund teilweise ungleicher Parameter ein Restrisiko, spricht man von einem imperfekten Hedging. Für diese in die kompensatorische Bewertung nicht einbeziehbaren Restrisiken sind im Verlustfall Drohverlustrückstellungen zu bilden.

Die Sicherung nicht einer bestimmten Position, sondern eines auf Unternehmensebene zusammengefassten homogenen Gesamtmarktrisikos, wie beispielsweise alle auf gleiche Währung lautenden Fremdwährungsgeschäfte, bezeichnet man als **Macro-Hedging**. Der verbleibende Nettoüberhang der jeweiligen Risikoart wird mittels derivativer Geschäfte gesichert. Die höchste Aggregationsstufe wird beim **Portfolio-Hedging** erreicht. Hierbei werden Geschäfte mit gleichartigen Risikostrukturen zu Gruppen zusammengefasst und dynamisch gehedgt, d. h. es werden bei veränderten Marktdaten derivative Finanzinstrumente in das Portfolio aufgenommen oder ausgeschieden. Ein Makro- oder Portfolio-Hedging kann nur erfolgen, wenn die geforderte Durchhalteabsicht bei einer Portfoliobewertungseinheit sich nicht auf die einzelnen Grund- und Sicherungsgeschäfte, sondern auf die angewendeten Grundsätze und Regeln der Absicherung bezieht. Erforderliche Voraussetzungen für eine derartige kompensierende Bewertung sind

- Dokumentationen im Rahmen der Sicherungsstrategie,
- Bestehen und Funktionalität eines Risikomanagements,
- Einbezug der Sicherungsinstrumente in das Risikomanagement.

Ein Erreichen dieser Voraussetzungen setzt regelmäßig ein sehr gut ausgeprägtes und stark institutionalisiertes Risikomanagement voraus. Dies ist in aller Regel bei Unternehmen nicht der Fall, so dass die Bildung von Bewertungseinheiten bei Macro-Hedges oder Portfolio-Hedging zumeist handelsrechtlich nicht anerkannt werden.

Für Unternehmen sind zudem derivative Sicherungsgeschäfte für geplante Grundgeschäfte, wie Exportlieferungen eines Maschinenbauers oder Katalogangebote eines Reiseveranstalters, von großer Bedeutung. Nach überwiegend herrschender Meinung ist, solange das **antizipative Grundgeschäft** noch nicht vertraglich gesichert ist, die Bildung von Bewertungseinheiten nicht möglich. Bereits geschlossene Sicherungsgeschäfte sind einzeln zu bewerten.

Zusammengefasst lässt sich festhalten, dass der Einsatz derivativer Finanzinstrumente zu Sicherungszwecken folgende Auswirkungen auf die handelsrechtliche Bilanzierung der Unternehmen haben kann:

- Bilanzierung von Prämien- und Marginzahlungen sowie sonstiger Abgrenzungsbeträge (in Abhängigkeit des eingesetzten Finanzinstruments)
- Bildung von Rückstellungen für drohende Verluste aus schwebenden Geschäften
- Aufnahme von Anhangangaben (Instrument, Nominalwert, Restlaufzeit, Marktwert, Einheit)

9.1.2 Ansatz und Bewertung einzelner Instrumente

Die wesentlichen Sicherungsinstrumente lassen sich nach unbedingten Termingeschäften (Verpflichtungsgeschäft) und bedingten Termingeschäften (Optionsgeschäft) unterscheiden:

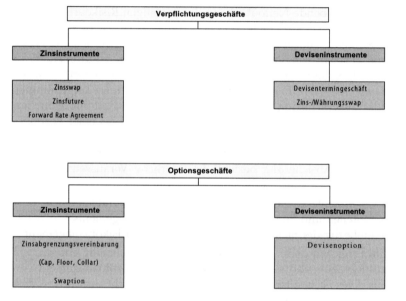

Abb. 9-1: *Übersicht der Sicherungsgeschäfte*

Finanzinstrumente zur Sicherung von Zinsrisiken

Zinsswap als Zinssicherungsinstrument

Zinsswaps werden von Unternehmen in aller Regel zur Sicherung von Bilanzaktiva oder Bilanzpassiva (Grundgeschäft) abgeschlossen. Sie bestehen im Tausch von festen und variablen Zinsverpflichtungen auf identische und währungsgleiche Kapitalbeträge. Der Abschluss von Handels-Zinsswaps erfolgt bei Unternehmen dagegen selten.

9.1 Übersicht zur Darstellung nach HGB

Durch ihren Einsatz wird die Zinsausstattung der Bilanzposten modifiziert. Beispielsweise kann durch Abschluss eines Receiver-Swaps (Unternehmen als Festzins-Empfänger) ein aktiviertes variabel verzinsliches Wertpapier in ein festverzinsliches Wertpapier transformiert werden.

Die noch nicht erfüllten gegenseitigen Zinsverpflichtungen (schwebende Geschäfte) aus einem bilanzpostenbezogenen Zinsswap werden grundsätzlich nicht bewertet und nicht in der Bilanz angesetzt. Zum Laufzeitbeginn des Zinsswaps zur Vergütung von Marktabweichungen gezahlte oder erhaltene Einmalzahlungen (Upfront Payments) sind bilanziell als sonstige Vermögensgegenstände oder sonstige Verbindlichkeiten auszuweisen und zur Korrektur des Zinsergebnisses pro rata temporis erfolgswirksam aufzulösen. Bei Laufzeitende des Zinsswaps fließende Einmalzahlungen (Balloon Payments) sind während der Laufzeit des Swaps zu Gunsten bzw. zu Lasten des Zinsergebnisses pro rata temporis aufzubauen.

Laufende gegenseitige Zinszahlungen (üblicherweise im Wege des Nettings gegeneinander verrechnet) eines bilanzpostenbezogenen Zinsswaps sind, für den Fall gleicher Fälligkeit, saldiert in der Position der Gewinn- und Verlustrechung auszuweisen, in der das Zinsergebnis des zugrunde liegenden Grundgeschäfts ausgewiesen wird.

Bei auf festverzinsliche Aktiva bezogenen Zinsswaps sind grundsätzlich weder zinsinduzierte Niederstwertabschreibungen auf das Grundgeschäft noch Drohverlustrückstellungen auf den Swap vorzunehmen. Eine Wertkorrektur des Grundgeschäfts ist ausnahmsweise im vorgenannten Beispiel erforderlich, wenn der über den Swap vereinbarte Festzins des Wertpapiers minderverzinslich ist und das Grundgeschäft dem Umlaufvermögen zugeordnet wird. In ihrer Zinsausstattung durch einen Swap modifizierte Passiva sind wie orginäre Passiva zu bewerten. Das Höchstwertprinzip kommt, insoweit wie bei Kreditaufnahmen zu langfristig fixierten Zinssätzen, nicht zur Anwendung.

Rückstellungen für drohende Verluste kommen jedoch bei Wegfall des Grundgeschäfts, wie auch bei drohendem Ausfall des Swappartners, in Betracht.

Die vorzeitige Auflösung eines Zinsswaps vor Fälligkeit führt zu einer erfolgswirksamen Erfassung des Barwertes des Swaps zum Auflösungszeitpunkt. Bei einer wirtschaftlichen Glattstellung durch Abschluss eines Gegengeschäfts ist der realisierte Erfolg nur zeitanteilig als Margendifferenz erfolgswirksam.

9. Bilanzielle Darstellung von Finanzderivaten

Zins-Futures als Zinssicherungsinstrument

Zins-Futures sind hinsichtlich Nominalbetrag, Erfüllungszeitpunkt und Basiswert standardisiert gehandelte Zinsderivate, die an Terminbörsen mit einem Clearingsystem gehandelt werden. Aufgabe des Clearings hierbei ist die Berechnung täglicher Gewinn- bzw. Verlustausgleichszahlungen (Variation Margin) aus dem Kontrakt sowie die Übernahme des Kontrahentenrisikos (Adressausfallrisiko des jeweiligen Vertragspartners).

Bei Unternehmen wird regelmäßig ein (künftiger) Bilanzposten als Grundgeschäft, wie beispielsweise Wertpapiere, Geldanlagen oder Kreditaufnahmen, der zu sichernde Basiswert sein. Durch den Abschluss eines Zins-Futures kann einem für die Zukunft erwarteten Zinsrisiko begegnet werden.

Typische Beispiele für Zins-Futures:

- Verkauf eines bilanzpostenbezogenen Zins-Futures zur Absicherung eines festverzinslichen Wertpapierbestandes (Beispiel 1)
- Kauf eines bilanzpostenbezogenen Zins-Futures zur Absicherung eines beabsichtigten Erwerbs von festverzinslichen Wertpapieren (Beispiel 2)
- Kauf eines Zins-Futures zur Sicherung der Zinskondition einer beabsichtigten Kreditaufnahme (Beispiel 3)

Für die Bilanzierung von Zins-Futures sind die Grundsätze der Stellungnahme des Bankenfachausschusses des Instituts der Wirtschaftsprüfer (IDW BFA 2/1993) sinngemäß anwendbar:

Bei Abschluss eines Futures sind Sicherheitsleistungen (Initial Margin) an die Clearingstelle zu erbringen, die unter den sonstigen Vermögensgegenständen zu aktivieren sind. Das Futuregeschäft selbst ist nach den Grundsätzen für schwebende Geschäfte nicht zu bilanzieren.

Mit der Variation-Margin werden tägliche Gewinne und Verluste des entsprechenden Kontraktes ausgeglichen. Gezahlte oder erhaltene Variation-Margins bei noch nicht abgewickelten Futures sind als sonstige Vermögensgegenstände oder sonstige Verbindlichkeiten auszuweisen.

Bilanzpostenbezogene Futures sind als Bewertungseinheit mit dem Grundgeschäft zusammengefasst zu bewerten. Dies gilt für nicht bilanzwirksame Grundgeschäfte entsprechend. In Beispiel 1 kann somit eine gegebenenfalls unter Zugrundelegung des Einzelbewertungsgrundsatzes notwendige Abschreibung auf den niedrigeren beizulegenden Wert unterbleiben.

Das Sicherungsgeschäft kann mit Ablauf des Termingeschäfts oder durch eine vorzeitige Glattstellung (Closing; gegenseitige Rechte und Pflichten entfallen) beendet werden. Über die Laufzeit erhaltene oder gezahlte Variation-Margins werden in diesem Zeitpunkt in voller Höhe erfolgswirksam. Inm Beispiel 1 bedeutet dies, dass dem Ertrag (Aufwand) aus den Zahlungen der Variation-Margins Abschreibungen (schwebende Gewinne) auf das Wertpapier gegenüberstehen, die unter den Abschreibungen aus Finanzanlagen und Wertpapieren des Umlaufvermögens auszuweisen sind. In Beispiel 2 ändert sich durch die Absicherung der gekauften Wertpapiere der Anschaffungspreis. Ein Ertrag (Aufwand) aus dem Zins-Future vermindert (erhöht) die Anschaffungskosten des Wertpapiers.

Inm Beispiel 3 erfolgt die Festschreibung der Kondition für ein antizipatives Grundgeschäft. Die Grundsätze zur Bildung von Bewertungseinheiten sind hier nach herrschender Meinung nicht anwendbar. Entstehen aus dem Derivativgeschäft zum Bilanzstichtag Bewertungsverluste, sind Drohverlustrückstellungen zu bilden.

Forward-Rate-Agreement als Zinssicherungsinstrument

Forward-Rate-Agreements (FRA) sind zwischen zwei Vertragspartnern individuell vereinbarte Zinstermingeschäfte, die eine – nach Ablauf einer Vorlaufzeit – feste Verzinsung für einen ebenfalls vorab fixierten Betrag über einen künftigen Sicherungszeitraum vereinbaren. Nach Ablauf der Vorlaufzeit erfolgt am Abrechnungstag ein diskontierter Differenzausgleich (Settlement) zwischen der festgelegten FRA-Verzinsung und dem vereinbarten Referenzzinssatz.

FRA werden von Unternehmen insbesondere zur Festschreibung der Zinsen (Transformation einer unsicheren variablen in eine sichere feste Verzinsung) für bestehende Bilanzposten (Fall 1) oder geplante Mittelanlagen/-aufnahmen (Fall 2) eingesetzt.
Typische Beispiele für FRA:

- Abschluss eines bilanzpostenbezogenen FRA, Absicherung einer variablen Darlehensverbindlichkeit (Grundgeschäft) durch Kauf eines FRA (Beispiel zu Fall 1).
- Abschluss eines FRA für künftige Mittelanlagen (antizipatives Grundgeschäft), Festschreibung der Zinserträge durch Verkauf eines FRA. (Beispiel zu Fall 2).

Für die Bilanzierung der FRA bei Unternehmen ist IDW BFA 2/1993 sinngemäß anwendbar. In Fall 1 erfolgt während der Vorlaufzeit keine Bewertung des Kontrakts. Da bei Abrechnung alle Rechte und Pflichten aus dem Kontrakt erlöschen, sind die Ausgleichszahlungen grundsätzlich im Abrechnungszeitpunkt in voller Höhe erfolgswirksam in der Gewinn- und Verlustrechnung zu erfassen.

In der Praxis wird die Ausgleichzahlung häufig – entgegen IDW BFA 2/1993 – auf die Sicherungsperiode verteilt. In diesem Fall ist in Beispiel zu Fall 1 zum Abrechnungsstichtag eine Forderung gegenüber dem FRA-Verkäufer erfolgswirksam zu aktivieren und durch Bildung eines betragsgleichen passiven Rechnungsabgrenzungspostens der Ertrag zu neutralisieren. Der Eingang der Ausgleichszahlung wird gegen die Forderung gebucht. Der Rechnungsabgrenzungsposten wird über die Sicherungsperiode pro rata temporis zu Gunsten des Zinsaufwands aufgelöst.

Wie vorstehend erläutert, können nach herrschender Meinung zwischen antizipativem Grundgeschäft und Sicherungsgeschäft keine Bewertungseinheiten (Fall 2) gebildet werden. Sofern innerhalb der Vorlaufzeit Bewertungsverluste aus dem FRA entstehen, sind zum Bilanzstichtag Drohverlustrückstellungen zu bilden. Ausgleichzahlungen sind zum Abrechungszeitpunkt ebenfalls in voller Höhe erfolgswirksam zu erfassen; ausnahmsweise können sie – wenn die ursprüngliche Sicherungsabsicht in vollem Umfang erfüllt wird – Teil der Anschaffungskosten des antizipativen Grundgeschäfts werden.

Zinsbegrenzungsvereinbarungen als Zinssicherungsinstrument

Zinsbegrenzungsvereinbarungen sind die vertragliche Vereinbarung einer Zinsober- (Cap) oder Zinsuntergrenze (Floor) bzw. einer Kombination beider (Collar) für einen variabel verzinslichen Bilanzposten (Grundgeschäft). Dem Erwerber des Instruments (Optionsberechtigter) wird eine Serie einzelner Optionsrechte eingeräumt, zu bestimmten Zeitpunkten während der Gesamtlaufzeit der Zinsbegrenzungsvereinbarung von einem Dritten (Stillhalter) bei Übersteigen (im Fall des Caps) eines fixierten Zinssatzes (strike price) eine Ausgleichszahlung zu verlangen.

Unternehmen treten in aller Regel nicht in die Stillhalterposition, da hierdurch ein theoretisch unbegrenztes Verlustrisiko entsteht. Aufgrund der asymmetrischen Risikoverteilung muss der Optionsberechtigte eine Optionsprämie an den Stillhalter leisten.

Für die Bilanzierung und Bewertung von Zinssicherungsvereinbarungen bei Unternehmen sind die Grundsätze der Stellungnahme des Bankenfachausschusses des Instituts der Wirtschaftsprüfer 3/1995 sinngemäß anwendbar:

Dient das Optionsrecht der Absicherung eines Bilanzpostens, sind Bewertungseinheiten zwischen Grund- und Sicherungsgeschäft zu bilden.

Erworbene Optionsrechte werden bei Geschäftsabschluss mit den Anschaffungskosten (inklusive Nebenkosten) in Höhe der zu leistenden Optionsprämie aktiviert. Der Ausweis erfolgt im Umlaufvermögen unter den sonstigen Vermögensgegenständen.

Da die Laufzeiten der einzelnen Teiloptionen sukzessiv zu wiederkehrenden Zeitpunkten während der Gesamtlaufzeit des Vertrages enden, erfolgt eine planmäßige Abschreibung der Optionsprämie zu Lasten des Zinsaufwands (in der Praxis erfolgt dies vereinfacht linear statt finanzmathematisch).

Am Folgestichtag kommen Niederstwertabschreibungen der variabel verzinslichen Grundgeschäfte aufgrund der zusammengefassten Bewertung von Grund- und Sicherungsgeschäft mit einer Ausnahme grundsätzlich nicht in Betracht. Bezieht sich ein Floor auf variabel verzinsliche Aktiva des Umlaufvermögens, ist er jedoch gegebenenfalls mit dem niedrigeren beizulegenden Wert zu bewerten.

Vom Stillhalter erhaltene Ausgleichszahlungen sind periodengerecht abzugrenzen und für die betreffende Sicherungsperiode zinsaufwandsmindernd zu vereinnahmen.

Zinsbegrenzungsvereinbarungen können auch nicht einzelgeschäftsbezogen zur Sicherung von rollierender Aktiva oder Passiva eingesetzt werden. Sofern das Nominalvolumen des Sicherungsgeschäfts stets kleiner ist als die variabel verzinslichen Aktiva/Passiva, ist die Zinsbegrenzungsvereinbarung nicht zu bewerten. Das übersteigende Volumen des Sicherungsgeschäfts ist einzeln zu bewerten.

Swaption als Zinssicherungsinstrument

Der Käufer einer Swaption (Swapoption) erwirbt gegen Zahlung einer Prämie das Recht, zu einem bestimmten Ausübungszeitpunkt einen im Voraus fest spezifizierten Zinsswap abzuschließen. Kommt es zur tatsächlichen Ausübung, treten die Kontrahenten in einen Finanzswap ein. Unternehmen treten in der Regel nicht als Stillhalter/Verkäufer von Swaptions auf, sodass der maximale Verlust stets auf die Optionsprämie begrenzt ist.

Durch den Abschluss von Swaptions können – ähnlich wie beim Einsatz von Zinsbegrenzungsvereinbarungen – Mindest- oder Höchstverzinsungen variabel verzinslicher Aktiva/Passiva (Grundgeschäft) erzielt werden. Typische Beispiele sind:

- Kauf einer Payer-Swaption (Unternehmen als Festzinszahler) zur Absicherung einer variabel verzinslichen Verbindlichkeit auf eine Höchstverzinsung (Beispiel 1)
- Kauf einer Payer-Swaption zur Absicherung eines festverzinslichen Wertpapiers gegen eine Marktzinserhöhung (Beispiel 2)
- Kauf einer Receiver-Swaption (Unternehmen als Festzinsempfänger) zur Absicherung einer variabel verzinslichen Aktiva auf eine Mindestverzinsung (Beispiel 3)

Die Prämienzahlung ist unter den sonstigen Vermögensgegenständen zu aktivieren. Während der Laufzeit der Option erfolgt grundsätzlich eine Bewertung durch den Käufer nach dem strengen Niederstwertprinzip.

Bilanzpostenbezogenes Grundgeschäft und Sicherungsgeschäft bilden eine Bewertungseinheit und werden grundsätzlich nicht zinsbewertet. Eine Wertkorrektur des Grundgeschäfts kommt ausnahmsweise nur in Betracht, wenn das Grundgeschäft im Fall des Beispiels 3 dem Umlaufvermögen zugeordnet ist.

In Abhängigkeit von der Zinsentwicklung treten die Kontrahenten in einen Zinsswap ein (Physical Settlement), der Stillhalter zahlt dem Käufer den positiven Wert der Option (Cash Settlement) oder die Option verfällt wertlos. Im Fall der physischen Ausübung ist der Buchwert der Optionsprämie Teil der Anschaffungskosten des Zinsswaps und über dessen Laufzeit abzuschreiben. In den beiden anderen Fällen ist die Prämie zu Lasten des Zinsaufwands in voller Höhe erfolgswirksam abzuschreiben.

Finanzinstrumente zur Sicherung von Währungsrisiken

Devisentermingeschäft als Währungssicherungsinstrument

Devisentermingeschäfte werden zur Kurssicherung abgeschlossen und verpflichten zum Kauf bzw. Verkauf eines im Voraus festgelegten Währungsbetrages an einem bestimmten Zeitpunkt zu einem fest vereinbarten Kurs. In Abhängigkeit der erwarteten Kursentwicklung wird der im Abschlusszeitpunkt geltende Devisenkassakurs um eine Prämie in Form eines Abschlags (entspricht einer Abwertungserwartung der Fremdwährung) oder eines Aufschlags korrigiert.

Devisentermingeschäfte werden bei Unternehmen typischerweise zur Kurssicherung von

- kurzfristigen verzinslichen/unverzinslichen bilanziellen Aktiva/Passiva (Grundgeschäft; Beispiel 1) und längerfristigen unverzinslichen Aktiva/Passiva (Beispiel 2),
- schwebenden Fremdwährungsgeschäften (Beispiel 3) oder
- künftigen Fremdwährungsgeschäften (antizipatives Grundgeschäft; Beispiel 4)

eingesetzt. In den Beispielen 1 und 2 sind zwischen dem Grund- und dem Sicherungsgeschäft Bewertungseinheiten zum aktuellen Kassakurs im Sicherungszeitpunkt zu bilden. Vor dem Sicherungszeitpunkt entstandene offene Devisenpositionen aus dem Grundgeschäft sind erfolgswirksam zu erfassen.

Werden in Beispiel 1 unverzinsliche Grundgeschäfte wie Leistungsforderungen oder -verbindlichkeiten gesichert, ist die Prämie als

9.1 Übersicht zur Darstellung nach HGB

einmaliger Korrekturposten im Beispiel unter den Umsatzerlösen bzw. den Materialaufwendungen zu erfassen.

Sofern verzinsliche Grundgeschäfte gesichert werden, erfolgt eine zeitanteilige Auflösung der Prämie als Korrektur des jeweiligen Ausweises der Erträge/Aufwendungen in der Gewinn- und Verlustrechnung. Die zeitanteilige Verteilung der Prämie kann buchungstechnisch innerhalb des Ansatzes des Grundgeschäfts oder abgespalten als eigenes Aktivum/Passivum erfasst werden. Haben unverzinsliche Grundgeschäfte eine Laufzeit von mehr als einem Jahr (Beispiel 2), sind sie darüber hinaus auf den Barwert abzuzinsen.

Devisentermingeschäfte zur Sicherung schwebender Geschäfte (Beispiel 3), d. h. noch nicht bilanzwirksamer, aber fest geschlossener Transaktionen, werden bis zur Einbuchung des Grundgeschäfts nicht bewertet. Für das Sicherungsgeschäft sind gegebenenfalls keine Drohverlustrückstellungen zum Bilanzstichtag zu bilden. Die Anschaffungskosten des zu beschaffenden Grundgeschäfts bestimmen sich nach dem Erfüllungskurs des Termingeschäfts.

Bei Sicherung eines antizipativen Grundgeschäftes (Beispiel 4) ist die Bildung einer Bewertungseinheit nicht möglich (vgl. Abschnitt 12.1.1). Abgeschlossene Termingeschäfte sind einzeln zu bewerten und, sofern notwendig, Rückstellungen für drohende Verluste zu bilden.

Die vorzeitige vertragliche Auflösung eines Devisentermingeschäfts führt zur erfolgswirksamen Vereinnahmung der Prämie.

Zins-Währungsswap als Währungssicherungsinstrument

Bei Zinsswaps werden gegenseitige Zinszahlungen vereinbart, die nach einem festen Kapitalbetrag bemessen werden, ohne die Kapitalbeträge zu tauschen (vgl. Abschnitt 12.1.2.1). Währungsswaps haben den Austausch und späteren Rücktausch deckungsgleicher Kapitalbeträge in verschiedenen Währungen einschließlich der Zinszahlungen zum Gegenstand. Zins-Währungsswaps kombinieren beide Formen. Dies bedeutet, dass Zinsverpflichtungen sowohl in verschiedenen Währungen als auch mit unterschiedlicher Zinsbindungsfrist getauscht werden.

Beispielsweise kann durch den Abschluss eines Zins-Währungsswaps eine langfristig begebene CHF-Festzinsanleihe in variabel verzinsliche EUR-Mittel transformiert werden.

Es erfolgt ein Anfangstausch der Kapitalerträge zum Kassakurs. Die aus der Anfangstransaktion zugeflossenen Valuten werden mit den Anschaffungskosten angesetzt.

Die den Kapitalbeträgen in der jeweiligen Währung zugehörigen Zinszahlungen werden ebenfalls getauscht, im obigen Beispiel erfolgt ein Tausch von fest gegen variabel. Zum Bilanzstichtag noch nicht fällige Zinsen (im Beispiel aktivisch abzugrenzende CHF-Festzinsen und passivisch abzugrenzende variable EUR-Zinsen) sind mit dem Kassakurs zum Bilanzstichtag umzurechnen und grundsätzlich (Ausnahmen bestehen bei Aufrechnungslage oder Novationsnetting) unsaldiert in der Bilanz und saldiert nach der Nettomethode in der Gewinn- und Verlustrechnung als Zinsertrag oder -aufwand auszuweisen.

Da im Beispiel das Unternehmen die gesamte CHF-Schuld auf den Swappartner übertragen hat, ist zum Bilanzstichtag der Ausweis einer EUR-Schuld sachgerecht.

Der Währungsswap selbst stellt grundsätzlich eine geschlossene Währungsposition dar. Hat ein Unternehmen zum Bilanzstichtag beispielsweise eine in Euro umgerechnete Währungsforderung ausgewiesen, ist aufgrund der bestehenden Bewertungseinheit mit dem Sicherungsgeschäft eine währungsbedingte Forderungsabschreibung nicht vorzunehmen. Wird der aus dem Anfangstausch erhaltene Fremdwährungsbetrag allerdings in Euro konvertiert, handelt es sich um eine offene Währungsposition, auf die gegebenenfalls eine währungsbedingte Forderungsabschreibung vorzunehmen ist.

Am Ende der Laufzeit des Zins-Währungsswaps werden die Grundbeträge, wie bei einem Währungsswap, zum Kurs, der zum Zeitpunkt des Anfangstausches galt, zurückgetauscht.

Devisenoption als Währungssicherungsinstrument

Devisenoptionen geben dem Käufer das Recht, nicht aber die Pflicht, einen bestimmten Währungsbetrag zu einem vorab festgelegten Kurs und zu einem im Voraus vereinbarten Termin zu kaufen oder zu verkaufen. Unternehmen setzen Devisenoptionen zur Kurssicherung von Grundgeschäften insbesondere ein, wenn sie die künftige Währungskursentwicklung nur schwer abschätzen können. Abgesichert werden können, wie beim Devisentermingeschäft auch, Bilanzposten, antizipative und schwebende Grundgeschäfte.

Für die Bilanzierung und Bewertung von Devisenoptionen bei Unternehmen sind die Grundsätze der Stellungnahme des Bankenfachausschusses des Instituts der Wirtschaftsprüfer 2/1995 sinngemäß anwendbar.

Gezahlte Optionsprämien für erworbene Optionsrechte sind unter den sonstigen Vermögensgegenständen zu aktivieren. Eine planmäßige Abschreibung der Prämie kommt nicht in Betracht.

Sind Devisenoptionen zur Sicherung eines bilanzpostenbezogenen Grundgeschäfts abgeschlossen, bleiben die Bewertungsgewinne und -verluste der geschlossenen Position der Bewertungseinheit unberücksichtigt. Wird durch das Sicherungsgeschäft keine vollständige kompensatorische Bewertung erreicht, ist der übersteigende Bewertungsverlust durch Abschreibung des Grundgeschäfts bzw. Bildung einer Drohverlustrückstellung zu berücksichtigen.

Da bei bilanzpostenbezogenen Sicherungsgeschäften im Ausübungszeitpunkt kein Vermögensgegenstand erworben oder eine Verbindlichkeit eingegangen wird, ist die aktivierte Optionsprämie ebenso wie – im Fall des Verfalls – erfolgswirksam zu erfassen.

Für schwebende und antizipative Grundgeschäfte sind die vorstehenden Bilanzierungsgrundsätze zu Devisentermingeschäften als Sicherungsinstrument anzuwenden. Bei Beendigung des Schwebezustands und Ausübung der Option ist im Fall der Sicherung eines schwebenden Geschäfts die Anschaffung zum Sicherungskurs zu aktivieren. Die Anschaffungskosten umfassen auch die Prämie. Bei Veräußerungsvorgängen mindert die gezahlte Prämie das Veräußerungsergebnis.

9.2 Übersicht der Darstellung nach IFRS

9.2.1 Stand des Amendments Project zu IAS 39

Die bilanzielle Behandlung derivativer Finanzinstrumente nach IFRS ist im Standard zum Ansatz und Bewertung von Finanzinstrumenten detailliert geregelt. Für Geschäftsjahre bis zum 31. Dezember 2004 ist der in 1998 erlassene und im Jahre 2000 in begrenztem Umfang geänderte Standard IAS 39 (2000) maßgeblich.

Am 17. Dezember 2003 wurde eine überarbeitete Fassung (IAS 39 (2003)) veröffentlicht, die erstmals für Geschäftsjahre anzuwenden ist, die am oder nach dem 1.1.2005 beginnen. Allerdings ist auch eine frühere Anwendung auf freiwilliger Basis möglich.

Des Weiteren wurden am 31. März 2004 als Amendment zu IAS 39 Regelungen veröffentlicht, die ein Portfolio-Hedging von Zinsrisiken ermöglichen; diese gelten als Bestandteil von IAS 39.

Soweit sich durch IAS 39 (2003) Änderungen in der bilanziellen Darstellung von Finanzderivaten ergeben, werden diese im vorliegenden Beitrag mit berücksichtigt.

Nicht eingegangen wird auf die von IAS 32 und IAS 39 geforderten umfangreichen Angaben zur Bilanzierung von derivativen Finanzinstrumenten.

9.2.2 Grundlagen der Bilanzierung und Bewertung von Finanzinstrumenten nach IFRS

Erstansatz und -bewertung

Nach IAS 39 ist ein Finanzinstrument ein Vertrag, aufgrund dessen bei einem Unternehmen ein finanzieller Vermögenswert und bei einem anderen Unternehmen eine finanzielle Schuld oder ein Eigenkapitalinstrument entsteht. Von dieser Definition werden somit auch Derivate eingeschlossen und sind – im Gegensatz zur handelsrechtlichen Rechnungslegung – grundsätzlich bilanziell zu erfassen, auch wenn sie unbedingte oder bedingt schwebende Geschäfte darstellen.

Die erstmalige bilanzielle Erfassung erfolgt zu Anschaffungskosten, welche dem Fair Value der hingegebenen bzw. erhaltenen Gegenleistung entsprechen.

Bei bestimmten derivativen Finanzinstrumenten – etwa bei Zins- und Währungsswaps, bei Termingeschäften oder Forward Rate Agreements – sind Leistung und Gegenleistung bei Vertragsabschluss in der Regel ausgeglichen, so dass in diesen Fällen die Anschaffungskosten gleich Null sind, es sei denn bei Vertragsabschluss liegen keine marktgerechten Konditionen vor. Die dann zu zahlenden oder zu erhaltenden Einmalzahlungen (Upfront Payments) sind als Anschaffungskosten zu aktivieren oder zu passivieren. Die bei Abschluss von Futures und Forward-Rate-Agreements an die Terminbörse zu leistenden Initial-Margins sind als Sicherheitsleistung gesondert zu aktivieren.

Anschaffungskosten mit Wert ungleich Null entstehen beim Erwerb von Optionen oder Caps in Höhe der gezahlten Optionsprämien.

Transaktionskosten, die beim Erwerb von derivativen Finanzinstrumenten anfallen, sind nur dann zu aktivieren, wenn kein Erwerb mit Sicherungsabsicht vorliegt. Sollen damit jedoch Cashflows oder Fair Values abgesichert werden, dann sind die Transaktionskosten sofort erfolgswirksam in der Gewinn- und Verlustrechnung zu erfassen.

Folgebewertung

Die Folgebewertung ist abhängig von der Klassifizierung der Finanzinstrumente in verschiedene Kategorien.

Nach IAS 39 (2000) ergeben sich abhängig von der Klassifizierung der finanziellen Vermögenswerte und Schulden folgende Wertansätze:

9.2 Übersicht der Darstellung nach IFRS

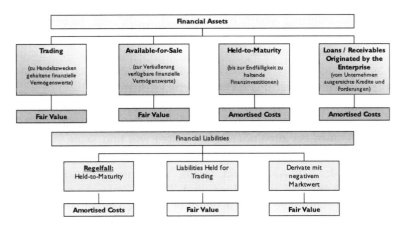

Abb. 9-2: Klassifizierung von Financial Assets und Liabilities nach IAS 39 (2000)

Eine in den jeweiligen Berichtsperioden vorzunehmende Bewertungsanpassung zum Fair Value ist bei Held-for-Trading-Assets erfolgswirksam über die Gewinn- und Verlustrechnung durchzuführen. Es handelt sich dabei um solche finanziellen Vermögenswerte, die mit der Absicht erworben wurden, Gewinne aus kurzfristigen Preisschwankungen zu erzielen. Derivate gelten grundsätzlich als für Handelszwecke angeschafft und sind somit erfolgswirksam an ihren beizulegenden Wert anzupassen. Eine Ausnahme von der erfolgswirksamen Folgebewertung tritt dann ein, wenn sie im Rahmen eines Sicherungsgeschäftes einer wirksamen Sicherungsbeziehung zugeordnet werden können (vgl. dazu Abschnitt 10.2.3). Ein Nachweis einer solchen Sicherungsbeziehung bei Held-for-Trading-Assets als abzusicherndes Grundgeschäft selbst ist wiederum nicht notwendig, da bei der Folgebewertung sowohl Grund- als auch Sicherungsgeschäft erfolgswirksam über die Gewinn- und Verlustrechnung an den beizulegenden Wert angepasst werden.

Der Fair Value ist dabei nach IAS 39.95-102 (2000) bzw. IAS 39.48 Application Guidance 69-82 (2003) wie folgt zu ermitteln:

- Ein öffentlich notierter Marktpreis auf einem aktiven Markt ist der bestmögliche Hinweis für den Fair Value.
- Liegt kein öffentlich notierter Marktpreis auf einem aktiven Markt vor, so kann der Fair Value aus dem Marktpreis der letzten Transaktion abgeleitet werden.
- Kann der Fair Value nicht aus einem Marktpreis abgeleitet werden, dann ist er mit Hilfe anerkannter Bewertungsverfahren zu ermitteln. Dies schließt folgende Verfahren ein:
  - Vergleich mit aktuellen Marktwerten anderer, im Wesentlichen identischen Finanzinstrumenten

- Diskontierung sämtlicher künftiger Cashflows, insbesondere bei Zinsderivaten (Swaps, Futures, Forward Rate Agreements)
- Optionspreismodelle.

Generell sind Transaktionskosten beim Fair-Value-Ansatz im Rahmen der Folgebewertung nicht zu berücksichtigen.

Held-to-Maturity Investments sind Vermögenswerte mit festen oder bestimmbaren Zahlungen sowie einer festen Laufzeit, die das Unternehmen bis zur Endfälligkeit halten will und keine vom Unternehmen ausgereichte Kredite oder Forderungen darstellen.

Available-for-Sale-Assets sind solche Vermögenswerte, die keiner anderen Kategorie zuzuordnen sind. In der Praxis kommt dieser Kategorie somit eine große Bedeutung zu. Die Wertanpassung dieser Vermögenswerte an den Fair Value kann letztmalig im Geschäftsjahr 2004 entweder ergebniswirksam über die Gewinn- und Verlustrechnung oder erfolgsneutral direkt im Eigenkapital (statement of changes in equity) abgebildet werden. Das Wahlrecht muss hierbei unternehmensweit ausgeübt werden.

Eine Umwidmung der Vermögenswerte von Available-for-Sale oder Held-to-Maturity in die Kategorie Held-for-Trading ist möglich, eine gegenläufige Umwidmung von Held-for-Trading in die anderen Kategorien ist aufgrund der vorhandenen Zielsetzung beim Erwerb nicht möglich.

Mit dem überarbeiteten Standard IAS 39 (2003) wurde eine weitere Kategorie Financial Asset or Liability at Fair Value through Profit or Loss mit zwei Unterkategorien eingeführt. Zum einen werden die nahezu unverändert definierten, als Held-for-Trading klassifizierten Vermögenswerte dieser Kategorie zugeordnet. Zum anderen können Vermögenswerte und Schulden beim erstmaligen Ansatz als At Fair Value through Profit or Loss designiert werden.

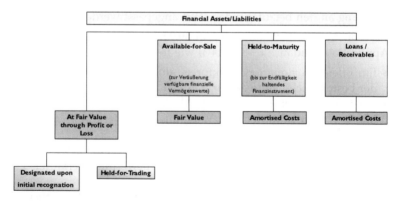

Abb. 9-3: Klassifizierung von Financial Assets und Liabilities nach IAS 39 (2003)

9.2 Übersicht der Darstellung nach IFRS

Somit bleibt es künftig dem bilanzierenden Unternehmen freigestellt, durch Designation sämtliche Finanzinstrumente zum Fair Value zu bewerten, mit der Folge dass die Wertänderungen erfolgswirksam im Periodenergebnis zu erfassen sind. Damit kann – auch ohne die formalen Anforderungen an ein Sicherungsgeschäft (vgl. dazu Abschnitt 12.2.3.3) erfüllen zu müssen – eine Sicherungsbeziehung im Jahresabschluss abgebildet werden, da sowohl Grundgeschäft als auch Derivat der gleichen Bewertungskategorie zugeordnet sind. Volatilitäten des Periodenergebnisses oder des Eigenkapitals treten bei Wertanpassungen zum Fair Value mithin dann nicht mehr auf. Zu beachten ist jedoch, dass eine Designation bereits im Zugangszeitpunkt vorzunehmen ist und unwiderruflich ist. Eine nachträgliche Umwidmung in die Kategorie At Fair Value through Profit or Loss ist somit nach IAS 39 (2003) nicht zulässig.

Eine weitere wesentliche Änderung durch IAS 39.55 (b) (2003) besteht in der Abschaffung des Wahlrechtes, Wertanpassungen bei Finanzinstrumenten der Kategorie Available-for-Sale ergebniswirksam zu buchen. Künftig ist zwingend eine erfolgsneutrale Verrechnung im Eigenkapital vorzunehmen, es sei denn, der Vermögenswert wird bei Anschaffung durch Designation der Kategorie At Fair Value through Profit or Loss zugeordnet.

9.2.3 Grundlagen des Hedge-Accounting nach IFRS

Zweck des Hedge-Accounting nach IFRS

Werden derivative Finanzinstrumente zur Absicherung von Währungs-, Preis- oder Zinsänderungsrisiken eines Grundgeschäftes eingesetzt, so erfolgt die Behandlung der Gewinne oder Verluste aus Wertänderungen nach den speziellen Vorschriften des IAS 39.121 ff. (2000) bzw. IAS 39.85 ff. (2003). Ziel des Hedge-Accounting ist es, die gegenläufigen Wertentwicklungen eines risikobehafteten Grundgeschäftes durch ein Sicherungsgeschäft in der Rechnungslegung zu kompensieren. Die Regelungen sollen dazu führen, dass die ansonsten durch die Bilanzierungsregeln für Derivate ausgelösten Schwankungen in der Gewinn- und Verlustrechnung gemindert werden. Dies kann durch folgende Methoden erreicht werden:

- Die sonst ergebnisneutralen Wertänderungen des *Grundgeschäftes* (fortgeführte Anschaffungskosten oder ergebnisneutrale Fair-Value-Anpassungen im Eigenkapital) werden erfolgswirksam im Periodenergebnis ausgewiesen
- Die sonst ergebniswirksam im Periodenergebnis zu buchende Wertanpassungen des *Sicherungsgeschäftes* werden ergebnisneutral im Eigenkapital ausgewiesen.

Die Vorschriften des IAS 39 lassen gegenwärtig praktisch lediglich Micro-Hedges zu, da die Abbildung eines Portfolio-Hedges insbesondere voraussetzt, dass die einzelnen Finanzinstrumente des Portfolios alle ein vergleichbares Risikoprofil aufweisen. Die Bildung von Macro-Hedges wird mit der Verabschiedung des Amendment „Fair Value Hedge Accounting for a Portfolio Hedge of Interest Rate Risk" im März 2004 für Zinsrisiken unter bestimmten Voraussetzungen zugelassen. Ansonsten ist die Bildung von Macro-Hedges im Sinne der Absicherung einer Nettorisikoposition nicht zulässig.

Arten der Sicherungsbeziehungen

IAS 39.137 (2000) bzw. IAS 39.86 (2003) unterscheiden drei Arten von Sicherungsbeziehungen hinsichtlich des gesicherten Risikos:

- Fair-Value-Hedge
  Durch einen Fair-Value-Hedge soll das Risiko der Änderung des beizulegenden Wertes eines bilanzierten Vermögenswertes oder einer bilanzierten Schuld, die sich aufgrund einer Änderung der Zinssätze, Devisenkurse oder sonstiger Preisänderungen ergibt, abgesichert werden. Als Beispiele sind die Absicherung festverzinslicher Wertpapiere oder Forderungen/Verbindlichkeiten mit Zinsswaps gegen Marktzinsänderungen oder die Absicherung von Fremdwährungsforderungen/-verbindlichkeiten mit Devisentermingeschäften oder Devisenswaps zu nennen.
  Mit IAS 39.86 (2003) sind noch nicht bilanzierte schwebende Geschäfte (sog. firm commitments, z. B. schwebende Einkaufs- oder Verkaufsgeschäfte) künftig ebenfalls als Fair-Value-Hedge zu qualifizieren, es sei denn, dass aus diesen Verpflichtungen resultierende Wechselkursrisiken abgesichert werden sollen. In diesen Fällen besteht weiterhin ein Wahlrecht zur bilanziellen Behandlung als Fair-Value- oder Cashflow-Hedge.

- Cashflow-Hedge
  Ein Cashflow-Hedge bezieht sich auf die Absicherung zukünftiger Schwankungen von Zahlungsströmen, die Auswirkungen auf das Periodenergebnis haben, wie z. B. die Absicherung von variabel verzinslichen Forderungen/Verbindlichkeiten gegen Zinsrisiken durch einen Zinsswap oder die Absicherung geplanter Umsätze in Fremdwährung.
  Bis zur Anwendung von IAS 39 (2003) wird die Absicherung noch nicht bilanzierter fester Verpflichtungen (firm commitments) gegen Preisschwankungen ebenfalls als Cashflow-Hedge behandelt.

- Absicherung einer Nettoinvestition in eine wirtschaftlich selbständige Teileinheit im Ausland.

Im Folgenden werden ausschließlich die Varianten Fair-Value- sowie Cashflow-Hedge betrachtet.

Voraussetzungen des Hedge-Accounting

IAS 39 lässt ein Hedge-Accounting nur dann zu, wenn die strengen Anforderungen an die Dokumentation und an die Wirksamkeit der Absicherungsmaßnahme kumulativ erfüllt sind:

- Sicherungsbeziehung sowie die Risikomanagementzielsetzungen und -strategien des Unternehmens sind bereits bei Abschluss des Sicherungsgeschäftes formal zu dokumentieren. Dabei sind auch die Art des abzusichernden Risikos sowie die Methoden und Verfahren, wie das Unternehmen die Wirksamkeit des Sicherungsinstrumentes bestimmen will, anzugeben.

- Der Sicherungszusammenhang muss vom Unternehmen in Übereinstimmung mit der verfolgten Absicherungsstrategie als effektiv eingestuft werden (prospektive Effektivität). Eine solche geforderte hohe Wirksamkeit ist gegeben, wenn bei Beginn und über die Laufzeit erwartet wird, dass Veränderungen bei Fair Value oder Cashflows des gesicherten Grundgeschäfts durch gegenläufige Effekte des Sicherungsinstrumentes nahezu ausgeglichen werden. Eine Bandbreite von 80% bis 125% ist dabei wohl ausreichend.

- Die Effektivität des Sicherungszusammenhangs muss verlässlich ermittelbar sein, d.h. die Fair Values bzw. Cashflows des Sicherungsinstrumentes und des abgesicherten Grundgeschäftes müssen verlässlich bestimmbar sein.

- Die Effektivität des Sicherungszusammenhangs muss während des Berichtszeitraums (mindestens im Rahmen der Aufstellung des Jahres- oder Zwischenabschlusses) fortlaufend beurteilt und als hoch wirksam (Bandbreite von 80% bis 125%) eingestuft werden (retrospektive Effektivität).

- Eine vorgesehene künftige Transaktion im Rahmen eines Cashflow-Hedge (antizipatives Hedging) muss eine hohe Eintrittswahrscheinlichkeit haben und Cashflow-Risiken ausgesetzt sein.

Bilanzielle Abbildung des Hedge-Accounting

Fair-Value-Hedge

Bewertungsgewinne/oder -verluste bei der Folgebewertung sind beim Derivat als *Sicherungsinstrument* weiterhin erfolgswirksam im Periodenergebnis zu erfassen.

Die auf das gesicherte Risiko entfallende Änderung des Fair Values des gesicherten *Grundgeschäftes* ist ebenfalls sofort im Periodenergebnis zu erfassen. Dies gilt auch dann, wenn es sich bei dem

Grundgeschäft um ein Finanzinstrument der Vermögenskategorie Available-for-Sale handelt, dessen Wertänderungen ansonsten erfolgsneutral im Eigenkapital zu erfassen sind bzw. wenn es sich um Finanzinstrumente der Kategorie Held-to-Maturity bzw. Loans/Receivables handelt, die ansonsten zu fortgeführten Anschaffungskosten zu bewerten sind. Wertänderungen des Grundgeschäftes, die nicht dem abgesicherten Risiko zuzurechnen sind, sind nach den allgemeinen, für die jeweilige Kategorie der Assets/ Liabilities gültigen Bilanzierungsregeln abzubilden.

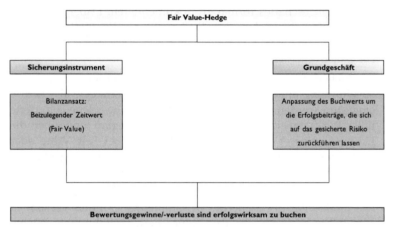

Abb. 9-4: *Folgebewertung beim Fair-Value-Hedge nach IAS 39.153 (2000) bzw. IAS 39.89 (2003)*

Cashflow-Hedge

Die Folgebewertung des *Derivats* erfolgt wie beim Fair-Value-Hedge zum beizulegenden Wert. Allerdings sind hier Gewinne/ Verluste aus Veränderungen des beizulegenden Werts insoweit erfolgsneutral im Eigenkapital durch Bildung einer Hedging-Reserve zu verrechnen, als sie in Bezug auf die Absicherung als wirksam (effektiv) einzustufen sind. Sie werden erst in der Periode erfolgswirksam, in denen die Cashflows des gesicherten Grundgeschäftes das Periodenergebnis beeinflussen (z. B. ein vorgesehener Umsatz tatsächlich realisiert wird). Die erfolgswirksame Erfassung der Cashflows und der kompensierenden Auflösung der Hedging-Reserve im selben Posten der Gewinn- und Verlustrechnung ist dabei zu empfehlen. Der ineffektive Teil der Änderung des beizulegenden Wertes des Derivats ist sofort erfolgswirksam in der Gewinn- und Verlustrechnung zu erfassen. Die erfolgsneutrale Behandlung der (effektiven) Bewertungsergebnisse des Sicherungsinstrumentes wird jedoch dann durchbrochen, wenn sich im Rahmen eines

9.2 Übersicht der Darstellung nach IFRS

durchzuführenden Niederstwert-Tests ein Korrekturbedarf ergibt. Übersteigt nämlich der kumulative Gewinn oder Verlust aus dem Sicherungsgeschäft den beizulegenden Wert (Barwert) der künftig erwarteten Cashflows aus dem gesicherten Grundgeschäft in absoluten Beträgen, so ist der übersteigende Wert als Ineffektivität erfolgswirksam in der Gewinn- und Verlustrechnung (sonstiger betrieblicher Aufwand) zu korrigieren.

Die gesicherten *Grundgeschäfte* – die jeweiligen künftigen Cashflows – werden bilanziell nicht abgebildet. Soweit die Cashflows bereits bilanzierte Vermögenswerte oder Schulden betreffen, sind diese selbst nach den allgemeinen Regeln zu bewerten.

Besonderheiten ergeben sich bei der Absicherung von schwebenden, *festen im Sinne von bindenden Verpflichtungen (firm commitments)* sowie *vorgesehenen Transaktionen (forecast transactions)*, die erst noch zu einem bilanziellen Ansatz eines Vermögenswerts oder einer Verbindlichkeit führen werden. Hierbei ist zwischen den derzeit anzuwendenden Regelungen des IAS 39 (2000) und den Regelungen des IAS 39 (2003) zu unterscheiden.

Nach IAS 39.160 (2000) sind die bis zum Zeitpunkt der erstmaligen Bilanzierung des angeschafften Vermögenswertes bzw. der Verbindlichkeit direkt im Eigenkapital erfassten Bewertungsanpassungen aus dem Sicherungsgeschäft bei der Erstbewertung der Anschaffungskosten des angeschafften Vermögenswertes bzw. der Verbindlichkeit zu berücksichtigen (Basis Adjustment). Es ist insoweit eine Umbuchung aus dem Eigenkapital in die Anschaffungskosten erforderlich. Die Gewinnrealisierung aus dem Sicherungsinstrument erfolgt somit ratierlich in den künftigen Perioden, in denen der angeschaffte Vermögensgegenstand bzw. die Verbindlichkeit sich auf das Ergebnis auswirkt, beispielsweise durch Abschreibungsaufwand bei Vermögensgegenständen oder Zinsen durch Amortisation eines Agios/Disagios bei Verbindlichkeiten.

Für die Behandlung solcher schwebenden Verpflichtungen oder vorgesehenen Transaktionen nach IAS 39 (2003) ab dem Geschäftsjahr 2005 ist zu differenzieren:

• Feste schwebende Verpflichtungen

Solche festen Verpflichtungen werden künftig als Fair-Value-Hedge behandelt mit der Folge, dass die nachfolgenden kumulativen Marktwertänderungen des (schwebenden) Grundgeschäftes, die sich auf das gesicherte Risiko zurückführen lassen, als Vermögenswert oder Verbindlichkeit – mit einer entsprechenden Gegenbuchung in der Gewinn- und Verlustrechnung – bilanziell zu erfassen sind (IAS 39.93 (2003)). Die dem abgesicherten Risiko zurechenbaren Wertänderungen schlagen sich somit wie auch die

Wertänderungen des Sicherungsinstrumentes selbst erfolgswirksam mit gegenläufigen, sich kompensierenden Beträgen in der Gewinn- und Verlustrechnung nieder.

Bei Absicherungen von Fremdwährungsrisiken bleibt es beim Wahlrecht zwischen Fair-Value- und Cashflow-Hedge.

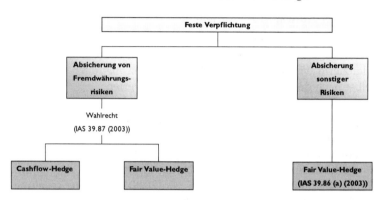

Abb. 9-5: *Künftige bilanzielle Behandlung von festen Verpflichtungen nach IAS 39 (2003)*

- Vorgesehene Transaktionen, die zum Ansatz eines Vermögenswertes oder einer Schuld führen

Diese Sicherungsgeschäfte werden weiterhin als Cashflow-Hedges qualifiziert, die bilanzielle Behandlung ist jedoch davon abhängig, ob die vorgesehene Transaktion zur Erfassung von nichtfinanziellen Vermögenswerten (z. B. Anlagevermögen) bzw. Verbindlichkeiten oder zur Erfassung von finanziellen Vermögenswerten bzw. Verbindlichkeiten führt.

– Vorgesehene Transaktion führt zur Erfassung eines nichtfinanziellen Vermögenswerts oder einer nichtfinanziellen Verbindlichkeit

In diesen Fällen hat das bilanzierende Unternehmen wie bislang bereits nach IAS 39.160 (2000) das Wahlrecht, die mit dem Vermögenswert bzw. der Verbindlichkeit verbundenen und direkt im Eigenkapital erfassten (Sicherungs-)Gewinne/Verluste bei den Anschaffungskosten des erworbenen Finanzinstrumentes zu berücksichtigen (Basis Adjustment gemäß IAS 39.98 (b) (2003)) oder in das Ergebnis derjenigen Perioden umzubuchen, in denen der erworbene Vermögenswert bzw. die erworbene Verbindlichkeit das Ergebnis, z. B. durch Abschreibungen, beeinflusst (IAS 39.98 (a) (2003)).

Das Wahlrecht muss vom Unternehmen dabei einheitlich und stetig ausgeübt werden.

9.2 Übersicht der Darstellung nach IFRS

- Vorgesehene Transaktion führt zur Erfassung eines finanziellen Vermögenswerts oder einer finanziellen Verbindlichkeit

Die ergebnisneutral direkt im Eigenkapital kumulierten Bewertungsgewinne/-verluste sind in den Berichtsperioden erfolgswirksam umzubuchen, in denen sich die Erträge und Aufwendungen des erworbenen Vermögenswerts oder der Verbindlichkeit, z.B. durch Zinserträge/-aufwendungen, niederschlagen (IAS 39.97 (2003)).

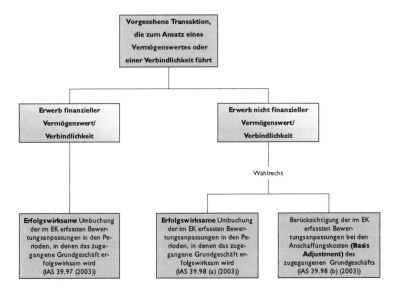

Abb. 9-6: *Künftige bilanzielle Behandlung von vorgesehenen Transaktionen nach IAS 39 (2003)*

Bilanzierung bei Beendigung der Hedge-Beziehung

Die Vorschriften für das Hedge-Accounting sind für die künftige Bilanzierung nicht mehr anzuwenden, wenn einer der folgenden Sachverhalte eintritt:

- Das Sicherungsinstrument läuft aus oder wird veräußert, beendet oder ausgeübt (ein Ersatz oder eine Weiterführung eines Sicherungsinstrumentes durch ein anderes im Rahmen der dokumentierten Sicherungsstrategie gilt dabei nicht als Auslaufen oder Beendigung).
- Das Sicherungsgeschäft erfüllt nicht mehr die Voraussetzungen für die Anwendung des Hedge-Accounting.
- Das bilanzierende Unternehmen gibt die Sicherungsbeziehung auf.
- Der Eintritt der festen Verpflichtung (firm commitments sind nach IAS 39 (2000) als Cashflow-Hedge zu behandeln, gem. IAS

39 (2003) – sofern es sich nicht um die Absicherung von Wechselkursrisiken handelt – als Fair-Value-Hedge) oder der vorgesehenen Transaktion wird nicht mehr erwartet (nur relevant beim Cashflow-Hedge).

Folgen beim Fair-Value-Hedge

Wird das Derivat veräußert oder glattgestellt, sind entstehende Differenzen zwischen erhaltenen Zahlungen (z. B. Optionsprämien oder vergütete Marktwerte) und dem Restbuchwert des Derivats erfolgswirksam als Veräußerungsgewinn oder -verlust (sonstige betriebliche Erträge/Aufwendungen) zu behandeln.

Für das Grundgeschäft sind keine weiteren Buchwertanpassungen mehr vorzunehmen. War das gesicherte Grundgeschäft ein zinstragendes Finanzinstrument, so sind die bisherigen Buchwertanpassungen bis zur Fälligkeit des Grundgeschäftes ergebniswirksam im Finanzergebnis zu amortisieren. Das Gleiche gilt, wenn die Voraussetzungen für das Hedge-Accounting entfallen oder die Sicherungsbeziehung vom Unternehmen aufgegeben wird.

Wird das gesicherte Grundgeschäft veräußert und das derivative Finanzinstrument im Bestand gehalten, so ist dieses als Held-for-Trading-Asset/Liability zu behandeln und Anpassungen im Rahmen der Fair-Value-Bewertung sind weiterhin erfolgswirksam im Ergebnis der gewöhnlichen Tätigkeit zu erfassen.

Folgen beim Cashflow-Hedge

Die im Eigenkapital (Hedging-Reserve) erfolgsneutral erfassten kumulierten Gewinne/Verluste aus der Folgebewertung des Sicherungsinstrumentes sind solange weiterhin als gesonderter Posten im Eigenkapital fortzuführen, bis die vorgesehene Transaktion eintritt.

Kommt es zu keinem Zugang eines Vermögenswertes oder einer Schuld, dann muss der Posten in dem Zeitpunkt erfolgswirksam aufgelöst werden, in denen die Cashflows der vorgesehenen Transaktion das Periodenergebnis beeinflussen.

Bestand das Grundgeschäft aus einer vorgesehenen Transaktion oder einer festen vertraglichen Verpflichtung, die zum Ansatz eines Vermögenswertes oder Schuld führt, dann ist zwischen den Regelungen des IAS 39 (2000) und des IAS 39 (2003) zu unterscheiden.

Nach IAS 39 (2000) ist bei Zugang des Vermögenswerts oder der Schuld die Hedging-Reserve als Korrekturposten bei den Anschaffungskosten zu berücksichtigen (Basis Adjustment). Die Absicherung einer festen Verpflichtungen ist zukünftig nach IAS 39.86 (a) (2003) als Fair-Value-Hedge zu behandeln (vgl. dazu Abschnitt 12.2.3.4.3.1).

9.2 Übersicht der Darstellung nach IFRS

Bei Eintritt einer vorgesehenen Transaktion richtet sich die künftige bilanzielle Behandlung der Hedging-Reserve gemäß IAS 39 (2003) danach, ob der Zugang finanzieller oder nicht finanzieller Natur ist (vgl. dazu die dargestellten Grundsätze in 12.2.3.4.2).

Wird der Eintritt der vorgesehenen Transaktion oder die nach IAS 39 (2000) noch als Cashflow-Hedge zu behandelnde feste vertragliche Verpflichtung nicht mehr wahrscheinlich, dann sind die im Eigenkapital angesammelten Beträge aus der Bewertungsanpassung des Sicherungsinstrumentes erfolgswirksam aufzulösen.

Bei Auflösung oder Glattstellung des eingesetzten Derivats ist wie beim Fair-Value-Hedge die Differenz zwischen Buchwert des Derivats und der Ausgleichs-/Prämienzahlung erfolgswirksam zu behandeln. Wird es weiterhin im Bestand gehalten, so ist es nach Beendigung der Sicherungsbeziehung nach den Grundsätzen für Held-for-Trading-Assets/Liabilities zu bilanzieren.

9.3 Executive Summary

Die allgemeinen Bewertungsvorschriften des Deutschen Handelsrechts führen mit der Anwendung des Grundsatzes der Einzelbewertung, des Vorsichts-, des Realisations- und des Imparitätsprinzips sowie des Grundsatzes der Bewertungsstetigkeit und dem Anschaffungskosten- sowie Niederstwertprinzip als Konkretisierung des Imparitätsprinzips bei isolierter Anwendung auf eingesetzte Sicherungsinstrumente nicht zu einer adäquaten Abbildung der Sicherungswirkungen in der handelsrechtlichen Rechnungslegung. Das Handelsrecht löst dies durch die Bildung von Bewertungseinheiten und die so genannte kompensatorische Bewertung von Grundgeschäft und Sicherungsgeschäft. Mit der Stellungnahme BFA 2/1995 wird ein Verknüpfungsgebot von Grund- und Sicherungsgeschäft als Bewertungseinheit für Optionen gefordert, soweit diese nachweislich als Sicherungsinstrumente eingesetzt werden. Damit wird eine isolierte Bewertung als unzulässig erklärt, weil sie zur GuV-Erfassung von Scheinverlusten führen würde. Als Mindestvoraussetzungen für die Bildung von Bewertungseinheiten werden genannt:

- die negative Risikokorrelation zwischen Grund- und Sicherungsgeschäft,
- die Durchhalteabsicht sowie
- die nachvollziehbare ex ante Dokumentation.

Bewertungseinheiten sind als Micro-Hedges, Macro-Hedges und Portfolio-Hedges möglich, jedoch werden aufgrund der Anforderungen an die Dokumentation und Risikosteuerungsinstrumente für Industrieunternehmen in aller Regel nur Micro-Hedges anerkannt. Die buchungstechnische Abbildung der Bewertungseinheiten ist als zusammengefasste Bewertung (Wirkungen des Sicherungsgeschäftes werden bei der Bilanzierung des Grundgeschäftes berücksichtigt) oder kompensatorische Bewertung (Sicherungs- und Grundgeschäft werden einzeln bewertet und die Bewertungsergebnisse kompensiert) darstellbar. In der Praxis überwiegt die zusammengefasste Bewertung. Für imperfekte Teile von Bewertungseinheiten gelten die Allgemeinen Bilanzierungsgrundregeln.

Neben den Bewertungsergebnissen können sich Sicherungsstrategien in der Bilanz in Form von zu aktivierenden Prämien- und Marginzahlungen sowie zum Bilanzstichtag abzugrenzender Zinsansprüche bzw. Verpflichtungen in Abhängigkeit von den eingesetzten Sicherungsinstrumenten niederschlagen. Die Sicherungsinstrumente sind, soweit sie nicht Teil der Bewertungseinheiten sind, als schwebende Geschäfte bilanziell zu berücksichtigen. Bei drohenden Verlusten sind entsprechende Rückstellungen zu bilden. In den Anhangangaben wird eine Berichterstattung über die eingesetzten Instrumente, deren Nominalwert, Restlaufzeit und Marktwert sowie Angaben zu geschlossenen und offenen Positionen und sowie den eingesetzten Sicherungsstrategien gefordert.

Derivative Finanzinstrumente sind nach IFRS zwingend zu bilanzieren, auch dann wenn sie schwebende Geschäfte darstellen, die nach dem handelsrechtlichen Imparitätsprinzip lediglich dann bilanziell zu berücksichtigen sind, wenn aus ihnen ein Verpflichtungsüberschuss droht.

Der Ansatz hat dabei zum Fair Value zu erfolgen, welcher bei einem vorhandenen aktiven Markt für das Finanzinstrument dem Marktpreis entspricht. Kann der Fair Value nicht aus einem vorhandenen Marktpreis abgeleitet werden, so ist dieser mit Hilfe von anerkannten Bewertungsverfahren zu ermitteln.

Ob die jeweilige Anpassung des Bilanzansatzes des derivativen Finanzinstrumentes an den Fair Value in den einzelnen Berichtsperioden erfolgswirksam zu erfassen ist oder direkt im Eigenkapital zu verrechnen ist, hängt davon ab, ob die Voraussetzung für ein Hedge-Accounting vorliegen oder nicht.

Wird das derivative Finanzinstrument nicht zu Sicherungszwecken angeschafft oder können die Anforderungen an die Dokumentation und Wirksamkeit einer gewollten Sicherungsbeziehung nicht nachgewiesen werden, muss die Folgebewertung dieses dann als Held-for-Trading zu qualifizierendes Finanzinstrument immer erfolgswirksam über eine buchhalterische Erfassung in der Gewinn- und Verlustrechnung zu erfolgen.

Liegt dagegen ein wirksames Sicherungsgeschäft vor, ist zu unterscheiden, ob dieses als Fair-Value- oder als Cashflow-Hedge einzuordnen ist.

Im Falle eines Fair-Value-Hedges sind Bewertungsanpassungen ebenfalls erfolgswirksam abzubilden.

Bei Vorliegen eines Cashflow-Hedges sind Bewertungsgewinne oder -verluste insoweit erfolgsneutral im Eigenkapital durch Bildung einer Hedging-Reserve zu verrechnen, als sie in Bezug auf die Absicherung des Grundgeschäftes als wirksam einzustufen sind, während der unwirksame Teil der Bewertungsgewinne/-verluste des Derivats erfolgswirksam zu buchen ist. Durch die Erfassung des wirksamen Teils im Eigenkapital wird die Ergebniswirkung in die zukünftigen Berichtsperioden verlagert, in denen die Cashflows aus dem abgesicherten Grundgeschäft das Periodenergebnis beeinflussen. Liegt dem Cashflow-Hedge ein Grundgeschäft zugrunde, das zu einer Anschaffung eines Vermögenswertes oder einer Schuld führt, ist noch nach IAS 39 (2000) zum Zeitpunkt des Zugangs eine Korrektur ihrer Anschaffungskosten durch Umbuchung der Hedging-Reseve vorzunehmen (Basis Adjustment). Nach IAS 39 (2003) ist für Geschäftsjahre ab dem 1.1.2005 die weitere Behandlung der Hedging-Reserve bei vorgesehenen Transaktion, die zu einem Zugang eines Vermögenswertes oder einer Schuld führen, davon abhängig, ob sie finanzieller oder nicht finanzieller Natur sind. Liegt dem Anschaffungsvorgang nicht eine abgesicherte vorgesehene Transaktion, sondern eine bereits feste Verpflichtung zu Grunde, dann wird diese künftig bilanziell als Fair-Value-Hedge behandelt.

Die speziell für Sicherungsgeschäfte geltenden Bilanzierungsvorschriften sind ab Beendigung der Sicherungsbeziehung nicht mehr anzuwenden, also dann, wenn das bilanzierende Unternehmen entscheidet, die Sicherungsbeziehung aufzugeben, wenn das derivative Finanzinstrument ausläuft, beendet, ausgeübt oder veräußert wird oder wenn die gestellten Voraussetzungen an Wirksamkeit und Dokumentation der Sicherungsbeziehung nicht mehr erfüllt werden. Des Weiteren ist das Hedge-Accounting dann einzustellen, wenn eine abgesicherte – noch nicht bilanzierte – feste Verpflichtung oder vorgesehen Transaktion nicht mehr erwartet wird.

Epilog

Von Thomas Priermeier

Auf den nun hinter Ihnen liegenden rund 300 Seiten haben Sie eine Menge zum Thema Finanzrisikomanagement gehört. Sicherlich ist nicht für jeden Leser jedes Kapitel gleich wichtig und gleich interessant – ein derartiger Anspruch wäre sicher ein wenig überzogen. Dennoch hoffen wir, Ihnen mit diesem Buch einen praxisorientierten Leitfaden an die Hand gegeben zu haben. Es konnten sicher nicht alle Finanzrisiken angesprochen werden. Und auch die behandelten Risiken konnten nicht in allen Facetten beleuchtet werden. Aber Ziel war es, ein möglichst umfassendes aber dabei „lesbares" und umsetzbares Fachbuch für Praktiker zusammenzustellen – und das ist uns hoffentlich gelungen.

Finanzrisikomanagement muss – wie schon mehrfach betont – ein andauernder Prozess sein. Und auch die Weiterentwicklung muss als Aufgabe und kontinuierlicher Erweiterungs- und Verbesserungsprozess gesehen werden. Unsere Überlegungen und unser Ansatz des Finanzrisikomanagements zielen bereits weiter. Auch neue Finanzrisiken müssen berücksichtigt und ihr Management gezielt entwickelt und modelliert werden. So stehen beispielsweise als nächstes Finanzrisiken aus CO_2-Emissionsrechten oder Risiken aus Charterraten von Schiffen auf der Tagesordnung.

Für all diejenigen Leser, die immer noch nicht genug zum Thema Finanzrisikomanagement haben, finden Sie im Anhang noch weitere Details und Informationen. Dabei handelt es sich – neben dem Glossar und Erläuterungen zu Optionen – insbesondere um (finanzmathematische) Grundlagen, welche für mehrere der behandelten Kapitel relevant sind und die wir aus Gründen der Übersichtlichkeit und des besseren Leseflusses an das Ende des Buches gesetzt haben.

Sollten Sie nun Fragen oder Anregungen haben, so stehe ich gerne zur Verfügung:

Thomas.Priermeier@hvb.de

Anhang

A 1 Finanzmathematischer Anhang 377
A 2 Optionen................................... 389
A 3 Glossar 399

A 1 Finanzmathematischer Anhang

Dieses Buch soll sicherlich ein Praxishandbuch sein, dass sich nicht in abstruse theoretische Modelle verstrickt. Dennoch ist ein Mindestmaß an Finanzmathematik in unseren Augen unverzichtbar. Denn nur in Kenntnis bestimmter Berechnungen und deren Abgrenzung ist es möglich, verschiedene an internationalen Zinsmärkten gehandelten Produkte zu verstehen und letztlich auch zu bewerten. Wir haben uns jedoch bewusst auf ein Minimum an Theorie beschränkt, um Ihnen nicht schon in den vorderen Kapiteln die Lust am Weiterlesen zu verderben.

A 1.1 Zinsberechnung

Sowohl in der täglichen Praxis als auch in mathematisch-theoretischen Modellen begegnen uns laufend verschiedenste Zinsberechnungsmethoden. Teilweise unterscheiden sich diese gravierend, teilweise nur marginal. Für das Verständnis der in den folgenden Abschnitten besprochenen Produkte und Berechnungen ist es unerlässlich, die Eigenheiten und Unterschiede der Zinsberechnungsmethoden zu kennen. Nur dann ist es gewährleistet, dass man gezielt das richtige Werkzeug, sprich den richtigen Berechnungsansatz wählt und dadurch auch das gewünschte Ergebnis korrekt ermittelt.

Zinsrechnungsarten

Zunächst sollte auf die prinzipielle Unterscheidung der grundlegenden Zinsrechnungsarten eingegangen werden.
In den Darstellungen und Beispielen werden folgende Symbole verwendet:

r = Zinssatz in Prozent – z. B. 0,045 bei 4,50 %
q = Zinsfaktor (= $1 + r$) – z. B. 1,045 bei 4,50 %
n = Anzahl der Zinsperioden
m = Häufigkeit der Zinszahlungen pro Jahr
K_0 = Anfangskapital
K_n = Endkapital (nach n Zinsperioden)

Einfache Verzinsung

Die einfache Verzinsung geht sehr simpel vor. Es werden nur die Zinsen aller einzelnen Zinsperioden ermittelt und schließlich aufsummiert. Eine Wiederanlage und Verzinsung dieser Zinsen findet dabei nicht statt.

$$\text{Kapital nach n Jahren } (K_n) = K_0 \times (1 + (r \times n))$$

Beispiel
Anfangskapital: EUR 40.000,–
Zinssatz: 4,5 % (bei einfacher Verzinsung)
Anlagedauer: 7 Jahre
Kapital nach n Jahren: ?

$K_n = 40.000 \times (1 + (0{,}045 \times 7))$
$K_n = 52.600{,}–$

In der Praxis findet die einfache Verzinsung kaum über mehrere Zinsperioden Anwendung.

Zinseszinsrechnung

Entgegen der einfachen Verzinsung wird hier nach jedem Jahr der Zins nicht nur ermittelt und bezahlt. Er wird dem Kapital auch zugeschlagen und mit verzinst. Dadurch ergibt sich ein Zinseszinseffekt.

$$\text{Kapital nach n Jahren } (K_n) = K_0 \times (1+r)^n$$

Beispiel

Anfangskapital: EUR 40.000,–
Zinssatz: 4,5 % (bei Zinseszinsrechnung)
Anlagedauer: 7 Jahre
Kapital nach n Jahren: ?
$K_n = 40.000 \times (1 + 0{,}045)^7$
$K_n = 54.435{,}-$ (also EUR 1.835,– mehr als bei einfacher Verzinsung.)

Die Zinseszinsrechnung ist die gängigste Berechnungsmethode. Sie findet unter anderem Anwendung in der Renditeberechnung von Anlagen am Geld- und Kapitalmarkt. Dies ist auch leicht nachvollziehbar, wenn man als Beispiel eine Anleihe mit jährlicher Zinsberechnung/-gutschrift betrachtet. Hier wird bei Zinsberechnung der Zinsbetrag zumindest rechnerisch dem Anlagebetrag zugeschlagen und sofort mitverzinst.

Unterjährige Verzinsung

Von einer unterjährigen Verzinsung wird gesprochen, wenn die Zinsgutschriften in Intervallen erfolgen, die kleiner als ein Jahr sind. Analog zur bereits angesprochenen Zinseszinsberechnung gehen wir auch hier davon aus, dass die Zinszahlungen sofort bei Berechnung kumuliert und mit verzinst werden.

$$\text{Kapital nach n Jahren } (K_n) = K_0 \times (1 + (r/m))^{m \times n}$$

Beispiel

Anfangskapital: EUR 40.000,–
Zinssatz: 4,5 % (bei Zinseszinsrechnung)
Häufigkeit der Zinszahlung: monatlich
Anlagedauer: 7 Jahre
Kapital nach n Jahren: ?
$K_n = 40.000 \times (1 + (0{,}045 \times 12))^{7 \times 12}$
$K_n = 54.780{,}-$ (also EUR 345,– mehr als bei jährlicher Zahlungsweise.)

Diese Berechnungsweise ist insbesondere im Bereich des Geldmarkts üblich. Bestes Beispiel ist ein monatlich laufendes Termingeld. Wird dies prolongiert ergibt sich sofort ein Zinseszinseffekt durch die Mitverzinsung der kumulierten Zinsen.

Stetige Verzinsung

Die stetige Verzinsung führt das Prinzip der unterjährigen Verzinsung weiter bis die Intervalle zwischen den Zinszahlungen theoretisch unendlich klein sind. Rechnerisch ergibt sich ein noch ermittelbarer Grenzwert auf Basis der *Eulerschen Zahl e*. Dieser Grenzwert wird angewandt wenn eine Berechnung auf Grundlage der stetigen Verzinsung durchgeführt wird.

Kapital nach n Jahren $(K_n) = K_0 \times e^{r \times n}$ (wobei e^r = Grenzwert)

Beispiel

Anfangskapital: EUR 40.000,–
Zinssatz: 4,5 % (bei Annahme einer stetigen Verzinsung)
Anlagedauer: 7 Jahre
Kapital nach n Jahren: ?
$K_n = 40.000 \times e^{r \times 7}$
$K_n = 54.825,-$ (also EUR 390,– mehr als bei jährlicher Zahlungsweise incl. Zinseszins.)

Die stetige Verzinsung findet Eingang in zahlreiche mathematische Modelle. Als prominentes Beispiel sei das Optionspreismodell nach Black/Scholes genannt.

A 1.2 Methodik der Tageberechnung

Der Haupteinflussfaktor bei der Verzinsung von Kapitalbeträgen ist natürlich der Zinssatz. Neben diesem Satz ist es aber mit entscheidend, nach welcher Tagesystematik das Kapital verzinst wird. Je nachdem in welchem Land, welchem Produkt, welchem Segment und welcher Währung Sie agieren, sind verschiedene Tagekonventionen Usance. Um angegebene Zinssätze vergleichen und bewerten zu können ist es unerlässlich die verwendete Tagekonvention zu berücksichtigen und die Zinssätze gegebenenfalls umzurechnen.

Die unterschiedlichen Konventionen differieren prinzipiell hinsichtlich zweier Berechnungsgrundsätze:

- Wie viele Tage hat ein verzinster Monat?
- Wie viele Tage hat ein verzinstes Jahr?

Geldmarkt

Am Geldmarkt werden Laufzeitbereiche zwischen einem Tag und zwölf Monaten gehandelt.
Die in Deutschland übliche Konvention für die Tageberechnung innerhalb des Geldmarkts ist die **Act/360** Methode (actual/360 oder auch echt/360). Das bedeutet, dass die tatsächliche Anzahl der Tage zwischen zwei Daten für die Berechnung der Zinszahlung herangezogen wird, das gesamte Jahr aber mit 360 Tagen in die Rechnung eingeht.

Beispiel

Geldmarktanlage vom 15.02.1998 bis 15.03.1998 auf Basis Act/360:
Anzahl der Zinstage = 28 Zinstage (in einer Zinsrechnung noch dividiert durch 360 Tage pro Jahr)
In anderen Ländern oder besser gesagt in anderen Währungen haben sich teilweise andere Konventionen durchgesetzt. Beispielsweise werden Geldmarktanlagen in Großbritannien, respektive in Britischen Pfund, üblicherweise **Act/365** (= tatsächliche Tage dividiert durch 365 Tage pro Jahr) verzinst.

Kapitalmarkt

Am Kapitalmarkt werden Laufzeitbereiche über zwölf Monaten gehandelt. Die in Deutschland übliche Konvention für die Tageberechnung war jahrzehntelang die Methode 30/360 (Bond-Basis) oder die Abwandlung 30E/360 (Eurobond-Basis). Das bedeutet, dass für die Berechnung der Zinstage zwischen zwei Daten jeder ganze Monat mit 30 Tagen für die Berechnung der Zinszahlung herangezogen wird sowie das gesamte Jahr mit 360 Tagen in die Rechnung eingeht. Bei Eurobond-Basis gilt noch eine Sonderheit für den Monat Februar. Fällt das Enddatum einer Zinsperiode hier auf den letzten Tag im Februar (üblicherweise der 28. 2.), so wird dieser Monat nicht mit 30 sondern mit 28 Zinstagen berechnet.

Beispiel

Kapitalmarktanlage vom 30. 11. 1997 bis 28. 2. 1998 auf Basis **30/360**:

30 Zinstage

bzw.

Kapitalmarktanlage vom 30. 11. 1997 bis 28. 2. 1998 auf Basis **30E/360**:

28 Zinstage

Jeweils noch dividiert durch 360 Tage pro Jahr.

Im Rahmen der Europäischen Wirtschaft- und Währungs-Union (EWWU) hat sich jedoch auch im Kapitalmarktbereich die Methode act/360 etabliert. Prüfen Sie gegebenenfalls kritisch nach, nach welcher Methodik ein bestimmtes Wertpapier verzinst wird.

Umrechnung bzw. Vergleich der Zinsberechnungsmethoden

Bereits weiter oben wurde aufgezeigt dass man Zinssätze nur dann vergleichen kann, wenn sie mit der gleichen Konvention und im gleichen Turnus berechnet wurden. Da dies oftmals leider nicht der Fall ist, möchten wir nun Umrechnungsmöglichkeiten vorstellen, mit denen man zumindest einige Methoden der Zinsrechnung aneinander angleichen kann und diese dadurch vergleichbar macht.

Um sich zu verdeutlichen zu welch fataler Fehlinterpretation man kommen kann wenn man die falsche Zinsberechnungsmethode anwendet, werfen Sie einen Blick auf folgende Tabelle:

	Act/360	30/360
jährliche Zinsrechnung	5,00 %	5,07 %
halbjährliche Zinsrechnung	5,06 %	5,13 %
vierteljährliche Zinsrechnung	5,10 %	5,17 %
monatliche Zinsrechnung	5,12 %	5,19 %

Umrechnung der Tagekonvention

Von Geldmarktzinssatz (mit tatsächlich verzinsten Kalendertagen) auf Kapitalmarktzinssatz (mit standardisierten 30 Zinstagen pro Monat):

$$\text{Zinssatz}_{KM} = \text{Zinssatz}_{GM} \times (365/360)$$

Von Kapitalmarktzinssatz (mit standardisierten 30 Zinstagen pro Monat) auf Geldmarktzinssatz (mit tatsächlich verzinsten Kalendertagen):

$$\text{Zinssatz}_{GM} = \text{Zinssatz}_{KM} \times (360/365)$$

Beispiel

Ein Unternehmen bekommt zwei Anlageangebote um einen Liquiditätsüberschuss anzulegen.

Angebot 1: Tagegeld über 180 Tage zu 3,66 % (Geldmarktmethodik)
Angebot 2: Wertpapier mit einer Restlaufzeit von 180 Tagen zu 3,70 % (Kapitalmarkt)
Welches Angebot soll das Unternehmen annehmen?

Um die beiden Angebote vergleichen zu können gleichen wir die Zinsrechnungsmethoden aneinander an. Ob nun beide auf Geldmarktmethodik oder beide auf Kapitalmarktmethodik ist zweitrangig – man muss sich nur zu einer der beiden entschließen. In unserem Beispiel basieren wir die Angebote auf Geldmarktmethodik um:

$$\text{ZinssatzGM} = 3{,}70 \times (360/365)$$
$$= 3{,}649\,\%$$

Die Verzinsung des Wertpapiers weist also auf Geldmarktbasis einen Satz von 3,649 % auf. Das Unternehmen wird sich daher für das Tagegeld entscheiden, da es hier einen höheren Zinsertrag erzielen kann.

Umrechnung der Zahlungsweise

Von unterjähriger (monatlich, viertel- oder halbjährlich) Verzinsung in jährliche Verzinsung (pa). „n" bezeichnet wieder die Häufigkeit der jährlichen Zinszahlungen:

$$(1 + [\text{Zinssatz}_{\text{unterjährig}}/n])^n - 1$$

Von jährlicher (p.a.) Verzinsung in unterjährige Verzinsung:

$$([1 + \text{Zinssatz}_{\text{jährlich}}]^{(1/n)} - 1) \times n$$

Beispiel

Ein Unternehmen bekommt zwei Anlageangebote um einen Liquiditätsüberschuss anzulegen.

Angebot 1: Tagegeld über 360 Tage zu 5,04 % (jährliche Zahlungsweise)
Angebot 2: Tagegeld über 360 Tage zu 5,01 % (monatliche Zahlungsweise)
Welches Angebot soll das Unternehmen annehmen?

Um die beiden Angebote vergleichen zu können gleichen wir die Zinsrechnungsmethoden aneinander an. Es ist wiederum egal auf welche Konvention man die beiden Angebote umbasiert. Wir rechnen hier Angebot 2 auf jährliche Zahlungsweise um:

$$r_{pa} = (1 + [0{,}0501/12])^{12} - 1$$
$$= 5{,}1266\,\%$$

Das Unternehmen wird sich trotz „niedrigerem" Zinssatz für Angebot 2 entscheiden. Dieser monatlich gerechnete Zinssatz entspricht einem jährlich gerechneten Zins von 5,13 % und liegt somit über Angebot 1.

A 1.3 Bewertung von Zahlungsströmen

Zur Beurteilung der Wertigkeit von Zahlungsströmen wird meist nicht nur die nominelle Höhe dieser Zahlungsströme betrachtet. Denken Sie daran: Schon rein subjektiv haben für uns zehn Mark die wir sofort bekommen einen höheren „Wert" als zehn Mark, die wir erst in fünf Jahren bekommen.

Je weiter Zahlungsströme in der Zukunft liegen, desto geringer ist der Wert dieser Zahlung, bezogen auf den heutigen Zeitpunkt. Um diese subjektive Aussage zu objektivieren und mathematisch greifbar zu machen verwendet man meist die Methode der Barwerte.

Barwert

Der Barwert (oft auch als „present value" bezeichnet) ist dabei der durch Abzinsen ermittelte aktuelle Wert einer zukünftigen Zahlung. Zum Abzinsen werden dabei meist aktuelle Marktzinssätze bzw. relevante Vergleichszinssätze verwendet:

$$\text{Barwert } t_0 = \text{Zahlung zum Zeitpunkt } t_n / (1 + r)^n$$

Der Barwert wird hier auf den Zeitpunkt t_0, also zum heutigen Tag berechnet. n bezeichnet die Anzahl der Perioden, über die die Zahlung abgezinst wird. Die Variable r kennzeichnet den Zinssatz mit der abgezinst wird.

Beispiel

Sie möchten einen Taschenrechner verkaufen. Ein Interessent bietet Ihnen an, sofort einen Kaufpreis von EUR 920 zu zahlen. Ein anderer Interessent würde einen Preis von EUR 1.000 zahlen – allerdings erst in zwei Jahren. Für welches Angebot werden Sie sich entscheiden, wenn wir einen vergleichbaren 2-Jahres-Zinssatz von 5 % unterstellen?

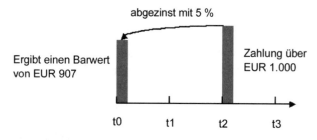

Das Schaubild verdeutlicht, dass das optisch höhere Kaufangebot von EUR 1.000 tatsächlich einen geringeren Barwert aufweist als das optisch niedrigere. In unserem Beispiel bekommt also der Interessent den Zuschlag, der EUR 920 sofort bezahlt, da Sie einen barwertigen Vorteil von EUR 13 (EUR 920 minus EUR 907) haben.

Was hier anhand einer Zahlung verdeutlicht wurde funktioniert natürlich auch bei komplexeren Zahlungsströmen, die sich aus einem Bündel von Cashflows zusammensetzen. Der Barwert eines solchen Bündels stellt dabei die Summe aller einzelnen Barwerte dar. Vereinfacht kann ich dabei alle Zahlungsströme unabhängig vom Zeitpunkt ihres Flusses mit einem durchschnittlichen Zinssatz abdiskontieren. Finanzmathematisch korrekter ist aber eine Vorgehensweise, bei der alle Zahlungen mit dem für ihre Laufzeit relevanten Zins abdiskontiert werden.

Auch hierfür ein Beispiel

Aus dem Verkauf eines Faxgerätes bekommen Sie in den nächsten vier Jahren eine jährliche Ratenzahlung von EUR 100. Sie möchten anhand der aktuellen Marktzinssätze bewerten, wie Hoch der Barwert dieses Ratenanspruchs ist.

A1 Finanzmathematischer Anhang

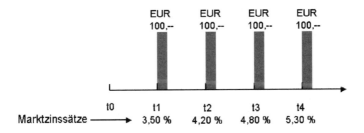

Zeitpunkt der Ratenzahlung	Rate	Marktzins	Barwert der Rate
in einem Jahr (t_1)	EUR 100	3,50 %	EUR 96,62
in zwei Jahren (t_2)	EUR 100	4,20 %	EUR 92,10
in drei Jahren (t_3)	EUR 100	4,80 %	EUR 86,88
in vier Jahren (t_4)	EUR 100	5,30 %	EUR 81,34
Barwert der gesamten Ratenforderung			**EUR 356,94**

Zukunftswert oder auch Endwert

Um verschiedene Zahlungsströme vergleichbar zu machen haben wir zunächst den jeweiligen Barwert dieser Zahlungsströme ermittelt. Also den Wert des Zahlungsstroms zum heutigen Zeitpunkt t_0. Neben diesem Barwertkonzept hat man natürlich auch die Möglichkeit die Zahlungsströme auf einen anderen Zeitpunkt in der Zukunft zu vergleichen.

Bei der Methode der Zukunftswerte wird nun die zu bewertende Zahlung mit dem relevanten Marktzinssatz oder einem entsprechendem Referenzzinssatz verzinst und der Wert zum Zeitpunkt t_n (also in n Jahren) ermittelt.

Zukunftswert t_n = Zahlung zum heutigen Zeitpunkt $t_0 \times (1 + r)^n$

Gehen wir zurück zu oben beschriebenem **Beispiel**:

Sie möchten wieder einen Taschenrechner verkaufen. Ein Interessent bietet Ihnen an, sofort einen Kaufpreis von EUR 920- zu zahlen. Ein anderer Interessent würde einen Preis von EUR 1.000 zahlen – allerdings erst in zwei Jahren. Für welches Angebot werden Sie sich entscheiden, wenn wir einen vergleichbaren zwei-Jahres-Zinssatz von 5 % unterstellen?

Diesmal verwenden wir die Methode der Zukunftswerte:

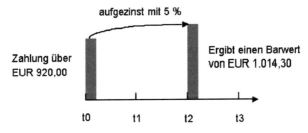

Natürlich ist wieder diejenige Variante werthaltiger, bei der Ihr Kunde sofort EUR 920 zahlt. Der wertmäßige Unterschied zwischen dem beiden Varianten liegt diesmal allerdings bei EUR 14,30. Dies ist korrekt, denn eine Differenz von EUR 14,30 in zwei Jahren entspricht einem aktuellen Barwert von rund EUR 13.

A 1.4 Renditeberechnung

Wenn Sie Anlageformen und im speziellen natürlich auch Anleihen betrachten, so interessiert zum einen, was Sie regelmäßig als Zinsgutschrift auf Ihr Konto gutgeschrieben bekommen. Zum anderen aber auch – und das ist das eigentlich interessante – wie sich Ihr eingesetztes Kapital eigentlich rentiert. Bei der Anlageentscheidung (nach Prinzipien des „magischen Dreiecks") spielt die Rendite eine gewichtige Rolle. Allerdings kann die Kennzahl „Rendite" nur dann als werthaltiges Instrument des Investors eingesetzt werden, wenn er die verschiedenen Methoden der Renditeermittlung und deren Unterschiede kennt. Es geht hier nicht darum eine ideale oder einzig richtige Renditeformel darzustellen. Diese gibt es in unseren Augen auch gar nicht. In verschiedenen Ländern werden oft unterschiedliche Renditemethoden verwandt. Und auch innerhalb einer Volkswirtschaft kommt es bei unterschiedlichen Produkten auch zum Einsatz unterschiedlicher Methoden.

Dieses Kapitel stellt Ihnen einige Renditemaße dar, die dazu geeignet sind, unterschiedliche Arten von festverzinslichen Wertpapieren hinsichtlich ihrer Rentabilität und Vorteilhaftigkeit vergleichbar zu machen. Neben den deutschen Bezeichnungen sind auch jeweils die englischen Begriffe angegeben, da diese oftmals in Publikationen verwendet werden.

Laufende Verzinsung („Current Yield")

Diese wohl einfachste Methode der Renditeberechnung geht sehr simpel vor. Es werden die laufenden Zinszahlungen in Relation zum Kaufkurs der betreffenden Anleihe gesetzt. Das Ergebnis gibt also an, wie sich das eingesetzte Kapital laufend verzinst.

Formel

$$\text{Laufende Verzinsung} = \frac{\text{Nominalzins} \times 100}{\text{Kaufkurs}}$$

Die laufende Verzinsung eignet sich, um die Höhe der laufenden Zinszahlungen, bezogen auf den Kaufkurs feststellen zu können. Verfolgt ein Anleger beispielsweise das Ziel, möglichst hohe Zinserträge aus einer Anlage zu erzielen, dann kann er sich an der laufenden Verzinsung orientieren.

Zur Bewertung der Rentabilität von festverzinslichen Titeln eignet sich die laufende Verzinsung allerdings nur bedingt.

„Börsenformel" („Simple Yield to Maturity")

Die „Börsenformel" wird primär im japanischen Domestic-Markt verwendet. Sie ist eine Weiterentwicklung der laufenden Verzinsung und integriert nicht nur die Kuponzahlungen, sondern auch die Kursgewinne oder -verluste, die sich aus der Differenz zwischen Kaufkurs und Rückzahlungskurs ergeben.

Formel

$$\text{„Börsenformel"} = \frac{\text{Nominalzins} + \frac{\text{Rückzahlungskurs} - \text{Kaufkurs}}{\text{(Rest-)Laufzeit}}}{\text{Kaufkurs}} \times 100$$

Die „Börsenformel" stellt eine Verfeinerung dar, da sie bereits feststehende Kursgewinne/-verluste bei der Berechnung der Rendite bereits berücksichtigt. Je länger allerdings die Restlaufzeit des Papiers ist, desto geringer wird der Einfluss dieses Effekts, und umso näher liegt die „Börsenformel" an der laufenden Verzinsung. Dennoch stellt die „Börsenformel" insbesondere bei kürzerlaufenden Wertpapieren bereits eine wesentlich bessere Methode dar, um die Vorteilhaftigkeit einer Anleihe zu bewerten.

Wie auch die laufende Verzinsung berücksichtigt die „Börsenformel" jedoch weder den meist auftretenden Zinseszinseffekt, noch des Aspekt, dass bei Kauf festverzinslicher Wertpapiere meist Stückzinsen gezahlt werden müssen (also mehr Kapital gebunden ist!).

Rendite („Yield to Maturity")

Ist im Zusammenhang mir festverzinslichen Wertpapieren von „Rendite" die Rede, so versteht man darunter üblicherweise die sogenannte Effektivverzinsung. Diese Effektivverzinsung berücksichtigt alle bis zur Fälligkeit anfallenden Zahlungsströme und bewertet diese. Diese Rendite bezieht auch die unterschiedlichen Zeitpunkte ein, zu denen Zins- und Tilgungszahlungen erfolgen, indem es deren Barwerte ermittelt. Es wird gewissermaßen der Abdiskontierungs-Zinssatz ermittelt, bei dem die Summe aller Barwerte dem aktuellen Kurs der Anleihe entsprechen. Der Kurs der Anleihe entspricht somit folgender Formel:

$$\text{Kurs der Anleihe} = \sum \frac{\text{Zahlung nach Periode } t}{(1+\text{Effektivzinssatz})^t}$$

Die Rendite entspricht nun dem in dieser Formel integrierten Effektivzinssatz. Die exakte Ermittlung der Rendite ist jedoch mathematisch gesehen nicht direkt möglich. Man muss sich über Iterationsverfahren schrittweise der Rendite nähern.Da diese Formel alle Zahlungsströme implementiert sind beispielsweise Stückzinsen ebenso berücksichtigt wie planmäßige Sondertilgungen. Dennoch gibt es einige Variablen, die dazu führen, dass bei gleichem Berechnungsprinzip verschiedene Renditemodelle dennoch zu unterschiedlichen Ergebnissen führen. Insbesondere sind dies folgende Variablen:

- In welchen Abständen werden Kupons ausbezahlt und wie werden diese Periodenzinsen in jährliche Zinsen (p.a.) umgerechnet?
- Wie wird die Länge eines gebrochenen Laufzeitanteils berechnet (Tagemethode „30/360" oder „act/360")?
- Wie erfolgt bei nicht ganzjährigen Restlaufzeiten oder Laufzeitteilen die Verzinsung dieser Laufzeitbereiche (einfach oder mit Zinseszinsen)?

In unseren Breiten haben sich zur Bewertung sogenannter Straight Bonds – also „normaler", kupontragender Anleihen – zwei Renditemodelle durchgesetzt. Es ist dies die Rendite nach ISMA-Methode und die Rendite nach Moosmüller-Methode. Beide Modelle sind letztlich sehr ähnlich, behandeln aber die Verzinsung der nicht ganzjährigen Laufzeitteile unterschiedlich. Dies führt in der Praxis je nach Situation bis zu mehreren Renditestellen Differenz. Da es dadurch gelegentlich zu Unstimmigkeiten kommt, sollen nun beide Modelle kurz aufgeführt werden.Gelegentlich wird in Fachliteratur oder Publikationen noch Renditeberechnungen nach der Methode Braeß/Fangmeyer erwähnt. Dieses Modell geht von der Prämisse aus, dass unterjährig entstehende Zinsen erst am Jahresende verzinst werden. Ähnlich einem Sparbuch werden diese Zinsanteile bis zum nächsten Kupon-Jahrestermin linear verzinst – selbst bei eigentlich halbjährlicher Zinszahlung. Früher wurde Braeß/Fangmeyer aufgrund der Einfachheit dieser linearen Entwicklung in Zinstabellen verwendet. Seit Zinsberechnungen größtenteils EDV-technisch abgewickelt werden, trat Braeß/Fangmeyer immer stärker in den Hintergrund. Inzwischen kommt dieser Methode in der Praxis keine Relevanz mehr zu.

Rendite nach ISMA (ISMA = „International Secutities Markets Association")

Diese Berechnungsmethode, sie wurde früher auch als „AIBD-Rendite" bezeichnet (AIBD = „Association for International Bond Dealers"), ist der international verbreitetste Standard und wird an den wichtigsten Bondmärkten angewandt. Berechnungsgrundlage stellt der sogenannte „Dirty-Price" dar, also der Kurs inklusive der anteiligen Stückzinsen. Sowohl die ganzjährigen als auch die unterjährigen Zinsperioden werden hier exponentiell abdiskontiert. Jeder Cashflow wird dabei direkt exponentiell auf den Kauftag des Wertpapiers abgezinst. Durch das bereits angesprochene Iterationsverfahren wird anschließend bei gegebenem Kurs der implementierte Zinssatz ermittelt. Man erhält die Rendite dieser Anleihe.

Formel

$$\text{Dirty-Price} = \frac{K_1 + \frac{K}{m} \times \frac{(1+r)^n - 1}{r \times (1+r)^n} + \frac{RZK}{(1+r)^n}}{(1+r)^{f \cdot m}}$$

wobei r: = ISMA-Rendite
       m: = Anzahl der Kupontermine pro Jahr
       f: = erste Zinsperiode bis zum nächsten Kupon
       K_1: = nächster Kupon
       K: = regelmäßiger Kupon
       n: = Anzahl ausstehender vollständiger Zinsperioden
       RZK: = Rückzahlungskurs (meist 100)

Rendite nach Moosmüller

Diese Berechnungsmethode ist insbesondere im innerdeutschen Kapitalverkehr sehr verbreitet. Moosmüller gleicht in seinen Grundzügen der ISMA-Methode. Lediglich die gebrochenen, unterjährigen Zinslaufperioden werden im Gegensatz zu ISMA nicht exponentiell, sondern linear abdiskontiert (also kein Zinseszinseffekt im unterjährigen Bereich). Vergleicht man also die beiden Renditemodelle im Fall eines Papiers mit exakt ganzjähriger Restlaufzeit, so weisen beide dieselbe Rendite aus. Je länger hingegen die unterjährige Zinsperiode läuft, desto gravierender sind auch die auftretenden Renditeunterschiede.

Formel

$$\text{Dirty-Price} = \frac{K_1 + \frac{K}{m} \times \frac{(1+r)^n - 1}{r \times (1+r)^n} + \frac{RZK}{(1+r)^n}}{(1+ f \times m \times r)}$$

wobei r: = Rendite nach Moosmüller
m: = Anzahl der Kuponzahlungen pro Jahr
f: = erste Zinsperiode bis zum nächsten Kupon
K_1: = nächster Kupon
K: = regelmäßiger Kupon
n: = Anzahl ausstehender vollständiger Zinsperioden
RZK: = Rückzahlungskurs (meist 100)

Spezielle Renditeberechnungen

Den bisher vorgestellten Renditeberechnungen ist eines gemein – sie eignen sich für klassische Straight-Bonds, also für kupontragende Anleihen mit festem Kupon und feststehender, mehrjähriger Restlaufzeit. Erfüllt ein Wertpapier nun eines dieser Kriterien nicht, so müssen die angewandten Renditemodelle entsprechend modifiziert werden. Drei der gängigsten Sonderformen der Renditeberechnungen sollen Sie nun kennen lernen. Sonstige Zinsprodukte, die Sie nicht mit den gängigen Renditemodellen bewerten können sollten Sie jedoch entsprechend ihrer Struktur dennoch bewerten. Dies kann über einen barwertigen Rechenansatz erfolgen, aus dem dann ein interner Zinsfuß (= die Rendite!) errechnet wird.

Nun aber zu den anfangs erwähnten Sonderfällen:

Floating Rate Notes

Floating Rate Notes sind variabel verzinste Anleihen, deren Nominalzins in der Regel an einen Referenzzins gekoppelt sind. Je nach Ausstattung wird dieser Nominalzins meist alle drei bzw. sechs Monate neu angepasst. Als Referenzzins dient dabei üblicherweise der LIBOR bzw. EURIBOR. Die bisher verwendeten Modelle berechneten die gesuchte Rendite durch Bewertung der künftigen (feststehenden!) Zahlungsströme. Bei Floating Rate Notes herrscht jedoch Unklarheit über die Höhe der künftigen Zins-Zahlungsströme, denn die Kuponhöhe wird wie gesagt alle drei bis sechs Monate geändert. Somit können unsere bisherigen Renditemodelle nicht eingesetzt werden. In der Praxis haben sich daher mehrere unterschiedliche Modelle durchgesetzt, die jeweils ein Ergebnis zur objektiven Anlageentscheidung beitragen können. Auf zwei dieser Vorgehensweisen wollen wir kurz eingehen:

Return to Rollover

Unabhängig der eigentlichen Restlaufzeit des Floaters wird bei der Methode des „Return to Rollover" die Verzinsung bis zum nächsten Kuponzahlung berücksichtigt. Man vergleicht somit den Floater direkt mit einer Geldmarktanlage bis zur nächsten Zinszahlung. Es gibt zwei Möglichkeiten, wie man die theoretische Kapitalrückzahlung am Ende der Periode berücksichtigen kann. Entweder man unterstellt einen Kurs von 100,00 oder einen bestimmten Erwartungswert (z. B. 100,13).

Der Return to Rollover ist zwar sehr modellhaft, da er einen fiktiven Rückzahlungskurs unterstellt, doch im Vergleich mit einer alternativen Geldmarktanlage macht die Anwendung durchaus Sinn. Es sollte aber möglichst nicht von einem Rückzahlungskurs 100,00, sondern von einem realistischen Erwartungswert ausgegangen werden.

Berechnung

$$\text{Return to rollover} = \frac{\text{Kapital}_{Ende} - \text{Kapital}_{Anfang}}{\text{Kapital}_{Anfang}} \times \frac{\text{Jahrestage}}{\text{Tage}} \times 100$$

Simple Margin

Die Methode der Simple Margin macht verschiedene Floating Rate Notes untereinander vergleichbar. Eine direkte Renditeaussage lässt sich allerdings nicht daraus ableiten. Die Simple Margin berücksichtigt die volle Restlaufzeit und vergleicht den Floater mit einer Direktanlage im Referenzzinssatz (z. B. LIBOR). Bei diesem Vergleich wird ein LIBOR-Aufschlag oder Abschlag ermittelt, der sich aus folgenden Komponenten ergibt:

- Restlaufzeit
- Auf-/Abschlag auf Referenzzinssatz
- Kursagio bzw. -disagio

Neben dem Auf-/Abschlag auf den Referenzzinssatz wird nun auch der Kursauf- oder -abschlag bei Kauf des Floaters in die Berechnung mit einbezogen. Dieses Kursagio bzw. -disagio wird dabei einfach auf die Restlaufzeit verteilt.

Das Ergebnis einer Simple-Margin-Berechnung kann beispielsweise der Wert „22,56" sein. Dies bedeutet, dass eine Anlage in dem betrachteten Floater gegenüber dem betreffenden Referenzzinssatz um 0,2256 % mehr zahlt. Dies ist wie gesagt keine Aussage hinsichtlich der tatsächlichen Rendite, doch können Sie so verschiedene Floater (unterschiedlicher Kurs, unterschiedlicher LIBOR-Auf-/Abschlag, etc.) vergleichbar machen.

Berechnung

$$\text{Simple Margin} = \frac{\frac{100-\text{Kurs}}{\text{Restlaufzeit}} + \frac{\text{LIBOR}-\text{Spread}}{100}}{\text{Kurs}} \times 100$$

A 2 Optionen

In den vorderen Abschnitten wurde immer wieder auf den Einsatz von Optionen im Zusammengang mit dem Finanzrisikomanagement gesprochen. An dieser Stelle soll aus diesem Grund nochmals umfangreicher auf den Themenbereich Optionen eingegangen werden. Eine Option ist eine Vereinbarung, die einem der Vertragspartner das Recht einräumt, eine bestimmte Menge einer Ware zu einem vorab bestimmten Preis zu einem bestimmten Zeitpunkt (europäische Option) oder innerhalb einer bestimmten Frist (amerikanische Option) vom anderen Vertragspartner zu kaufen (Call-Option) bzw. zu verkaufen (Put-Option). Der Verkäufer der Option erhält für die Einräumung dieses Rechts eine Prämie, muss sich aber bei Ausübung der Option der Entscheidung des Options-Käufers fügen. Aufgrund dieser passiven Rolle wird der Verkäufer einer Option auch als „Stillhalter" bezeichnet.

A 2.1 Die Komponenten einer Option

Optionstyp – Call (das Recht eine Ware über die Option zu kaufen) oder Put (das Recht eine Ware über die Option zu verkaufen)

Basisinstrument oder auch Underlying – Die Ware, auf die sich die Option bezieht. Hier kann es sich um ein Finanzinstrument (z. B. ein Wertpapier, Devisen, Zinssätze etc.), ein weiteres Recht (z. B. einen Future-Kontrakt) oder eine physische Ware (z.B Getreide, Schweinebäuche etc.) handeln.

Nominalwert – Jede Option wird über eine bestimmte Menge des Basisinstruments abgeschlossen. Diese Menge ist bei börsengehandelten Optionen standardisiert (beispielsweise 50 Aktien je Eurex-Optionskontrakt), bei OTC-Optionen frei vereinbar.

Basispreis oder auch Strike – Der Preis, zu dem der Options-Käufer das Basisinstrument vom Options-Verkäufer kaufen (Call-Option) oder an den Options-Verkäufer verkaufen (Put-Option) darf.

Verfallstermin oder auch Expiry Date – Der Zeitpunkt, an dem das Recht aus der Option verfällt.

Ausübungstag/Ausübungsfrist – Je nach Ausgestaltung der Option kann sich das Optionsrecht auf einen bestimmten Tag oder eine bestimmte Frist beziehen. Ist eine Ausübung nur an einem Tag möglich, so spricht man von einer „europäischen Option". Ist hingegen eine Ausübung während einer Frist möglich, so spricht man von einer „amerikanischen Option". Diese Bezeichnungen sind historisch begründet, ein tatsächlicher geographischer Ansatz spielt keine Rolle.

A 2.2 Options-Grundstrategien

Durch die beiden Optionstypen und die Möglichkeit in einer Option als Käufer oder Verkäufer aufzutreten, ergeben sich vier Options-Grundstrategien. Betrachten Sie folgende Tabelle insbesondere hinsichtlich der Markterwartung und dem Chance-Risiko-Profil der einzelnen Strategien. Beides,

Markterwartung und Chance-Risiko-Profil, ist zwischen der horizontalen Achse absolut konträr. Das maximale Verlustpotential eines Long-Call stellt beispielsweise das maximale Gewinnpotential des Short-Call dar. Bezüglich der Markterwartung stehen auch die Strategien auf beiden Seiten der vertikalen Achse konträr zueinander. Erwartet der Inhaber eines Long-Call einen (deutlich) steigenden Markt, so rechnet der Inhaber eines Long-Put mit einem (deutlich) fallenden Markt.

	Call	Put
Käufer	Markterwartung: (deutlich) steigender Markt	Markterwartung: (deutlich) fallender Markt
	Maximaler Gewinn: theoretisch unbegrenzt	Maximaler Gewinn: begrenzt auf den Basispreis der Option
	Maximaler Verlust: begrenzt auf die Optionsprämie	Maximaler Verlust: begrenzt auf die Optionsprämie
	Positionsbezeichnung: „Long-Call"	Positionsbezeichnung: „Long-Put"
Verkäufer	Markterwartung: stagnierender, eher leicht rückläufiger Markt	Markterwartung: stagnierender, eher leicht steigender Markt
	Maximaler Gewinn: begrenzt auf die Optionsprämie	Maximaler Gewinn: begrenzt auf die Optionsprämie
	Maximaler Verlust: theoretisch unbegrenzt	Maximaler Verlust: begrenzt auf den Basispreis der Option
	Positionsbezeichnung: „Short-Call"	Positionsbezeichnung: „Short-Put"

Gehen wir nun näher auf die einzelnen Strategien ein. Die in den folgenden Seiten aufgeführten Diagramme stellen das jeweilige Gewinn-Verlust-Profil der Position **zum Verfallstermin** dar. Dies soll die Erläuterung der einzelnen Strategien vereinfachen. Durch die komplexe Preisfindung während der Options-Laufzeit sind diese Profile vor Verfall jedoch nicht derartig linear, sondern entwickeln sich exponentiell.

Long Call

Gewinn-Verlust-Diagramm

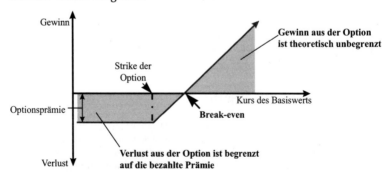

Erläuterung

Bleibt der Kurs des Basisinstruments unter dem Strike der Option, so wird der Käufer die Option nicht ausüben, da er das Basisinstrument am Markt billiger einkaufen kann, als über seine Option. Es ergibt sich für ihn ein begrenzter Verlust in Höhe der Optionsprämie Der Break-Even, also der Punkt an dem der Käufer der Option seine Position ohne Gewinn oder Verlust realisieren kann, wird folgendermaßen ermittelt:

Break-Even ist erreicht, wenn ...
Kurs des Basisinstruments = Strike + bezahlte Optionsprämie

Übersteigt der Kurs des Basisinstruments diesen Break-Even, nimmt der Käufer die Differenz als Gewinn ein. Das Gewinnpotential ist theoretisch unbegrenzt. Ein höherer Verlust als die bezahlte Optionsprämie ergibt sich nicht, da der Käufer der Option in diesem Fall seine Option nicht ausüben wird.

Short Call

Gewinn-Verlust-Diagramm

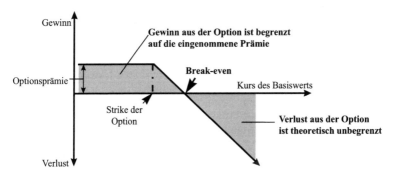

Erläuterung

Bleibt der Kurs des Basisinstruments unter dem Strike der Option, so wird die Option nicht ausgeübt, der Verkäufer der Option (Stillhalter) muss das Basisinstrument der Option nicht liefern. Bei solch einer Nichtausübung ergibt sich für den Verkäufer der Option ein begrenzter Maximalgewinn in Höhe der Optionsprämie. Übersteigt hingegen der Kurs des Basisinstruments den Strike der Option, so wird diese ausgeübt. Der Verkäufer muss dann das Basisinstrument der Option gegen Erhalt des Strike-Preises liefern. Der Break-even, also der Punkt an dem die Position ohne Gewinn oder Verlust ausgeübt wird, kann folgendermaßen ermittelt werden:

Break-even ist erreicht, wenn ...
Kurs des Basisinstruments = Strike + bezahlte Optionsprämie

Fällt der Kurs des Basisinstruments unter diesen Break-even, zahlt der Verkäufer die Differenz als Verlust. Das Verlustpotential ist theoretisch unbegrenzt. Ein höherer Gewinn als die eingenommene Optionsprämie ergibt sich nicht.

Long Put

Gewinn-Verlust-Diagramm

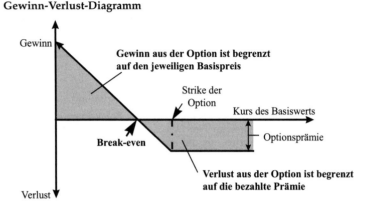

Erläuterung

Bleibt der Kurs des Basisinstruments über dem Strike der Option, so wird der Käufer die Option nicht ausüben., da er das Basisinstrument am Markt teurer verkaufen kann, als über seine Option. Es ergibt sich für ihn ein begrenzter Verlust in Höhe der Optionsprämie Der Break-even, also der Punkt an dem der Käufer der Option seine Position ohne Gewinn oder Verlust realisieren kann, wird folgendermaßen ermittelt:

Break-even ist erreicht, wenn ...
Kurs des Basisinstruments < Strike – bezahlte Optionsprämie

Fällt der Kurs des Basisinstruments unter diesen Break-even, nimmt der Käufer die Differenz als Gewinn ein. Das Gewinnpotential ist im Gegensatz zum Long-Call begrenzt. Im besten Fall kann der Käufer der Option über diese Option ein Basisinstrument zum Strike verkaufen, dessen Marktwert null entspricht. In diesem Fall ist der maximale Gewinn durch die Höhe des Strikes begrenzt. Ein höherer Verlust als die bezahlte Optionsprämie ergibt sich nicht, da der Käufer der Option in diesem Fall seine Option nicht ausüben wird.

Short Put

Gewinn-Verlust-Diagramm

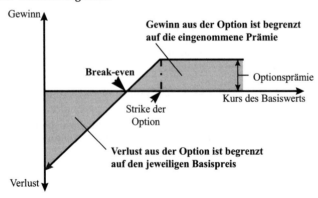

Erläuterung

Bleibt der Kurs des Basisinstruments über dem Strike der Option, so wird die Option nicht ausgeübt, der Verkäufer der Option (Stillhalter) muss das Basisinstrument der Option nicht abnehmen. Bei solch einer Nichtausübung ergibt sich für den Verkäufer der Option ein begrenzter Maximalgewinn in Höhe der Optionsprämie. Fällt hingegen der Kurs des Basisinstruments den Strike der Option, so wird diese ausgeübt. Der Verkäufer muss dann das Basisinstrument der Option gegen Zahlung des Strike-Preises abnehmen. Der Break-even, also der Punkt an dem die Position ohne Gewinn oder Verlust ausgeübt wird, kann folgendermaßen ermittelt werden:

Break-even ist erreicht, wenn ...
Kurs des Basisinstruments = Strike − bezahlte Optionsprämie

Fällt der Kurs des Basisinstruments unter diesen Break-even, zahlt der Verkäufer die Differenz als Verlust. Das Verlustpotential ist im Gegensatz zum Short-Call jedoch begrenzt. Im schlechtesten Fall muss der Stillhalter einen Wert zum Strike abnehmen, dessen Marktwert null entspricht. In diesem Fall ist der maximale Verlust durch die Höhe des Strikes begrenzt. Ein höherer Gewinn als die eingenommene Optionsprämie ergibt sich nicht.

A 2.3 Preisbildung von Optionen

Die Preisbildung von Optionen findet nicht autark statt, sondern ist wie bei den anderen Terminmarktprodukten abgeleitet − also derivativ. Um die Preise bestimmen zu können, kann man verschiedene Modelle anwenden. An den Finanzmärkten am verbreitetsten ist sicherlich das sogenannte „Black Scholes Modell". Den Entwicklern dieses Modells − Fisher Black und Murton Scholes − wurde vor einigen Jahren für ihre Anfang der siebziger Jahre entwickelten Optionspreismodelle der Nobelpreis verliehen. Auch das auf der binomialen Verteilung beruhende Modell „Cox/Ross/Rubienstein" findet häufig Anwendung und erzielt annähernd exakt die selben Ergebnisse wie „Black Scholes".

Die gängigen Modelle beruhen auf den selben prinzipiellen Einflussfaktoren, die nachfolgend grob umrissen werden sollen. Die relevanten Preiskomponenten kann man im Wesentlichen zwei großen Blöcken zuteilen. Der Kurs des Basisinstruments sowie der Strike der Option stellen die Haupteinflussgrößen des sogenannten inneren Wertes dar. Aus der Restlaufzeit und der Volatilität des Basisinstruments leitet sich der sogenannte Zeitwert ab.

Der innere Wert

Liegt beispielsweise bei einer Call-Option der Kurs des Basisinstruments über dem Strike, so kann das Basisinstrument über die Option billiger erworben werden als über den Markt. Die Option ist somit werthaltig, sie hat einen sogenannten inneren Wert.

In Bezug auf diesen inneren Wert hat sich eine gewisse Terminologie herausgebildet. Entspricht der Kurs des Basisinstruments dem Strike, so steht der Käufer der Entscheidung, ob er die Option ausüben soll oder nicht, indifferent gegenüber. Die Option ist in so einem Fall „am Geld" oder auch „at the money". Weist die Option einen inneren Wert auf, so wird sie als „im Geld" oder auch „in the money" beschrieben, ohne inneren Wert als „aus dem Geld" oder „out of the money".

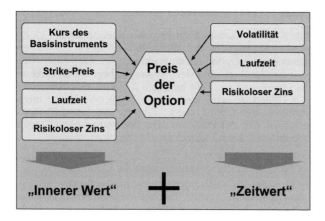

Der Zeitwert

Der Zeitwert einer Option lässt sich über das asymmetrische Chance-Risiken-Profil der Option erklären. Der Käufer der Option hat innerhalb der Restlaufzeit die Chance auf Gewinne, dafür muss er aber nur ein begrenztes Risiko eingehen. Im Zeitwert manifestiert sich somit gewissermaßen der Chancenvorteil des Käufers der Option.

Der Zeitwert verringert sich mit abnehmender Optionslaufzeit immer stärker, bis er sich bei Fälligkeit voll abgebaut hat. Bei Fälligkeit definiert sich der Wert der Option rein über den inneren Wert. Den höchsten Zeitwert weisen At-the-money-Optionen auf. Er nimmt ab, je weiter sich der aktuelle Kurs des Basisinstruments vom Strike entfernt.

Beispiel
Progressiver Abbau des Zeitwerts zum Verfallstermin.

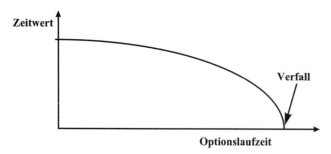

A 2.4 Options-Kennziffern

Klassische Ansätze der Fundamentalanalyse können nicht direkt auf Optionen angewendet werden, das es sich bei Optionen um so genannte „Derivate" handelt. Die Preisfindung von Derivaten leitet sich direkt aus dem Wert eines anderen Gutes (beispielsweise der Kursentwicklung der der Option zugrunde liegenden Aktie) ab. Die klassischen Fundamentalanalysen können somit, wenn überhaupt, nur auf den der Option jeweils zugrunde

A 2 Optionen

liegenden Wert angewandt werden. Im Zusammenhang mit Optionen werden aber regelmäßig Kennzahlen verwendet, die aufgrund ihrer Bezeichnungen im Tagesgeschäft scherzhaft als „Griechen" oder „Greeks" bezeichnet werden. Im weitesten Sinne kann man diese Kennzahlen auch als fundamentale Kennziffern von Optionen bezeichnet werden. Hier wird in kurzer Form deren Grundaussage dargestellt.

Options-Delta

Aussage „Delta"

Der Wert des Deltas einer Option gibt an, um welchen Faktor der Wert einer Option eine Preisänderung des zugrunde liegenden Basisinstruments nachvollzieht. Alle anderen Einflussfaktoren bleiben bei dieser Betrachtung unverändert. Es gilt: Je höher das Delta einer Option, desto stärker reagiert der Optionspreis auf eine Preisveränderung des Basisinstruments.Das Delta einer Kauf-Option („Call") liegt zwischen 0 und 1, das Delta einer Verkaufs-Option („PUT") liegt zwischen 0 und −1.

Anwendungsgebiete

Handelsorientierter Einsatz − Das Delta quantifiziert wie oben gezeigt die Sensitivität einer Option, also wie stark ein Optionspreis auf eine Preisänderung des Basiswerts der Option reagiert. Möchte ein Anleger nun spekulativ orientierte Optionskäufe durchführen, so kann er die Auswahl der hierfür geeigneten Optionen über die Kennzahl Delta steuern.

Sicherungsorientierter Einsatz − Werden Optionen als Sicherungsinstrument zum so genannten „Hedging" verwandt, so ist der Einsatz deren Delta unverzichtbar. Nur mit Hilfe des Optionsdeltas kann ermittelt werden, welche Anzahl von Optionen eingesetzt werden müssen, um eine bestimmte Position (z. B. ein Aktiendepot) vor Kursrückgängen zu sichern.>

Praxisanwendungen und Besonderheiten

Handelsorientierter Einsatz des Deltas

Im handelsorientierten Einsatz gibt es bei der Auswahl geeigneter Optionen kein „ideales Delta". Ein höheres Delta spricht immer für eine hohe Sensitivität, Optionen mit hohem Delta vollziehen Wertänderungen des Basisinstruments sehr gut mit − was prinzipiell sehr gut ist. Das Delta gibt bekanntlich auch Auskunft über die Wahrscheinlichkeit, dass die Option bei Fälligkeit werthaltig ist. Auch hier spricht ein hohes Delta für eine hohe Wert-Wahrscheinlichkeit − auch dieses ist prinzipiell zu begrüßen. Nun liegt der Schluss nahe, dass man als spekulativer Anleger einfach eine Option mit möglichst hohem Delta kaufen sollte, um auf der Gewinner-Seite zu stehen. Doch nun kommt leider das große „aber"! Denn leider kosten diese Optionen mit hohem Delta auch entsprechend mehr. Bei diesen dann sehr hohen Kapitalbindung können Optionen drei ihrer Vorteile nicht oder nur sehr eingeschränkt ausspielen:

a) Der Hebeleffekt ist entsprechend gemindert.
b) Die ansonsten geringe Kapitalbindung ist nicht mehr vorhanden.
c) Das asymmetrische Chance-Risiko-Verhältnis verschiebt sich zu lasten der Chancen, da den an sich gleichbleibenden Chancen ein höheres Risiko (durch die höhere zu verlierende Prämie) gegenübersteht.

Es muss daher ein gesunder Mittelweg zwischen hoher Sensitivität (→ höheres Delta) einerseits und geringem relativen Kapitaleinsatz (→ niedrigeres

Delta) andererseits. Die Auswahl wird in der Praxis ohnehin durch das begrenzte Angebot möglicher Optionen eingeschränkt. In der Praxis hat dich bei spekulativen Engagements mit geplanten Laufzeiten von mehreren Wochen der Einsatz von Optionen bewährt, die ein Options-Delta von 35 bis 60 aufweisen. Alles was darunter liegt reagiert nicht zufriedenstellend auf Wertänderungen des Basisinstruments, aller was darüber liegt bindet dafür zu viel Kapital.

Sicherheitsorientierter Einsatz
Auch beim sicherheitsorientiertem Einsatz von Optionen gibt es keine Ideallösung, was deren Delta betrifft. Erfahrungsgemäß eignen sich Optionen mit einem Delta von etwa −35 bis −60 sehr gut. Wichtiger als das absolute Delta ist aber, dass bei der Ermittlung der Anzahl an benötigten Optionen – man spricht hier auch von der so genannten „Hedge-Ratio" – deren Delta exakt berücksichtigt.

Options-Gamma

Aussage „Gamma"

Das Delta einer Option bleibt jedoch nicht konstant, sondern verändert sich bei der Preisbewegung des unterliegenden Wertes. Diese Veränderung verläuft nicht linear, sondern in Form einer Kurve. Das Gamma einer Option gibt nun Auskunft über die Veränderung des Deltas bei einer Preisänderung des unterliegenden Basisinstruments. Es kann somit als „Geschwindigkeit" des Deltas angesehen werden. Eine At-the-money-Option weist wie beispielsweise ein Delta von 50 auf. Je weiter eine solche Option ins Geld läuft, desto weniger stark nimmt das Delta zu. Je weiter sie aus dem Geld läuft, desto weniger stark nimmt das Delta ab. Eine Option hat somit ihr höchstes Gamma, wenn sie At-the-money ist. Je weiter sie ins Geld oder aus dem Geld läuft, desto stärker nimmt ihr Gamma ab.

Anwendungsgebiete

Im professionellen Options-Handel wird das Gamma stets als ergänzende Kennziffer eingesetzt, wenn es um die Auswahl potentiell einzusetzender Optionen geht. Die Berücksichtigung des Gammas verfeinert insbesondere ein auf einem Vergleich der Deltas basierende Ergebnis. Im Options-Handel von Privatanlegern wird das Optionsgamma in der Regel nicht eingesetzt.

Options-Theta

Aussage „Theta"

Das Theta zeigt an, um wie viel sich der Optionspreis verringert, wenn sich die Restlaufzeit um einen Tag verkürzt. Das Theta nimmt mit abnehmender Restlaufzeit zu, da der Zeitwertverfall wie bereits angesprochen nicht linear verläuft, sondern mit abnehmender Restlaufzeit der Option exponentiell zunimmt. Bei länger laufenden Optionen ist der Zeitwertverfall am Beginn der Optionslaufzeit näherungsweise bei null.

Grafisch aufbereitet zeigt sich der progressive Zeitwertverfall folgendermaßen:

A 2 Optionen

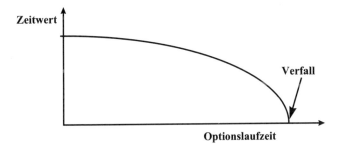

Anwendungsgebiete

Auswahlfunktion – Bei der Auswahl geeigneter Optionen spielt das jeweilige Theta meist eine wichtige Rolle. Je nach geplantem Einsatz werden entweder Optionen mit möglichst niedrigem Theta (in der Regel bei gekauften Optionen – „Long-Position") oder mit möglichst hohem Theta (in der Regel bei verkauften Optionen – „Short-Positionen") bevorzugt.

Kontrollfunktion – Während der Haltedauer einer Option sollte insbesondere zum Verfallstermin hin das Theta der Option verfolgt werden. Der progressive Anstieg des Thetas kann ein Agieren seitens des Anlegers vonnöten machen.

Praxisanwendungen und Besonderheiten

Auswahlfunktion – Hier muss zunächst stets unterschieden werden, ob der Anleger von einem steigenden oder einem fallenden Optionspreis profitiert. Profitiert er von einem steigenden Optionspreis – in der Regel ist dies bei Long-Positionen der Fall – so sollte er bei der Auswahl geeigneter Optionen tendenziell auf solche ausweichen, die ein niedriges Theta aufweisen. Somit wird vermieden, dass das Anlageergebnis durch einen zu starken Zeitwertverfall der Option verwässert wird. Anders sieht die Situation bei Positionen aus, bei denen ein Anleger von sinkenden Optionspreisen profitiert. Dies ist in der Regel bei Short-Positionen der Fall. Denn hier verkauft ein Anleger Optionspositionen in der Hoffnung, dass er diese später billiger zurückkaufen kann oder dass diese gar wertlos verfallen. Dieser Anleger wird bei der Auswahl geeigneter Optionen tendenziell solche wählen, die ein hohes Theta aufweisen.

Kontrollfunktion – Das Theta einer Option ändert sich im Zeitverlauf permanent – es steigt tendenziell (exponentiell) an. Dies kann während der Haltedauer einer Option mitunter dazu führen, dass ein Anleger hierauf reagieren und die Optionsposition gegebenenfalls verändern sollte. Hat ein Anleger beispielsweise aus spekulativen Überlegungen heraus eine Call-Option verkauft, sollte er während der Haltedauer das Theta verfolgen. Steigt es zu stark an, sollte er einen Tausch in eine Option mit niedrigerem Theta bedenken.

Options-Vega

Aussage „Vega"

Dem Wert des Vegas (früher als Kappa bezeichnet) entnimmt man, um wie viel Prozent sich der Wert der Option ändert, wenn sich deren implizierte Volatilität um ein Prozent verändert.

Anwendungsgebiete

Auswahlfunktion – Wie auch die bereits angesprochenen Options-Kennziffern wird das Vega eingesetzt, um je nach angestrebter Strategie geeignete Optionen auszuwählen. Meist setzt man das Vega bei Volatilitätsorientierten Options-Strategien ein.

Kontrollfunktion – Neben der Auswahlfunktion wird das Vega eingesetzt, um laufende Optionspositionen auf ihre weitere Eignung hin zu überprüfen und gegebenenfalls in andere Optionen zu tauschen.

Praxisanwendungen und Besonderheiten

Auswahlfunktion – Auf das Vega sollte insbesondere dann Augenmerk gelegt werden, wenn eine Volatilitätsorientierte Options-Strategie umgesetzt werden soll. Hierbei gibt es grundsätzlich zwei potentielle Möglichkeiten: entweder die Erwartung steigender Volatilitäten (was meist durch Long-Positionen – beispielsweise einem „Long-Straddle" – umgesetzt wird) oder die Erwartung fallender Volatilitäten Volatilitäten (was meist durch Short-Positionen – beispielsweise einem „Short-Straddle" – umgesetzt wird).

Möchte ein Anleger beispielsweise durch einen „Long-Straddle" an einer erwarteten Steigerung der Volatilität eines Instruments partizipieren, so sollte er hierzu Optionen mit einem großen Vega auswählen. Die Option wird durch das hohe Vega überproportional an einem eintretenden Anstieg der Volatilität profitieren. Analog hierzu die Situation, wenn ein Anleger auf den erwarteten Rückgang der Volatilität setzt. Geht er hierzu beispielsweise einen „Short-Straddle" ein, so muss er ebenfalls Optionen mit hohem Vega auswählen. Möchte ein Anleger jedoch volatilitätsneutrale Options-Strategien umsetzen, so sollte er tendenziell Optionen mit niedrigerem Vege auswählen, damit seine eigentliche Handels-Intension nicht durch einen unerwünschten Effekt durch eine Volatilitätsänderung verwässert wird.

Kontrollfunktion – Während der Haltedauer einer Option – insbesondere wenn sie aufgrund einer bestimmten Volatilitätserwartung hin eingegangen wurde – sollte ein Anleger stets auch das Vega der Option verfolgen. Entwickelt sich das Vega zulasten der Handelsposition, so sollte ein Anlger gegebenenfalls die Option gegen eine geeignetere austauschen.

Options-Rho

Aussage „Rho"

Die Kennzahl Rho gibt Aufschluss über die prozentuale Veränderung des Optionswerts bei einer Veränderung des risikolosen Alternativzinssatzes. Das Rho spielt in der Praxis eher eine untergeordnete Rolle.

Anwendungsgebiete

Das Rho wird in erster Linie von Optionshändlern zur Optimierung deren Hedgingaktivitäten eingesetzt.

A 3 Glossar

Act./Act.
Zinsberechnungsmethode, bei der die Zinsen taggenau berechnet werden. Alle act/act Tageskonventionen verwenden dieselbe Regel zur Berechnung des Zählers, also der Tage in der zu berechnenden Periode. Der Unterschied zwischen den einzelnen Konventionen besteht in der unterschiedlichen Bestimmung des Nenners.

Act./360
Zinsberechungsmethode, bei der die Zinsen taggenau berechnet werden, wobei ein Jahr mit 360 Tagen berücksichtigt wird. Diese Methode wird in der Regel im Geldmarkt verwendet, weshalb sie auch als „Money-Market-Methode" bezeichnet wird.

Alpha
Die Kennzahl „Alpha" beschreibt, um wie viel der Ertrag einer Investition, unter Berücksichtigung des eingegangenen Risikos, über dem Ertrag des jeweiligen Referenzindizes liegt. Je höher das Alpha, desto besser entwickelte sich die Investition im Verhältnis zum Markt.

Amendment
Überarbeitung, Änderung

Amerikanische Option
Die Ausübung der Option kann jederzeit während der Optionslaufzeit erfolgen (Gegensatz: europäische Option)

Amortised Costs
Fortgeführte Anschaffungskosten. Ergeben sich aus den Anschaffungskosten eines Finanzinstruments bei der erstmaligen Erfassung abzüglich Tilgungen, zuzüglich/abzüglich kumulierter periodisierter Zinsen aus einem Disagio oder Agio abzüglich außerplanmäßiger Abschreibungen für Wertminderungen oder Bonitätsrisiken.

Annuität
Bei Krediten handelt es sich um eine vom Darlehensnehmer über einen längeren Zeitraum zu zahlende feste Rate, die sich aus Zins- und Tilgungsleistung für ein Darlehen zusammensetzt. Typisch ist, dass der Anteil der Zinszahlung zu Beginn überproportional hoch ist und zum Ende der Vertragslaufzeit hin abnimmt.

Asset Backed Securities (ABS)
Haben zum Ziel, bisher nicht liquide Vermögensgegenstände in festverzinsliche, handelbare Wertpapiere zu transformieren. Als Sicherheit werden bestimmte Finanzaktiva eines Unternehmens (z. B. Forderungen aus Hypotheken, Konsumentenkrediten, Leasingverträgen etc.) in einen Forderungspool eingebracht, der von einer Finanzierungsgesellschaft treuhänderisch verwaltet wird. Der Cashflow der in Wertpapieren verbrieften Finanzaktiva wird für die Bedienung der Anleihegläubiger verwendet.

Asymmetrisches Risikoprofil
Beim Kauf einer Option ist der Verlust auf die Höhe der Optionsprämie beschränkt, das Gewinnpotential ist hingegen unbegrenzt (vice versa beim Verkauf einer Option); das Risiko/Gewinn-Verhältnis ist asymmetrisch verteilt (Gegensatz: symmetrisches Risikoprofil)

Ausübung
Begriff im Zusammenhang mit derivativen Finanzinstrumenten. Der Optionsinhaber/Optionsscheininhaber nimmt bei einer Ausübung sein Wahlrecht aus seiner Option/seinem Optionsschein in Anspruch. Das bedeutet, er kauft die Wertpapiere /Call) bzw. verkauft (Put) vom/an den Stillhalter.

Bandbreiten-Option / Bandbreiten-Optionsschein
„Klassische" Optionen und Optionsscheine sind auf einen bestimmten Betrachtungszeitpunkt bezogen. Am Fälligkeitstag wird der Kurs des Basiswerts und der Basiskurs der Option/des Optionsscheins verglichen. Aus diesem zeitpunktorientierten Vergleich ergibt sich die Zahlung aus der Option/dem Optionsschein. Eine Bandbreiten-Option/Bandbreiten-Optionsschein ist hingegen eine Weiterentwicklung, bei dem der Besitzer für jeden Stichtag, zu dem sich der aktuelle Kurs des Basiswertes innerhalb einer bestimmten Bandbreite befindet, einen fest definierten Betrag erhält. Bandbreiten-Optionen gehören zu den so genannten „Digitalen Optionen".

Barausgleich
Ausdruck der meist im Zusammenhang mit Finanzderivaten und strukturierten Wertpapieren verwandt wird. Bei einem Barausgleich findet mit der Ausübung eines Finanzinstruments keine Lieferung des Basiswertes statt. Stattdessen wird der Differenzbetrag zwischen Ausübungspreis und aktuellem Marktpreis des Basiswertes ermittelt und an den Inhaber des Finanzinstruments ausgezahlt. Gängig ist ein derartiger Barausgleich bei folgenden Arten von Finanzinstrumenten: Optionen, Optionsscheine, Futures, Indexzertifikate und ähnliches.

Basis Adjustment
Korrektur der Anschaffungskosten eines Vermögenswerts oder einer Schuld durch Umbuchung der bislang im Eigenkapital (Hedging-Reserve) erfolgsneutral erfassten Bewertungsgewinne/-verluste eines Sicherungsinstruments.

Basispreis
Der Basispreis (Strike-Preis), ist der Kurs, zu dem der Käufer einer Option die zugrunde liegende Währung kaufen bzw. verkaufen kann.

Beta
Der Beta-Faktor gibt die prozentuale Veränderung eines Wertpapiers oder eines Portfolios in Bezug auf ein Marktportfolio an. Ein „ß" von 1,2 bedeutet somit, dass das betrachtete Wertpapier um 1,2 % steigt, wenn der Marktindex (z. B. DAX) um 1 % steigt. Das Beta des Referenzindizes hat generell den Wert 1. Ein Fondsmanager wird beispielsweise sein Portefeuille mit einem niedrigen Beta ausrichten, wenn er von einem nachgebenden Markt ausgeht, so dass der Fondspreis dann weniger stark sinken dürfte als der Referenzindex. Ein niedriges Beta bedeutet somit, dass der Fonds potentiell niedrige Erträge erzielt, dabei jedoch gleichzeitig ein geringeres Risiko eingeht.

Bewertungseinheit
Bildung einer Bewertungseinheit zwischen Grundgeschäft und Sicherungsgeschäft.

Bonds
Angelsächsischer Begriff für festverzinsliche Wertpapiere bzw. Schuldverschreibungen.

Bund-Future
Kontrakt (Futures) über eine idealtypische Bundesanleihe mit einer Nominalverzinsung von 6% und einer Restlaufzeit von 8,5 bis 10 Jahren. Der Nominalwert eines Kontraktes beträgt EUR 100.000. Die Laufzeiten richten sich nach den zur gleichen Zeit verfügbaren Bund-Future-Liefermonaten. Dies sind immer die drei nächstliegenden Monate des Zyklus März, Juni, September und Dezember. Die Ausübung der Option ist an jedem Geschäftstag während der Börsenzeit möglich (Amerikanische Option).

Cashflow
Zu- oder Abfluss von Zahlungsmitteln oder Zahlungsmitteläquivalenten

Cashflow-at-Risk
Die in Geldeinheiten gemessene maximale negative Abweichung von einem erwarteten Wert, der mit einer bestimmten Wahrscheinlichkeit innerhalb eines bestimmten Zeitraums nicht überschritten wird.

Cashflow Map
Mathematisch ausgedrückter Wirkungszusammenhang des Risikofaktors und der betrachteten Steuerungsgröße.

Clean-Price
Kursnotierung, bei der Kurs und Stückzins separat angegeben werden. Diesen Kurs ohne Stückzinsen bezeichnet man als „Clean Price". Üblich ist die Notiz beispielsweise bei allen Bundesanleihen und Pfandbriefen. Das Gegenteil – die so genannte Flat-Notiz mit Angabe eines „Dirty-Price" – hingegen ist bei vielen ausländischen Anleihen oder bei in Deutschland gehandelten Genussscheinen üblich.

Clearing
Zentrale Verrechnung von Forderungen und Verbindlichkeiten mit dem Ergebnis, dass nur die sich zugunsten oder zulasten eines jeden Teilnehmers ergebenden Salden gutgeschrieben bzw. belastet werden.

Closing
(vorzeitige) Glattstellung eines Geschäfts.

Deckungsstockfähigkeit
Eigenschaft von Wertpapieren, die zur Anlage der Mittel des Deckungsstockes bei Versicherungen verwendet werden dürfen. Der Deckungsstock wird aus laufenden Prämieneinnahmen der jeweiligen Versicherung gebildet und dient der Besicherung der Ansprüche der Versicherungsnehmer. Das Versicherungsaufsichtsgesetz enthält einen Katalog mit Wertpapieren die den dafür notwendigen Anforderungen in Bezug auf Rentabilität, Liquidität und Sicherheit entsprechen.

Delta
Begriff im Zusammenhang mit derivativen Finanzinstrumenten. Das Delta ist eine dynamische Kennzahl, welche die Veränderung des Optionspreises beziehungsweise des Optionsscheinpreises in Abhängigkeit von der Kursveränderung des Basiswertes angibt. Aus mathematischer Sicht ist das Delta die erste Ableitung der Optionspreisformel nach dem Basiswert. Das Delta kann bei Calls Werte zwischen 0 und +1 und bei Puts zwischen 0 und -1 haben. Mit den Preisschwankungen des Basiswerts verändert sich auch das Delta. Je weiter die Option aus dem Geld ist (Out-of-the-money-Option), umso mehr nähert sich das Delta dem Nullpunkt an. Je weiter die Option im Geld ist (In-the-money-Option), desto mehr nähert sich das Delta 1 bzw. −1 an.

Deport
Begriff im Zusammenhang mit dem Devisentermingeschäft. Von Deport (Abschlag) wird gesprochen, wenn der Terminkurs einer Währung unter ihrem Kassakurs liegt; diese Währung wird dann mit einem Deport gehandelt. Das Gegenteil bezeichnet man als Report (Aufschlag).

Devisenoption
Ein Kontrakt bei dem der Käufer das Recht, der Verkäufer jedoch die Pflicht hat, eine bestimmte Währung zum Basispreis an oder bis zu einem vereinbarten Termin in der Zukunft zu kaufen oder zu verkaufen.

Devisentermingeschäft
Vereinbarung (Verpflichtung) einen bestimmten Fremdwährungsbetrag an einem vereinbarten Termin in der Zukunft zu kaufen oder zu verkaufen.

Direkte Devisenkursrisiken
Von direkten Risiken spricht man, wenn die Veränderung eines Wechselkurses direkten Einfluss auf eine bestimmte Steuerungsgröße hat. Klassisches Beispiel: Der Euro-Wert einer Fremdwährungsforderung wird beeinflusst von Änderungen des entsprechenden Wechselkurses (Gegensatz: Indirekte Devisenkursrisiken).

Dirty-Price
Preisnotiz, bei der die Stückzinsen in die eigentliche Kursnotierung eingerechnet werden. Dirty Price = Clean Price + Stückzinsen. Man nennt diese Art der Preisnotiz auch „Flat-Notierung".

Duration
Die Duration definiert die durchschnittliche Kapitalbindungsdauer (eigentlich Zinsbindungsdauer) eines verzinsten Finanzinstruments. Hinsichtlich der Interpretation gilt: Die Duration beschreibt den Zeitraum über den die durch gefallenen Marktzinsen verursachten Kursgewinne eins Instruments durch die nachfolgende schlechtere Wiederanlage egalisiert werden. Gleiches gilt ceteris paribus bei Kursverlusten.

EBT
Abkürzung für „Earnings before taxes", was übersetzt „Ergebnis vor Steuern" bedeutet und ein Bestandteil der Gewinn- und Verlustrechnung der Unternehmen ist.

A 3 Glossar 403

EBIT
Abkürzung für „Earnings before interest and taxes", was übersetzt „Ergebnis vor Zinsen und Steuern" bedeutet und ein Bestandteil der Gewinn- und Verlustrechnung der Unternehmen ist. Kennzahlen wie EBIT dienen dazu, Rückschlüsse auf die Ergebnissituation zu ziehen und letztlich auch um Kursprognosen zu erstellen. Neben „EBIT" sind auch die Bezeichnungen „Operatives Ergebnis" oder „Betriebsergebnis" gebräuchlich.

EBITDA
Abkürzung für „Earnings before interest, taxesan depreciation", was übersetzt „Ergebnis vor Zinsen, Steuern und Abschreibungen" bedeutet und ein Bestandteil der Gewinn- und Verlustrechnung der Unternehmen ist. Wie auch die Kennzahlen EBT und EBIT dient die Kennzahl EBITDA zur fundamentalen Bewertung von Unternehmen anhand deren Bilanz/Gewinn- und Verlustrechnung.

Effektivität eines Sicherungsgeschäftes
Der Anteil an den Schwankungen des beizulegenden Zeitwerts (Fair Value) oder den Cashflows eines gesicherten Grundgeschäfts, den das eingesetzte Sicherungsinstrument durch seine gegenläufige Wertentwicklungen kompensieren kann.

EONIA
Abkürzung für „European Overnight Interest-Rate Average". Der EONIA ist der Zinssatz zu dem europäische Banken bereit sind, anderen erstklassigen Instituten Einlagen im „overnight-Handel" zu überlassen. Der EONIA ist das auf Euro lautende Nachfolgeprodukt des früheren FIONA.

EURIBOR
Abkürzung für „European Interbank Offered Rate", EWWU-weit geltender Referenzzinssatz, der die bisherigen nationalen Referenzzinssätze (z. B. Fibor, Pibor) abgelöst hat. Er stellt den für Termingelder in Euro ermittelten Interbanken-Zinssatz dar. Die Quotierung erfolgt durch repräsentative Banken, die sich durch aktive Teilnahme am Euro-Geldmarkt auszeichnen. Dieses so genannte „Euribor-Panel" umfasst derzeit über 50 Banken (zwölf davon aus Deutschland). Die Panel-Banken übermitteln um 11 Uhr Brüsseler Zeit ihre Briefsätze für die verschiedenen Laufzeiten an den Informationsanbieter Bridge Telerate in Brüssel, der aus den Angaben arithmetische Durchschnittszinssätze errechnet und auf der Telerate Page 248 veröffentlicht.

Europäische Option
Die Ausübung der Option kann ausschließlich an einem vereinbarten Fälligkeitstag in der Zukunft liegen (Gegensatz: Amerikanische Option).

Europäische Zentralbank (EZB)
Die Europäische Zentralbank (EZB), hat seit dem 1. Januar 1999 die Aufgabe, die vom Europäischen System der Zentralbanken (ESZB) festgelegte europäische Währungspolitik umzusetzen. Die Entscheidungsorgane der EZB (Rat der Gouverneure und Direktorium) leiten das Europäische System der Zentralbanken, das für die Erarbeitung und Umsetzung der Geldpolitik, die Wechselkurssteuerung, die Verwaltung der Devisenreserven der Mitgliedstaaten sowie das ordnungsmäßige Funktionieren der Zahlungssysteme zuständig ist. Die EZB ist Nachfolgerin des Europäischen Währungsinstituts (EWI).

EUROSTAT
Das Statistische Amt der Europäischen Gemeinschaft (Eurostat) mit Sitz in Luxemburg errechnet für die EWU einen harmonisierten Verbraucherpreisindex (HVPI), der dem Eurosystem in erster Linie als Maßstab für die Geldwertentwicklung im Euro-Raum dient.

Exposure
Unter Exposure (engl.: to be exposed = ausgesetzt sein), wird der Betrag verstanden der dem Risiko ausgesetzt ist. Beispiel: Offene Währungsposition.

Fair Value
Beizulegender Zeitwert. Bei marktfähigen Vermögenswerten entspricht dies dem Marktwert.

Finanzinstrument
Vertrag, der bei einem Vertragspartner zu einem finanziellen Vermögenswert (financial asset) und bei dem anderen Vertragspartner zu einer finanziellen Schuld (financial liability) oder einem Eignkapitalinstrument (equity instrument) führt.

Firm commitment
Feste/bindende Verpflichtung aus einem schwebenden Geschäft

Flat-Notiz
Der Kurs eines festverzinslichen Wertpapiers wird inklusive der anteilsmäßig aufgelaufenen Zinsen ausgewiesen, im Gegensatz zu einer Notierung, bei welcher der Kurs und die anteiligen Stückzinsen separat ausgewiesen werden. Eine Flat-Notiz ist in einigen Ländern im Bereich der Anleihen üblich. In Deutschland findet die Flat-Notiz jedoch nur bei Genussscheinen Anwendung.

Fremdkapital
Sämtliche Schulden eines Unternehmens gegenüber Dritten. Dieses Kapital hat sich das Unternehmen in der Form eines Krediets und/oder in der Form einer Anleihe ausgeliehen. Unbezahlte Rechnungen an Lieferanten des Unternehmens gehören auch dazu.

Gamma
Kennzahl aus dem Optionsgeschäft. Das Gamma ist eine dynamische Kennzahl, welche die Veränderung des Options-Deltas in Abhängigkeit von der Kursveränderung des Basiswertes angibt.

Geldwert
Geld hat einen Binnen- und einen Außenwert. Der innere Geldwert lässt sich messen an dem „Warenkorb", den man für einen bestimmten Geldbetrag kaufen kann. Der äußere Geldwert bemisst sich an der Kaufkraft einer Währung im internationalen Wirtschaftsverkehr. Er drückt sich in den Wechselkursen aus.

Hedge
Sicherungsgeschäft

Hedging
Eine bestehende Risikoposition wird durch ein Gegengeschäft neutralisiert. Die entsprechende Gegenposition verhält sich also entgegengesetzt bei Veränderung des Risikofaktors.

A 3 Glossar

Hedge-Accounting
Spezielle Bilanzierungsregelungen für Sicherungsgeschäfte

Hedging-Reserve
Rücklage für Sicherungsgeschäfte. Bestandteil des Eigenkapitals, der erfolgsneutral den Anteil der Bewertungsgewinne/-verluste eines Cashflow-Hedges aufnimmt, der im Hinblick auf die Absicherung des Grundgeschäftes effektiv ist.

Importierte Inflation
Durch außenwirtschaftliche Einflüsse ausgelöster Preisniveauanstieg im Inland. Zu importierter Inflation kann es durch einen Preisanstieg bei Importgütern (z. B. Rohöl) kommen, ferner durch eine Abwertung, die die Importe von Waren und Dienstleistungen ebenfalls verteuert, schließlich auch durch Devisenmarktinterventionen der Zentralbank, die zu einer Aufblähung der inländischen Geldmenge und so zu Inflation führen.

Indirekte Devisenkursrisiken
Indirekte Effekte von Währungskursänderungen drücken sich in der Menge bzw. Höhe von Umsatzgrößen aus. So beeinflusst etwa eine starker Dollar entweder die Absatzmenge eines Exporteurs (von Europa in die USA), oder die Höhe des Fremdwährungs-Cashflows (falls der Exporteur dadurch gezwungen wird die Preise zu senken).

Inflation
Unter Inflation versteht man den trendmäßigen Anstieg des Preisniveaus bzw. die anhaltende Abnahme des Geldwertes. Inflation darf also nicht mit der Veränderung einzelner Preise gleichgesetzt werden (Änderungen relativer Preise). Ebenfalls nicht als Inflation gelten einmalige oder vorübergehende Preisveränderungen z. B. als Folge einer Anhebung von Verbrauchssteuern oder abrupten Schwankungen der Rohstoffpreise.

Inflationsrate
Statistisch ermittelte Verhältniszahl des Preisniveauanstiegs und somit der Geldentwertung. Sie weist die prozentualen Veränderungen des Preisniveaus aus, die sich innerhalb eines bestimmten Zeitraums (Monat, Jahr) ergeben haben.

Inflationswap
Ein Inflationswap ist eine vertragliche Vereinbarung hinsichtlich dem Austausch eines festen Inflationsindex versus eines variablen Inflationsindex.

Information-Ratio
Stellt die Risikoprämie („Outperformance") je Einheit aktives Risiko dar. Das aktive Risiko wird durch den „Tracking Error" – d. h. die (Standard-) Abweichung von der Benchmark – gemessen.

Initial Margin
Sicherheitsleistung, die bei der Aufnahme eines Futuregeschäfts zu hinterlegen ist.

Jensen's Alpha
Das „Jensen's Alpha" ist ein Begriff aus dem Portfoliomanagement, der auch im Bereich der Investmentfonds verwendet wird. Ein Portfolio mit

positivem Jensen's Alpha entwickelte sich risikoadjustiert besser als die Benchmark. Ein negatives erzielte eine schlechtere Performance als die Benchmark. Ein Jensen's Alpha von z. B. 40 % bedeutet, dass die risikoadjustierte Performance eines Fonds 40 % besser als die der entsprechenden Benchmark ist. Die höhere Rendite ist primär auf die Managementleistung und erfolgreiche Selektion des Fondsmanagers zurückzuführen. Ein positiver Wert deutet auf einen Mehrwert durch das Management hin. Somit stellt die Kennziffer des Jensen's Alpha ein Instrument dar, mit dem man die Performance verschiedener Portfolios mit unterschiedlichem Risiko vergleichbar machen kann.

Kappa
Ausdruck aus der Bewertung derivativer Instrumente, genauer gesagt den optionalen Instrumenten. „Kappa" ist die frühere Bezeichnung der Options-Kennziffer „Vega". Dem Wert des Vegas entnimmt man, um wie viel Prozent sich der Wert der Option ändert, wenn sich deren implizierte Volatilität um ein Prozent verändert.

Kassamarkt
Als Kassamarkt oder Spotmarkt werden Finanzmärkte bezeichnet, an denen Geschäfte zur sofortigen Ausführung (mit üblicher Wertstellung) abgeschlossen werden. Die gewöhnlichen Aktienmärkte stellen somit einen Teil des Kassamarktes dar. Abgegrenzt werden hierzu die sogenannten Terminmärkte, an denen Geschäfte abgeschlossen werden, bei denen Geschäftsabschluss und Erfüllung des Geschäfts zeitlich auseinander fallen.

Kaufkraft
Unter Kaufkraft versteht man die Menge an Gütern und Dienstleistungen, die man mit einer Geldeinheit kaufen kann. Sie ist abhängig von den Preisen. Die Kaufkraft nimmt daher zu, wenn die Preise sinken; sie nimmt ab, wenn die Preise steigen.

Konvexität
Maßzahl zur Bestimmung von Kursänderungen bei festverzinslichen Wertpapieren, die eingesetzt wird, um die gerade bei starken Veränderungen des Zinsniveaus auftretenden Fehlergebnisse der → Duration zu optimieren. Die Konvexität beschreibt dabei die Nichtlinearität des Kurs-Rendite-Verhältnisses.

Korrelationskoeffizient
Der Korrelationskoeffizient gibt den Grad des Gleichlaufs zweier Variablen an. Mathematisch wird der Korrelationskoeffizient als Quotient aus der Kovarianz und dem Produkt der Einzelvarianzen dargestellt. Der Korrelationskoeffizient kann prinzipiell nur werte zwischen −1 und 1 annehmen.

Kovarianz
Ein statistisches Maß für den Zusammenhang bzw. den Gleichlauf zwischen zwei Größen, z. B. WP-Kursen. Da die Kovarianz ein nicht normiertes absolutes Maß darstellt und somit nicht direkt interpretierbar ist, wird meist die Korrelation zur Beurteilung des Zusammenhanges von Wertpapierkursen herangezogen. In der Praxis ist die Kovarianz nur eine „Etappe" auf dem Rechenweg zum Korrelationskoeffizienten, der die Korrelation zweier Werte in einer mathematisch weiterverwendbaren Form definiert.

Leverage
Angloamerikanischer Fachausdruck für die Hebelwirkung (leverage = Hebelkraft). Der Leverage sagt aus, dass bei gegebener Rentabilität des Gesamtkapitals (Eigenkapital und Fremdkapital) mit steigender Fremdfinanzierung die Eigenkapitalrentabilität zunimmt, sofern der Fremdkapitalzinssatz unter der Gesamtkapitalrentabilität liegt.

LIBID
Abkürzung für „London Interbank Bid Rate", Der LIBID ist der Zinssatz zu dem erstklassige Kreditinstitute bereit sind kurzfristige Gelder aufzunehmen. Der LIBID ist in der Regel der um 0,125 % niedrigere Satz als des LIBOR

LIBOR
Abkürzung für „London Interbank Offered Rate". Zinssatz am Geldmarkt, zu dem die Kreditinstitute am Bankplatz London untereinander Gelder ausleihen. Der LIBOR wird für die Laufzeiten eine Woche sowie ein bis zwölf Monate börsentäglich von der British Bankers Association ermittelt und publiziert. LIBOR's werden für verschiedenste Währungen, darunter GBP, EUR, USD, JPY usw. ermittelt. Der EUR-LIBOR spielt seit Einführung des Euros und des EURIBOR's (als Nachfolgeprodukt der nationalen Geldmarktsätze der EWWU-Länder) eine untergeordnete Rolle. Die LIBOR-Sätze bilden die jeweiligen Bezugsgrößen für die meisten variablen Anleihen sowie weitere Finanzinstrumente. Sie fließen weiterhin in Berechnungsmodelle – etwa Optionsmodelle – ein.

Long-Position
Position, die durch den Kauf einer Währung in der Kasse, per Termin oder per Option entsteht. Eine Long-Position kann aber auch durch eine Fremdwährungsforderung, z.B. durch einen Warenverkauf, entstehen (Gegensatz: Short-Position)

Mengennotierung
Die Mengennotierung gibt an wie viel Einheiten der ausländischen Währung (variable Einheit) für eine Einheit inländischer Währung zu zahlen sind. Die Mengennotierung ist spätestens seit Einführung des Euro die im Markt übliche Darstellung.
Beispiel: 1 Euro = 1,23 USD

Micro-Hedge
Sicherungsbeziehung zwischen einem Grundgeschäft und einem Sicherungsgeschäft.

Macro-Hedge
Sicherung eines homogenen Gesamtmarktrisikos.

Multiplikatoren/„Multiples"
Unternehmen werden mittels bestimmter Kennzahlen mit ähnlichen Unternehmen verglichen und bewertet. Eine sinnvolle Bewertung kann nur dann erfolgen, wenn aussagekräftige Informationen vorhanden, die Unternehmen in ähnlichern Lebenszyklen befindlich, sowie die Produkt- und Kundenstruktur sehr ähnlich sind. Und auch dann ist das Ergebnis mit Vorsicht zu genießen.

Nachfrageelastizität
Die Nachfrageelastizität gibt an, wie stark die Nachfrage nach einem Produkt auf Veränderungen einer anderen Größe reagiert. In der Regel wird dabei betrachtet, wie die Nachfrage nach einem Produkt auf die Veränderungen des eigenen Preises reagiert (wird dann oft auch Preiselastizität der Nachfrage genannt).

Netting
Aufrechnung

Omega
Bezeichnung für den theoretischen Hebel eines Optionsscheins. Die Kennziffer Omega errechnet sich aus dem Bezugsverhältnis und des Deltas der im Optionsschein eingerechneten Option.

Opportunitätskosten
Opportunitätskosten (Alternativkosten) sind allgemein definiert als entgangener Nutzen der besten, nicht gewählten Alternative. Der entgangene Nutzen ist im Einzelfall inhaltlich zu konkretisieren: entgangener Gewinn, entgangene Zinsen, entgangener Deckungsbeitrag. In der Kostenrechnung findet sich das Denken in Alternativen, in (verpassten) Chancen (opportunities) und deren „Kosten", dem entgangenen Nutzen (opportunity costs), in vielen Bereichen.

Optionskäufer
Der Käufer einer Option kauft sich gegen Zahlung einer Optionsprämie das Recht, aber nicht die Pflicht, die Basiswährung zum Strike-Preis zu kaufen oder zu verkaufen (Gegensatz: Optionsverkäufer)

Optionsverkäufer
Der Verkäufer (Stillhalter, Schreiber) einer Option geht gegen Erhalt der Optionsprämie die Pflicht ein, die zugrunde liegende Währung zum Basispreis zu liefern (Call) oder abzunehmen (Put).

Plain Vanilla Option
Optionen der sog. ersten Generation (klassische Call- und Put-Optionen) unterscheiden sich von den sog. exotischen Optionen.

Portfolio-Hedge
Dynamische Sicherung von Geschäften mit gleichartigen Risikostrukturen.

Preisindex
Von amtlichen Stellen (z. B. vom Statistischen Bundesamt) errechnete Messzahl, die Auskunft gibt über durchschnittliche Preisveränderungen in verschiedenen Bereichen der Wirtschaft. Beispielsweise gibt der Preisindex für die Lebenshaltung (Index der Verbraucherpreise) die Entwicklung der Preise für Güter und Leistungen des täglichen Bedarfs wieder. Errechnet wird er anhand eines Warenkorbs (der neben Waren auch Dienstleistungen und Nutzungen umfasst) für eine Gruppe von Haushalten, die nach Personenzahl und sozialer Stellung repräsentativ für die Gesamtbevölkerung sind.

Preisnotierung
Bei der Preisnotierung wird der „Preis" in inländischer Währung (variable Einheit) angegeben, der für eine fixe Einheit (1, 100 oder 1000) ausländischer Währung zu zahlen ist. Beispiel aus der Schweiz: 1 USD = 1,68 CHF.

Regressionsanalyse
In einer Regressionsanalyse wird versucht einen Funktionszusammenhang möglichst genau aus einer Datenmenge zu bestimmen. Mit dieser Technik werden die Parameter einer Gleichung y = f(x) so angeglichen, dass minimale Abweichungen zwischen experimentellen und kalkulierten Werten entstehen.

Rho
Optionskennziffer. Das Rho ist eine dynamische Kennzahl, welche die Veränderung des Options- bzw. Optionsscheinpreises in Abhängigkeit von der Zinsänderung angibt.

Sharpe-Ratio
Misst die durchschnittliche jährliche Überschussrendite in Bezug auf das eingegangene Risiko, wobei Risiko gleich Volatilität gesetzt wird. Die Sharpe Ratio zeigt an, ob und in welchem Verhältnis in Relation zu risikolosen Geldanlagen eine höhere Rendite erwirtschaftet wurde. Je höher die Sharpe Ratio, umso besser hat sich die Investition zu seinem Risikopotential entwickelt.

Short-Position
Position, die durch den Verkauf einer Währung in der Kasse, auf Termin oder durch den Verkauf einer Option entseht. Eine Short-Position kann aber auch aufgrund einer Fremdwährungsverbindlichkeit (z. B. Warenimport) entstehen.

Settlement
Erfüllung eines Finanzgeschäftes, insbesondere eines Termingeschäftes. Man unterscheidet zwischen Cash-Settlement (Differenzausgleich in Geld) und physischem Settlement (Lieferung des Basiswertes).

Sicherungsinstrument
Hedging-Instrument. Ein zu Sicherungszwecken eingesetztes, in der Regel derivatives, Finanzinstrument, dessen beizulegender Zeitwert oder Cashflows erwartungsgemäß Änderungen des beizulegenden Zeitwerts oder der Cashflows eines bezeichneten gesicherten Grundgeschäfts kompensiert.

Statement of changes in equity
Eigenkapitalveränderungsrechnung, Eigenkapitalspiegel

Strike price
Preis (bzw. Kurs), zu dem vereinbarungsgemäß eine Option ausgeübt werden kann.

Stresstesting/Schockszenarien
Es gibt eine Welt jenseits der Standardabweichung. Denn selbst die mit drei Standardabweichungen ermittelten Value-at-Risk- oder Cashflow-at-Risk-Modelle beruhen nur auf einem Konfidenzniveau von 99 % – in der Realität bleiben Ausreißer, die über diese Niveaus hinausgehen. Das Durchspielen von Stresstests bzw. von Crashszenarien soll testen, ob empirisch denkbare Fälle außerhalb der statistisch denkbaren Bandbreite auch verkraftbar sind.

Symmetrisches Risikoprofil
Die Gewinnmöglichkeiten und die Verlustrisiken sind exakt gleich verteilt. Klassischer Fall für symmetrische Risikoprofile sind Futures, Forwards und Termingeschäfte.

Szenario
Die Beschreibung einer zukünftigen Entwicklung eines Prognosegegenstandes. Der Prognosegegenstand sind hier Marktrisikofaktoren wie Zinssätze oder Währungskurse

Theta
Begriff im Zusammenhang mit derivativen Finanzinstrumenten. Das Theta zeigt an, um wie viel sich der Optionspreis verringert, wenn sich die Restlaufzeit um einen Tag verkürzt. Das Theta nimmt mit abnehmender Restlaufzeit zu, da der Zeitwertverfall wie bereits angesprochen nicht linear verläuft, sondern mit abnehmender Restlaufzeit der Option exponentiell zunimmt. Bei längerlaufenden Optionen ist der Zeitwertverfall am Beginn der Optionslaufzeit näherungsweise bei null.

Tracking Error
Gibt die Abweichung eines Portfoliowertes vom relevanten Benchmarkportfolio beziehungsweise -index an. Je höher der Tracking Error, desto höher das Risiko, welches im Verhältnis zum Referenzindex eingegangen wurde, um die Wertentwicklung der Investition zu erreichen.

Treynor-Ratio
Beim Treynor-Ratio wird die Überschussrendite (als Kennzahl „Sharpe-Ratio") zum so Beta-Faktor ins Verhältnis gesetzt.

US-GAAP
Abkürzung für „US-Generally Accepted Acconting Principles": Amerikanische Norm der Rechnungslegung, die zwar ohne Rechtskraft, jedoch offiziell anerkannt und gültig ist. Gegenüber dem IAS und dem Handelsgesetzbuch (HGB) ist sie detaillierter. Von der deutschen Rechnungslegung, die dem Gläubigerschutz verpflichtet ist, unterscheidet sie sich in ihrer Ausrichtung auf die Investoreninteressen; es entfällt die Möglichkeit zur Bildung stiller Reserven und die Bewertung von Wertpapieren erfolgt gemäß des Mark-to-Market-Prinzips.

Variation Margin
Gewinne oder Verluste, die sich aus offenen Terminkontrakt- oder Optionspositionen aufgrund der täglichen Neubewertung der Positionen ergeben.

Vega
Begriff im Zusammenhang mit derivativen Finanzinstrumenten. Vega ist ein dynamische Kennzahl, welche die Veränderung der Volatilität angibt. Dem Wert des Vegas (früher als Kappa bezeichnet) entnimmt man, um wie viel Prozent sich der Wert der Option ändert, wenn sich deren implizierte Volatilität um ein Prozent verändert. In der Literatur wird Vega auch als Kappa, Lamba oder Sigma benannt.

Verbraucherpreisindex
Maß für die durchschnittliche Preisentwicklung der von privaten Haushalten nachgefragten Güter und Dienste. Der Verbraucherpreisindex wird häufig zur Messung der Inflation verwendet. Bei seiner Ermittlung geht man von der Verbraucherpreisstatistik und einem typischen Ausgabeverhalten (Warenkorb) aus. Der Warenkorb beruht auf amtlichen Erhebungen über die Zusammensetzung der Ausgaben privater Haushalte für die Lebenshaltung. Er muss im Laufe der Zeit dem sich ständig ändernden Ausgabeverhalten

angepasst werden. Der deutsche Verbraucherpreisindex wird vom Statistischen Bundesamt ermittelt.

Verteilungsfunktion
Eine Verteilungsfunktion gibt an, mit welcher Wahrscheinlichkeit eine Zufallsvariable höchstens einen Wert x annimmt, wobei die Gesamtfläche unter der Verteilungsfunktion eine Eintrittswahrscheinlichkeit von 100% ausdrückt.

Volatilität
Maß für die Veränderung von Risikofaktoren im Zeitverlauf. Die Volatilität wird meist als statistische Größe angegeben, die die Häufigkeit und Intensität der Kursschwankungen in einem bestimmten Zeitraum ausdrückt. Mathematisch betrachtet ist die Volatilität die annualisierte Standardabweichung von Marktpreisen.

WACC
Der WACC („Weighted Average Cash Costs") ist der gewichtete Gesamtkapitaleinsatz eines Unternehmens. Er dient zur Diskontierung der zukünftigen Cashflows im Rahmen der Unternehmensbewertung. Ergibt sich je nach Einschätzung des Geschäftsrisikos.

Wirksamkeit eines Sicherungsgeschäftes
Vgl. „Effektivität eines Sicherungsgeschäftes"

Worst-Case-Szenario
Beschreibt allgemein, den schlimmst möglichen Fall der in der Zukunft aus heutiger Sicht zustande kommt. Genauer definiert kann der Worst Case als die negative Kursentwicklung angesehen werden, die mit einer bestimmten Wahrscheinlichkeit (z.B. 95%) innerhalb eines festgelegten Zeitraums maximal zu erwarten ist (Gegensatz: Best-Case Szenario, analog)

Literaturverzeichnis

Arbeitskreis "Externe Unternehmensrechnung" der Schmalenbach-Gesellschaft – „Bilanzierung von Finanzinstrumenten im Währungs- und Zinsbereich auf der Grundlage des HGB", DB 1997, S. 637
Barckow, Andreas/Glaum, Martin – „Bilanzierung von Finanzinstrumenten nach IAS 39 (rev. 2004) – ein Schritt in Richtung Full Fair Value Model?", KoR 2004, S. 185
Bellavite-Hövermann, Yvette/Barckow, Andreas – „IAS 39 Finanzinstrumente; Ansatz und Bewertung", in: Baetge, Jörg/Dörner, Dietrich/Kleekämper, Heinz/Wollmert, Peter/Kirsch, Hans-Jürgen, Rechnungslegung nach International Accounting Standards (IAS), Stuttgart, 2003
Bartram, S.M. – Verfahren zur Schätzung finanzwirtschaftlicher Exposures von Nichtbanken, in: Johanning, L./Rudolph, B. (Hrsg.), Handbuch Risikomanagement: Risiskomanagement in Banken, Assetmanagement Gesellschaften, Versicherungs- und Industrieunternehmen, Band 2, Bad Soden, 2000
Bayerische Hypo- und Vereinsbank AG – Devisenoptionen: Produktinformation, München, 2003
Bayerische Hypo- und Vereinsbank AG – Devisenmanagement, München, 2001
Beike, R. – „Devisenmanagement: Grundlagen, Prognosen und Absicherung, Hamburg, 1995
Böttcher, Henner/Seeger, Norbert – „Bilanzierung von Finanzderivaten nach HGB, EStG, IAS und US-GAAP", Frankfurt am Main, 2003
Dombek, Martina – „Die Bilanzierung von strukturierten Produkten nach deutschem Recht und nach den Vorschriften des IASB", WPg 2002, S. 1065
Dombek, Martina – „Die Bilanzierung von strukturierten Produkten nach deutschem Recht und nach den Vorschriften des IASB", WPg 2002, S. 1065
Ernst & Young AG – „Rechnungslegung von Financial Instruments nach IAS 39. Eine Darstellung der Bilanzierung auf der Basis von IAS 32 und IAS 39 (revised 2003)", o. O. 2004
Flintrop, Bernhard – „§ 18 Derivate", in: Bohl, Werner/Riese, Joachim, Schlüter, Jörg (Hrsg), Beck'sches IFRS-Handbuch, München 2004, S. 797
Fröhlich, Christoph – „Bilanzierung von Beschaffungsgeschäften unter der Zielsetzung des Hedge Accounting nach IAS 39", BB 2004, S. 1381
Gebhardt, Günther/Naumann, Thomas K. – „Grundzüge der Bilanzierung von Financial Instruments und von Absicherungszusammenhängen nach IAS 39, DB 1999, S. 1461
Gebhardt, G./Mansch, H. [Hrsg.] – Risikomanagement und Risikocontrolling in Industrie- und Handelsunternehmen: Empfehlungen des Arbeitskreises „Finanzierungsrechnung" der Schmalenbach-Gesellschaft für Betriebswirtschaftslehre e.V., in: Gebhardt, G/Mansch, H. (Hrsg.), Zeitschrift für betriebswirtschatliche Forschung: Sonderheft 46, Düsseldorf, 2001
Glaum, M. – Foreign-Exchange-Risk Management in German Non-Financial Corporations: An Empirical Analysis, in: Frenkel, M./Rudolf, M./Hommel, U. (Hrsg.), Risk Managment: Challenge and Opportunity, Heidelberg, 2000

Happe, Dr. Peter, – „Grundsätze ordnungsgemäßer Buchführung für Swapvereinbarungen", Düsseldorf 1996

Hayn, Sven/Graf Waldersee, Georg – „IAS/US-GAAP/HGB im Vergleich. Synoptische Darstellung für den Einzel- und Konzernabschluss", Stuttgart, 2002

Hommel, Michael/Hermann, Olga – „Hedge-Accounting und Full-Fair-Value-Approach Hedge in der internationalen Rechnungslegung", DB 2003, S. 2501

Jamin, Wolfgang/Krankowsy, Matthias – „Die Hedge Accounting-Regeln des IAS 39", KoR 2003, S. 502

Kim, J./Malz, A.M./Mina, J. – LongRun Technical Document, RiskMetrics Group (Hrsg.), www.riskmetrics.com, New York, 1999

Klingenbeck, M. – Management makroökonomischer Risiken in Industrieunternehmen, in: Hagenmüller, K.F./Engels, W./Kolbeck, R. (Hrsg.), Schriftenreihe für Kreditwirtschaft und Finanzierung, Band 23, Wiesbaden, 1996

Kuhn, Steffen/Scharpf, Paul – „Finanzinstrumente: Welche Gestaltungsspielräume enthalten die Regelungen zur erstmaligen Anwendung von IAS 32 und IAS 39 für die Praxis?", DB 2004, S. 261

Kuhn, Steffen/Scharpf, Paul – „Finanzinstrumente: Neue Vorschläge zum Portfolio Hedging zinstragender Positionen nach IAS 39 – Überwindung tradierter Abbildungsregeln oder lediglich Reparatur? -", DB 2003, S. 2293

Kropp, Matthias/Klotzbach, Daniela – „Der Exposure Draft zu IAS 39 Financial Instruments – Darstellung und kritische Würdigung der geplanten Änderungen des IAS 39 -", WPg 2002, S. 1010

Lee, A.Y. – CorporateMetrics Technical Document, RiskMetrics Group (Hrsg.), www.riskmetrics.com, New York, 1999

Löw, Edgar/Schildbach, Stephan – „Financial Instruments – Änderungen von IAS 39 aufgrund des Amendments Project des IASB", BB 2004, S. 875

Meyer zu Selhausen, H. – Bank-Informationssysteme: Eine Bankbetriebswirtschaftslehre mit IT-Schwerpunkt, Stuttgart, 2000

Neugebauer, T. – Implementierung EDV-gestützter Finanzplanungssysteme in mittelständischen Unternehmen: Bestandsaufnahme und Lösungsansätze, in: Böhler, H./Derigs, U./Schmidt, K.G. /Sigloch, J./Wossidlo, P.R. (Hrsg.), Betriebswirtschaftliche Forschungsbeiträge Band 12, Frankfurt am Main, 1993

Pfennig, M. – Shareholder Value durch unternehmensweites Risikomanagement, in: Johanning, L./Rudolph, B. (Hrsg.), Handbuch Risikomanagement: Risikomanagement in Banken, Assetmanagement Gesellschaften, Versicherungs- und Industrieunternehmen, Band 2, Bad Soden, 2000

Priermeier, Thomas – „Geld verdienen mit Fundamentalanalyse", Landsberg 2001

Priermeier, Thomas – „Windhedging – Risikomanagement in der Finanzierung von Windparks mittels Wetterderivaten", Beitrag in *„Die Bank"* – 2003

Priermeier, Thomas – „Steuerung von Finanzrisiken in der Projektfinanzierung", Beitrag in *„Die Bank"* – 2001

Priermeier, Thomas/Alexandra Stelzer – „Zins- und Währungsmanagement in der Unternehmenspraxis", München 2000

PwC Deutsche Revision AG – „Derivative Finanzinstrumente in Industrieunternehmen – Einsatz, Risikomanagement und Bilanzierung nach HGB, US-GAAP und IAS", Frankfurt am Main, 2001

Scharpf, Paul – „Rechnungslegung von Financial Instruments nach IAS 39", Stuttgart, 2001

Scharpf, Paul/Luz, Günther – „Risikomanagement, Bilanzierung und Aufsicht von Finanzderivaten", Stuttgart, 2000

Spremann, K. – Das Management von Währungsrisiken, in: Schierenbeck, H./Moser, H. (Hrsg.), Handbuch Bankcontrolling, Wiesbaden, 1995

Stichwortverzeichnis

90/10-Strategie 283
Abgrenzungsbeträge 348
Ablauforganisation 73
Absatzschwankungen 293
Abschattungseffekten 318
Abschreibungen 366
Abschwung 242
Abwertung 244
Adressausfallrisiko 350
ADT-Index Konzept 302
Airbaging 274, 283
Aktienmarktanomalien 273
Aktiv-Passiv-Überhang 20
Aluminium 217
Amortised Costs 359
Analytische Ermittlung 54
Anlageentscheidung 147
Anlageportfolio 125
Anlagevermögen 366
Anschaffungskosten 364
antizipatives Grundgeschäft 347, 354
Arten von Zinsrisiken 108
Asienkrise 74, 253
Asset Allocation 257
Asset-Allocation 276
Aufschwung 242, 260
Ausfallrisiko 17
Auslosungsrisiko 254
Auszahlungsvolumen 305
Automobilzulieferer 212
Available-for-Sale 359
Average Option 196

Backtesting 75
Badebetriebe 290–291
Badesaison 290
Baisse 272
Balloon Payments 349
Bandbreitenprognose 49–50
Bankenfachausschusses 350
Bären-Markt 245
Barings 86
Barrier Option 196
Barwertgewinn 141
Barwertige Betrachtungsweise 77
Barwertorientierte Limite 93
barwertorientiertes Risiko-Limit 93, 94

Barwertorientierung 34
Barwertrisiko 63
Basel II 325
Basis Adjustment 365
Basis Point Value (BPV) 25
Basismetalle 217
Basisrisiken 241
Bau 290
Bear-Markt 272
Bedarfsanalyse 75
bedingtes (optimales) Hedging 278
Beendigung der Hedge-Beziehung 367
Benzinpreisen 212
Berichtsperioden 367
Berichtswesen 85, 88
Berichtszyklen 90
Beschaffungskosten 293
Best Case 39-40
Beta-Faktor 270
Betrachtungszeitraum 72
Betriebsmittel-Linie 154
Bewerten dieser Zinsrisiken 124
Bewertung von Rohstoffpreisrisiken 216
Bewertungseinheit 346, 350
Bewertungsergebnisse 346
Bewertungskategorie 361
Bewertungsstetigkeit 369
Bewertungsverluste 351–352
Bewertungsvorschriften 369
Big-Figure 281
Bilanzaktiva 348
Bilanzielle Vorbehalte 83
Bilanzierung 118
Bilanzpassiva 348
Bilanzposten 345
Bilanzstichtag 351
Black-Scholes 307
Bond 118
Bonität 15
Bonitätsänderung 251
Bonitätsrisiken 252
Bonitätsrisiko 251
Boom 260
Börsen-Crash 273
Bottom-up-Ansatz 257, 261

branchenspezifische Untersuchung 258
Briefkurs 244
Bullen-Markt 245, 272

Cap 149, 352
Cashflow-at-Risk 64
Cashflow-Hedge 362, 364, 371
Cashflow-Mapping 178
Cashfloworientierte Limite 93
cashfloworientiertes Risiko-Limit 94, 96
Cashflow-Orientierung 34
Cash-Management 9
CfaR-Eintrittswahrscheinlichkeit 136
CfaR-Limit 93-94
Chancenpotentiale 192
Chartmarken 281
Cholesky-Zerlegung 60, 61
Clearingsystem 350
Closing 350
Collar 352
Commodities 209
Commodity-Risiken 209
Compound Option 196
Constant-Maturity-Floor 153
Constant-Maturity-Swap 152
Controlling 85
Controllinghorizont 70
Counterparties 83
Crashsituationen 190
Critical-Day-Konzeptes 303
Cross Hedge 293

Datendichte 54
Debitorenmanagement 10
Debt Service Coverage Ratio 96
Degree-Day-Konzept 299
Delta-Hedges 307
Depression 242, 260
Derivatkombinationen 193
Deutsche Telekom AG 36
Deutsche Wetterdienst DWD 297
Deutschen Handelsrechts 369
Devisenkursrisiko 18
Devisenmärkten 171
Devisenoption 356
Devisenspekulation 172
Devisentermingeschäft 354
Differenzmethode 59
Digitale Optionen 196
Direkte Effekte 175, 176
direkten Risiko 6
Diversifikation 270, 274

Diversifikationseffekte 54, 276
Diversifikationswürfel 11
Diversifizierung 11
Dividendenrisiko 271
Dokumentationen 85, 347
Doppelbesteuerungsabkommen 248
Drohrückstellung 9
Drohverlustrückstellungen 8, 37, 345, 347
DSCR-Limit 93, 96
Duration 26
Durations-Analyse 34
Durchhalteabsicht 369

Earnings-at-Risk 71
Earnings-per-Share-at-Risk 71
Economic-Exposure 173
Edelmetalle 217
Einbindung Gesamtrisiko 92
Einmalzahlungen 349
Einseitiges Konfidenzinterfall 46
Eintrittswahrscheinlichkeit 136, 363
Einzel-/Gesamtrisiko 89
Einzelbewertung 369
Einzelszenariobetrachtung 186
Energie 290
Entwicklungspfade 180
Erholung 242
Erntesaison 290
Erstansatz und -bewertung 358
Ertragswertmodelle 262, 264
Erwartungswert 42
EU-Osterweiterung 104
EUREX 296
Euribor 106
Euribor-Kredit 109
Eurogelder 109
Eurokredit 109
Europäische Zentralbank EZB 106, 329
EUROSTAT 329
Evaluierung 13
existenzbedrohenden Risiken 126
Expected Case 39
Exposuredefinition 173
Exposure-Mapping 67, 179
Extremszenarien 182

Fair Value 359, 371
Fair-Value-Ansatz 360
Fair-Value-Hedge 362, 363, 371
Fernwärme 308
Festverzinsliches Wertpapier 139
Festzins-Land 114
Festzins-Zahler-Swaps 141

Stichwortverzeichnis 419

Financial Assets 359
Finanzrisikomanagement-Regelkreis 16
Finanzrisikopolitik 7
FiRM 1
firm commitments 365
FiRM-Prozess 6
Flexibilität 146
Floor 151, 352
Fonds-Rating 325
Forfaitierungen 116
Forward-Rate-Agreement 351
FRA 351
Freizeitparks 291
Fremdwährungs-Cashflows 203
Frühwarnsystem 91
fundamentale Aktienanalyse 255
Fundamentanalyse 255, 271
Funktionszusammenhang 179, 346

Gamma-Verteilung 69
Gap-Analyse 34
Gegen-Swap 144
Geldkurs 244
Geldmarkt 105
Gemeiner Wert 267
Gesamtunternehmensplanung 90
Gesamt-Unternehmenssteuerung 85, 87
Gesamtwährungsrisikoposition 179
gesicherte Freiheit 13
gesteuerter Zufall 60
Getränkeindustrie 290
Gewinnmaximierung 39
Global Warming 308
Globalanalyse 258
Globalisierung 1
Gold 217
Grenzverlust 58

Haltedauer 53, 72
Handelsbüchern 64
Handelsrechtliche Betrachtungsweise 77
Hausse 272
Hedge-Accounting 361
Hedge-Ratio 317
Hedging 274, 277
Heimatwährung 207
Heizgradtage 310
Held-for-Trading 360
Held-to-Maturity 359–360
HGB 345
HGB-Bilanzierung 35
Hicks 29

High Risk – Low Probability 295
Historische Simulation 54

IAS 114
IAS 39 357
IAS-GAAP 77
Identifikation der Zinsrisiken 120
IFRS 345, 357, 370
IFRS-Bilanzierung 35
Immobilienfinanzierung 154
Imparitätsprinzip 113, 345, 346, 369
imperfekten Hedging 347
Index-Konzepte 301
indirekte Risiken 176
Indirekte Währungsrisiken 21
Inflation 329
Inflationsrate 330
Inflationsrisiko 247, 331
Inflationswap 339
Inflationsziel 106
Informationstheorie 31
ING-Konzern 88
Initial-Risk-Protection 281
innovative Finanzierungsformen 105
integrierter Prozess 15
Interpolationsverfahren 298

Jahres-Vola 46

Kalkulationskurs 203
Kapitalmarkt 105
Kaufkraft 329
Klima 289
Kombinierte Modelle 262, 267
Konfidenzintervalle 44, 45
Konjunktur 260
Konjunkturrisiko 242
Konjunktursituation 259
Konsistenz 91
kontinuierlicher Prozess 16, 76
Kontokorrent-Kredit 108
Kontokorrentzinsen 108
KonTraG 85, 89, 316
Kontrahentenausfallrisiko 17
Konvexität 29
Konvexitätsfehler 29
Korrelation 1, 23, 29, 31, 131
Korrelationskoeffizient 31, 66
korrelierte Zufallszahlen 60
Kostenvorteil 210
Kredit-Liquidierung 137
Kredit-Neuaufnahmen 149
Kreditstresstest 125
Kühlungsperiode 300

Kullback-Leibler-Distanz 31
Kündigungsrisiko 254
künftigen Fremdwährungsgeschäften 354
Kupfer 217
Kursänderungsrisiko 269
Kurs-Cash-Flow-Verhältnis (KCV) 267
Kurs-Gewinn-Verhältnis (KGV) 267
Kursrisiko 63
Kurs-Wachstums-Verhältnis (KWV) 267

Länder- und Transferrisiko 244
Landwirtschaft 290-291
Leasing-Verträge 116
Leistungsforderungen 354
Leistungskennlinie 317
Leverage 332
Liabilities 359
LIFFE 296
Liquidität 138
Liquiditätsabfluss 127
Liquiditätsmanagement 10
Liquiditätsrisiko 17, 243
Liquiditätsvorschau 40
Liquiditätszufluss 127
Loans/Receivables 364
Low Risk – High Probability 295
Lufthansa AG 210
Luxemburg-Kredit 109

M&A-Transaktionen 267
Macaulay 26
Macro-Hedging 347, 362, 369
Marginzahlungen 348
Market Maker 279
Marktliquidität 73
Marktpreisrisiko 17
Marktzinsniveau 147, 250
Meinungsführerschaft 246, 272
Mengenrisiko 175
mentale Stopps 280
Messstationen 297, 298, 320
Messung des Zinsaufwands 156
Metallgesellschaft 86
Methoden der Risikobewertung 33
Mikro-Hedge 346, 369
Mismatch 82
Mittelwert 24
Modellgüte 75
Model-to-Market 78
Modernes Zinsrisiko-Management 138
Modified Duration 29

Monatslimite 94
Monats-Vola 46
Monte Carlo Simulation 54, 60, 188
Moody's 245, 252
Morgan, J.P. 32
Multiplikatoren 272

Nabenhöhe 318
Nachfrageelastizitäten 179
NBSK-Zellstoff 217
Negativliste 83
Nettopositionen 66
Nettorisikoposition 362
New Economy 266
Newsprint-Papie 217
nichtfinanziellen Vermögenswerten 366
Nick Leeson 86
Niederschlag 289, 291
Niederschlagskontrakte 303
Niederstwertabschreibungen 353
Niederstwertprinzip 369
Niedrigzins-Phasen 109
No Guts – no Glory 81
Nominalvolumen 138
Nominalzins 250
Non-Correlating-Assets 296
Normalverteilung 43
Normalwindjahr 68

oberer Wendepunkt 242
Obergrenze 149
ökonomische Eigenkapital 78
ökonomische Risiko 70
Ökonomisches Eigenkapital 78
Öl-Destillate 217
Ölpreisschock 210
Opinion Leaders 247
Opportunitätserträge 120
Opportunitätsgewinne 39
Opportunitätskosten 15, 337
Opportunitäts-Risiko 119-120
Optionsgeschäft 348
Options-Preis-Modelle 150
Oszillogramm 47

Parametrische Ermittlung 60
Parkwirkungsgrad 319
Participation Forward 196
Payoff 297
Pegelstand 290
Pensionsansprüche 147
Photovoltaik 292
Plain Vanilla Option 196
Plain-Vanilla-Derivate 307

Stichwortverzeichnis

Planfehler 92
Planprämisse 200
Planproduktion 320
Platin 217
Portfoliobetrachtung 63
Portfolio-Hedges 347, 362, 369
Portfolio-VaR 54
Positivliste 83
Precipitation 303
Preisindex 330
Produktuniversum 76, 82
Prognoserisiko 271
prospektive Effektivität 363
Psychologisches Marktrisiko 245, 271
Punktewolke 32
Quantilswert 182
Quantitative Analyse 271
Quartalslimite 94
Quartals-Vola 47
Quasi-CfaR 70
Quellensteuer 248
Quotientenmethode 59

Rangfolge 59, 62
Rating 15, 251
Ratingagenturen 245
Realisationsprinzip 345, 369
Realverzinsung 248
Receivables Originated by the Enterprise 359
Referenz-Zinssätze 106
Regelkreis des Risiko Reportings 87
Regentage 291
Regressionskoeffizienten 179
Research-Abteilungen 181
Restrisiko 347
Rezession 242, 260
Risikoabwehr 316
Risikoappetit 79
Risikoarten 89
Risikoausweis 188
Risiko-Berichtswesen 89, 90
Risikobewertung von Portfolios 30
Risiko-Cashflows 184
Risikodeckungsmasse 15
Risikodeckungspotential 193
Risiko-Exposures 67
Risiko-Faktoren 67
Risikofrüherkennung 316
Risikokapazität 76
Risikokatalog 6
Risikokennzahlen 90
Risiko-Limite 85, 93
Risikominimierung 39

Risikoneigung 77
Risikopolicy 5
Risikopositionen 66, 89
Risikopotential 42
Risikopräferenz 193
Risikoregler 38
Risikoträger 15
Risikotragfähigkeit 76, 93
Risikotragfähigkeitskapital I und II 77
Risikoziele 79
Rohölpreise 210
Rohstoffe 209
Rohstoffpreisrisiken 209
rohstoffpreis-sensitive Positionen 22
Rollenverteilung 86-87
Roll-Over-Kredite 152
Rückstellungen 348

Sachanlagen-Investitionen 110
Schätzfehler 54
Schichtbilanz-Analyse 34
Schieberegler 8
Schnee 291
Schneeräumen 290
Schockszenarien 74
Schuldendienst 97
Schuldendienstdeckungsgrad 96
Schuldnerqualitäten 252
Schwankungsbreite 12, 134
Schwankungsintensität 43
schwebende Gewinne 351
schwebende Fremdwährungsgeschäfte 354
schwebende Geschäfte 348
Selbstkontrolle 86
Selektion 257
Sensitivität 23, 25
Sensitivitätsanalysen (Faktorensensitivität) 34
Sicherungsgeschäfte 345
Sicherungsstrategien 40
Siemens AG 76
Silber 217
Skibetrieb 290, 291
Speditionen 212
Stagnation 242
Standard & Poor's (S & P) 245, 252
Standardabweichung 24, 43-44
Standardabweichungen 136
Steue„rung von Cashflow 148
Steuerliche Risiken 248
Steuerungsgrundsätzen 93
Stichprobe 75
Stillhalte 352

stopp buy 280
stopp loss 280
Stopp-Levels 274, 280
Straßendienst 290, 291
Stresstests 72, 125
Strike 149
strike price 352
Stromgrößen 207
Strömungsgeschwindigkeit 292
Substanzwertmodelle 262
Swaption 353
Symmetrie der Normalverteilung 43
synoptisches Messnetz 298
Systematisches Risiko 270, 277
Szenarioanalyse 38, 40
Szenario-Definition 40
Szenariogenerierung 180

Tagesdurchschnittstemperatur 297
Tages-Vola 46
Taktische Asset-Allocation 276
Tankstelle 211, 213
Tatsächliches Windaufkommen 319
Technische Analyse 255, 256, 271
Teiloptionen 353
Temperaturen 289, 290, 298
Terminbörsen 350
Termingeschäft 196
Tick-Size 305, 321
Timing 257
Top-down-Analyse 259
Top-down-Ansatz 257
Trading 359
Transaction-Exposure 173
Treibstoffpreise 210
Trockenperioden 292

Überbewertung 256
Umlaufvermögens 351
Umrechnung der Volatilität 46
unbedingtes Hedging 278
unkorrelierter Zufallszahlen 60
Unsystematisches Risiko 270, 277
Unternehmensbewertung 262
Unternehmerisches Risiko 269
unverzinsliche Grundgeschäfte 355
Upfront Payments 349
Urlaubsplanung 290
US-GAAP 77, 114

Value-at-Risk-Analysen 51
Variabel verzinsliches Wertpapier 147
Varianz-Kovarianz-Ansatz 52

Variation Margin 350
VaR-Limit 93
Verantwortlichkeiten 85–86
Verbilligungs-Maßnahmen 164
Verbindlichkeit 366
Verlustlimit 93
Verlustpotentiale 91
Vermögensgegenstände 350
Vermögenswert 366
Verpflichtungsgeschäft 348
Verpflichtungsüberschuss 345
Vola 25
Volatilität 23, 24
Volatilitäts-Trichter 50
Vollabsicherung 192
Volumenschwankungen 293
Vorfälligkeitsentschädigung 116, 144
Vorlaufzeit 352
Vorsichtsprinzip 345, 369
vorzeitige Glattstellung 350

Wahrscheinlichkeitsszenario 187
währungsbedingte Bewertungsrisiken 21
Währungskorrelationen 190
Währungskursänderungen 174
Währungsrisiko 171, 173, 244
Währungssensitive, operative Cashflows 21
währungssensitive Positionen 20
Währungssicherungsinstrument 354
Wärmedämmung 311
Wasserkraftwerke 292
WEA'n 317
Wechselkursprognose 200
Wechselkursschwankungen 174
Wertpapierrisiko 241
Wertrisiko 63
Wetterderivate 292, 294
Wetterkomponenten 314
Wetterrisiken 289
Wetterrisikoanalyse 314
Wetterrisikomanagement 289, 325
Wetterrisikosteuerung 294
Wind 289
Windenergie 291
Windfonds 324
Windgutachten 319
Wind-Hedges 316
Windkraftanlagen 304
Windmengen 317
Windmuster 317
Windparks 65, 316
Windrisiko 317

Stichwortverzeichnis 423

Wind-Swaps 322
Wintersportgebiete 290, 291

Zeitungen 212
Zellstoff 210, 212
Zielkonflikt 8
Ziel-Parkproduktion 320
Zink 217
Zinsänderungs-Chance 109
Zinsänderungsrisiko 18, 249
Zinsbegrenzungsvereinbarungen 352
Zinsbindung 110
Zinsbindungsbilanz 121, 123
Zinsbindungsverlauf 122, 123
Zins-Cap 149
Zins-Derivat 138
Zins-Floor 151
Zins-Futures 350
Zins-Mehraufwand 110
Zinsmeinung 125
Zins-Optimierung 105
Zinsrisiken 103
Zinsrisiko-Analyse 122

Zinsrisiko-Management 105, 124, 137
Zinsrisiko-Steuerung 137
Zinsschaden 116
Zinsschwankungen 115, 116
zinssensitive Bilanzpositionen 19, 20, 103
zinssensitive Finanzinstrumente 20
zinssensitiver Positionen 19
Zinssicherungskosten 164
Zins-Subvention 105
Zinsswap 348
Zins-Trendwenden 107
Zinsveränderungen 109
Zins-Währungsswap 355
Zinszyklen 123
Zufallsgenerator 60
Zufallsvariable 51
Zugang eines Vermögenswertes 368
Zugangszeitpunkt 361
zweiseitiges Konfidenzintervall 45
Zylinder Option (Zero Cost Option) 196

Autorenverzeichnis

Thomas Priermeier
(Herausgeber sowie Verfasser des Kapitels „Der Prozess der Risikosteuerung")

Nach Ausbildung zum Bankkaufmann und Studium zum Dipl.-Bankbetriebswirt arbeitete Thomas Priermeier zunächst im Treasury der Bayr. Hypotheken- und Wechselbank als Wertpapierhändler und Zinsderivate-Händler. Im Zuge der Fusion der HypoVereinsbank wechselte er ins Firmenkundengeschäft der Bank, wo er im Zins- und Wertpapiermanagement arbeitete. Im Rahmen dieser Tätigkeit baute er im Bereich des internationalen Projektfinanzierungsgeschäfts der HVB-Gruppe das Team Financial Risk Advisory auf, das er weiterhin leitet. Thomas Priermeier ist Dozent an der Bankakademie und veröffentlichte bereits eine Reihe von Fachbüchern und Artikeln zu verschiedenen Kapitalmarkt- und Risikothemen. Er ist Mitglied der Professional Risk Managers' Association (PRMIA).

Marika Bange
(Verfasserin des Kapitels „Wertpapierrisiko-Management")

Nach der Ausbildung zur Bankkauffrau absolvierte Frau Bange ihr Studium zum Dipl.-Kaufmann (FH). Sie ist seit über 10 Jahren für die HVB tätig, dabei lag Ihr Schwerpunkt ausschließlich im Anlagemanagement. Zuerst als Wertpapierspezialist für das gehobene Privatkundensegment, seit mehr als sechs Jahren für das Anlagemanagement im Firmenkundengeschäft der HVB.

Thorsten Frey
(Verfasser des Kapitels „Management von Inflationsrisiken")

Thorsten Frey durchlief nach seiner Ausbildung zum Bankkaufmann und Studium zum Bankfachwirt mehrere Stationen innerhalb der HvpoVereinsbank-Gruppe. Unter anderem baute er die Private Banking Einheit der HVB in New York mit auf und absolvierte nebenbei sein Studium zum lizenzierten Broker (NASD Registered Representative Stockbroker) und Anlageberater (Registered Investment Advisor Representative). Heute ist Herr Frey im Risikomanagement des internationalen Projektfinanzierungsgeschäfts und spezialisierte sich in den Bereichen Zins- und Inflationsrisiken, sowie im Cash-Management.

Christa Härle-Willerich
(Verfasserin des Kapitels „Risikomanagement im Überblick")

Seit 25 Jahren steht im beruflichen Mittelpunkt von Christa Härle-Willerich die erfolgreiche Beschäftigung mit den Finanzmärkten. Nach einem Sprachenstudium in Paris folgte eine Ausbildung bei der Deutsche Bank AG im Außenhandelsbereich und die praktische Umsetzung als Devisenhändlerin. Die Berufserfahrung an internationalen Finanzplätzen sowie die Übernahme von Führungspositionen, die Betreuung von Kunden der verschiedensten Branchen, die strategische Projektarbeit und auch die Fusionserfahrung (Bayr. Vereinsbank und Bayr. Hypotheken- und Wechselbank zur HVB) führen u. a. dazu, heute im Management der HVB Weichen für eine partnerschaftliche Kunden- Bankenbeziehung im Finanzrisikomanagement zu stellen. Christa Härle-Willerich ist Mitglied im Verband Deutscher Treasurer.

Matthias Kopka
(Verfasser des Kapitels „Bilanzierung von Finanzderivaten")

Nach Bankkaufmann Dipl.-Kaufmann an der Universität Mannheim mit Vertiefungen Bankenbetriebslehre und Steuerlehre. Seit 1990 Mitarbeiter bei Ebner, Stolz & Partner, 1994 Bestellung zum Steuerberater, 1996 Bestellung zum Wirtschaftsprüfer, 1998 Partner bei Ebner, Stolz & Partner – im Unternehmen tätig als Wirtschaftsprüfer und Steuerberater Schwerpunkte: Wirtschaftsprüfung und Beratung mittelständischer Konzerne – Bankenprüfung – Prüfungen nach § 36 WpHG – Derivative Finanzinstrumente – Treasury.

Bernd Küpper
(Verfasser des Kapitels „Devisenrisikomanagement")

Bernd Küpper absolvierte nach seinem Abitur eine Ausbildung zum Bankkaufmann in der Bayerischen Landesbank. Anschließend studierte er Betriebswirtschaftslehre an der LMU München mit dem fachlichen Schwerpunkt „Risikomanagement". Seine Diplomarbeit mit dem Titel „Risikomanagementberatung in kleineren und mittleren Unternehmen" befasste sich bereits mit dem Thema Währungs- und Zinsmanagement. Neben dem Studium arbeitete Herr Küpper im Bereich Global Markets der Bayerischen Landesbank. Heute ist er Mitarbeiter der HypoVereinsbank und beschäftigt sich mit dem sogenannten Financial Risk Management-Ansatz, also der umfassenden Beratung von Firmenkunden auf dem Bereich der Finanzrisiken. Er ist Mitglied der Professional Risk Managers' Association (PRMIA).

Falko Meissner
(Verfasser des Kapitels „Wetterrisikomanagement")

Falko Meissner studierte nach seinem Abitur an der Berufsakademie Sachsen Betriebswirtschaftslehre mit dem Schwerpunkt Bank. Während dieser Zeit absolvierte er diverse Praktika bei der HypoVereinsbank, vor allem im Bereich Zins- und Währungsmanagement. Durch die dort gesammelten praktischen Erfahrungen fand er großes Interesse an einem neuen und innovativen Produktfeld – Wetterderivate. Dieses Thema verarbeitete er dann in seiner Diplomarbeit, welche in direktem Zusammenhang mit dem ersten Wetterderivat in der HypoVereinsbank und in Deutschland stand. Heute ist er Berater für Firmen- und Geschäftskunden im Zins- und Währungsmanagement der HVB Berlin.

Klaus von Rekowski
(Verfasser des Kapitels „Risikomanagement im Überblick")

Klaus von Rekowski studierte nach seinem Abitur an der Berufsakademie Ravensburg Betriebswirtschaftslehre mit dem Schwerpunkt Handel. Danach arbeitete er ab1986 6 Jahre lang als Leiter Finanzen für die Firma Drogeriemarkt Müller in Ulm. In den letzten 3 Jahre war er Einzelprokurist und Mitglied der Geschäftsleitung. 1992 wechselte er zur Hypobank und absolvierte eine Ausbildung zum Firmenkundenbetreuer. Seit 1994 ist er im Management der Bank tätig und leitet Bereiche der Abteilung Liquiditäts- und Investmentberatung (LIB) mit wachsender Managementverantwortung. Diese umfasst das Zins- und Währungsmanagement der HVB und das Wertpapiergeschäft von öffentlich rechtlichen Kunden und Firmenkunden. Er trug wesentlich zur Entwicklung und Umsetzung des Financial Risk Managements der HVB bei und im Jahr 2001 wurde auf seine Initiative hin die Abteilung um das Produktfeld Wetter- und Rohstoffmanagement erweitert. Heute leitet er den größten Regionalbereich des Bereichs mit über 50 Mitarbeitern im Stammgebiet der HVB mit Sitz im München.

Tino Wesenberg
(Verfasser des Kapitels „Zinsrisikomanagement")

Während des Studiums der Betriebswirtschaftslehre arbeitete Tino Wesenberg in der Wertpapierspezialberatung der Vereinsbank. Nach dem Studium wechselte er als Consultant für das Wertpapier- und Zinsmanagement ins Firmenkundengeschäft der HypoVereinsbank. Über mehrjährige Projektarbeit entwickelte er den ganzheitlichen Finanzrisiko-Management-Ansatz der HVB mit. Heute ist er im Bereich Financial Risk Management mit Spezialisierung auf das Zinsrisikomanagement beratend im Unternehmensbereich tätig. Er ist Mitglied der Professional Risk Managers' Association (PRMIA). Tino Wesenberg ist Dozent an der Staatlichen Studienakademie. Er veröffentlichte bereits mehrere renommierte Fachbücher und Artikel zu verschiedenen Finanz- und Risikothemen.

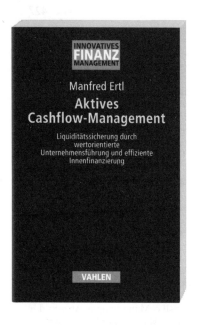

Ertl, Aktives Cashflow-Management

Liquiditätssicherung durch wertorientierte Unternehmensführung und effiziente Innenfinanzierung
Von Dr. Manfred Ertl, München

**2004. XXI, 191 Seiten.
Kartoniert € 29,–
ISBN 3-8006-3022-2**

Cashflow und ...

Rentabilitätspotenziale stecken in jedem Unternehmen – müssen jedoch gehoben werden. Dies wird durch aktives Cashflow-Management umgesetzt. Als praxisnaher Leitfaden konzentriert sich der Inhalt auf die Schaffung der Voraussetzungen für ein erfolgreiches Cashflow-Management und formuliert daraus resultierend konkret zu ergreifende Aktivitäten. Detailliert werden Maßnahmen zur Erkennung von Liquiditätsproblemen sowie Instrumente der Liquiditätssicherung und Finanzierung behandelt. Im Mittelpunkt der Betrachtung stehen dabei die Instrumente der aus Unternehmenssicht kostengünstigen Innenfinanzierung.

... Management

Des Weiteren wird ausgiebig der Management-Ansatz der wertorientierten Unternehmensführung als Grundvoraussetzung für die Liquiditätssicherung vorgestellt sowie abschließend eine Vielzahl von Lösungs- und Verbesserungsvorschlägen unterbreitet, die alle sofort oder mit zeitlicher Verzögerung eine Verbesserung der eingangs erwähnten Ziele mit sich bringen.

Bestellen Sie bei Ihrem Buchhändler oder bei:
Verlag Vahlen, 80801 München · Fax: 089/38189-402
www.vahlen.de · E-Mail: bestellung@vahlen.de